# 佐竹支族宇留野氏系譜

―秋田に下向した宇留野氏の探訪―

宇留野弘 著

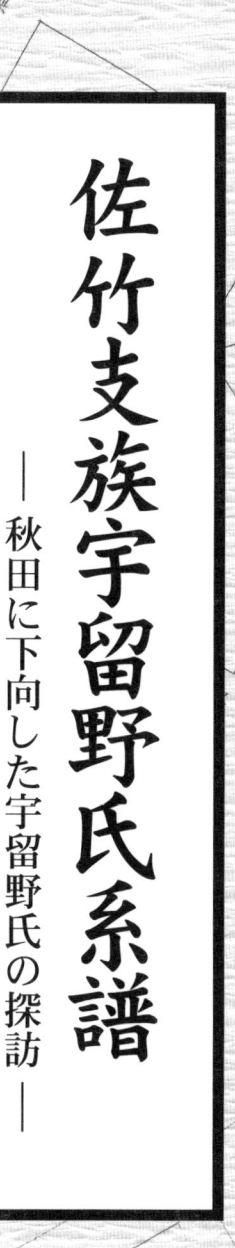

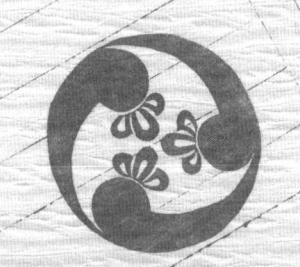

**日向神社拝殿（左）と本殿（右）（常陸大宮市宇留野御城）**

日向神社は宇留野城の主郭に当たる部分に建立された神社である。

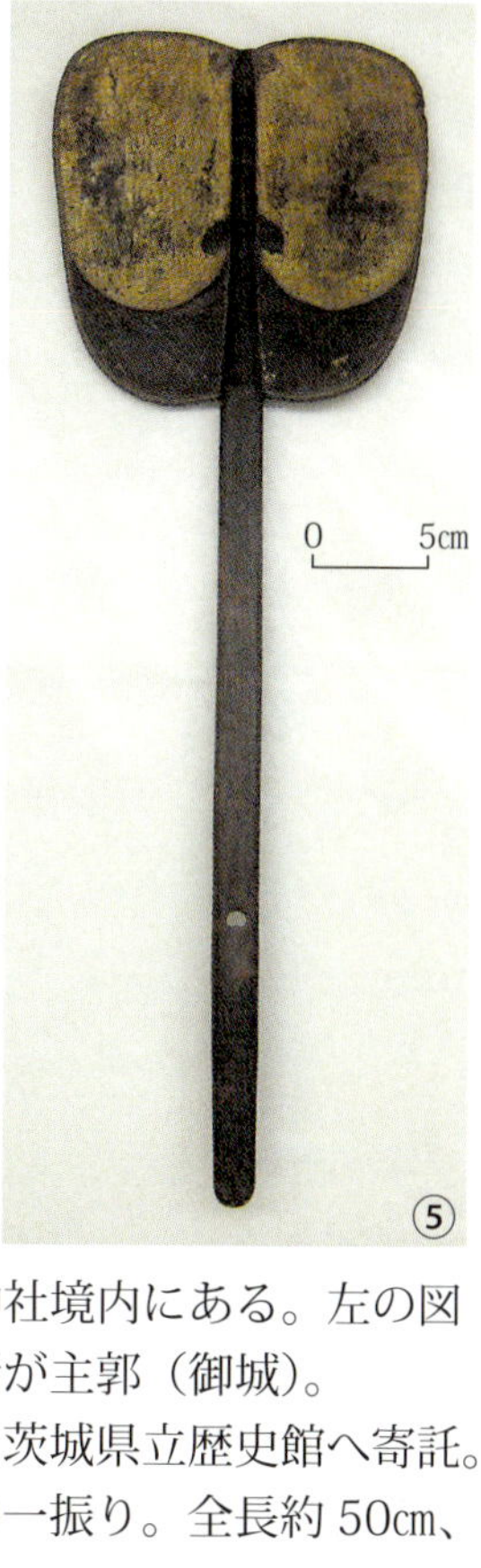

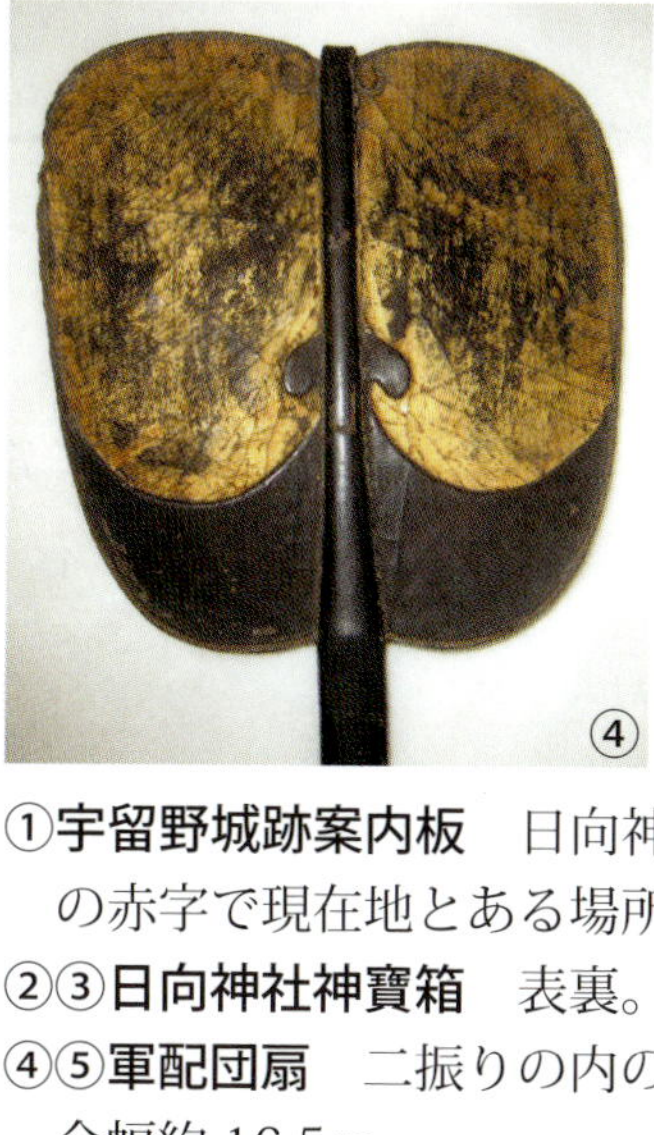


①**宇留野城跡案内板**　日向神社境内にある。左の図の赤字で現在地とある場所が主郭（御城）。

②③**日向神社神寶箱**　表裏。茨城県立歴史館へ寄託。

④⑤**軍配団扇**　二振りの内の一振り。全長約 50㎝、全幅約 16.5㎝。

日向神社にて宇留野姓の３人（右から美雪氏、正氏、筆者）

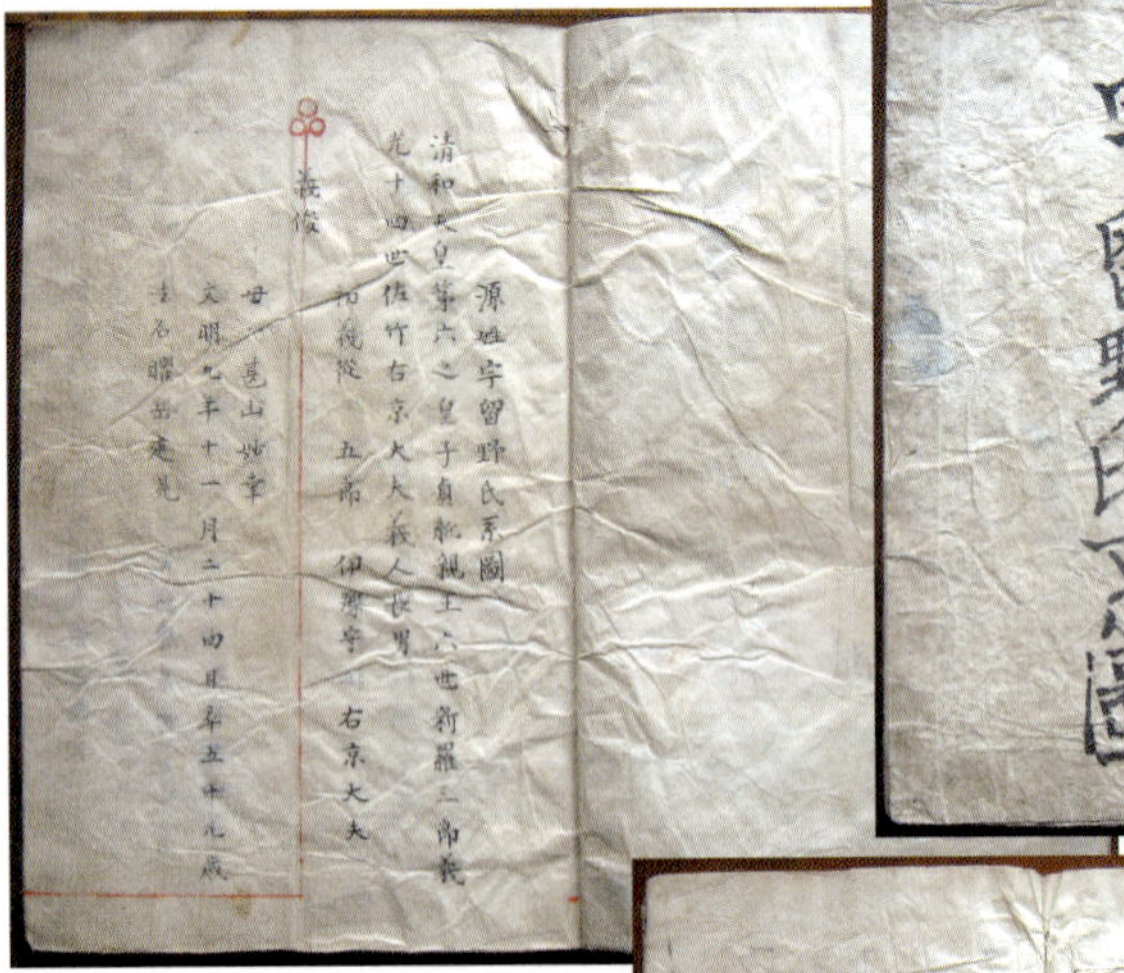

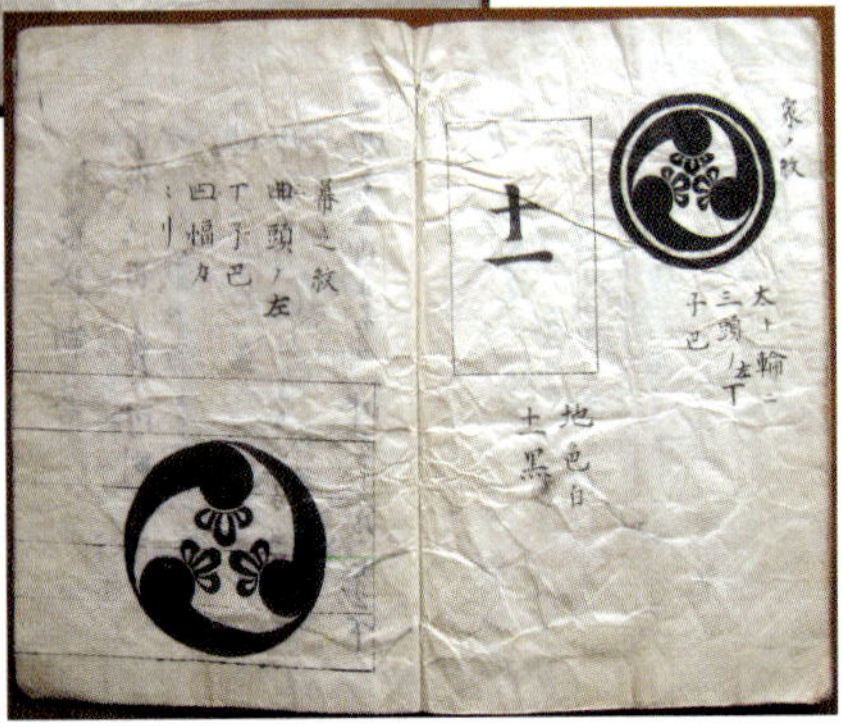

**「宇留野氏系圖」**（宇留野隆所蔵）
宇留野分流家（内記家）系図。文化２丑年（1805）に宇留野内記勝一が宗家系図より写筆したもの。本文 99 〜 102 頁参照。

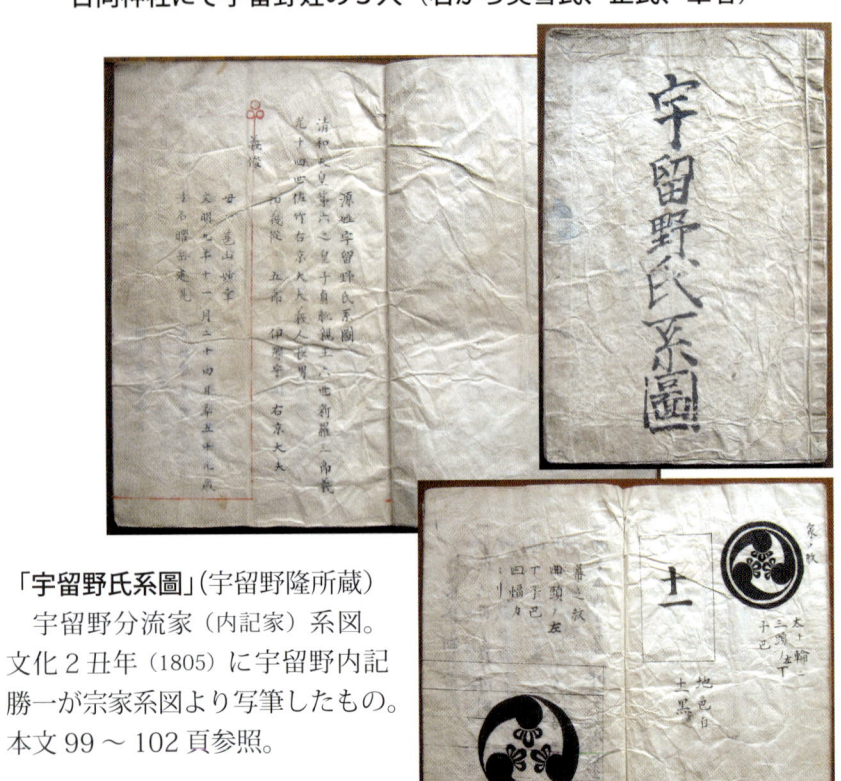

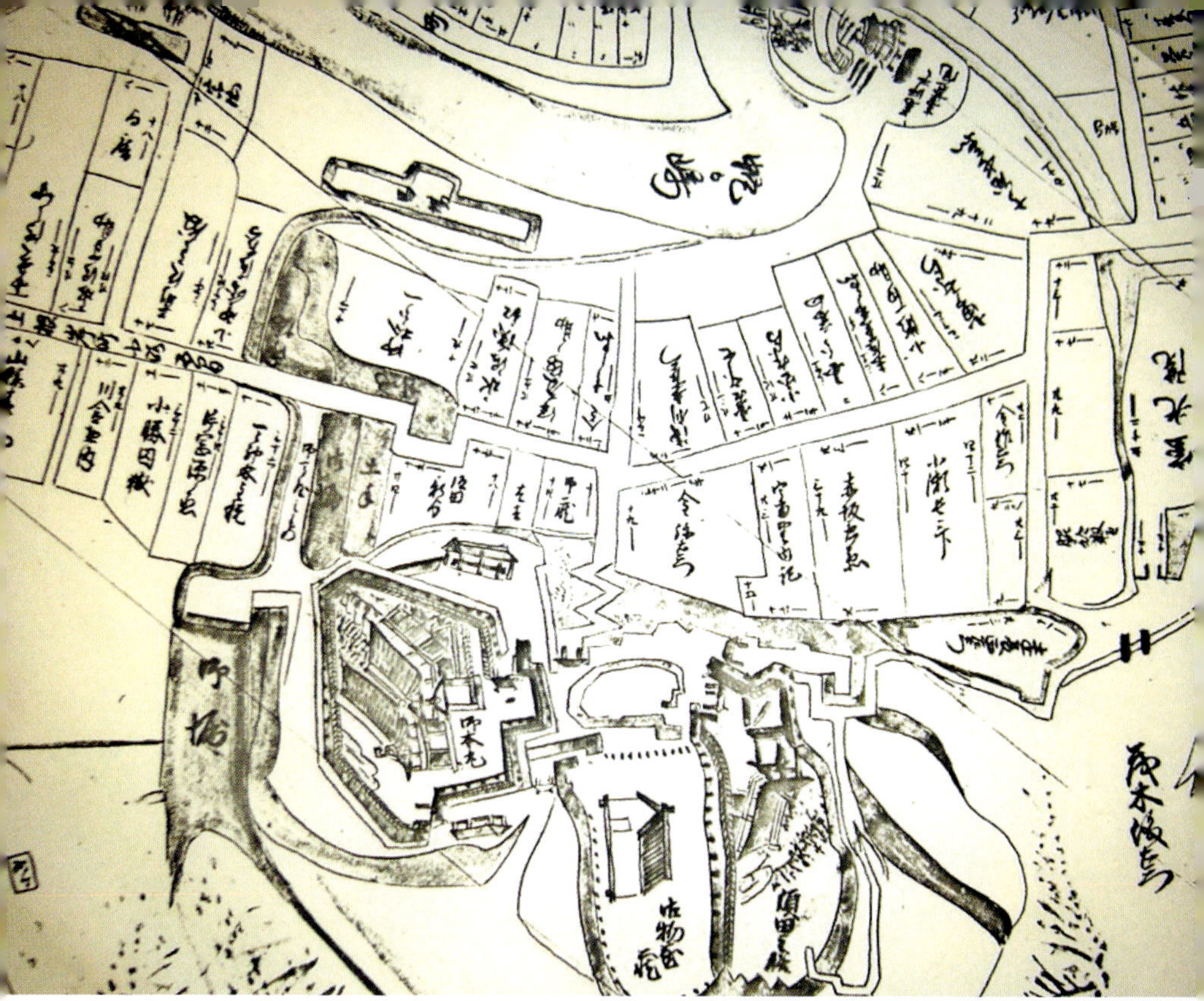

**寛文９年「横手絵図」（部分・下根岸付近　横手市立横手図書館蔵）**
「宇留野内記」の名が見える。本文第 22 図（214 ～ 215 頁）参照。

**横手城遠景**
横手川に架かる中の橋から望む。天守閣のような建物が見えるが、戦後に造られた模造天守で、資料館兼展望台。

**県立横手城南高校グラウンド**
慶長・寛永年間に、宇留野屋敷・赤坂屋敷・小瀬屋敷が並んでいた。

**義峰山鱗勝院（曹洞宗）本堂**

秋田市旭北栄町。寺の山門は久保田城の裏門を原型ではないが、当時の築材をそのまま移築したもの。

**宇留野源兵衛勝明の墓碑**

鱗勝院にあり、右下の４基の墓とは少し離れた所に建っている。

**宇留野氏墓碑４柱**

鱗勝院本堂脇に建つ宇留野勝政、源十郎の墓碑。その他２基は女性のもの。

**宇留野勝詮の墓碑**

秋田県角館町（現仙北市）妙榮山学法寺（日蓮宗）に建つ。

# 凡例

一、本書は題名に示すとおり、佐竹氏支族である源姓宇留野氏の誕生から、主として佐竹氏に従って秋田へ下向した子孫たちの系譜を辿ったものである。

一、執筆にあたっては、筆者の一族（分流家である宇留野内記家）に伝わる「宇留野氏系圖」（筆者の兄・隆所蔵）をはじめとした各種系図、史・資料を調査し、照合を行った。その結果、各系図の長幼などの誤りや、これまで知られていなかった女子の存在が明らかとなった。

一、生没年が不明の人物については、できる限りその推定年と根拠を明らかにした。

一、重要な系図・図絵・表については番号を付し、目次の次に図表目次を掲載した。

一、本文では原則として旧漢字・旧仮名遣いを現代のものに直しているが、一部の史料名、人名、また引用文では旧漢字・旧仮名遣いを使用している。

一、元号年には原則として西暦年を（　）内で付した。史料の引用等でも同様であり、原文にないことは断っていない。なお、明治五年以前の元号年と西暦年（グレゴリオ暦）には一ヶ月以上の誤差が生じる。必ずしも正確ではない場合があることに留意されたい。

一、不明な生没年の推定に当たっては、親・子・妻・兄弟の生没年等との比較が大きな判断材料となる。その説明をする場合には西暦年で論を進めた方が判りやすい。そのため本文中では、あえて元号年を表記していない場合がある。

# 目次

凡例……1
はじめに……9
I 佐竹支族宇留野氏の常陸時代……15
(1)『大宮町史』に紹介された「源姓宇留野氏」……15
(2)「源姓宇留野氏」の誕生……19
(3)『大宮町史』に載る各種宇留野氏系図の検証……33
(4)義俊の子供二人が宇留野氏を名乗った背景……42
源姓宇留野氏誕生 58／四郎掃部助、宇留野氏を称す 60
(5)「天鳳存虎」と「四郎掃部助某」の諱について……62
(6)「雪村周継推考」ならびに宇留野四郎義元と宇留野源兵衛尉義長の関係……64
(7)源姓宇留野氏の名跡と家督……75
(8)天鳳存虎系の宇留野城主について……77
(9)宇留野氏名跡七代・源兵衛義長の常陸時代……79

Ⅱ　佐竹支族宇留野氏の秋田時代……90

一　宇留野宗家について……90

(1)秋田初代・源兵衛義長……90

(2)秋田二代・源兵衛義勝（のち勝忠に改名）……98

源兵衛勝忠の兄弟姉妹　121／分流家宇留野左近勝親について　121／森田播磨資房嗣子清太夫（森田資廣）について　122／大山六左衛門重成室について　123／赤坂忠兵衛光賢室について　124／源兵衛勝忠の子供達について　125／久遠山法華寺について　127

(3)秋田三代・源兵衛勝明……131

勝明の父・茂木監物治種の生年について　132／源兵衛勝明の名が出現する主な史料　133／大山六左衛門家（文化二年時点の大山掃部家）　146／矢野孫太郎家（文化二年時点の矢野彦四郎家）　148／その他、源兵衛勝明が矢野氏に関わった事柄　151／平鹿郡薄井村肝煎 矢野七右衛門に関して　152／そのほかに源兵衛勝明が取持ったと思える縁組（そのように考えた方がスムーズな縁組）　155／源兵衛勝明の家族について　156／源兵衛勝明の最晩年　160

(4) 秋田四代・九助勝休 …… 163
(5) 秋田五代・源兵衛勝鄭 …… 166
宝永中賜フ処ノ世系 167
(6) 秋田六代・源兵衛勝冨 …… 171
源兵衛勝冨の弟妹達 175／宇留野家と茂木家 178
(7) 秋田七代・源兵衛勝意 …… 180
源兵衛勝意の兄弟姉妹達 182／
八代源太郎勝之、九代源太郎勝政、十代源十郎某、十一代勝詮について 184／
文化二年八月提出系図と明治六年提出「士族卒明細短冊」の間の系図について 184
(8) 秋田八代・源太郎勝之 …… 185
(9) 秋田九代・源太郎勝政 …… 186
(10) 秋田十代・源十郎某 …… 187
(11) 秋田十一代・勝詮 …… 189
(12) 秋田十二代・ツル …… 192
二 宇留野分流家（縫殿家）の系譜（秋田二代源兵衛勝忠庶子家） …… 192
(1) 宇留野分流家（縫殿家）初代・縫殿勝弘 …… 192

(2) 宇留野分流家（縫殿家）二代・縫殿勝次 …… 197
(3) 宇留野分流家（縫殿家）三代・久四郎某 …… 198
(4) 宇留野分流家（縫殿家）四代・縫殿勝意 …… 198
(5) 宇留野分流家（縫殿家）五代・源七勝諸 …… 199
(6) 宇留野分流家（縫殿家）六代・忠治勝敷 …… 200
(7) 宇留野分流家（縫殿家）七代・鶴松某 …… 201
(8) 宇留野分流家（縫殿家）八代・源七某 …… 203
(9) 宇留野分流家（縫殿家）九代・忠治勝吉 …… 203
(10) 宇留野分流家（縫殿家）十代・徳治 …… 203
三　宇留野分流家（左近・内記家）について（宇留野源兵衛義長二男・勝親家） 205
(1) 分流初代・左近勝親 …… 205
宇留野源兵衛義長・嫡子源太郎義勝（のちに勝忠）居住地の考察 212／
左近勝親の子供達 219
(2) 分流二代・勘助勝眞 …… 220
勘助勝眞妻の実家・赤坂吉右衛門家について 221
(3) 分流三代・内記勝門 …… 223

内記勝門の姉妹兄弟達　225
(4) **分流四代・勘助勝盛** …… 226
勘助勝盛の妻・矢野造酒家の家系　228
(5) **分流五代・内記勝就** …… 230
(6) **分流六代・不慮之助について** …… 236
事件前後の宇留野分流家の家族の顛末　238／真崎正親家について　238／
内記勝就の弟・兎毛某について　239／勝就長女「カツ」について　241
(7) **分流七代・内記勝一** …… 242
内記勝一の生家、上遠野喜太郎家について　252／内記勝一の子供達　253
(8) **分流八代・内記勝般** …… 256
塩軍兵衛家について　258
(9) **分流九代・内記勝伴** …… 262
内記勝伴の兄弟達　264
(10) **分流十代・内記勝任（のち源七郎）** …… 264
河原田平右衛門家と宇留野家との関係　275
(一) 宇留野源七郎家分流・宇留野良之助家の状態について …… 281
(二) 宇留野分流家・源七郎の状態について …… 287

吉成三右衛門家（右馬之丞家）について 288
(三) 宇留野宗家の状態について 291
**(11) 分流十一代・竹五郎** 297
竹五郎の実父・陶源三郎について 303
**(12) 分流十二代・正** 304
草彅正一家について 304

**四　森田播磨家（後、主鈴家）について** 317
(一) 宇留野源兵衛義長三男清太夫が養嗣子となった家 317
(二) 慶長七年佐竹義宣の秋田入部経路について 323
(三) 森田初代播磨資房から六代甚五左衛門資昭まで 323
(四) 森田七代主鈴資成・八代周助資鼎・九代主鈴資剛について記載されている史料の拾い出し 331
(五) 横手向組下宇留野分流家、角館今宮組下（のち塩谷右膳組下）森田主鈴家、刈和野渋江内膳組下梅津小左衛門家および宇留野宗家の係わり合い 334
**巻末資料** 337
**あとがき** 362

# 図 表 目 次


| 図表No. | 題　　名 | 頁 |
|---|---|---|
| 第１図 | 佐竹系図（宇留野関係）❶～❻ | 25 |
| 第２図 | 〃　❼～❾ | 26 |
| 第３図 | 〃　❿～⓫ | 27 |
| 第４図 | 〃　⓬～⓮ | 28 |
| 表１ | 『佐竹家譜・義俊家譜』等で確認できる事柄および推定できる事柄 | 29 |
| 表２ | 宇留野天鳳存虎（義俊三男）および源兵衛尉義長の家系の考察・推考 | 30 |
| 第５図 | 佐竹家譜・義俊家譜より | 31 |
| 第６図 | 宇留野氏系圖（常陸時代の宇留野氏） | 32 |
| 第７図 | 『佐竹系図』宇留野九助勝休家蔵　天文二十二年　竹関斎 | 39 |
| 第８図 | 雪村周継周辺図（想定図） | 65 |
| 第９図 | 北酒出・馬場氏系図 | 87 |
| 第10図 | 宇留野氏系図（秋田時代の宇留野氏） | 91 |
| 第11図 | 宇留野宗家系図（秋田１） | 92 |
| 第12図 | 〃　（秋田２） | 93 |
| 第13図 | 〃　（秋田３） | 94 |
| 第14図 | 〃　（秋田４） | 95 |
| 第15図 | 宇留野分流系図（縫殿家１） | 193 |
| 第16図 | 〃　（縫殿家２） | 194 |
| 第17図 | 〃　（縫殿家３） | 195 |
| 第18図 | 宇留野分流系図（内記家１） | 206 |
| 第19図 | 〃　（内記家２） | 207 |
| 第20図 | 〃　（内記家３） | 208 |
| 第21図 | 〃　（内記家４） | 209 |
| 第22図 | 慶長７年転封直後における宇留野勝忠の居住地の考察 | 214～215 |
| 第23図 | 宇留野宗家の横手・久保田での居住地（付参考図） | 338～339 |
| 第24図 | 大山氏（六左衛門家）系図 | 147 |
| 第25図 | 茂木氏系図（略系図） | 179 |
| 第26図 | 矢野氏系図（略系図）（1） | 346 |
| 第27図 | 矢野氏系図（略系図）（2） | 347 |
| 第28図 | 赤坂氏系図（略系図） | 222 |
| 第29図 | 宇留野勝一が勝就外孫上遠野喜太郎秀彌の第二子であることの説明 | 177 |
| 第30図 | 森田氏系図（1） | 348 |
| 第31図 | 〃　（2） | 349 |
| 第32図 | 〃　（3） | 350 |
| 第33図 | 宇留野・森田・梅津関係図 | 350～351 |
| 第34図 | 宇留野氏各家の禄高推移 | 352～353 |
| 第35図 | 宇留野・河原田・吉成・塩　関係図 | 354～355 |
| 第36図 | 宇留野源兵衛義長の着座図 | 81 |
| 第37図 | 水戸市宇留野氏「略系」（1） | 356 |
| 第38図 | 水戸市宇留野氏「略系」（2） | 357 |
| 第39図 | 宇留野系圖（1）（茨城県常陸大宮市小野宇留野美雪氏所蔵系図より） | 358 |
| 第40図 | 宇留野系圖（2）（茨城県常陸大宮市小野宇留野美雪氏所蔵系図より） | 359 |


※この他、本文中には図表No.を付していない図、表、写真も掲載されている。

# はじめに

時間に余裕ができ始めたのが平成十六年頃からである。

私の故郷は秋田県角館町（現、仙北市）だが、曽祖父の時代の明治三十年頃までは、秋田県横手町（現、横手市）に戸籍があり住んでいた。この辺の事情については後で触れたい。

宇留野氏は佐竹義宣が、慶長七年（１６０２）常陸から出羽国仙北・秋田の領地に国替えとなった折、それに従い横手に居住した。その時宇留野氏で同行したのは宇留野源兵衛義長と十二歳の長男（源太郎のち源兵衛勝忠）、以下次男（左近勝親）、三男（清太夫のち森田播磨資房嗣子）と系図には記されている。後で判ったことだが、その他に長女がいた。さらに横手移住の前後に生まれた女子が一人いることから、源兵衛義長の妻も同道したと思いたい。

この宇留野一族が藩政時代の約二百七十年の時を経て秋田においてどれだけの分流家が派生したのかを調べてみた。明治六年（１８７３）秋田県宛に提出された『士族卒明細短冊』を調べる限りでわずか四軒であることが確認できた。それは、秋田在住の宇留野勝詮（源兵衛勝忠の子孫）、秋田在住宇留野徳治（源兵衛勝忠の庶子が分流となった家）、横手在住宇留野源七郎（私の曽祖父）、及び横手在住の宇留野良之助（源七郎の弟で戊辰戦争の功で分流を許された家）の四軒である。

これは元禄年間及び文化二年（１８０５）に藩庁に提出された各家の系図を辿ると、それ以外に分流家となった家はないことが確認できる。ただし、秋田藩家老であった梅津政景が記した日記の慶長十七年（1612）十一月十九日の条に宇留野又左衛門（義宣家臣）が久保田から院内銀山に金や銀の精錬のために使用する鉛を持参したとあり、宇留野源兵衛家系統以外に宇留野を名乗る人物が当時秋田藩にいたことが判るが、それ以外には約二百七十年にわたる史料の中でまだ目にすることができていない。宇留野又左衛門の家は、明治六年の『士族卒明細短冊』でも拾うことができず、秋田では絶えたものと思われる。

念のため平成十七年（2005）時点で、NTT東日本の電話帳で宇留野姓を確認してみた。その結果角館町に一軒（私の父）、秋田市に一軒（私の兄）しか確認することができなかった。

その延長として全国の電話帳を調べたところ、宇留野姓の分布は374軒と確認でき、茨城県（229軒、61・2％）、東京都（43軒、11・5％）、神奈川県（29軒、7・8％）に多く、特異なのは岐阜県・岐阜市（24軒、6・4％）であった。東京都を含めた関東各県（334軒、89・3％）にほとんどの宇留野姓が分布していて、秋田県はわずかに2軒で0・5％だけであり、茨城県が宇留野姓発祥の地であることは、この件と次の事項でもって明らかである。それは、角川日本地名大辞典によると全国に「宇留野」という地名は一ヶ所（現、茨城県常陸大宮市宇留野）しかないことである。

この「宇留野」の地名がある大宮町（現、常陸大宮市）が昭和五十二年（1977）に発行した『大宮町史』の中に「宇留野城」が取上げられ、宇留野氏について詳細に記載されているが、その文中に「ともかく、宇留野系図は佐竹一族家系の中で、珍しくその出発点からして不明の点が多く、各種の系図とも一致する点が少ない。これらの系図を検討する材料がない現在では、何の作為も加えずにその主な系図本を整理することなく提示して、後世の研究に期待したい。」と述べられている。

佐竹支族宇留野氏の系統を継ぐ我家として、前記文章については、できればその発祥について明らかにして置きたいという思いと、その責任を感じ、ここにその検証を展開してみた。

その結果、長い時間の中で消失した史料も多いとは考えるが、どうも意図的に消された史料も多いと考えるようになった。その理由は、宇留野氏祖・天鳳存虎当時から約百年の間に「佐竹の三大内乱」（「実定不和合戦」「山入氏義の乱」「部垂十二年の乱」）といわれる各事件について、宇留野氏が深く関わっているため、佐竹氏宗家に不都合な事項が消去されたと推測されること。

さらに、秋田に移住した宇留野源兵衛義長について、詳細を伏せさせる原因と思われる事項が発生している。

それは、慶長七年（１６０２）秋田への転封が決まり慌ただしい中、車丹波守斯忠、馬場和泉守政直・新介重親父子、大窪兵蔵久光等が首謀し水戸城を奪還しようして起こした、いわゆる「車丹波一揆」が間接的に源兵衛義長に関係している。上記の一揆に直接関係した人物は徳川氏により磔の刑にされたり自害したりしているが、その兄弟、親戚縁者にも大きな影響を与えている。新介重親の弟・政忠、憲忠等も秋田に下向したが、姓を母方の大山に変えた。その姓を酒出姓に変えることを許されたのは秋田三代藩主・義処の時で、延宝元年（１６７３）十二月二十一日であった。

源兵衛義長との関係は、馬場新介重親の長女が義長の妻（後妻、源兵衛勝忠・左近勝親等の母）である。

新介重親次女は船尾兵衛尉義綱の妻である。船尾兵衛尉義綱は秋田に入国する直前に義宣の勘気を蒙って牢人し最上で客死したといわれていて、弟・船尾勝貞が兄の妻子を同伴したことが「秋田遅参の士」として書かれている（『水戸市史』『佐竹家譜・義宣』）。

源兵衛義長については、時代的に諸事項がハッキリしてきていて系譜に記載されるべきことが多々あるはずだが、『宇留野氏系圖』上では、元亀二年（1571）、和田安房守昭為が会津に出奔し討手が掛かった時、その三男・善九郎を北義斯邸で十文字の鑓で誅戮したことのみしか触れられておらず、その他の事項の記載は一切ない。母親、妻、卒年等々すべてが不明で記載なく、この時点でそれらに触れていないことは、意図的な不記載があると強く感じる。

秋田下向後、横手に居住し、横手御城御番帳に二番筆頭、その後一番筆頭を勤めている。そして、義長の長男・勝忠については父、義長とは違い卒年月日、行年、法名、埋葬地等が明記されているのである。また、義長には秋田に同行した三人の男子の他に、少なくても二人の娘がいたことが他家の系図（『大山氏系圖』『赤坂氏系圖』）から判明した。

多いとはいえない自家の史料と、その他各種史料（資料）を調査する作業を、自分では〝宇留野氏探訪〟と名付けたが、この〝探訪〟をいつまでも継続するよりも、自身の年齢を考えると、確実に子供達、またその子孫に伝えるためには、ひとまず判った範囲で締めくくり、一旦、本として纏めることが肝要と考えた。同時に、私の代で纏めておかなければ、次の代に調査したとしても伝えきれない事柄が多く、また登記簿謄本取得も制限されるようになった昨今を考えると、タイミング的に私の調査がベストであろうと考える。

そして、今後、源姓宇留野氏研究に取組まれる研究者がいるとすれば、源姓宇留野氏の系統に繋がる者の一人として、その研究資料の一端として貰えれば幸甚と思っている。

# 佐竹支族宇留野氏系譜

――秋田に下向した宇留野氏の探訪――

# Ⅰ　佐竹支族宇留野《うるの》氏の常陸時代

## (1)『大宮町史』に紹介された「源姓宇留野氏」

『大宮町史』（大宮町・1977、大宮町は現在の茨城県常陸大宮市）では、「宇留野城」とともに、かつてその地に何らかの関係があったろうと思われる宇留野姓の二人について述べられている。

『家系本末鉦』に天禄年間（970〜973）平貞盛より所領が与えられた「宇留野五郎時景」について、また、『水府志料』に所収の文書中、元亨三年（1323）関東下知状に「宇留野大輔僧都宏瑜」の名があることについて詳しく記載されている。

この他に『佐竹家譜・義盛』（義盛＝1365〜1407年）に、佐竹氏譜代九十三騎の中に「地之譜代」（大部分が出身村名を氏名とする）で「久慈之西東奉公衆」十一人の一人として「宇留野」の氏名が記されている。佐竹支族の宇留野氏は、十四代義俊（1420年生）の子供達が最初であり、佐竹支族ではない豪族が当時いたことが判る。

また、『角川日本地名大辞典』には、「うるの宇留野〈大宮町〉」の事項説明中、「野上太郎右衛門にあてた永正元年（1504）六月二十八日の親頼判物写に、『此度於宇留野忠信、よつて先以久慈窪下之内八貫五百文之所帰候、弥奉公可也』と見え（野上正右衛門文書／家蔵文書）、佐竹義舜《よしきよ》の山入氏討伐の際の戦場と化している」の記載があり、「宇留野忠信」なる人物がいたことが判る。永正元年は源姓宇留野の発祥後ではあるが、この人物は源姓宇留野ではないと思える。

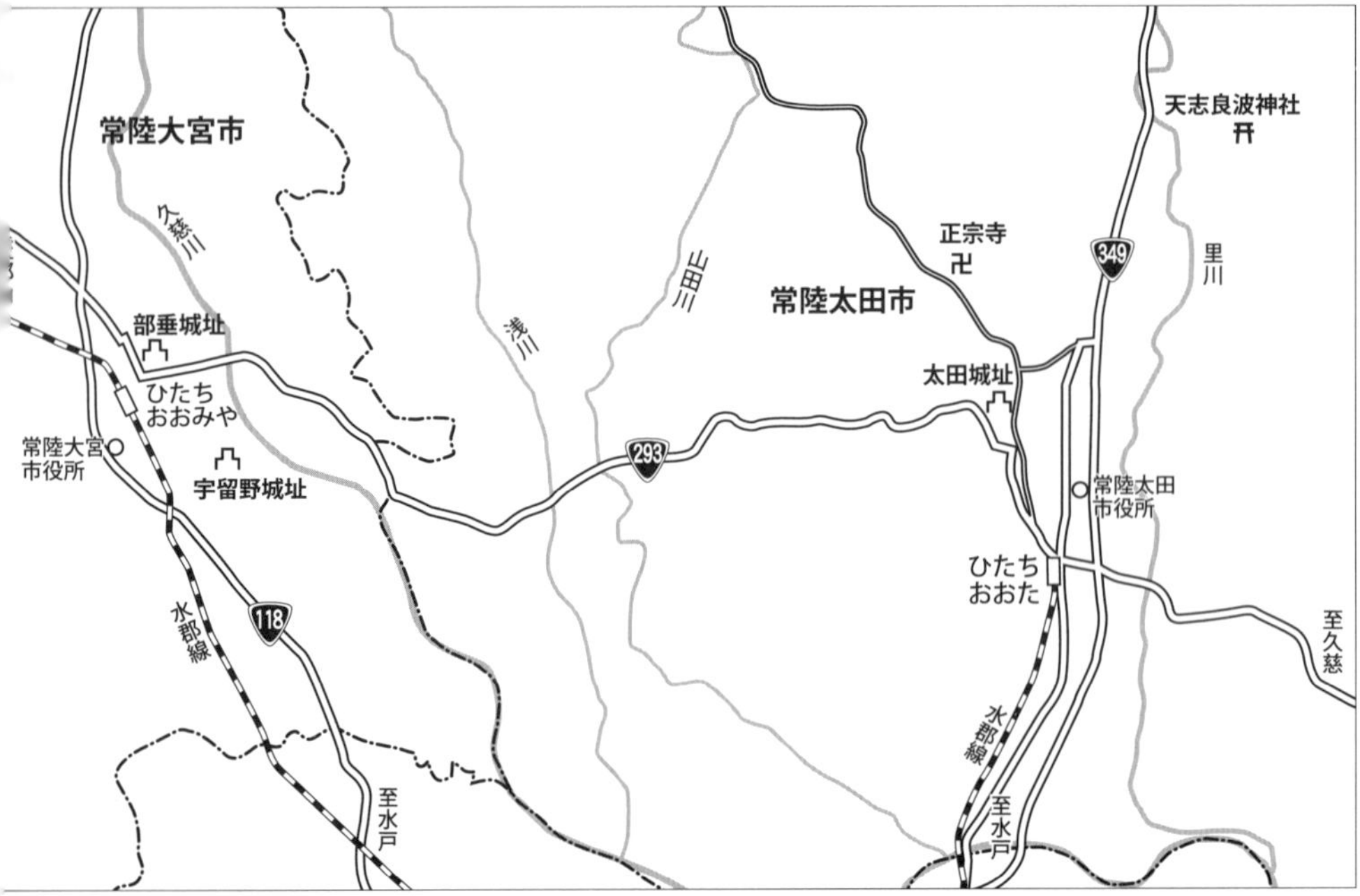


部垂地図

ここでは『大宮町史』に紹介された「源姓宇留野氏」に係わる記載の一部を引用したい。

〔『大宮町史』引用文〕

その後、佐竹一四代義俊の子息たちが宇留野に進出したらしい。義俊の正夫人は小山大膳娘で、一五代義治や天神林、戸村氏系はその嗣子であった。なお、義俊には第二夫人平元氏があり、その系に誕生した二人がともに宇留野に関係あるらしいことから、前記のように子息たちと表現したのである。すなわち、庶長子は出家して天鳳存虎と称したが、のちに還俗《げんぞく》し宇留野源兵衛義長の父となったと、同氏祖の名称を贈る系図本が多い。四郎掃部助は、耕山寺本系図では義公で、義久四郎猶子とある。猶子とは兄弟の子、養子という意味であり、義久の経歴が不明のため、いかなる家系を相続したものか確定できない。ただ、『佐竹寺本系図』に宇留野

**宇留野城遺構測定値表**（『大宮町史』より）

| 部　分 | 最大長 | 最短長 | 面　積 |
|---|---|---|---|
| | m | m | ㎡ |
| Ⅰ　郭 | 55 | 30 | 1650 |
| Ⅱ　郭 | 94 | 71 | 6574 |
| Ⅲ　郭 | 62 | 38 | 2356 |
| Ⅳ　郭 | 126 | 94 | 11844 |
| Ⅴ　郭 | 80 | 68 | 5440 |
| Ⅵ　郭 | 177 | 75 | 13285 |
| Ⅶ　郭 | 98 | 70 | 6860 |
| 総　体 | 530 | 240 | 107950 |

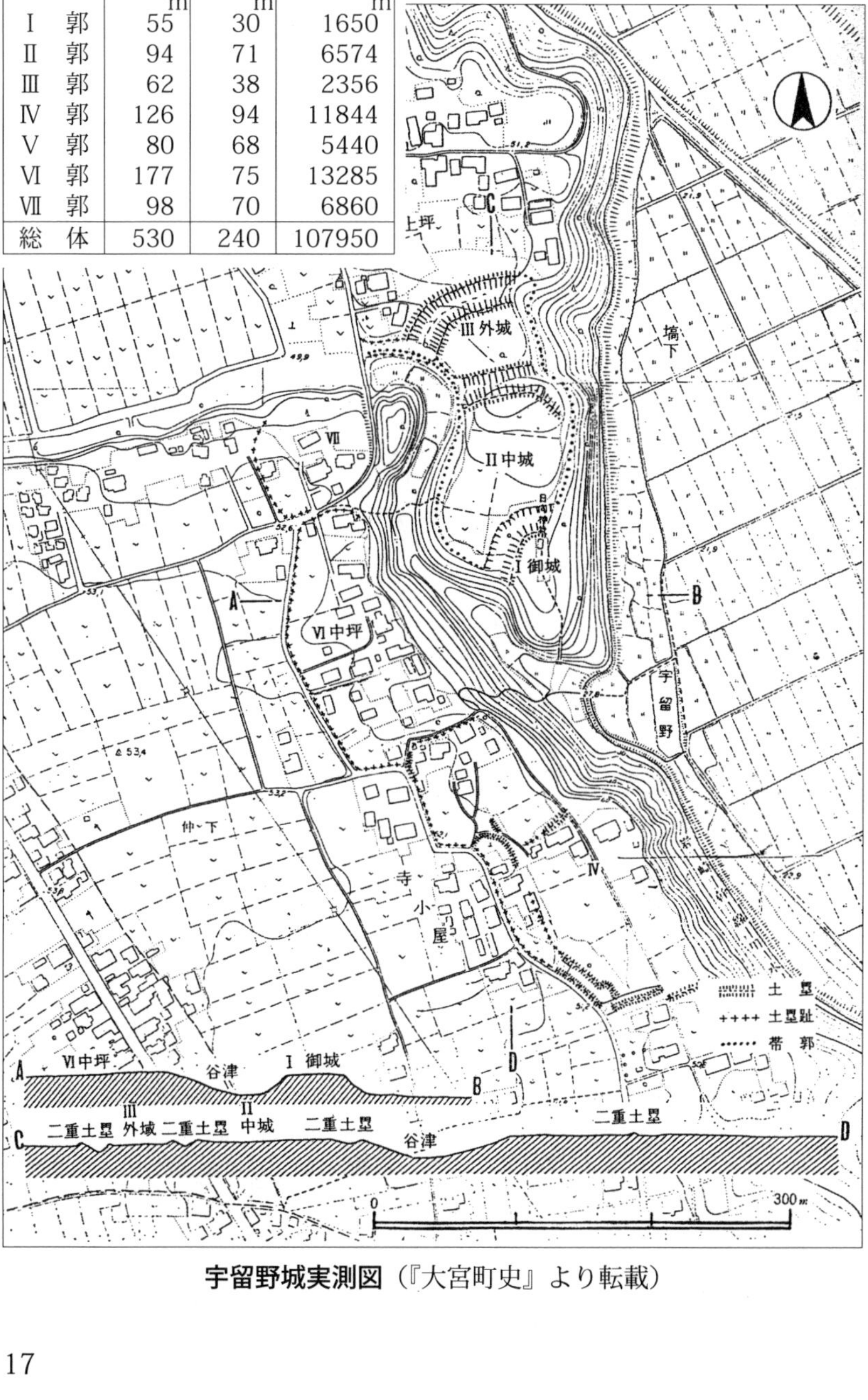


**宇留野城実測図**（『大宮町史』より転載）

氏二代目義長は源兵衛掃部介（助）で法名喜嶺慶公といい、保内《ほない》（拙註：現在の茨城県久慈郡大子町）の妻倉で討死したとある。これは耕山寺本系図の義公の法名賀辰岑慶、保内において討死などと一致して、義俊の子四郎掃部助と宇留野氏二代目義長は同一人のような可能性を持っている。『宮本茶村本系図』の義久と同一人とは思われない。

『佐竹世系図』『新編佐竹氏系図』『小田野和泉本』などにおいては、四郎掃部助が宇留野氏を称し、存虎は宇留野源兵衛の父とある。以上の条件に『耕山寺本系図』の年三〇保内において討死したということを加えれば、子息がなかったので同母兄弟の子義長が、宇留野家系を相続したとも理解できる。ともかく、宇留野系図は佐竹一族家系の中で、珍しくその出発からして不明の点が多く、各種の系図本とも一致する点が少ない。これら系図を検討する材料がない現在では、何の作為も加えずにその主な系図本を整理することなく提示して、後世の研究に期待したい。

以上の系図本以外に、宇留野氏の名は次の文書に散見する。永禄五年（一五六二）相馬中村の相馬盛胤が常陸佐竹領に侵入した時、日立市の石名坂で『佐竹秘録』によれば坂上三六騎が対戦して南下を阻止した。この一番組支配が宇留野土佐守長貞で、組内一二騎中に宇留野長道もあり、ともに討死している。天正一〇年（一五八二）佐竹二〇代義宣の一三歳の時御烏帽子着祝い席、参列者一〇人中に、同一九年（一五九一）の義宣が水戸城御移之節御列在という中にも宇留野源太郎の名がある。また、水戸市加倉井町の日蓮宗妙徳寺の天正一二年（一五八四）改修棟札に、大旦那江戸重通とともに「宇留野源太郎殿」と名を記されるほど寄進したらしい。

〔以上『大宮町史』より引用〕（振仮名・傍線筆者）

## (2)「源姓宇留野氏」の誕生

右の『大宮町史』の引用文と我家に伝わる『宇留野氏系圖』（※）にはかなりの相違点があり、これについての検証を加えた。

**源姓宇留野氏誕生当時の周辺図**
（『金砂郷村史』第4図をもとに作成）

〔※『宇留野氏系圖』は安永二年（1773）に再興を赦された分流家宇留野内記勝一が、文化二年（1805）に宗家の系図を写記して以降分流十代内記勝任〈のち源七郎〉の代まで記された系図で、現在秋田市在住の宇留野隆が所有している。〕

『大宮町史』に載せられた各種系図本を「第1図」～「第4図」に写しその各種系図本に❶～⓮の番号を付した。

また、『宇留野氏系圖』を「第5図」「第6図」とした。そのうえで、秋田県公文書館所蔵『佐竹御分流系圖　宇留野』（A288・2–590–26）及び元禄年間に開始された秋田藩の修史事業の結果まとめられた『佐竹家譜』に照らすと次の結論に達する。

**宇留野天鳳存虎は佐竹十四代義俊の「三男」である。**

このことは『佐竹家譜・義俊』にも明記され

ていて、その『佐竹家譜・義俊』は次のとおりである。

〔『佐竹家譜・義俊』の引用文〕

文明九年丁酉（一四七七　五八歳）

十一月二十四日（拙註：義俊）逝す。寿五十八歳。道号曜岳、法名建晃。曾て小山大膳大夫藤原某の女（道号花渓、法名妙栄）を妻て二男二女を生む。

長は義治と曰ふ（其伝後に出づ）。

次は義成と曰ふ。字は三郎、天神林の祖なり（其次男右京亮某子孫、当時天神林刑部吉勝、同正右衛門行俊、同半平秀直等あり）。

次の二女子、嫁する所を知らず（古譜、小場系図義信の下に、室は曜岳の女、法名徹渓妙悟とあり。按に、義信、嘉吉二年に卒す。三十六或三十九とあり。曜岳は義俊法名なり。義俊文明九年五十八歳にして卒す。義俊十五六歳にして女子を生ども、嘉吉二年には僅に八、九歳にして義信に嫁する年齢に非ず。況や義治及び天神林等の妹なるをや。故にこれを記さず。後の考に備ふ）。

次に侍女（平元氏女）一男子を生む。道号天鳳、法名存虎。宇留野氏の祖なり（其子孫今の時、宇留野源兵衛勝明、同縫殿勝弘、同勘助勝盛等あり）。山入氏義叛逆の時、大縄神六（氏義其功を賞して神六を改て将監とす）が為に斬殺せらる。

義俊新に戸村の町田某の女（当時新造上と称す。謚陽源院、法名昌隆）を娶て二男一女子を生む。

兄を某と云。字は四郎、掃部助と号す。宇留野氏を称す（詳に義篤伝に出づ）。

弟を義易と云。字は八郎、其叔父戸村義倭の嗣となる。法名大林。

次は女子（義易と姉妹の間詳ならず）、嫁する所を知らず（以上佐竹系図引証本に出づ）。

〔以上引用〕（傍線筆者）

ここで、「四郎掃部助」について「詳《つまびらか》に義篤伝に出づ」とあるが、『佐竹家譜・義篤』に記されているその部分を拾い出すと、次のように記されている。〔以下再び引用〕

享禄二年己丑（一五二九〈義篤〉二十三歳）
其弟義元（字は四郎、宇留野四郎某嗣となる。後、部垂の城を奪て此に居る。因て部垂義元と云）（拙註：部垂《へたれ》城＝茨城県常陸大宮市）、宇留野義長（源兵衛と号す。天鳳存虎の子なり）に議して部垂の城（義篤の臣小貫兵庫助某居所）を襲はんと欲す。義長密に書を其城主小貫兵庫助が四臣菊池、池田、小田野、黒沢に寄て、利を以て是を欺く。菊池、池田肯はず。小田野、黒沢是に応ず。十月二日夜に入て義元其兵数百輩を率て間道を歴て城に入、中外勢を合て襲ひ攻む。兵庫助自ら当て奮戦す。然ども事不意に発するが故に、是を拒ぐこと能はず。火を放て城を焚き遂に自燼す。其子某（彦三郎、長じて伊勢守と称す。父に襲で佐竹氏の臣となる）僅に二歳。乳母是を懐て密に太田に走る（以上東州雑記及び小貫団右衛門頼忠系図に出づ）。義元遂に部垂を領す。
〔以上『佐竹家譜』を引用〕

佐竹支族宇留野氏について、種々の系図本が存在し、そのため、義俊三男「天鳳存虎」と四男「四郎掃部助」について長幼が逆になったり、さらには義俊五男・義易が義俊三男とした系図が『戸村本系図』を引証本とした『新編常陸国誌』記載が正しいものとして引用されたためと考えられるが、茨城県下の各市町村で発行された市史・町史・村史の多くで佐竹十四代義俊の子供達の長幼の記載が誤ったものが見受けられる。

昭和五十七年三月に常陸太田市史編さん委員会が発行した『佐竹家臣系譜』の「解説」の中で、引用した各種文書類、系図類を列記している。その内、その文献に簡単な説明が加えられているものがあるが、その中の『常陸家譜戸村義国本』『新編常陸国誌』について、次の説明がある。

・『常陸家譜戸村義国本』秋田県立図書館所蔵の「常陸家譜」（請求書号A二八六・二）に、寛文五年八月吉日・戸村十太夫義国とあり、注に「此書ハ戸村十太夫義国ノ書キタルモノ、戸村家六世源義和ノ男ナリ、天正十九年生レ、大阪ノ役ニ功アリ、寛文十年十二月二十三日卒、年八十歳」とある。

・『新編常陸国誌』中山信名（名は文幹 字は平四、通称を平四郎、号を柳州）の私撰本。これに土浦出身の色川三中が修訂し、明治二十六年水戸出身で東京帝国大学文科大学教授の栗田寛が増補した。明治三十二年上巻、三十四年下巻の二冊本として出版され、常陸における地誌の原典的存在として利用される。

そして、次のことが明らかである。

『寛永諸家系図伝』は寛永十八〜二十年（1641〜43）に江戸幕府により編纂され、諸家に対して素材資料となる各家の系図・家譜・古文書等を提出させ、若年寄太田資宗が総裁、林羅山が編纂主任となり寛永二十年（1643）九月に完成した。

秋田藩の史料は家老戸村十太夫義国が中心となり、短時間の内に集められ提出されたといわれている。その後寛文年間に秋田藩としての系図編纂の動きがあり、戸村十太夫義国を中心にその作業が始められた。

系図・家紋を偽作して華美に飾り立てたり、嫡庶を争ったりするものが多くなったため、それらを改めることを目的としたといわれる。

しかし、この事業は戸村義国の死去（寛文十年〈1670〉十二月卒）とともに中断し、その当時の系図の原本は残されなかった。

その後、佐竹家自身の家譜編纂の必要から、藩として正規の修史事業が行われた。

秋田三代藩主・義処《よしずみ》の時代の元禄十年（1697）七月に岡本又太郎元朝を「佐竹系図伝記及諸士系図文書改奉行」に任じ、少し遅れて大和田内記時胤、中村又左衛門与助を文書役、その下に物書五人を配し、まずは佐竹初代義光（『佐竹家譜』では義光を初代として数えている）から二十一代義宣までの家譜作成事業が始まった。

なおその前年（元禄九年）十月に秋田藩記録方として大和田時胤、中村与助を旧領常陸に派遣（同十年八月帰藩）、佐竹氏の古記録を調査させている。

岡本元朝は元禄十年に家中諸士系図・證文写差出を秋田藩の全直臣およびその陪臣まで届くように命じて、翌年（元禄十一年）七月まで系図及び諸證文の提出を命じた。中世の貴重な史料群として全国的に有名な『秋田藩家蔵文書』を後世に残すことになる。

岡本元朝は、系図・古文書を厳密な史料批判によって、後世の歴史に耐えられるようにしただけでなく、原本そのものも一次史料として臨写本という形で保存するというやり方を取っており、極めて現代の歴史学の方法に近い。

また、彼の設置した文書所（秋田史館）は、史料の選別を行っており、現在の公文書館と変わらぬ役割を果たした（この文章の一部は、秋田県公文書館が平成十二年の企画展の折に発行した『秋田藩の家臣団』を引用している)。

その結果纏まった家譜、及びその後引続き行われた修史事業で残された三十代義厚までの家譜を、平成元年に秋田図書館で議論の結果『佐竹家譜』と名づけ、活字本として平成元年六月、世に発行された。

『寛政重修諸家譜』は寛政年間(1789〜1801)に江戸幕府が老中・松平定信当時、若年寄・堀田正敦を総裁として林述斎らが中核となり編纂され、文化九年(1821)に完成した。

『寛永諸家系図伝』では記録を提出した家によって兄弟姉妹の長幼が不統一であったが、『寛政重修諸家譜』ではその長幼の順を正しく並べ直す方針が取られた。秋田藩では、岡本元朝による修史事業を基にして、誤りのあった部分を訂正している。

ところで、平成二十一年三月に発行された『横手市史　史料編　近世Ⅱ』(横手市発行)では、藩政時代ながく横手の所預《ところあずかり》を勤めた戸村氏系図につき、『寛政重修諸家譜』により修正されている戸村氏二代義易が、「義俊五男」を「義俊三男」のまま記載されている。

もっとも、『横手市史』掲載の「戸村氏系図」は元禄十一年(1698)八月十六日に藩に提出された「戸村氏系図」(秋田県公文書館 A288.2-2256)を載せているのでそれはそれとして誤りではないが、岡本元朝の調べの結果である『寛政重修諸家譜』での訂正箇所「義易は義俊五男」であることの注釈を記して欲しかったと思っている。

その理由は、『寛永諸家系図伝』及び『新編常陸国誌』の佐竹系図原本が「秋田侯家臣戸村十太夫義國」となっていて、それらを引用した茨城県の各市町村史では、上記の結果「義俊三男天鳳存虎」の記載が定まらないことの一因となっていると思われるからである。

**第1図**

**・佐竹世系図 ❶**

佐竹 義俊
- 義治
- （略）
- （略）
- 某　四郎掃部ノ助　宇留野ト号ス
- 存虎　宇留野源兵衛義長ノ父
- （略）

**・長谷蜜蔵院本 ❷**

義俊
- 義治（略）
- 天神林三郎
- 戸村八郎
- 女子
- 女子
- 存虎 ― 源兵衛
- 掃部助 ― 四郎
- 女子

**・小田野和泉本 ❸**

義俊
- 義治（略）
- 義賀　天神林ニ住ス、小山腹
- 某　戸村ニ住ス、大林、小山腹
- 存虎　平元腹也
- 某　宇留野掃部助　平元腹

**・耕山寺本 ❹**

義俊
- 義治（略）
- 義成　天神林祖
- 女子
- 女子
- 義公　四郎掃部助　法名賀辰岑慶、年三十、義久四郎、猶子、保内ニテ討死ト云フ
- 存虎　宇留野源兵衛父
- 義易　戸村祖也

**・新編佐竹氏系図 ❺**

義俊
- 義治
- 義成
- 女
- 女
- 存虎　母は侍女平元氏、義俊第三子とあり、掃部助の庶兄ともあり　初め浮屠、天鳳と号す、のち還俗、宇留野氏の祖　宇留野源兵衛義長を生む、法名天鳳存虎
- 某　四郎掃部助　母は町田氏新造ノ上と号す（法名陽源院昌隆）　宇留野を称す
- 義易
- 女

**・宇留野氏本 ❻**

天鳳存虎 ― 源兵衛尉義長
- 源五郎葉山道楓
- 源八郎馬助
- 源七郎
- 女子数多

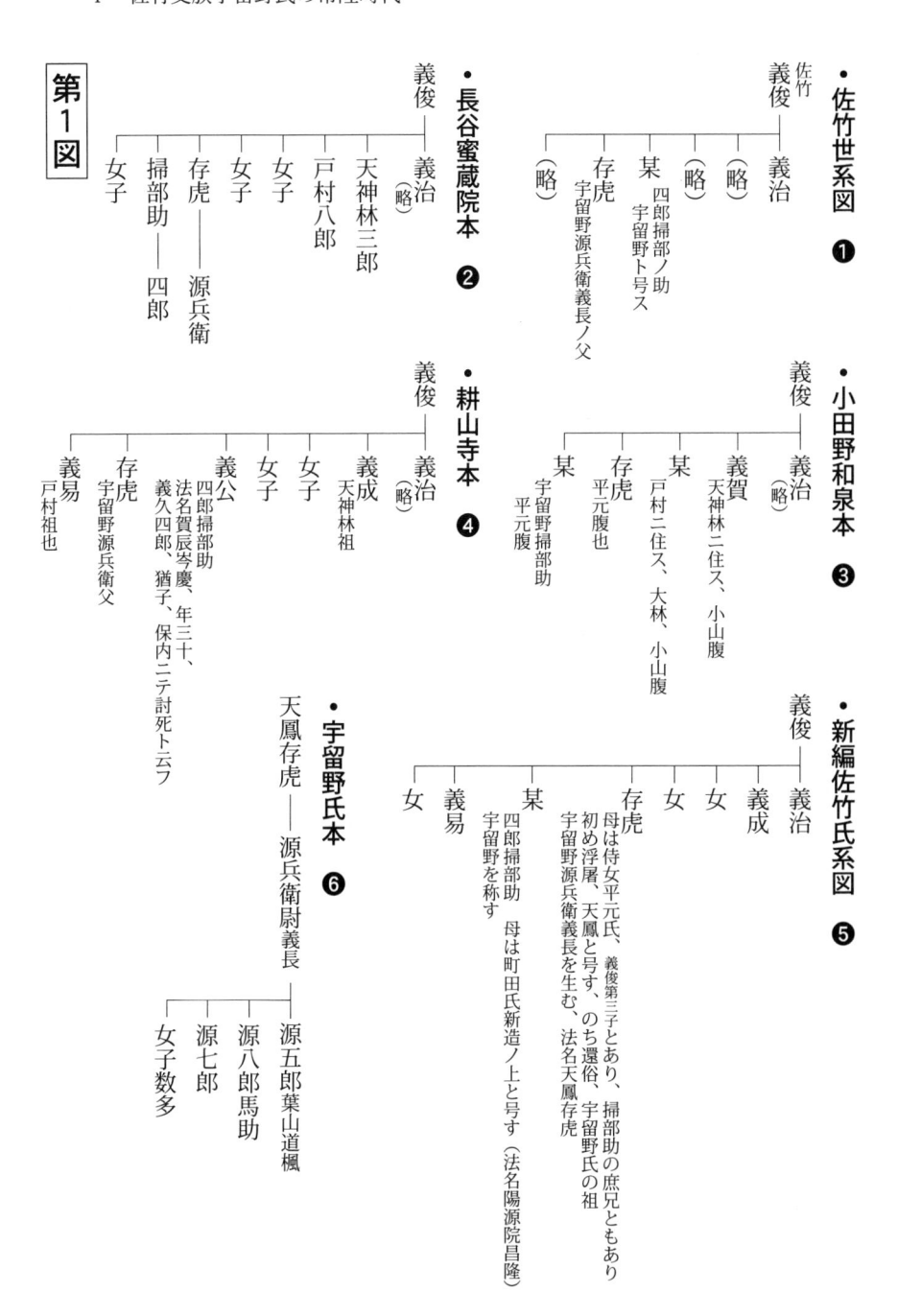

## 第2図

### ・正宗寺本　宇留野 ❼

義俊—洒掃—四郎（法名賀岑慶公　依上ノ妻倉ニテ打死）—四郎義元（義舜ノ男也為猶子）—竹壽丸（父子天文九年三月十四日生害）

### ・清音寺本　宇留野 ❽

義俊—天鳳存虎（洒掃ノ庶兄也）—源兵衛尉義長—源五郎（嫡子持家督）—右馬助（二男庶兄）—右近（三男持家督）—大山田大學（四　小田ニテ打死）—源十郎（五持家督）—源太郎

存古（僧　四郎庶兄　天鳳存虎）—源兵衛義長
- 源五郎（兼山道風　天文八年七月七日打死部垂取合ニ死　童名カコ）
- 右馬助
- 源七郎右近（私云大山田大学助ハ他ノ嗣ト見ヘタリ　故ニ今此者ヲ除ク故）
- 源兵衛

### ・新編常陸国誌　宇留野 ❾

義俊—義公（刑部　山入党）—義長（宇留野源兵衛）
- 長昌（源五郎）
- 長行（右近、鶴松　部垂に居る　永禄六年小田で戦死）—長綱（小田氏のために陥る　後流寓して下野にあり　慶長中旧族が迎えて部垂に帰らせる）
  - 蓮信—勝忠—勝道（源兵衛）
  - 源左衛門某（小野村に居る）

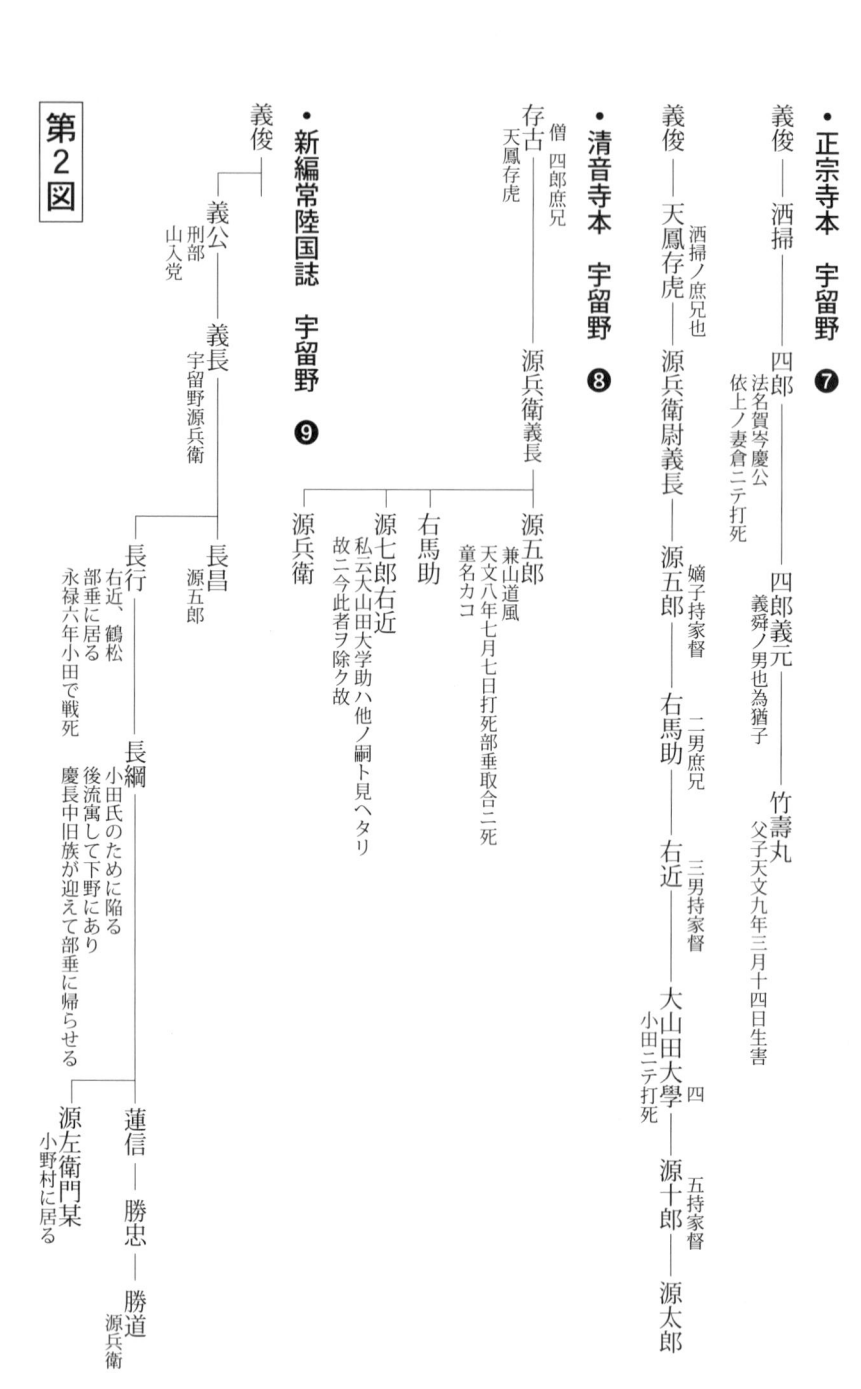

**第3図**

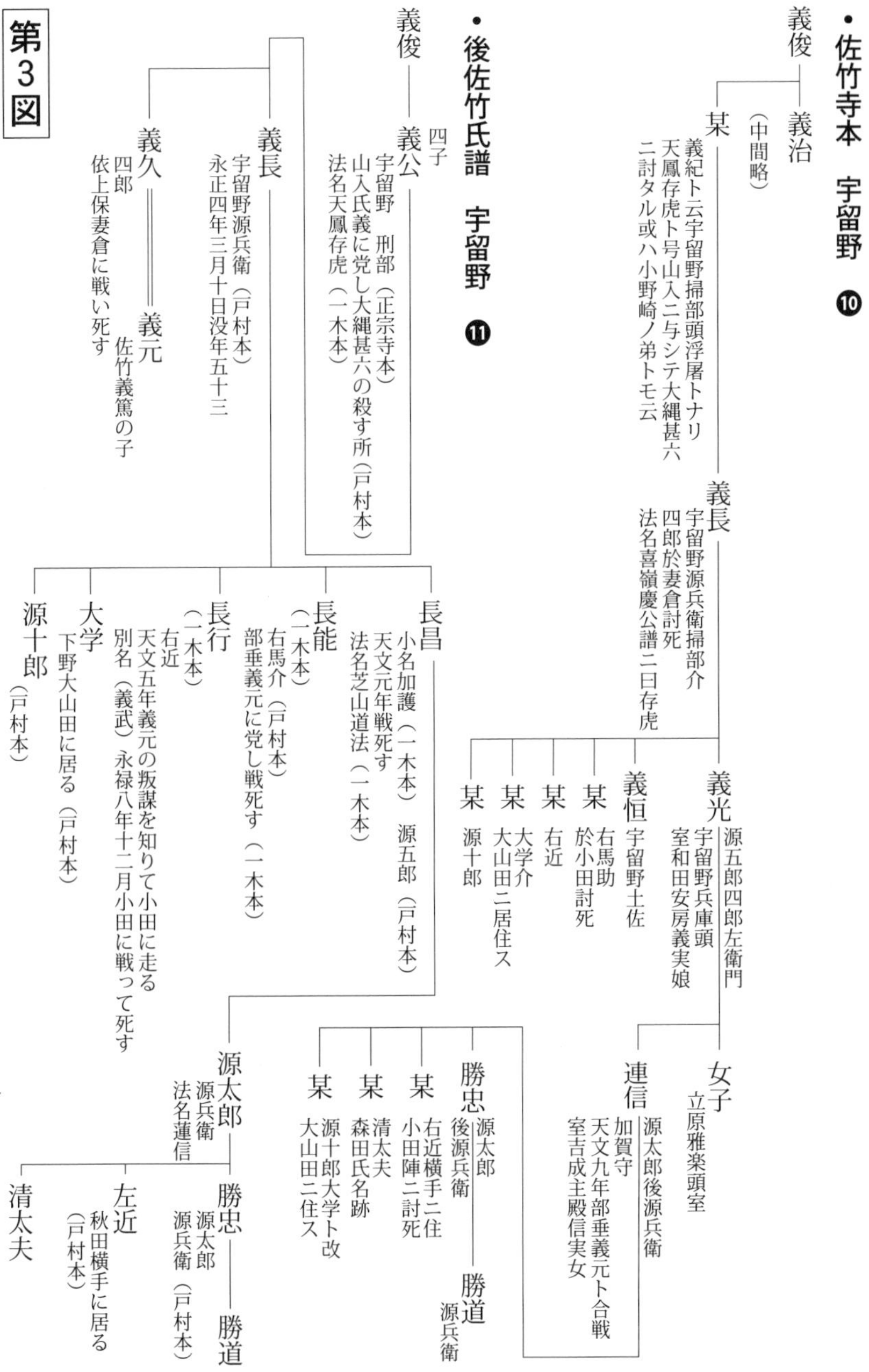
・佐竹寺本　宇留野 ⑩
義俊
義治
（中間略）
某
義紀ト云宇留野掃部頭浮屠トナリ
天鳳存虎ト号山入ニ与シテ大縄甚六
ニ討タル或ハ小野崎ノ弟トモ云
義長
宇留野源兵衛掃部介
四郎於妻倉討死
法名喜嶺慶公譜ニ曰存虎
義光
源五郎四郎左衛門
宇留野兵庫頭
室和田安房義実娘
義恒
宇留野土佐
某
右馬助
於小田討死
某
右近
某
大学介
大山田ニ居住ス
某
源十郎
女子
立原雅楽頭室
連信
源太郎後源兵衛
加賀守
天文九年部垂義元ト合戦
室吉成主殿信実女
勝忠
源太郎
後源兵衛
勝道
源兵衛
某
右近横手ニ住
小田陣ニ討死
某
清太夫
森田氏名跡
某
源十郎大学ト改
大山田ニ住ス
・後佐竹氏譜　宇留野 ⑪
義俊
義公
四子
宇留野　刑部（正宗寺本）
山入氏義に党し大縄甚六の殺す所（戸村本）
法名天鳳存虎（一木本）
義長
宇留野源兵衛（戸村本）
永正四年三月十日没年五十三
義久
四郎
依上保妻倉に戦い死す
義元
佐竹義篤の子
長昌
小名加護（一木本）　源五郎（戸村本）
天文元年戦死す
法名芝山道法（一木本）
長能
（一木本）
右馬介（戸村本）
部垂義元に党し戦死す（一木本）
長行
（一木本）
右近
天文五年義元の叛謀を知りて小田に走る
別名（義武）永禄八年十二月小田に戦って死す
大学
下野大山田に居る（戸村本）
源十郎
（戸村本）
源太郎
源兵衛
法名蓮信
勝忠
源太郎
源兵衛（戸村本）
勝道
左近
秋田横手に居る
（戸村本）
清太夫

## 『大宮町史』に記載の「部垂氏系図本」

**•正宗寺本　宇留野** ⑫（註・この「正宗寺本」は「宇留野氏系図本にも記載した。）

義俊——洒掃——四郎法名賀岑慶公（依上ノ妻倉ニテ打死）——四郎義元（義舜ノ男也為猶子）——竹壽丸（父子天文九年三月十四日生害）

**•佐竹寺本** ⑬

義舜——義篤
　　└—義元（幼名竹寿丸四郎部垂城ニ住ス　天文九年三月十四日反逆ニ因テ討死　法名勝厳常俊一代ニテ亡）——義連（早世法名常須童子　父ト共ニ死）

**•川崎春二本** ⑭

義平（義仁三子　天鳳存虎　宇留野将監）——義公（兄の名跡　掃部介四郎）——義久＝＝義元（義舜三子　宇留野名跡）
　　├—竹寿丸（父と共に部垂討死）
　　├—繁興（川崎石見守救て蓮乗院へ送る）
　　└—十万丸（鳥の子の外戚江戸隠岐守にかくまわれる）

**第4図**

**表1　『佐竹家譜・義俊家譜』等で確認できる事柄および推定できる事柄**

| 義俊との関係 | 母親 | 生年（カッコは推定） | 父の年齢 | 字 | 実名等 | 没年 | 卒年齢 | 義俊太田城を出奔時（1452年）の年齢 | 備考 |
|---|---|---|---|---|---|---|---|---|---|
| 長男 | 小山大膳大夫女 | 1443年 | 24歳 | 次郎 | 義治（佐竹十五代） | 1490年4月25日 | 48歳 | 10歳 | 義俊出奔の時、義治は太田城に留まった。母が小山氏女であることを考えるとそれより年少の子達も同じく留まったと考える。天鳳存虎も同じと推測。 |
| 二男 | 小山大膳大夫女 | （1445） | （26歳位） | 三郎 | 義成（天神林氏祖） | 文亀年中（1501〜04） | （60歳位） | （8歳位） | |
| 長女 | 小山大膳大夫女 | （1447） | （28歳位） | | （嫁ぎ先不詳＝『佐竹家譜』） | ？ | ？ | （6歳位） | |
| 二女 | 小山大膳大夫女 | （1449） | （30歳位） | | （嫁ぎ先不詳＝『佐竹家譜』） | ？ | ？ | （4歳位） | |
| 三男 | 侍女平元氏女 | （1450） | （31歳位） | | 天鳳存虎（宇留野氏祖） | 1504年3月10日 | （55歳位） | （3歳位） | 天鳳存虎の生年推定は、①義俊出奔前の生まれ、②庶子であること、③存虎の嫡子・義長の活躍が出てくる延徳二年（1490年）から逆算 |
| 四男 | 町田氏女（第二夫人） | （1453） | （34歳位） | 四郎 | 掃部助（宇留野氏を称す） | 1505年（？） | （53歳位？） | — | |
| 五男 | 町田氏女（第二夫人） | （1455） | （36歳位） | 八郎 | 義易（戸村義倭養子） | 1502年1月17日 | （48歳位） | — | |
| 三女 | 町田氏女（第二夫人） | （1457） | （38歳位） | | （嫁ぎ先不詳＝『佐竹家譜』） | ？ | ？ | — | |

（※）この兄弟たちの他に、長男・義治、次男、長女、次女には父違いの弟がいる。義俊次弟・実定と小山大膳大夫女（法名花渓）の間に生まれた義実である。『佐竹家譜・義俊』にも、義実出生について記している。「寛正二年辛巳（一四六一〈義俊〉四二歳）義実生る。実定第二子。母は花渓にして義治同母弟なり（古譜正宗寺蔵本及び北氏所蔵佐竹系図等に出づ。但、北氏所蔵系図に憲顕をも義実と一腹の如くに書す。按に、義実生るゝは義俊流離十年目に当れり。花渓に通ずと云者相応せり。若憲顕をも一腹とせば、前の考の如く憲顕上杉の嗣となるは康生元年（1455年）にて、其年十三歳なれば、寛正元年（1460年）より十八年以前、嘉吉三年（1443年）に憲顕生るゝに当れり。然ば義俊流離十年以前より通に当れり。疑うべし。且、嘉吉三年は義治誕生の年なり。一年に二人の子を生むこと決して其謂なし。（以下略）」

実定が寛正六年（1465年）九月二十五日に没する（行年41歳位）。その子義実が嗣子として太田城に居住する。義実はわずかに五歳である。そして義実の後見である祖父の義人が応仁元年（1467年）十一月二十四日没する（行年68歳）。義実は太田城を出城し水戸に奔走し水戸氏はそれを受け容れる。義俊、義治の父子が太田城に還住した。

## 表2　宇留野天鳳存虎（義俊三男）および源兵衛尉義長の家系の考察・推考

| 実名等 | 字 | 母親 | 生年（カッコは推定） | 父の年齢 | 没年 | 卒年齢 | 備考 |
|---|---|---|---|---|---|---|---|
| 天鳳存虎、佐竹義俊三男 | | 侍女平元氏女 | （１４５０年頃） | （31歳位） | １５０４年３月10日 | （55歳位） | |
| 義長、天鳳存虎嫡子 | 源兵衛尉 | ？ | （１４７０年頃） | （21歳位） | （１５５０年頃） | （80歳位） | （※）父存虎と違い始めから義舜に近侍したと思われる。 |
| 義泰、源兵衛尉義長嫡子 | 源五郎 | ？ | （１５００年頃） | （31歳位） | １５３９年７月７日 | （40歳位） | 部垂城で討死、実名は文化二年に藩庁提出の家伝書より。小名カコ。 |
| 右馬助、源兵衛尉義長庶長子 | 源八 | ？ | （１４９９年頃） | （30歳位） | １５３９年７月７日 | （41歳位） | 部垂城で討死、源五郎義泰の庶兄。 |
| 義則、源兵衛尉義長三男 | 源七郎 | ？ | ？ | ？ | １５６３年 | ？ | 永禄六年小田で討死（『新編常陸国誌』）実名出典は兄・源五郎義泰に同じ。 |
| 大学助（源兵衛尉の養子、右馬助の子） | 大学助 | ？ | ？ | ？ | ？ | ？ | 源八・右馬助が１５３９年７月７日に討死した為、その幼い子供を源兵衛尉義長が引取り養子としたと思われる。年下の蓮信が源七郎の嗣となった為、下野の大山田に出奔し住んだと考えられる。 |
| 義長（源兵衛尉義長の養子、源五郎義泰の嫡子） | 源十郎 源太郎 源兵衛 | ？ | （１５３９年頃） | （40歳位） | （１６１５～１６２０年位） | （80歳前後） | 蓮信（生前法名?）、源五郎義泰の嫡子。父源五郎が１５３９年７月７日に討死した為、その幼い子供を源兵衛尉義長が引取り養子としたと思われる。源七郎義則が１５６３年に小田で討死した後、嫡流が後を継ぐ。その為、弟の下に立つことを快しとしなかった兄大学助が大山田に出奔したと考えられる。 |
| 女子（多数） | | | | | ？ | | 「女子多数」と記載があるのは、源兵衛尉義長の子、源五郎義泰、源八右馬助の子供達に女子が多くいたということだろうと思われる。 |

（※）天鳳存虎の子・源兵衛尉義長は延徳二年（１４９０年）閏七月二十七日、義舜が身の危険を覚え太田城を出奔した時、いち早く義舜の後を追い、追いつき先頭に立って義舜を警護し孫根城に到着できた（『山入一揆と佐竹氏』大内政之介著、分流宇留野氏所有『宇留野氏系圖』他）。その当時源兵衛尉義長は少なくとも元服はしていたと考えられるし、後の部垂城攻城戦（１５４０年３月）およびその後を考えると、義長の生まれは１４７０年頃と推考できる。

## 佐竹家譜・義俊家譜より（註・『佐竹家譜・義俊家譜』を系図様式にて記載した。）

**第5図**

### 義俊

初義従　五郎　伊予守　右京大夫
応永二十七年（１４２０年）生
義人長子
母は義盛の女・法名甚山妙幸
文明九年（１４７７年）十一月二十四日卒五十八歳
道号曜岳、法名建晃
曾て小山大膳大夫藤原某の女（道号花渓、法名妙栄）を妻て二男二女を生む。

#### 義治

左衛門　左馬頭　右京大夫
嘉吉三年（１４４３年）生る
義俊長子
母は小山大膳大夫藤原某女
延徳二年（１４９０年）四月二十五日卒行年四十八
道号一峯、法名道錦

#### 義成　母同

次は義成と曰ふ。字は三郎、天神林の祖なり（其の次男右京亮某子孫、当時天神林刑部吉勝、同正左衛門行俊、同半平秀直等あり）。

#### 女子　母同

嫁する所を知らず（古譜、小場系図義信の下に、室は曜岳の女、法名徹渓妙悟とあり。按に、義信、嘉吉二年に卒す。三十六或は三十九とあり。曜岳は義俊法名なり。義俊文明九年四十八歳にて卒す。義俊十五六歳にして女子を生ども、嘉吉二年には僅に八、九歳にして義信に嫁する年齢に非ず。況や義治及び天神林等の妹なるをや。故にこれを記さず。後の考に備ふ。

#### 女子　母同

嫁する所を知らず。

#### 存虎

次に侍女（平元氏女）一男子を生む。道号天鳳、法名存虎。

宇留野氏の祖なり（其の子孫今の時、宇留野源兵衛勝明、同縫殿勝弘、同勘助勝盛等あり）。

山入氏義叛逆の時、大縄神六（氏義其の功を賞して神六を改て将監とす）が為に斬殺せらる。

#### 某

義俊新に戸村の町田某の女（当時新造上と称す。諡陽源院、法名昌隆）を娶て二男一女を生む。

兄を某と云。字は四郎、掃部助と号す。宇留野氏を称す（詳に義篤伝に出づ）。

#### 義易　母同

弟を義易と云う。字は八郎、其の叔父戸村義倭の嗣となる。法名大林。

#### 女子　母同

次は女子（義易と姉妹の間詳ならず）、嫁する所をしらず（以上佐竹系図引証本に出づ）。

# 宇留野氏系圖（常陸時代の宇留野氏）

清和天皇第六之皇子貞純親王六世新羅三郎義光
十四世佐竹右京大夫義人長男

**義俊** 初義従　五郎　伊予守　右京大夫
母ハ甚山妙幸
文明九年十一月二十四日卒五十八歳
法名曜岳建晃

- **義治** 左衛門佐　左馬頭　右京大夫
  母ハ小山大膳大夫藤原某女
  延徳二年四月二十五日卒行年四十八
  法名一峯道錦
- **義成** 三郎　右京亮　天神林祖
  母同
- **女子** 小場参河守妻　法名徹渓妙悟
  母同
- **女子** 母同
- ◎**存虎** 初僧　道号天鳳
  母妾　平元氏
  永正元年甲子年三月十日卒
  山入左京大夫氏義反逆ノ時
  義舜公ニ属ス大縄神六カ為ニ
  害ラル
  - ◎**義長** 源兵衛尉
    法名日證
    《詳細は省略》
    （義長が関わった事跡の一部が記載されている）
    （義舜公太田城出城の事）
    （西金砂柵攻防戦の事その他）
    - **義泰** 小名カコ　源五郎
      天文八年七月七日常州部垂ニ於テ戦死
      法名葉山道楓
    - **某** 源八　右馬助庶兄
    - **某** 源七郎　右近　兄源五郎嗣トナル
      義則
      常州筑波郡小田ニ於テ戦死
      法名道空
    - **某** 大学助　大山田
    - **某** 源十郎　兄右近嗣トナル
      義長
    - **女子** 数人
    - ◎**義則** 右近
      實ハ義長第三子ナリ
      兄源五郎嗣トナル
    - ◎**義長** 源十郎　源兵衛
      實ハ義長第五子ナリ
      兄右近嗣トナル
- **某** 四郎　掃部介　宇留野氏ヲ称ス
  母ハ戸村ノ町田
- **義易** 八郎　戸村常陸之助義倭嗣
  母ハ同　法名大林
- **女子**

（註1）この系図は末尾に左記の記載あり。
勝就代ヨリ文化二年迄　源勝一校正
同四年丁卯ヨリ天保十一年庚子三月迄
源勝般追加

（註2）◎印は宇留野氏名跡を表す。源五郎義泰は宇留野氏名跡は継いでいない。存虎家系（家督）は存虎・義長・義泰・義則・義長・勝忠と継いでいる。

**第6図**

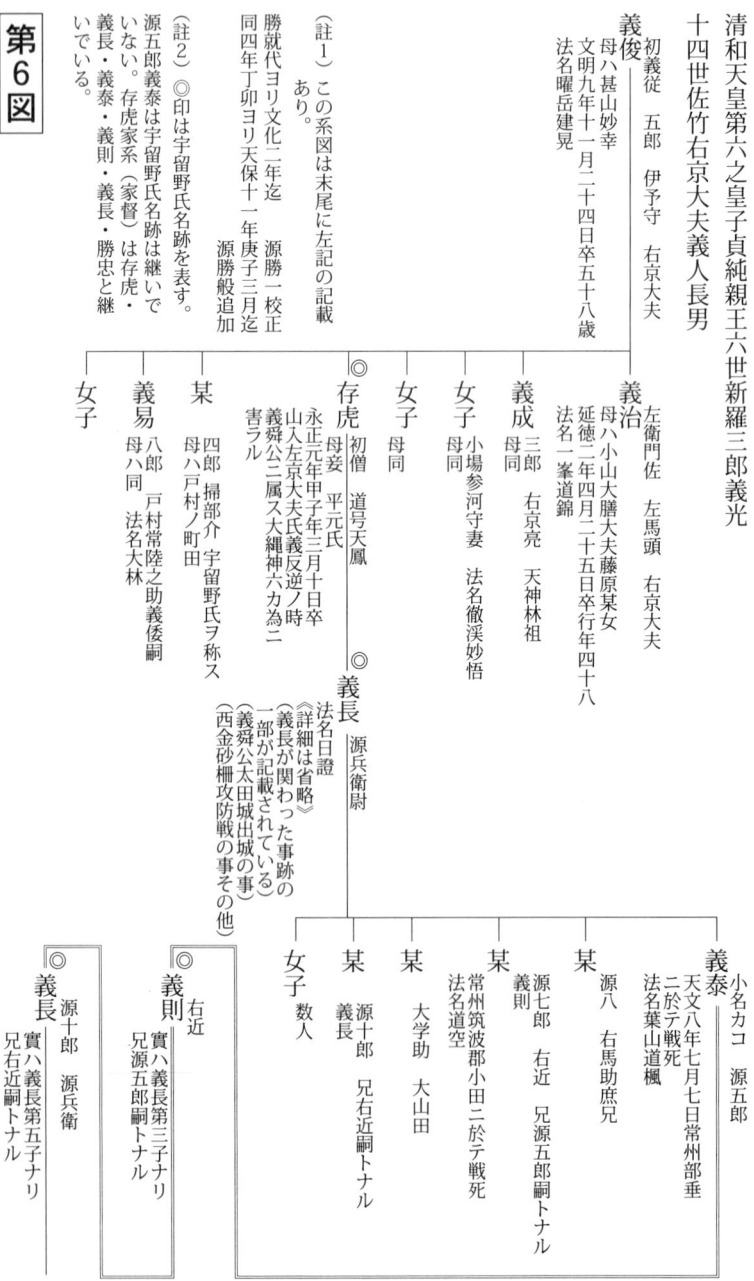

### (3)『大宮町史』に載る各種宇留野氏系図の検証

『大宮町史』に記載された宇留野氏の各種系図本の「第1図」❶、❷、❸は基本的に兄弟の長幼が違っている。

❶においては存虎と某（四郎掃部助）の長幼の順が間違って記されている（『佐竹家譜・義俊』）。

❷は五男である戸村八郎が存虎、四郎掃部助の前に間違って記されている（『佐竹家譜・義俊』）。

❸は某（戸村に養子に入った義易をさす）が三男として間違って記されているし、町田腹であるのに小山腹としている。また、掃部助を平元腹と記しているが、町田腹が正しい（『佐竹家譜・義俊』）。さらに次男天神林義成が義賀と名乗ったかは疑わしい。

❹は存虎と義公（四郎掃部助）の長幼が逆で、さらに義公の付帯書きが、養子義久の付帯書き（法名賀辰岑慶、年三十、義久四郎、猶子、保内ニテ討死ト云フ）と混同して記載され、混乱のもとを創っている。

❺は正しい。昭和四十八年、原武男氏が、活字化される前の『佐竹家譜』を照合、編纂し発行した『新編佐竹氏系図』であろうと推測している。

❻は説明を要するが正しい。これについては後で詳述したい。

「第2図」❼では天鳳存虎の系統の中で、四男の大山田大学が「小田ニテ打死」とあるのは誤りで、小田で打死したのは三男の右近である。

❽は源五郎の法名が兼山道楓とあるが、葉山道楓が正しい。

源七郎右近の付帯書の中に大山田大学助について触れている文には疑問を呈するが、基本的に第5図「源姓宇留野氏系圖」と同じである。

源七郎右近と源兵衛の間に記されるべき大山田大学助を「私云大山田大学助ハ他ノ嗣ト見ヘタリ、故ニ今此者ヲ除ク故」としているが、除く必要はない。

次に載せている源兵衛は源五郎 葉山道楓の子、大山田大学助は右馬助の子で、源五郎 葉山道楓は源兵衛尉義長の嫡子、右馬助は源兵衛尉義長の庶長子であり、源五郎・右馬助の二人が討死後、孫二人は源兵衛尉義長の養子になったと考えられる。（「大山田大学助」は「源兵衛」より年長だったと考えられる。）

❾は、「義公、刑部、山入党」と記しているが、義俊三男・天鳳存虎と義俊四男・四郎掃部助某との混合がある。また、四男掃部助某が義公を名乗ったかどうか不明である。

さらに義長の子供達が「長昌」「長行」等と名乗ったとある（『新編常陸国誌』は『三家譜』の引証としている）が、『宇留野氏系圖』及び『宇留野家傳記』（文化二年乙丑八月宇留野源兵衛藩庁提出）にはその記載は別の名前になっていて詳しい調査の必要を覚える。しかし「長昌 源五郎」、「長行 右近 鶴松 部垂に居る 永禄六年小田で戦死」の記載は、長昌は『宇留野氏系圖』では義泰、長行は義則となっているものの、それ以外はほぼ同じ記載である。

さらに、「長行—長綱—蓮信—勝忠—勝道 源兵衛」と記されているが、長綱は蓮信の親ではなく兄で大山田大学であろう。秋田に下向した後の勝忠の子を勝道 源兵衛と記しているが『常陸家譜戸村義国本』の引用と見られ誤りで、勝明源兵衛が正しい。

また『宇留野氏系圖』では長行（＝義則）の家督を継いだのは「長綱」（大山田大学）ではなく「蓮信」（源十郎、源兵衛義長）となっている。

ただし、❾の系図では、「長綱」を慶長年中（1596〜1615）に旧族が下野から迎えて部垂に帰らせたとあるが、その後継とする蓮信（源十郎、源兵衛）は、その前の年代・元亀二年（1571）には源兵衛義長の名前で活躍していることが文献上確認できる。

この系図で長綱と蓮信の関係を説明しようとすると時代的矛盾が生じる。このことからも長綱（大山田大学）と蓮信（源兵衛義長）は❽で述べた兄弟の関係と考えられる。

また、⓫の系図において、義長の子供で❾に記されている長昌、長行の間に長能がいる系図で、この系図は源兵衛尉義長に五人の男子がいた（女子は記載が略された）第6図の『宇留野氏系圖』と基本的に同じである。

天鳳存虎系宇留野氏では、二代源兵衛尉義長以来、嫡子の諱《いみな》は「義」の一字をつけているが、「義」の一字を名乗ることを禁じられたのは、秋田二代勝忠が寛永七年（1630）十一月に下野の萱橋において放鷹のことにより藩主義宣の勘気を蒙り一門の席を止められ、宿老の席に列せられた時以降である（なお、その事件までは勝忠は「義勝」を名乗っていた）。

「第3図」❿は疑問の多い系図である。天鳳存虎について、「義紀ト云宇留野掃部頭」とあるが、義紀といったかどうか。掃部頭は四郎掃部助某との混同・混合がある。「或ハ小野崎ノ弟トモ云」は誤り。

次に義長について、「宇留野源兵衛掃部介四郎於妻倉討死、法名喜嶺慶公、譜ニ曰存虎」とあるのは四郎掃部助某の養子・義久との混同があり「掃部介四郎於妻倉討死、法名喜嶺慶公」は義久の事項である。

また源兵衛尉義長の法名は日證（第6図『宇留野氏系圖』）であり、存虎は父親・天鳳存虎の法名である。

義長の長男・義光は他の書で「義泰また義光とも」（『戦国大名家臣団事典』・新人物往来社発行）と記しているのを見かけるが、『宇留野氏系圖』では義泰であり、義光と名乗ったとは記していない。

また、次男・義恒 宇留野土佐は、やはり『宇留野氏系圖』には載っておらず、❼の『正宗寺本』にもその名はない。

義光（＝義泰）の夫人及びその長女の女子、その弟・蓮信については『宇留野氏系圖』には記載が抜けている部分であり、研究・調査を加えたい部分である。

ただ、蓮信が「天文九年部垂義元ト合戦」の記載は年代が祖父（源兵衛尉）また父親（義泰源五郎）の時代の合戦であり、源五郎義泰の子・蓮信は天文九年には幼児であったと考えられる。

秋田に移住後の勝忠の子・勝道は、勝明の誤りであり、勝忠の次弟・某が「右近横手ニ住、小田陣ニ討死」は部分的に誤りがある。それは、「右近」は「左近」が正しく、「横手ニ住」は正しいが、横手に行った後、常陸の「小田陣ニ討死」はあり得ない。横手に行ったのが慶長七年（1602）である。

また、勝忠の末弟・某が「源十郎大学ト改、大山田ニ住ス」は七〇年位前の人である大学助と混同があるようで架空の末弟である。

⓫は色々の系図本から引用し宮本茶村（1793～1862、行年七十）により作成された宇

留野氏系図と見受けられ、部分的に正しいものもあるが、ここにおいても義俊三男・天鳳存虎と四男・四郎掃部助某の混同がある。

　ここでは四子義公、刑部（正宗寺本）とあるが正宗寺本を正しく読めば天鳳存虎は「洒掃《さいそう》ノ庶兄也」と明記している。「洒掃《さいそう》」は唐名で掃部頭・掃部助と同義語と説明がある。

　ただ、正宗寺本の「宇留野」についての系図は「義俊―洒掃―四郎 法名賀岑慶公―四郎義元―竹壽丸」が先に書かれていて「義俊―天鳳存虎 洒掃ノ庶兄也―源兵衛尉義長―源五郎―右馬助―（以下略）」と兄弟の長幼どおりでなく、四男・四郎掃部助某の系統を先に書いているのが混乱を招いている一因かも知れない。

　但し、『正宗寺本』では、天鳳存虎は「洒掃ノ庶兄也」と明記している。前にも触れたが、この『後佐竹氏譜』に義長と義久が兄弟と記されているのに興味を覚える。

　義長が「永正四年三月十日没年五十三」とあるのは誤りだが、この「永正四年」を「永正元年」に替えれば、父の天鳳存虎が大縄神六に斬殺された日と一致していて、「没年五十三」とあるのが興味深い。この「没年五十三」が天鳳存虎の行年だとすると、天鳳存虎は1452年の生れということになる。「表1」で天鳳存虎の生年を1450年と推定したこととほぼ合致する。

　ここで、天鳳存虎が「山入氏義に党し大縄甚六の殺す所（戸村本）」とあるが、大縄神六（甚六）が宇留野天鳳存虎を斬殺したのは佐竹義舜の下での行為と茨城県の各種本では捉えている。しかし事実は逆で、大縄神六は山入氏義の下で天鳳存虎を斬殺したというのが正しい。『宇留野氏系圖』ではその時（山入左京大夫叛逆ノ時）義舜公に属し神六により害されたと書かれている。

　『佐竹家譜・義俊』にも次のように記されていてその事実を認めている。「山入氏義叛逆の時、大縄神六（氏義其功を賞して神六を改て将監とす）が為に斬殺せらる」と、義俊三男「天鳳存虎」の項に記している。

『宇留野氏系圖』、『佐竹家譜』ともわざわざ天鳳存虎、大縄甚六のおのおの立ち位置について触れているのは、両者ともに義舜側、山入氏義側に身を置いたことがあったということを物語っているのではないかと考える。山入氏義が滅んだといわれる永正元年（１５０４）時点では、大縄甚六が氏義側で天鳳存虎は義舜側であったと伝えている。

このような時代、天鳳存虎の嫡子源兵衛尉義長の行動は父親の立場には拘束されず一貫して義舜方として働き、義舜の信頼が厚かったものと思われる。このことは後で触れる機会がある。

『後佐竹氏譜』について更にいえば、義長嫡男・源五郎が「天文元年戦死す」は、天文八年が正しく、法名芝山道法は前にも触れたが、法名葉山道楓が正しい。

義長三男・右近が「天文五年義元の謀叛を知り小田に走る、別名（義武）永禄八年十二月小田に戦って死す」は疑わしい部分、誤りの部分が多い。秋田に移住後の勝忠の嗣子「勝道（戸村本）」は間違いで「勝明」が正しい。

なお、この系図⓫において「源太郎 源兵衛 法名蓮信」に注目したい。系図❾❿にも源兵衛勝忠の父が蓮信、連信とあり、源十郎のち源太郎・源兵衛義長の幼名が蓮信であったらしいことを窺がわせるが、『宇留野氏系圖』にはその記載がない。

ただし、秋田県公文書館所蔵『系図 御家譜坤』（A288・2 592-2）、『源姓佐竹系図』（AH288・2-17 135637）の「宇留野」の項に「蓮信 源十郎後ニ源兵衛」の記載を見受けることができる。「蓮信」は源兵衛義長の生前法名であったろうと考える。

# 『佐竹系図』宇留野九助勝休家蔵　天文二十二年　竹閑斎　※天文二十二年＝1553年

左記系図は竹閑斎系図（抜粋）〔義盛から義舜まで〕

- 義盛
  - 女子 甚山妙幸《ぢんざんめいこう》
  - 竹道義人（同上杉山養）
    - 義俊《よしとし》
      - 義治（一峰）
        - 竹宗周義《ぎ》（未年生）— 増井晨助瞳西堂《じょせいどう》
        - 小野高倉上蘭渓（戌年生）
        - 小場上月渓《げっけい》（丑年生 還慶）
        - 右京大夫義舜《よしきよ》
          - 義篤（卯年生　大膳太夫被任四位 初ハ五位右馬権頭 月光渓心）
            - 嫡女（早世両人）
            - 義従《よしより》（改名）義昭
            - 社務中将
            - 増井周崇
            - 石塚上
            - 大山上
            - 中城菊寿丸（早世）
            - 山能小野崎
          - 四郎義元（午年生 生害）
          - 三郎義鄰《さと》（亥年生 字浄徹 改里ニ 法名ナリ）
          - 女子両人
        - 三郎義武
        - 左衛門督義信
          - 又次郎（打死）
          - 又七郎義廉
        - 女子両人石塚上
        - 左近大夫将監政義 — （同官九郎 義賢改堅字）
      - 天神林三郎
      - 女子三人
      - 天鳳存虎 — 源兵衛尉（義長）
        - 源五郎（葉山道楓）
        - 源八右馬助
        - 源七郎
        - 女子多数
      - 四郎（掃部助）— 四郎賀岑
      - 戸村八郎
    - 婦女子結城上
    - 女子
    - 宝山実定《ほうざんさねさだ》
    - 四郎義倭《よしかず》
    - 右衛門佐義盛 — 小野源次郎義高（右衛門佐）— 与次郎
- 粟義有

〔左記の奥書あり〕
増井正宗寺開基月山和尚ハ
浄喜之御舎兄也
道源ノ劦領上総守ト申
上総国天羽七卿被持又
遠江権守駿河守トモ申ス
相模國鎌倉之内花谷
名越六千間ヲ山持敷地ナリ
同國三浦ニ鳩郷世貫之処ヲ
鶴岡八幡宮エ寄進于今有之

**第7図**

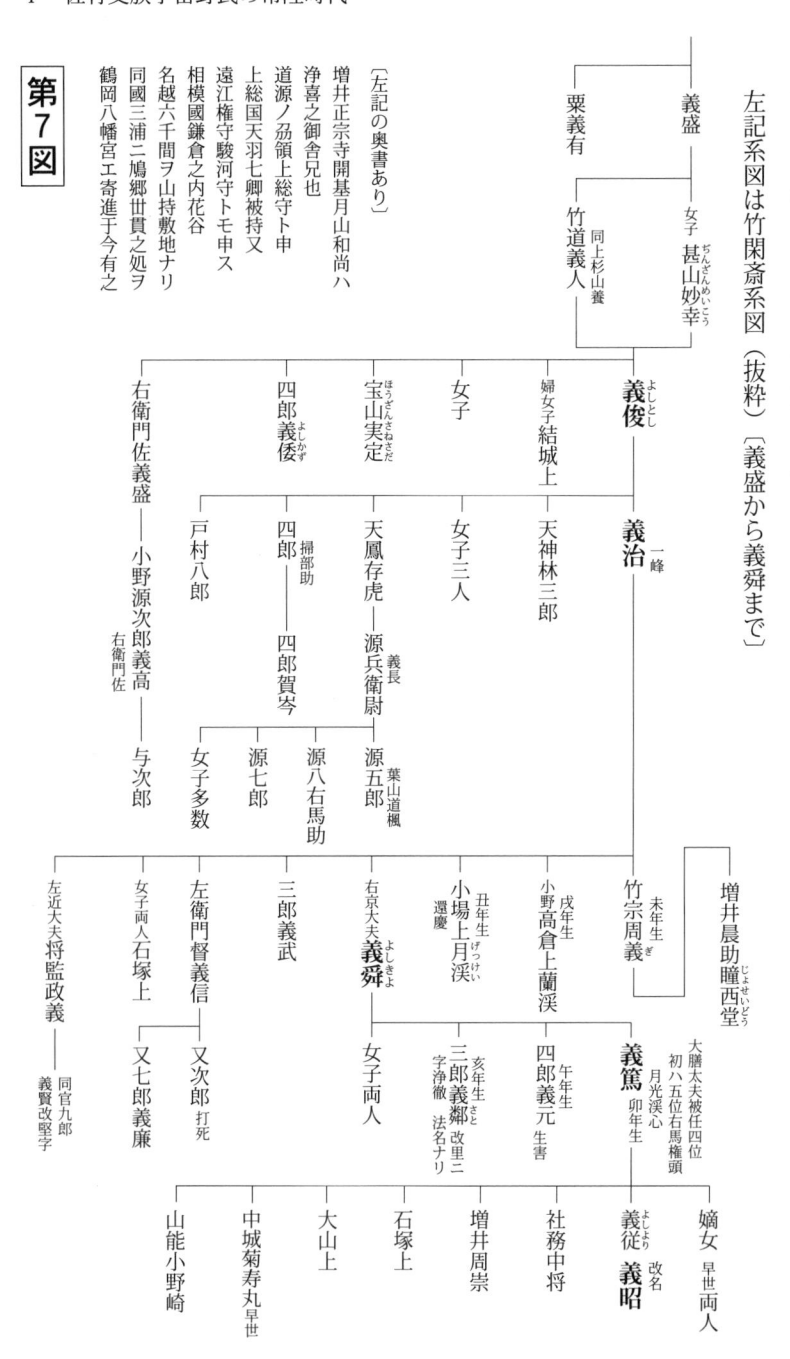

第1図❻の『宇留野氏本』について触れたい。実はこの『宇留野氏本』は、秋田県公文書館所蔵の「宇留野九助勝休家蔵『佐竹系圖』(AS288・2-8)の部分を抽出した系図と思われる。

公文書館の整理上では「佐竹系図 宇留野九助家蔵 天文二二年竹閑斎」(第7図)とあり、この系図は岡本禅哲竹閑斎(梅江斎、竹閑とも)により書かれたものである。

第1図❻と第7図をご覧いただきたい。この竹閑斎の『佐竹系圖』は書き出しは佐竹五代義重から始まっているが、虫食いのため始めの部分は判読できない所が多い。多分その前の部分があり、初代から書かれていたものと推測される。

五代以降は大部分が読める状態だが、第7図として示したのは、その系図のうち十二代義盛から十六代義舜までを抜き出したものである。

岡本竹閑斎は祖父岡本妙誉、父曾端の代から佐竹氏の外交官として仕えた。義舜は山入氏義を破り太田城に復帰した後、曾端の子・禅哲(竹閑斎、1583・11・11卒)を近侍させたという。その竹閑斎が天文二十二年(1553)三月七日という比較的近い時点に記した佐竹系図で、宇留野氏についての部分は義俊から別れて天鳳存虎を含めて三代までが記されている。

なお、この佐竹系図は佐竹氏十七代義篤の五男(義昌、1543年生)が山能小野崎の養子となった時点まで記載されている。

この竹閑斎系図の宇留野三代目の部分には、源五郎葉山道楓、源八右馬助、源七郎の男子三人と「女子多数」と書かれていて、第5図『宇留野氏系圖』に記されている某大学助、某源十郎 兄右近嗣トナル は載っていない。

これは既に推考しているように、四男某(大学助)、五男某(源十郎のち源兵衛)はそれぞれ源五郎義泰、源八右馬助の子供達であることを強く補う記載と考えている。

兄であるが庶子である源八右馬助と嫡子である源五郎義泰は、天文八年（１５３９）七月七日に「部垂（宇留野）義元」方で戦い討死した。父源兵衛尉義長も『佐竹家譜・義篤』が推測するように、この時は義元方であった。

討死を免れた義長は、討死した嫡子源五郎、庶長子源八の残された幼い子供達を自分のもとに引取り養子とした。同様に養女として引取った源五郎、源八の娘たちもいたであろう。義長自身の娘を含めた「女子多数」だと推測する。

このあと『宇留野氏系圖』にある義長四男・某 大学助 大山田が、討死した源五郎義泰の跡を継いだ源七郎義則（右近、『新編常陸国誌』に「永禄六年〈１５６３〉小田ニ戦死ス」）の跡を嗣げなかったのは、大学助（源七郎義則死亡当時、三十歳前後か）の父は庶長子源八で、五男源十郎（当時二十五歳位）の父源五郎が源兵衛尉義長の嫡子であったためと推測する。このことを証拠づける古文書等は見つかってないが、蓋然性を求めると右記のように考えるのが妥当である。

この天文八年（１５３９）七月七日の佐竹小場部垂兵乱はその他多くの戦死者を出した激しい戦いであった。義篤方、義元方双方とも多くの家臣を戦死させている。

宇留野源五郎・源八兄弟の外、佐竹北家二代の北義住（義篤の従兄弟）、北家創氏時の付人である矢野和泉守重国も討死、真崎彦四郎季直、前澤蔵人、大縄弥七郎、長崎与四郎、猿田某等も戦死している。前年三月二十二日の部垂合戦では河井玄蕃助、主水佐父子も戦死している。

義元が宇留野義久の家跡を相続する時に、宗家からの付人である源兵衛尉義長は、この義篤・義元の戦闘を終わらせる必要を強く覚え、義元に対し義篤との和議を勧め説得に当ったと思われるが叶わず、結果的には義元方から宗家義篤方にまわり、翌年天文九年（1540）三月の義篤による部垂城攻めの先手の大将となり三月十四日の部垂城落城、義元討死ということになるのだが詳しくは後で触れたい。

### ⑷ 義俊の子供二人が宇留野氏を名乗った背景

十四代義俊の三男・四男が宇留野氏を称し、おのおの独立した家ができた。実に稀な例である。そこに至る時代背景は複雑であるが、一言でいえば「佐竹五郎義俊、実弟・六郎実定の不和合戦」がなせる業といえる。

その当時の時代背景を、少し長くなるが述べて置きたい。

南北朝が統一（1392年）され比較的安泰ないっときが訪れる。佐竹家は十二代義盛（1365～1407）の時代であるが、そのあと佐竹家は山入氏の反乱により、四代（十三代義人、十四代義俊、十五代義治、十六代義舜）の約百年におよぶ不毛の時代を迎える。

足利尊氏が京都で室町幕府を開き、鎌倉には関東の政務を一任する関東管領として自身の四男・基氏（1340～1367）を派遣し上杉憲顕を執事に任じその補佐役とした。のち管領を鎌倉公方《くぼう》と称し、執事を関東管領と呼ぶようになり、以降上杉氏は関東管領を世襲する。

基氏の孫・満兼が、まだ関東管領と言われた頃、十二代佐竹義盛は鎌倉名越に居住、満兼に仕えていた。

応永五年（1398）室町幕府は「三管領四職」という家格の制を定めた。同年に関東管領に就任したばかりの満兼はこれに倣い、同年「関東八館の制」を設けた。関東八館とは、常陸国の佐竹氏・小田氏、下野国の小山氏・宇都宮氏・那須氏・長沼氏、下総国の結城氏・千葉氏の八家で、各家に屋形号と朱の采幣を与えた。佐竹家の惣領がお屋形様と呼ばれるようになったのはこの時からであるといわれている。

義盛はその数年前から宿老に命じて佐竹家領内の旧例や譜代諸家の記録を整理させた。その中には重臣たちの「連座之衆」のほかに、いわゆる「譜代九十三家」が含まれている。

その内「久慈之西東の奉公衆」十一家の内に宇留野氏が記されているが、この宇留野氏は十四代義俊から別れた源姓宇留野氏とは当然ながら異なる。また「近習之衆」二十三家の一家として名を連ねている平元氏は、のち十四代義俊と侍女平元氏女の間に天鳳存虎が生まれるが、その平元氏だろうと思われる。

落着きをもって統治されていた佐竹領に混乱がもたらされたのは義盛の最晩年である。

十二代義盛には江戸氏女（道号芳林法名栄公）との間に一人娘（源姫）はいたが嫡男がいなかった。そのことに不安があった義盛は関東管領・上杉憲定の二男・竜保丸（１４００年生、上杉憲基弟）を養子として一人娘・源姫を妻わせることを鎌倉公方・足利満兼に内々了解を得ていた。

そうした中、応永十四年（１４０７）、義盛は鎌倉名越邸で病に罹る。義盛は重臣たちに養子を迎えることを告げたが、佐竹家中は連座の衆、一族親類の間で賛否両論があり大混乱になった。

山入師義（佐竹九代義貞七男、山入氏初代）の子・小田野尾張入道（自義、小田野氏祖）の子に名僧と言われる明堂（天徳寺住職）、錦江（寿聖寺住職、また鎌倉建長寺塔頭雲頓庵に住す）の二人がいた。二人は竜保丸を養子に迎えることを説いた。

山能小野崎通綱、江戸通景は上杉から養子を迎えることに賛成だったが、一族・親類・重臣の多くは藤原姓である上杉（小野崎氏・江戸氏は藤原姓）から養子を迎えることに反対し「願わくはお屋形様の一族からその器量のある者を選んで後嗣たらしめよ」と諫言した。

その候補として、北朝方の足利尊氏に従い各地の合戦で軍功があって室町幕府に信望のある山入師義の子・与義がいた。山入氏は軍功により采地数ヶ所を賜わって常州山入に住し、その威は宗主と並ぶ程のものがあった。

しかし、義盛は耳を傾けず与義を後継にすることはなかった。義盛は足利満兼に請い、上杉から養子として竜保丸を迎えることの許諾を最終的に得た。義盛は遺言して竜保丸が幼稚の間は義盛の弟義有（粟刑部大輔）を執政とすることを命じた。

応永十四年（１４０７）九月二十一日、義盛は鎌倉名越の邸で歿する。これをふまえ、同年十月、山入与義を取り巻く反対派一族・親戚・重臣らは稲木城（常陸太田市）に集まり軍事を備え、遂に長倉城（茨城県東茨城郡御前山村）に籠って挙兵した。

これに対し鎌倉公方足利満兼は激怒し、岩松右馬助持国（※）を大将として、小田、宇都宮、常陸大掾等に命じ長倉城を攻撃させた。

岩松持国は何回かにわたり長倉城に総攻撃を行うが、城方の守りが固く抜くことができず、いたずらに犠牲を出すばかりであった。そのため持国は城を遠く囲い兵糧攻めに切替えた。

それでも城兵の士気は高く攻城側は苦戦を重ねる。年を越しても持ちこたえたが時が経つにつれ兵糧がつき、ついに大将山入与義は応永十五年四月十七日、旗を捲き岩松持国に和を請った。

山入与義・義郷父子は剃髪して竜保丸に臣従するという起請文を差出し、持国はこれを応諾し囲いを解いた。山入氏は領地に帰り、与義嫡子・義郷には嫡男がおらず、庶弟・祐義が家督を継ぐ。また長倉義景はじめ稲木氏・額田氏ら佐竹一門や譜代の重臣も新宗主に忠誠を誓うことで咎はなかった。

『佐竹家譜・義人』には「七郎（竜保丸）遂に嗣て立つ。心に与義を忘れず。然れども国人の変あらんことを悟て厚く是に遇す。（以下略）」（※）・『佐竹家譜・義人』では「岩松右馬助持国」としているが、この時の大将は持国の伯父満純の可能性が大きい。持国は足利持氏の偏諱《へんき》を受けていて、永享の乱の時、結城方で戦っていたり、享徳の乱で上杉憲忠の暗殺で名前が出現していて、活躍時代がことなる。〕

七郎竜保丸は扈従の輩を従え応永十五年（1408）六月、常州に下向し太田城に入った。名を義憲と改め十三代当主となり、その後義仁に改め、さらに応永二十三年丙申（1416）十七歳のとき義人に改名している。

応永十六年（1409）七月、足利満兼が亡くなり、九月に満兼長男・持氏が四代鎌倉公方となる。このあと義人は鎌倉公方家・上杉関東管領家の争い、またいまだに義人排斥を唱える山入氏との争いに精力を使う。

応永十九年（1412）十二月、管領上杉憲定が死去する。管領職は上杉家が独占するようになっていたが、山内上杉家と犬懸上杉家が交替でその職に就くことになっていたので、犬懸上杉朝宗の嫡子・氏憲（のち入道禅秀）が関東管領を継いだ。若い持氏（当時十五歳）をよく補佐したが、氏憲入道禅秀は公方持氏の母に懸想し、これを知った持氏が怒って禅秀を追放しようとした。

応永二十二年（1415）二月に禅秀が管領職を辞任して、後任として前の管領上杉憲定の嫡男・憲基が補任された。義憲（義人）の実兄である。

上杉禅秀は足利満隆（三代公方満兼の弟、持氏の叔父）、その弟満貞（稲村公方）に謀叛を勧め諸国の兵を招く。これに応じる者多しとある。山入入道常元（与義）その長男掃部助義郷、二男祐義（刑部大輔）、三男旨義（宗義とも、和泉守、依上氏祖）及び与義の弟自義（尾張守、小田野氏祖）等、百五十余騎を率いて足利満隆に与する。その心は偏《ひとえ》に乱に乗じて義人を亡ぼし、己が佐竹の宗主たらんと欲するに在り（『佐竹家譜・義人』）。

応永二十三年（１４１６）十月二日、鎌倉において、夜になり満隆、禅秀等兵を率いて公方持氏を襲う。持氏は密かに管領上杉憲基（憲定長男、佐竹義人の兄、上野守護、伊豆守護）の佐介《さすけ》の邸に入って兵を分けて是を拒《ふせ》ぐ。佐竹義人はその時、鎌倉名越の邸にいたが、兵を率いて甘《あま》縄《なわ》口（鎌倉市大船近辺）を守った。賊兵甚《はなは》だ強しとある。

十月六日、義人は公方持氏、兄上杉憲基と佐介の邸を出て、極楽寺に退き、片瀬、腰越を経て相州小田原に奔走する。

十月七日、箱根に遁れ、その後、駿河の今川範政をたのみ、瀬名の奥の安養寺に落ち着いた。今川範政は持氏を遇し、持氏はここから京師の四代将軍足利義持に書をもって現況を告げ、また憲基・義人の兄弟を越後（守護上杉房方、憲基・義人の伯父）に赴かしめ東国の兵を赴さしむ。

鎌倉では足利満隆（三代公方義満弟）自ら公方となり鎌倉に腰を据える。山入与義父子は戦功を足利満隆、上杉禅秀から賞されたことから、しばらく威を常州に振るうとある。

十一月朔日、畠山満家（尾張守、京師管領）四代将軍義持の命を奉じて関東の諸将小山一家中、河越一家中、佐竹一家中、千葉大炊助等に書を授けて、足利満隆、足利満貞（稲村公方）、前の管領山内禅秀入道の逆心の企ては前代未聞のことであると告げ、出兵を促した。

十二月十五日、憲基、義人は兵を率いて越後の国を発進した。十九日上野国に到り、碓《う》氷《すい》峠を越え、これに対し禅秀は兵を発して防戦にでたが義人軍はこれを破り、敗走する敵兵を蹴散らし向かう所敵なしで鎌倉に向かった。

応永二十四年（1417年、義人十八歳）正月朔日、上杉禅秀は憲基・義人軍を討つべく、足利満隆を奉じて鎌倉を発した。この頃になると、つぎつぎに禅秀に加担した国人たちが公方持氏方に寝返り、禅秀方の敗色が濃くなっていた。

同月九日、憲基・義人軍と禅秀軍は武蔵野において全面対決となり、禅秀軍が大敗し鎌倉に退く。憲基・義人軍は追撃し鎌倉を攻撃した。

同十日、満隆、満貞兄弟および禅秀一族部類は雪ノ下の館で自害した。十一日、憲基と義人は書をしたため避難先の持氏の許に使いを走らせ報告をした（上杉禅秀の乱）。

同月十七日、公方持氏が鎌倉の浄智寺に還住し、上杉憲基を関東管領に再任し、佐竹義人の戦功を賞して評定衆の頭人とした。これより前の時点で、山入与義は満隆・禅秀軍が敗色濃厚と聞いて、義人を頼り自分の罪を謝り持氏に降伏した。持氏はこれを許した。

その理由は、今回持氏が今川範政にも頼み室町将軍の軍事支援も頼んでいるなか、山入与義は京都御扶持衆で室町幕府の信頼が厚い人物である。そのことに持氏の配慮があったろうと考えられる。義人の威勢は常州でも最も強くなったが、一方の山入与義は常州で忍び服従することになる。

応永二十七年（1420）、義人二十一歳の年、長男義俊が生まれる。

応永二十九年（1422）閏十月十三日、与義（上総入道常元を称していた）が鎌倉で義人（二十三歳）と家督のことを論じて二人が憤怒し、与義が持氏に訴え出るということが起きた。

当時与義は、持氏と義人の間に確執があることを耳に入れていたのである。ところが持氏は与義の義人に対する謀叛を疑い、上杉安房守に命じて比企谷《ひきがやつ》にいた与義を討たせた。与義と長男義郷は良く防戦したが、ついに与義父子およびその部族十三人は法華堂に入って自害した。

与義の二男・祐義およびその親戚等は常州にあって要害に立て籠もって反抗した。公方持氏は里見刑部少輔某に命じて、祐義討伐に向かわせた。祐義等は防戦に努めたが叶わずどこともなく逃散し山入氏はひとまず滅んだ。

応永三十年（1423）、この戦いが終わると足利持氏は彼らの所領を没収し、宗義（佐竹依上三郎）の所領依上保（大子町）は白河氏朝に与えらた（「白川文書」）。また自義（佐竹尾張守、小田野氏）の所領小佐都郷（里美村）及び祐義（佐竹刑部大輔）の所領町田郷（水府村）は小峯朝親にあたえられた（「秋田藩家蔵文書」三）。（『金砂郷村史』）

このころ、、室町幕府四代将軍義持が応永三十年（1423）に退き、その子義量に継がせるが、二年後十九歳で没し、義持が再びその職を代行した。義持にはその他に男子はなく弟三人は全て僧籍にあったので、鎌倉公方四代持氏もその候補になるということがあった。

その後嗣の決まらないまま正長元年（1428）一月十八日義持も没し、三管領四職の合議の結果、僧籍の三人の中から抽籤で青蓮院義円が選ばれ、還俗《げんぞく》して義教と改め将軍職（六代）を継いだ。

一方この経緯が理由で将軍家と鎌倉公方との間に対立が生じ、持氏はことごとく京師からの命令に反発するようになった。これに対し関東管領上杉憲実は公方持氏に諫言することが多くなっていた。憲実は越後守護上杉房方の三男で、前の管領上杉憲基の猶子となり管領職を継いだのである。

永享七年（1435）正月、将軍義教の意を受けていた佐竹義人は、白河氏、那須氏等と謀って鎌倉公方を討つことを企てた。

ところが足利氏持に対し多くの不満を持っていた長倉義祐等がそれを聞きつけ、六月野口氏と共に長倉城で挙兵するに至った。これに対し足利持氏は長倉城に岩松持国を派遣し、また鎌倉勢を率いた上杉定頼を太田に向かわせたのに対し、佐竹義人は村松（茨城県東海村）で対陣した（『金砂郷村史』）。

野口（佐竹常陸守、御前山村）、長倉（佐竹遠江守、御前山村）の二人は佐竹一門ではあるが、いずれも山入派であった。

八月中旬、持氏は岩松持国を追討使として命じ、持国は下野国茂木に着陣した。

八月二十七日、長倉城に発向したその陣には小田、宍戸、海老名、成田、結城、小山、茂木、長沼、那須、宇都宮、芳賀その他関東の多くの諸将が参陣し、その数三千余騎、持氏の旗十八流、それを大手先陣、本隊、搦手の三手に分けて長倉城に攻め込んだ。

宇都宮勢は大沢城（長倉氏の分流）をも攻めた。長倉城の守備は堅かったが、大勢の寄せ手が猛烈に攻め、特に宇都宮勢の戦忠が目立った。城方の戦意は高かったが、多勢に無勢で同年十二月、ついに長倉城は開城した。長倉氏、野口氏は許された。

また、村松（東海村）で対峙した佐竹義人は、足利持氏の近臣簗田満助を介して降伏を申し入れた。

翌永享八年（1436）、義人はようやく許されたが、義人に対し示された降伏条件はすべての公職をやめ、家督を嫡子義俊に譲り酒出義頼を後見役として家政を代行させることなどであった。義人はこの条件を承諾して隠居することにした。

また義人はこの時の斡旋の労にむくいるため、簗田氏に所領の中から、武蔵の埼西三十三郷と下総の関宿七村を割譲した。このことが、後の関宿城主簗田氏誕生の契機となるのである（『金砂郷村史』）。

『佐竹氏物語』（渡部景一著、無明舎出版）には「永享九年（一四三七）、義人は嫡子義俊に家督をゆずった」と書かれている。義人三十八歳、義俊十八歳の時にあたる。

上杉憲実の鎌倉公方持氏に対する諫止が頂点に達したのは、持氏の長男・賢王丸が元服する時である。

従来鎌倉公方家の元服に際しては、しきたりとして将軍家に奏上し、将軍の一字を偏諱する慣わしであったが、永享十年（1438）、持氏がそれを無視して鶴岡八幡宮で嫡子の元服の儀式を行い義久と名乗らせたである。

それを契機に上杉憲実は自分の領国上野国白井（群馬県子持村）に退去した。それに対し持氏は直ちに追討を決め、武蔵国高安寺（東京都府中市）に出陣するに至った。

佐竹義人は実家の憲実側についたが、山入祐義とその子・義知は持氏側についた。その心は義人に替り佐竹の当主になる機会到来との考えである。

一方、かねてより持氏追討の機会を探っていた六代将軍義教は好機と捉え、後花園天皇の綸《りん》旨《じ》を受け上杉持房（禅秀の二男）を大将に持氏討伐を諸将に命じた。ここに幕府の大軍勢が鎌倉に下向した。

この情報を受けて鎌倉方の武将の多くが幕府側に寝返った。三浦時高、千葉介胤直が寝返るに到り、山入祐義・義知父子は持氏の勝利は見込みなしと考え、翻意して幕府側に付くことにした。

持氏は孤立無援の状態となり、上杉憲実軍も鎌倉に迫り、ついに十一月、持氏は和議を求めることとなる。

上杉憲実は出家した持氏の謝罪を入れ、将軍足利義教に持氏の助命嘆願を行ったが、許されず、逆に憲実が直接持氏を討つことを命じられた。

憲実は主筋の持氏を討つことを拒み続けたが、これ以上は逆に憲実自身が将軍から疑われることも考えられ、ついに永享十一年（1439）二月十日、永安寺（鎌倉市）を取囲み、観念した持氏、持氏嫡子義久、叔父の足利満直が寺に火を放って自害した。いわゆる足利持氏の乱（永享の乱）である。上杉憲実はこの乱の終息後、管領職を他の者に譲ることを申し出たが、将軍義教は許そうとはしなかった。

山入祐義はこの戦の功労により再び本領山入に復帰した。

永享十二年（1440）三月、いったん身を潜めていた持氏の遺児安王丸、春王丸が旧臣達に擁せられて常州木所城（岩瀬町）に挙兵し、小栗城（協和町）、伊佐城（下館市）を経て結城《ゆうき》城に入ると、結城一族や持氏の旧臣をはじめとして上杉の勢力に反対する関東の諸将の中からも馳せ参じるものが多かった。

永享十二年（1440）四月十九日、上杉清方（憲実の弟、越後守護上杉房方の五男、関東管領代行）は管領憲実に代り室町幕府の大将として結城城に向け大軍を進め、七月二十九日に到着し城を包囲したが八ヶ月を経ても落城しなかった。翌年（1441）四月十五日に上杉清方は諸将を集めて、諸方向からの一斉攻撃を命じた。翌十六日の激戦の中で安王丸、春王丸は捕えられ、結城氏朝以下一族郎党および持氏の旧臣の多くは自害して果てた。

佐竹義人はこの戦では当初形勢を見ていたが、嘉吉元年（1441）二月に結城氏朝（義人の長女が嫁いだ結城光久の父）に応じて挙兵し、小栗城を攻めたが、小栗助重の防戦の前に敗退し、これといった戦いもせずに軍を収めてしまった（「小栗文書」）。

また、結城城が落城（１４４１年）した際、結城氏朝の幼児（四男七郎、光久の弟、後の結城成朝）が多賀谷氏家に抱かれて佐竹義人のもとに身をひそめた。その他に結城持朝（光久）の妻（義人の長女）及び小山大膳太夫広朝の娘三人も結城城を抜け出し義人のもとに身をよせた。

この結城合戦に対する佐竹義人の行動に対し幕府管領細川持之は、上杉憲実をはじめとして山入祐義等の東国諸将に佐竹義人討伐を命じた。しかしこの命令は六月二十四日に起きた赤松満祐による義教の暗殺（嘉吉の乱）により沙汰やみになったようだ。

永享の乱以降、憲実が固辞し続けていた関東管領職は、幕府が辞職を認めないまま、弟の清方が代行していた。清方が文安元年（１４４４）頃に死亡し、憲実の長男憲忠が関東管領に任命された。この時将軍義政が幼かったことから、幕府の意向を受けて後花園天皇から憲忠に対し直接関東管領に任じる綸旨が出されたことが『建内記』文安四年（１４４７）七月十日の条に記されている。

この憲忠の受任は父憲実の意向に反する行動だったため、憲実から憲忠は義絶されたと文安四年十一月の憲実状に記載されている。

この関東管領選任にあたって、上杉憲実の猶子となっていた佐竹実定（義人二男）を押す声が多かったが、上杉家の家宰長尾景仲等の反対にあい、宝徳元年（１４４９）には鎌倉から太田に帰っている。

一方、宝徳元年持氏の遺児永寿丸が鎌倉公方として復帰する。八代将軍義政（初名義成《よししげ》）の偏諱をうけ成氏と名乗った。成氏は父持氏が死んだのは管領上杉憲実、その子憲忠のせいと激しく恨み犬猿の仲であった。

このため宝徳二年（１４５０）、長尾景仲は、憲忠の舅、扇谷上杉当主上杉持朝と共謀して成氏を攻め滅ぼそうとしたが失敗し、逆に反撃を受ける（江の島合戦）。憲忠は直接関係しなかったが、家臣の責任を負う形で相模七沢（厚木市）に蟄居を余儀なくされた。

復興した鎌倉公方成氏の政治基盤は脆弱で、成氏が幕府に申出をする際には、管領憲忠の副状が必ず必要であった。それもあって憲忠の罪は許されたが成氏と憲忠の対立はさらに深まっていった。

享徳三年（1454）十二月二十七日、公方成氏に憲忠が鎌倉の西御門邸に招かれた。憲忠は疑心を持ちながらも辞退することはできない。宴の最中、成氏の命を受けた結城成朝（光久の弟）の下臣多賀谷氏家・高経兄弟によって謀殺された（享徳の乱）。

この後、成氏は下総の古河に逃れる（古河公方）までの数年間鎌倉公方の任に当たった。この間に結城氏の再興をはじめ、反上杉の感情を有する関東の旧族が成氏に接近し、後の関東管領上杉氏対古河公方足利氏の対立構図が徐々に形成されていった。

こうした動向は佐竹氏にも影響を与えた。その前に、佐竹義人と先代義盛の娘源姫との間にできた子供に触れる。『佐竹家譜・義人』には二人の間に四男二女がうまれたとあり、

初めは女子、結城光久（持朝）に嫁す。

次は義俊という。応永二十七年庚子（14 20）生れ、字は五郎。初名は義従《よしさと》後改め義俊。

次は女子、嫁する所を知らず。

次は実定という。字は六郎。一時鎌倉の上杉憲基の猶子となりはじめ関東管領家で過ごす。

次は義倭という。常陸介に任ず。法名竹香、

初め太田城南大内の宅地に住す。因って暫く南と称す。のち戸村の地に食邑す。戸村の祖なり。

次は義森（又は義盛）。右衛門佐に任ず。道号詳翁、法名存鳳。また香林と称す。初め高倉の地に食邑す。因って暫く高倉と称す。後、小野岡に住す。すなわち小野岡の祖なり。

義人の実家山内上杉家の憲実の猶子となり、鎌倉で仕えていた実定が関東管領憲定を継ぐ話もあったが、佐竹の力がさらに強くなることを恐れた上杉家臣たちの反対にもあい、実定は宝徳元年（１４４９）には太田に帰っていた。

その頃、家督を継いでいた兄義俊が古河に逃れていた公方足利成氏に接近する情勢を見せ、それをみた実定は山入祐義や江戸通房、また父義人の支持を得て、兄義俊を享徳元年（１４５２）太田城から追出し、常陸における反上杉勢力に対処しようとした。義人は嫡子義俊の暗遇で優柔不断な性格を好まず、後嗣を実定と決めたのである。

実定は実質佐竹惣領家当主となって、寛正六年（１４６５）九月二十五日に急死するまでの十四年間太田城の実権を握る。

一方、太田城を出奔した義俊は孫根城（桂村）の大山常金のもとに身を寄せ味方を募った。実定死後、実定の二男・義実が、祖父・義人の後見を受け二年間（祖父義人が実定死後二年に逝す）合わせて十六年間佐竹惣領家の実権が義俊から奪われていた。これを「実定不和合戦」という。

義俊は太田城に居住の間に、結城城落城（１４４１年）の際に、太田城の義人のもとに義俊の姉と一緒に逃げた小山大膳太夫の三姉妹の長女（道号花渓、法名妙栄）を妻とし、二男二女をもうけた。

長男義治は嘉吉三年（１４４３）生、次は二男義成、次は長女、次女と生まれる。義俊が享徳元年（１４５２）に出奔した時には、妻（花渓）と長男義治（当時十歳）と三人の子供達は太田城に残った。その他に義俊と侍女平元氏女との間の子（天鳳存虎、幼児）も太田城に残った。

義俊は孫根城において戸村の町田氏女（第二夫人、当時新造上と称す。諡陽源院、法名昌隆）との間に二男一女をもうけた。上は四郎掃部某、次は八郎義易、さらに女子の三人である。

義俊長男・義治は康正元年（１４５５）十三歳の時、太田城を出て那珂柯斧沼の上の要害（那珂西城）に籠る。

実定が義俊を太田城から追出して九年後の寛正二年（１４６１）、実定と義俊の室・花渓との間に義実が生まれた。実定としては次男である。長男憲顕（１４４３年生）は上杉家の養子となっていて、寛正元年（１４６０）に十八歳で亡くなっている。

実定が、兄義俊に統治能力がないとして追出したとしても、義俊嫡男の義治が十三歳になるのに、義人および実定は義治を佐竹家当主に擁立しようとしなかったのである。家督を義俊に譲ったとはいえ、厳然たる力を保っていた義人は実定の系統を佐竹当主に立てると決めたのである。

従って、義人は実定と義俊室花渓との間に義実が生まれるという不義を糺すことをしなかった。花渓を実定の正式の夫人と認めたのかもしれない。

実定が寛正六年（１４６５）九月二十五日に急死（行年およそ四十一歳）した後、五歳の義実を実質佐竹家当主として義人自身が補佐した。その後ろ盾として山入氏、江戸氏を頼んだのである。

義人は五歳の義実を正式に佐竹当主にしよう

としたが、国人衆の多くの反対で実現しなかった。

　応仁元年（1467）十一月二十四日、佐竹十三代義人が逝った、行年六十八歳。法名、耕山寺院竹道本晃。

　孫の義実（当時七歳）は太田城を出奔し、水戸の江戸氏のもとに走った。これは祖父義人の遺言だったかもしれない。江戸氏は義実を迎え入れた。

　その直後、孫根城にいた義俊（当時四十八歳）は太田城に復帰した。享徳元年の出奔から十六年ぶりである。また那珂柯斧沼の上の要害にいた（あとの三年は大門城に居住）義治（当時二十五歳）は康正元年から十三年ぶりの帰城である。

　義人没後こんなに容易に太田城に帰れたのは、佐竹一門、譜代の多くが義俊側だったからである。ただ義人存命中はその威勢に服従していたが、その押えが外れると親義俊派の中でも最も積極的であった小場・石塚・大山・藤井の一門の力を背景に太田城に入城した。彼らはいずれも十一代義宣の兄弟を祖としている。同じ一門でも親山入派の九代貞義の兄弟・子供（山入師義）の子孫とは一線を画していた。

　山入一族は、義実の後ろ盾を義人から依頼され、もしかしたら先祖からの念願の佐竹氏当主になる機会到来と考えたが、機が熟す前に形勢が逆転してしまい、山入の地に引き下がらざるを得なかった。「藤原姓の上杉流を排し、源氏姓の佐竹氏を取り戻す」と主張する反惣領家運動が再び蠢動する。

　この後、佐竹惣領家と山入一族の戦いはまだしばらく続くのである。

〔以上『佐竹家譜』『常陸太田市史』『金砂郷村史』『佐竹物語』（渡部景一氏著、無明舎出版）および土居輝雄氏が、平成十六年九月に秋田市で行った、建都四〇〇年記念講座記録等を参考にしている。〕

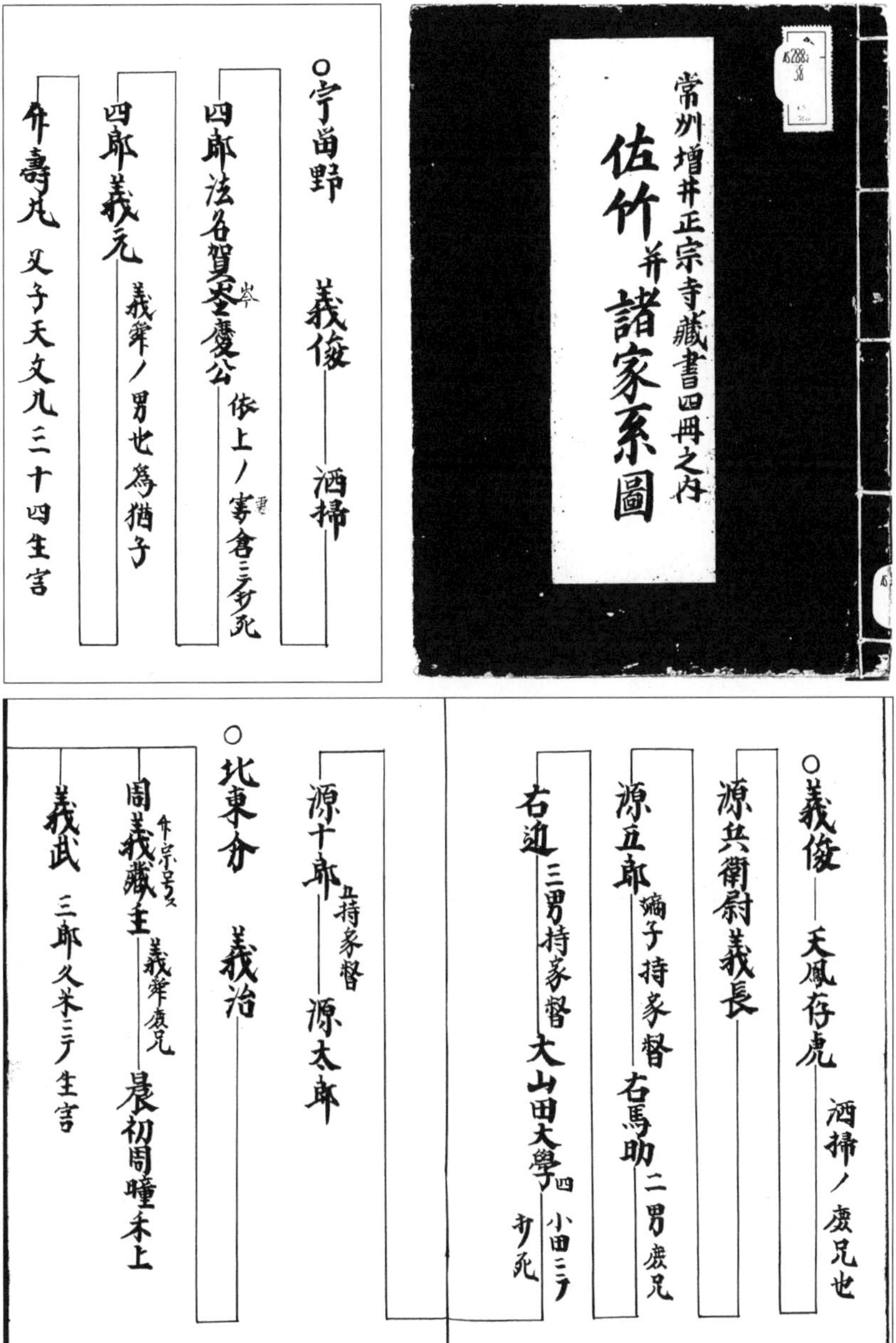


「佐竹并諸家系圖」表紙と宇留野系図部分（正宗寺蔵書写・秋田県公文書館蔵）

## 源姓宇留野氏誕生

これらの時代背景の中で天鳳存虎は義俊と侍女・平元氏女との間に義俊の三男として生まれた。表1（一、『佐竹家譜・義俊』等で確認できる事柄および推定できる事柄）で推定したように、享徳元年（1452）義俊が孫根城に逃げた時、幼い天鳳存虎は他の兄姉と同様に太田城に残った。

『佐竹家譜・義俊』では「義俊流離の事、佐竹古譜に十六年牢籠の間、宝山（実定の法名）十四年、六郎（実定の二男・義実を指す、母は小山大膳太夫長女）二年在位とのみありて、旧本諸書のその故を載さず。是を岡本又太郎元朝に議す。元朝謂て曰く、義俊其の人となり寛柔にして、而も未だ義人座すを以て国政等に綺はず。外見若くは遇なるに似たるを以て、義人是を喜びず。此に於いて実定今の時戦国にして義俊の如きは能国家を平治するの器に非ず。義治（当時十歳）幼と雖も幸いに其の器あり。早く義治を立て都督とし、己れ後見たらんなど云て、義人是を信じ、義俊是が為に遂に流離する歟。実定が一つの不義より其の理を推に、恐らくはこれに近からんと。其の言実に当らずと云えども遠からず」と記している。

天鳳存虎は少し大きくなると、実定により寺に出された。実定は義人に相談したことだろう。ところが、義人・実定は先を考えると、義実の周りになるべく多くの味方を増やしておく必要を覚えた。

そこで、僧となっていた存虎を還俗させ、大山、小場、石塚、また部垂の小貫に対峙する「宇留野」の地を領地として与え一人立ちをさせた。

その時は、実定が死亡した寛正六年（1465）九月二十五日直後のことであったかもしれない。寛正六年であれば存虎十六歳位の時である。

宇留野氏古文書（文化二年八月宇留野源兵衛が藩庁に提出）には「嘗テ存虎御分リノ時、命ジテ竹内 國分 鈴木ノ三氏ヲ滕臣トス、竹内國分ハ子孫ニ至リ家絶ツ 鈴木氏子孫相継ヒテ今ニ勤仕ス」とのみある。

義俊二男・義成が天神林氏を創氏したのは、天鳳存虎による宇留野氏創氏同様、いつのことかについて触れたものはない。

義俊二男・義成は寛正六年、実定が没した時およそ二十一歳。したがって義人・実定の下で元服を済ませ天神林に居を構えていただろうと推測できる。そして、江戸氏、山入氏と近い仲であったろうと推測する。

これが後に延徳二年（１４９０）四月二十五日、義治が逝去の時、葬儀において焼香に臨んだ江戸但馬守通俊と小場大井炊助義忠が、焼香の順序を論じ闘争に及びそうになった。寺僧は驚いて香炉を両席に儲け、小場、江戸同時に焼香してその場は納まったという。家の子（小場義忠）が宿老（江戸通俊）に譲るのが仕来りと記されている。

喪主である義舜（二十一歳）はこのことを怒り江戸但馬守は天徳寺に蟄居したといわれる。天神林義成（当時四十六歳位）がこれを取りなし、義舜はこれを赦した。但馬守は大いに喜び天神林義成に多大の品々を贈った。これでは人々の誤解を産みかねないとして但馬守は義舜にも同じく献上した。

ただ、この後義舜と義成の間は疑心暗鬼となる。巷説しばしば起きて義成謀反の噂が義舜の耳にも入る。

そのような中、延徳二年（１４９０）閏七月二十七日、山入義藤・氏義父子が太田城に打入り義舜は慌ててわずかの供を連れ太田城を逃げ出す。天神林に居館を構える叔父の義成を頼るが、義成は門を閉じて義舜を入れようとしないばかりか、家臣を仕向け鑓刀をもって義舜を追い払った。

この伏線は義成の元服・創氏時代から培われていたと考えられる。水戸に逃れ水戸氏の下に匿われていた義実が毒殺されたのは文明十一年（1479）六月朔日といわれる。義実行年十九歳。

水戸氏は義実を匿い、義治の弟・義成と入魂の仲を保って義俊・義治の統治能力を観察していたのではないか。折よくば義実か義成を担いで山入氏と手を握り常州の統治に大きく係わりたいと心中に抱いていたのではと考えられる。義実の毒殺は、太田城の義治の手回しによるものといわれている。

## 四郎掃部助、宇留野氏を称す

天鳳存虎の宇留野氏創氏が実定死亡直後（存虎十六歳位）とすると、存虎が宇留野名跡を担っていた時期はそう長い期間ではなかったと思われる。

義実の後見であった義人が応仁元年（1467）十一月二十四日に逝去すると、義俊は町田氏との間に生まれた四郎掃部助某、八郎義易及び女子を連れて太田城に還住した。義俊は自分が流離中に創氏され、孫根の大山氏に対峙する宇留野城主である天鳳存虎を追放し、四郎掃部助某を宇留野城主に据えた。

四郎掃部助某が宇留野名跡を引き継いだのが応仁元年（1467）とすれば、四郎掃部助某は年齢が十五歳位である。天鳳存虎の追放が少し遅れたとしても四郎掃部助某が元服する文明二年（1470）頃までには兄・天鳳存虎に代わり宇留野城主となったのではないか。

ここに「佐竹義俊の子息達」が「宇留野氏」を名乗ることとなり、「天鳳存虎が宇留野氏祖」とされる真相と推考する。

宇留野城を追われた天鳳存虎は山入氏を頼ったと思われる。暫らく山入党であったろう。ただし、永正元年（１５０４）三月十日に大縄神六に斬殺される時には佐竹宗家の義舜に属していたことは、前に述べた。

一方、天鳳存虎の嫡子・源兵衛尉義長は延徳二年（１４９０）義舜が太田城を出城した時、天神林の館に入れて貰えず、さらに追手を掛けられているときにようやく追いついた。その義舜の近習達、宇留野源兵衛を始めとして滑川大和守、八木備前守、岡部三河介、介川将監、安藤右京亮、久賀谷彦三郎、塩谷越前、片岡監物、矢野孫太郎等が馳せ参じ敵を追い払った。そして義舜の前後を警護し大山孫根に向かった。

源兵衛、八木、山方、久賀谷、介川、大縄、滑川、片岡の名前は義舜が明応九年（１５００）西金砂の柵に拠った時にも、義舜を守護したとあり、さらに文亀二年（１５０２）山入氏義が金砂を包囲し、義舜がさらに拠点を千手堂、権現堂と移した時にも常にその周辺を守護した。

権現堂に入り義舜がついに自害しようとしたその時、「雷電振動シテ疾風樹木ヲ折、大雨山漲ル、賊兵大ニ騒動ス爰ニ於テ義長、八木、山方等ヲ始メ兵競ヒ進テ是ヲ撃コト甚シ逃ヲ追コト四十余町、是ヨリ氏義兵威日々衰、小田野刑部大輔義正義舜公ノ命ヲ奉、氏義ヲ誅戮ス、義舜公喜テ家臣ト宴、義正自ラ酒ヲ執テ義舜公ニ献ズ、公モ又自ラ酒ヲ義正ニ賜フ、于時源兵衛義長起テ比丘定ノ狂言ヲ舞フ」と『宇留野氏系圖』に詳しく触れている。

また『佐竹家譜・義舜』には「小田野氏世々初めて拝賜の日、家督を賜いて拝礼の時、君臣自ら献酬することを習わしとした。また、昔日年始め年々盃酒の時も、小田野氏と自ら献酬に及ぶ。近年小田野氏是を辞す。故に初めて拝賜の日家督を賜て拝礼の時のみ此の儀に及ぶと云。宇留野義長（源兵衛と称す。天鳳存虎の子なり）席を起て舞ふ（宇留野家伝に比丘定の狂言を舞と云）。」と記している。

宇留野家伝書には、佐竹氏の正月の習わしとして、宇留野氏が比丘定の狂言を毎年舞っていたが、ある時からそれを辞退したとある。

## (5)「天鳳存虎」と「四郎掃部助某」の諱について

天鳳存虎と四郎掃部助某の諱《いみな》については、それらしい名が各所に出現するが、果たしてどちらの諱なのか判断が難しい。『宇留野氏系圖』では二人の諱は記されていない。

その諱が書物に出現する実例を挙げると、第1図❹『耕山寺本』において、四郎掃部助が「義公」として出現する。

❾『新編常陸国誌』においては、天鳳存虎と四郎掃部助某の混同がある。「義公 刑部 山入党」と記しているが、その子が義長と記されているのは誤りである。天鳳存虎が刑部を号したとは、どこにも出てくることがない。また、四郎掃部助某が山入党であったかは不明である。四郎掃部助を刑部と記している例は⓫において「義公 四子 宇留野刑部」の例がある。

❿『佐竹寺本』に於いて「某 義紀ト云 宇留野掃部頭浮屠トナリ天鳳存虎ト号（以下省略）」とあり、付記の内、掃部頭だけが、それ以外は概ね天鳳存虎についての付記であるため、義紀＝天鳳存虎となるのだろうか。

⓫『後佐竹氏譜』では、やはり二人の混同がある。「義公 四子 宇留野刑部」が義長の親と記されているが、義長の親は天鳳存虎である。四子とは義俊四男の四郎掃部助某を指しているものと考えられる。義俊四男・義公 宇留野刑部 が間違って義長の親と記載されている。

⓮『川崎春二本』では、義平 義仁三子 天鳳存虎 宇留野将監（義仁は義俊の誤りと思われる）を嗣いだ

のが義公 兄の名跡 掃部介四郎」とありそれを「義久」が継ぎ、「義元 義舜三子 宇留野名跡」が義久の養子で宇留野名跡を嗣いだとある。

したがって『川崎春二本』では四郎掃部助某が義公であることがはっきりしている。ここでは、天鳳存虎の諱が義平とあり、将監を号したことになる。

以上各種系図に出現する所を大別すると、

天鳳存虎＝義紀、義平

四郎掃部助＝義公

となりそうである。ただし、前にも記したように『宇留野氏系圖』にも『佐竹家譜』にも二人の諱を記したものはなく、文化二年（1805）に宇留野源兵衛勝意が藩庁に提出した文書にも記されていない。はたしてそのとおりの諱であったろうか。

その他に、茨城県の各市町村史に二人の諱らしい記載がある部分を拾い出してみると以下の文章が見受けられる。

『常陸太田市史　通史編上巻』（常陸太田市・1984）三一九頁に、「翌延徳二年（一四九〇）、佐竹義治が世を去ったことで、その子義舜が幼少であとを継ぐと、山入義藤・氏義父子および佐竹義武、長倉義久、天神林義益、宇留野義公ら佐竹一族、および江戸氏らがはかって太田城に攻撃をしかけた。義舜はこれに応戦できず、太田城を脱出して母方の大山氏を頼って孫根城に走った」とある。

なお、『常陸太田市史』文中、延徳二年の時点で義舜が「幼少」とあるが、義舜は同年で二十一歳であり幼少とは言えない。

また、『金砂郷村史』（金砂郷村《かなさごうむら》・1989、茨城県久慈郡金砂郷村は後の金砂郷町、現在は常陸太田市）二六一頁に、「永正二年（一五〇五）佐竹義舜は、岩城常隆に先代以来の同盟関係の再確認をし、常隆の娘を妻とした。そしてその冬、義舜は片岡監物を遣して援兵を求めた。岩城氏の加勢を得た義舜は、遂に太田城の奪還に成功し帰城できたのである。一方、山入一揆は、本拠地の国安城（水府村）に逃れ、籠城したがまもなく落城した。この戦いで山入氏義の子義盛、一族の宇留野義公、高垣信楯・康高父子等が戦死し、氏義は一時高部（美和村）に逃れたが、小田野義正によって殺害された。

ここに至って山入一揆はついに滅亡した。（以下省略）。」

この『金砂郷村史』から見ると、「宇留野義公」は確実に四郎掃部助某といえる。天鳳存虎はその前年の永正元年三月十日に氏義配下の大縄神六に斬殺されているからである。もう一つ判ることは、この時点で四郎掃部助某も山入党であるということである。

## (6)「雪村周継推考」ならびに宇留野四郎義元と宇留野源兵衛尉義長の関係

ここまで「宇留野氏祖」・天鳳存虎（佐竹十四代義俊三男）系図と、「宇留野氏を称した」四郎掃部助某（佐竹義俊十四代四男）系図に考察を加えてきたが、この両方の系図の中には「雪村周継」の名前はどこにも出現しない。ただ、雪村周継が佐竹支族宇留野氏の出自の人物だろうとの説は『大宮町史』に述べられていて、地縁的、時代的にもほぼ疑う余地がないように考えられる。

赤澤英二氏がその著『雪村周継』で述べられている説の内、その父親について記されていること以外は支持したい。天文十五年（１５４６）の今宮玉殿に奉納された神馬図にある「雪村源周継舟居斎」の款記は佐竹支族であることを決定づけている。

# 雪村周継周辺図（想定図）

**第8図**

- 義俊（佐竹14代）1420～1477.11.24
  - 義治（佐竹15代）1443～1490.4.25　母小山氏
    - 周義　1463～？　義舜の庶兄
    - 義舜（16代）1470～1517.3.13　母大山氏
      - 永義　1507以前～1547以降　義篤の庶兄　初め僧　父・義舜、修験社人の頭領に命ず　今宮氏祖
        - 光義　1542～1604.7　常蓮院
          - 道義　1573～1619.9.1
            - 義賢
        - 義僚　1548～1609.12　弾正家祖
          - 宣貞　1583～1643.11.15
            - 隆久
      - 義篤（17代）1507～1545.4.9　母岩城氏
        - 義昭（18代）1531～1565.11.3
          - 義重（19代）1547～1612.4.19
            - 義宣（20代）
      - 義元　1510～1540.3.14　母岩城氏　宇留野四郎某の猶子
      - 義里　1515～1543　母岩城氏　南氏祖
        - 義尚　1550～1571.8
      - 一渓　1516～1595　初僧　母妾　古内氏祖
        - 義貞　1553～1634
    - 義武　1473～？（自害）　母大山氏
    - 義信　1476～1533.8　母大山氏　北氏祖
    - 政義　1484～1534　母大山氏　初僧　東氏祖
  - 義成（1445頃～1504頃）　母小山氏　三郎　天神林氏祖
  - 存虎（1450頃）～1504.3.10　母侍女（平元氏）　宇留野氏祖　初僧　道号天鳳、法名存虎
    - 義長（1470頃～1550頃）　源兵衛尉　法名日證
      - 某　？～1539.7　母妾　源八　右馬助　源五郎庶兄　部垂で討死
        - 某　生年？～？　大学助、父・源八戦死後祖父源兵衛尉の養子となる　後、下野国大山田に住す
      - 義泰　？～1539.7.7　源五郎　部垂で討死　法名葉山道楓
        - 義則　？～1563　源七郎　兄源五郎嗣　小田で討死　法名道空
          - 義長（1539頃～1620頃）　兄源七郎嗣　蓮信、源十郎、源太郎、源兵衛　実は源五郎義泰嫡子　父・源五郎義泰戦死後、祖父源兵衛尉義長の養子となる
            - 勝忠
      - 義則　？～1563　源七郎　右近　兄源五郎嗣となる
  - 某（1453頃～1505頃）　母町田氏（第二夫人）　宇留野氏を称す　字は四郎、掃部助を号
    - 某（？～1510頃）　四郎（義久とも）　四郎掃部助養子　字は四郎、妻倉で戦死　法名賀岑慶公
      - 雪村　1504～（1585または1589）　周継
      - 義元　1510～1540.3.14　四郎　幼名　竹寿丸　佐竹16代義舜三男　宇留野四郎某の猶子（正宗寺本）　法名勝厳常俊
        - 女子　大関高増（1529～1600.1）室（「寛政重修諸家家譜」大関氏より）
        - 義連（1532頃）～1540.3.14　梅若　竹寿丸　法名常順童子
        - 繁興
        - 十万丸
        - 女子　上平又三郎義晴室（長倉遠江守義尚次男の嫡子）「佐竹御分流系図」（秋田県公文書館 A288.2-590-27）
  - 義易　～1502.1.17　母町田氏（第二夫人）　戸村義倭（～1474.3）の養子
- 実定
- 義倭　戸村氏祖
- 義森　小野岡氏祖

（※）『後佐竹氏譜』では四郎義久を源兵衛尉義長の弟としている。但し、『後佐竹氏譜』は誤りも多いとも言われる。

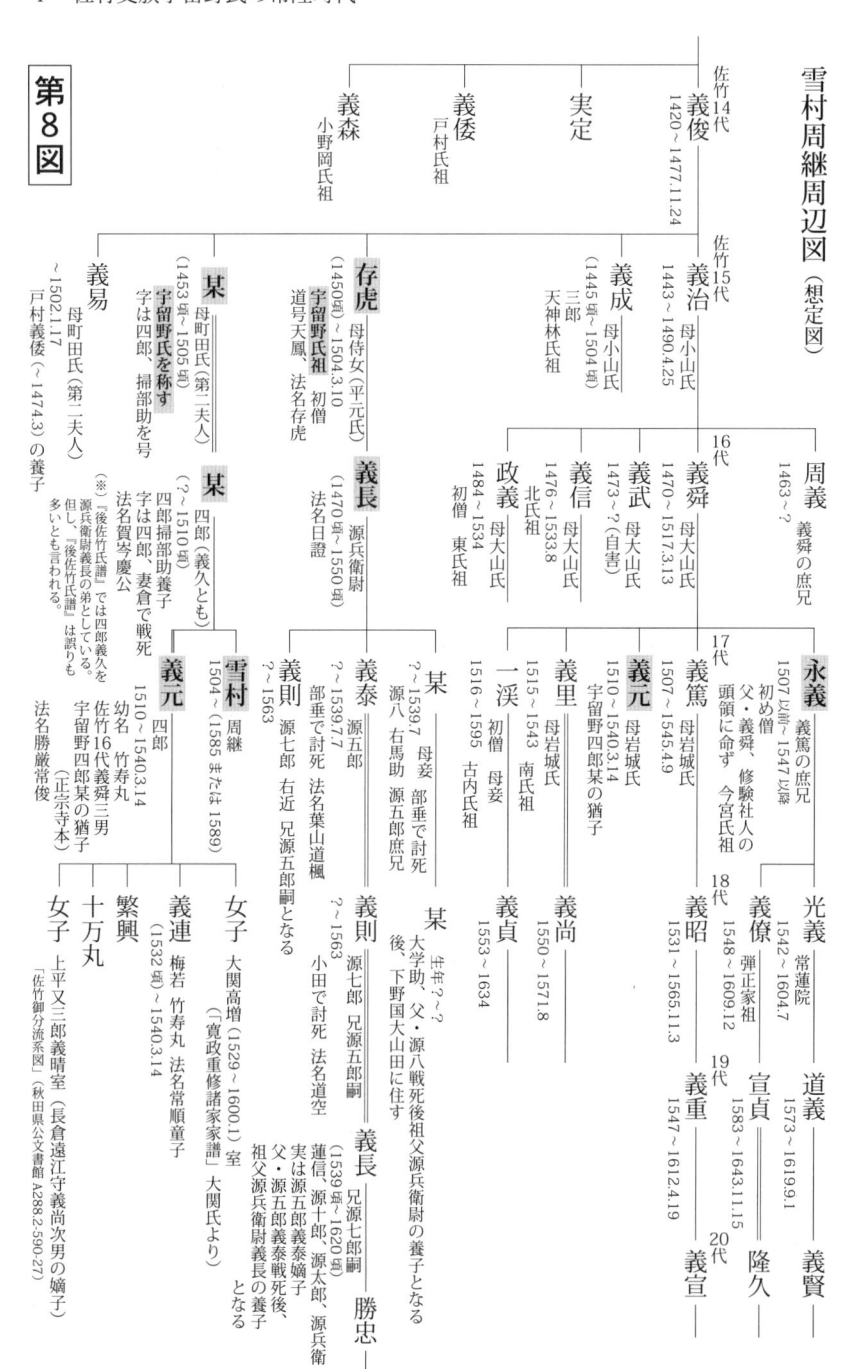

そこで、宇留野氏の両系統系図に検証を加える中で、その位置と考えられる「場所」が思い当たる。その場所は義俊四男・四郎掃部助某の系図の中にである。仮説として以下を展開する。第８図（「雪村周継周辺図（想定図）」）をご覧いただきたい。

雪村周継は『新編常陸国誌』に永正元年（１５０４）、佐竹一族として常州部垂村田村郷で誕生とあり、義元の生年より六年前である。佐竹惣領家の佐竹義舜三男竹寿丸（義元）を宇留野四郎義久の嗣子にするに当たり、嫡子雪村を廃嫡したと結論する。

天鳳存虎の弟・四郎掃部助某に嫡子がなく養子を迎えた。四郎義久である。この四郎義久を源兵衛尉義長の弟と記す系図もある（『後佐竹氏譜』）。それはともかくとして、四郎義久は「法名賀岑慶公、依上ノ妻倉ニテ打死」（「正宗寺本」）とあり、佐竹義舜三男・義元（義篤実弟、幼名竹寿丸、永正七年〈１５１０〉生）が猶子となったとある。

妻倉で討死した四郎義久が何時の戦いであったか確定しにくいが、佐竹義舜が依上保《よりかみのほ》（茨城県久慈郡大子《だいご》町）に侵攻したのは、白川氏の永正の乱（白河結城惣領家と小峰庶子家の争い）に乗じて討ち入り、それまで白川氏の支配下にあった依上保を再度佐竹領にした永正七年（１５１０）のことである。

四郎義久はその戦闘において依上保の妻倉で討死したと考えられる。年三十（「耕山寺本」）。ただ依上保は現在の大子町であるが「依上の妻倉」の場所を特定できていない。耕山寺本・宇留野氏系図には、三男・存虎と、四男・四郎掃部助義公の長幼を誤った記述があり、さらに「義公　四郎掃部助　法名賀辰岑慶、年三十、義久四郎、猶子、保内ニテ討死ト云フ」の記述は、父・四郎掃部助義公の記載の中に養子四郎義久の事項「法名賀辰岑慶、年三十、義久四郎、猶子、保内ニテ討死ト云フ」が混在しているのが明らかで、義久が後年・天文九年（１５４０）三月十四日、部垂城で部垂（宇留野）義元と一緒に死亡したというのは明らかに誤りである。

ここにおいて筆者は、四郎義久に嫡子がいた可能性が強いと考える。永正元年（１５０４）生の、後の雪村周継である。父・四郎義久が依上保妻倉で死亡した時（永正七年に死亡と仮定）、雪村周継は七歳であった。この年永正七年（１５１０）義舜と正室岩城氏の間に二番目の男子が生れ、竹寿丸（のちの義元）と名付けた。この竹寿丸の行く末を義舜は考えた時、妻倉で討死した家臣宇留野四郎義久の家督を、その嫡男（雪村）にすぐ継ぐことを認めるのではなく、永く義舜に忠誠を尽くし義舜の信頼が絶大で、また義舜の従兄弟でもある宇留野源兵衛尉義長（当時、四十歳位）をもって、家督相続人を決めていない四郎義久亡き後の家相としたと考える。

生まれたばかりの竹寿丸を直ぐ「四郎義元」として四郎義久の家督を継がせるのではなく、故宇留野四郎義久の猶子として竹寿丸の成長を待ったのだろう。ただし、いつまでもそのままにすることはできず、ついに雪村を正宗寺の僧として出家させ、竹寿丸を四郎義久の家督を相続させ四郎義元と名乗らせることとした。

「四郎」は義俊四男・四郎掃部助某から続く「四郎」である。父義久も「四郎」である。竹寿丸が四郎義元となったのは、義舜が没する永正十四年（１５１７）以前の期間と考える。雪村が十〜十三歳、義元四〜七歳の頃ではないか。

雪村を正宗寺に出家させる手続きも、四郎義元の養育も源兵衛尉義長の役目ではなかったかと思う。そして義舜は、宇留野義元の付人として、改めて源兵衛尉義長を命じたものと考える。

延徳二年（１４９０）義舜が山入義藤・氏義父子から逃れ太田城を脱出した時、宇留野源兵衛尉義長、滑川大和守、塩谷越前、矢野孫太郎等十人程が追付き敵を追い払い、義舜の前後を警護し大山氏の孫根城に辿り着いた話が宇留野家にも伝わる。

また、源兵衛尉義長はその後も義舜の旗本として近侍し、文亀二年（１５０２）の西金砂柵で義舜が氏義に攻められ自害寸前まで追い詰められた時に、先頭に立ち防戦し敵を追撃したこと、そして氏義を誅戮した時の祝賀の席で、小田野義正が自ら酒を執って義舜公に献じ、義舜がまた自ら義正に酒を賜わったその時、源兵衛尉義長は比丘定の狂言を舞ったことが伝えられていて、後年、佐竹氏の正月の祝時において小田野家の献杯、宇留野家の比丘定の舞を行う事例が永く続いたと伝えられている。

享禄二年（１５２９）、四郎義元二十歳の時、小貫兵庫助俊通が守る部垂城を攻めようとして先ず源兵衛尉義長に議している（『佐竹家譜・義篤』）のも源兵衛尉義長が付人であったことを証拠づける。

付人のことであるが、義舜の父・義治の代、義信（義治四男、義舜実弟）をして北家創設をした時、矢野孫太郎重善の子・彦四郎（のち和泉守）重國を北義信の付人としている。

北家初代義信、二代義住は宗家の義舜、義篤の統治を補佐した。天文八年（１５３９）七月七日北義住と矢野和泉守重国は部垂城の部垂（宇留野）義元を攻め戦死している。同じ日に源兵衛尉義長の子二人（源五郎義泰と源八某）も部垂で討死している。

矢野家は北家の付人としてそれ以後も約三百五十年の期間、幕末まで佐竹北家の筆頭付人として勤仕している。

正宗寺の僧となった雪村は法諱を周継と名乗

り、正宗寺で修行の傍ら、正宗寺に収蔵する仏画などを手本として絵の修行にも励み画才を発揮した。長じて正宗寺を去ることになった雪村周継は下村田郷坪井近くに住居を置き、その生活の支援を宇留野四郎義元が見たのは当然だろう。

巷間、雪村の出家につき、「その父が後妻に生れた次子を可愛がり家督に選んだため、雪村は嫡長子であったが薙髪して出家した」とも伝えられている。しかし、狩野永納撰『本朝画史』（1678年序）には雪村およびその出家について「僧雪村諱周繼、號二鶴舩翁老一、佐竹一族而常州部垂村田郷人也、其父廃二雪村一而欲レ立二其庶一、因レ之薙髪為レ僧、性好レ畫、（以下略）」とあるが、「其父廃二雪村一而欲レ立二其庶一、因レ之薙髪為レ僧」を「父親が、後妻の子供を可愛がり後継ぎとした」と単純に済ませるのは如何かと考える。

宮本茶村による『後佐竹氏譜』には四郎義久が天鳳存虎の子で源兵衛尉義長の弟と記されている。もしそのとおりとすると今宮大納言永義と雪村周継は「また従兄弟」の関係であり、そうでなくても「義理のまた従兄弟」の関係である。

四郎義元死後六年の天文十五年（1546）六月廿七日、神馬図を奉納した雪村周継四十三歳、義元を始終擁護した庶兄・今宮大納言永義およそ四十歳すぎ、この二人が義元を偲びどのような話を交わしたか興味深い。（以上「雪村周継推考」）。

宇留野四郎義久の家督を継いだ佐竹義舜三男は宇留野四郎義元を名乗った。義元が養子となったのは何歳の時かは『佐竹家譜』にも記されていない。父親・義舜（1517卒）の生前のことであれば八歳までのことである。宇留野四郎義元が史実に登場するのが小貫兵庫助俊通の居城・部垂城を攻め取った享禄二年（1529）で、義元二十歳の時である。

享禄二年（1529）義元二十歳の時、義元は源兵衛尉義長に小貫兵庫助俊通の居城・部垂城を攻め取ることを相談した（『佐竹家譜・義篤』）。

宗家からの「付人」源兵衛尉義長は、その願いを叶えるべく考えた末、小貫俊通の重臣四人に密使を使い「利を以て」四人に味方に付くことを説得した。菊池、池田の二人は応諾しなかったが、小田野、黒澤の二人はこれに応じた。

十月二日の夜になって、四郎義元が数百人の家臣を率いて間道を辿って城に打ち入った。城側は突然の襲撃に慌てて大混乱となり、小貫兵庫助自ら武器を取り奮戦したが、なんといっても不意のことだったため、防ぐことができなかった兵庫助は城に火を放って自害する。

兵庫助の子・彦三郎はその時二歳であったが、乳母が幼児を懐に抱き太田城に走った。その彦三郎は長じて伊勢守頼俊と名乗り佐竹義昭、義重時代の重臣となっている。後年、十三歳の時（1540）部垂城の攻城戦に加わったといわれている。

義元は遂に部垂城を領し、部垂義元を名乗ることとなる。この義元は、宇留野源兵衛尉義長に宇留野城を預け宇留野城の守りに当てたと考える。

義元はこのあと、江戸通泰、岩城成隆、また長兄（庶兄）の今宮永義らと手を組み惣領家の義篤には反抗の態度を取る。
・天文三年（1534）二月十五日鹿子原《かのこ》（茨城県石岡市）合戦において、義篤家臣の小田野義孝（兵部大輔）、天神林某（義成第二子、右京亮）、山県義国（助九郎）、根本某（修理亮、法名同薫）等戦死（『佐竹家譜・義篤』）。
この戦には義元・永義は参戦せず、義篤に叛逆の意を示した。

•天文四年（1535）八月、岩城成隆、佐竹家臣江戸但馬守通泰に党して兵を率いて当国を侵掠す（『佐竹家譜・義篤』）。

•天文四年（1535）十二月、一族の高久義貞が高久城（桂村）で義篤に叛旗を翻すが破れ、義貞は一時逃亡したが捕えられ降伏す（『佐竹家譜・義篤』ほか）。

•天文七年（1538）三月十八日、口尾瀬（下小瀬か）一戦（『大宮町史』＝『妙徳寺過去帳』）。三月二十二日部垂合戦、義篤家臣の河井某（玄蕃助）、其子某（主水佐）戦死す。按ずるに宇留野義元叛逆合戦の時にあたれり（『佐竹家譜・義篤』）。

•天文八年（1539）三月十八日、部垂前小屋落城、三月二十二日部垂要害攻め（『大宮町史』＝『妙徳寺過去帳』）。七月七日、佐竹小場部垂兵乱、義篤家臣の北義住（又次郎）、宇留野某（源五郎、源兵衛義長子、道号葉山、法名道楓）、真崎季直（彦四郎）、前澤某（蔵人）、大縄某（弥七郎）、長崎某（与四郎）、矢野某（和泉守、佐竹古譜に矢野孫太郎子、初名彦四郎とあり）、猿田某等部垂に戦死す（佐竹古譜及び清音寺蔵本系図等に出づ。此の合戦にも義篤出陣ならん。別に考ふべきなし。但し、此の戦死の輩の中、宇留野源五郎父義長は義元に党す。然らば敵方に在って戦死する歟。若しくは義長父子、初めは義元に従ふと雖ども、後義篤に従う歟。後其の子孫義篤に仕ふ）。（『佐竹家譜・義篤』）。

義元の下で部垂城大手の架橋架け替え工事（大賀外記が奉行となり、天文八年〈1539〉五月下旬より工事に掛り六月二十九日に成就といわれる〈『常陸古来伝』・東大史料編纂所所蔵〉〈『部垂御城実伝』・豊田藤夫氏所蔵〉「茨城大学中世研究 vol.8」高橋裕文氏紹介）の普請のでき栄えにつき大勢の前で義元に叱責された大賀外記が、本宗家佐竹義篤に、義元に謀叛の意思がありと内通、その結果天文八年七月七日に部垂城総攻撃が行われたのか。

その年（天文八年）の三月十八日に前小屋落城、三月二十二日部垂要害攻めがあったわけで、大賀外記の内通も契機として七月七日に大規模な軍勢派遣（この戦いにも義篤は出陣していない）をし、今までにはない激しい戦闘が行われた。それ以前の義元の義篤に対する反抗は、直接的に惣領家に対する戦争ではなかった。しかし、義篤・義元の対立は直接的な戦争状態に入ったといえる。

天文八年七月七日の戦いにおいては『佐竹家譜』の考察のとおり、宇留野源兵衛尉・源五郎父子は義元の下で戦い、源兵衛尉義長の嫡子源五郎義泰が討死した。『佐竹家譜』には記されていないが、源兵衛尉の長男（庶長子）源八右馬助もこの戦いで討死したと考える。義篤側、義元側の双方に余りにも多くの戦死者が出た現実に、そして源兵衛尉義長自身、我が子二人を戦死させた現実を直視し、またこの時、佐竹宗家義篤は義元の他に江戸氏、岩城氏、那須氏等四方に敵と向かい合っていたことを考えた時、源兵衛尉義長は義元に義篤との兄弟間の戦いを止め、その他の敵対する勢力に当るべき時と説得したことだろう、またそれを実現することが「付人」としての自分の責任と考えたろう。しかし、義元は肯かなかった。

義長はこの時、兄弟間の戦いを終わらせるには、自分が働くしかないと考え、密かに義篤方に接触し義元攻めを申し出たものと考える。

過去において、源兵衛尉義長は山入氏義の乱も経験しているが、「付人」が主人に諌言した事件として天神林氏の例がある。

天神林義成の付人であった網掛氏が、主人義成が山入氏義に与しあくまで義舜に抗した時、網掛氏は義舜の許しを得て天神林義成を攻め佐竹寺の近くで討死させている。

天文九年（１５４０）三月十三日、本宗家義篤方の軍勢が突如部垂城に押し寄せた。このくだりについて『大宮町史』のなかに、昭和二十七年の大宮町部垂史蹟保存会の矢数欣三郎氏著『部垂落城記』を載せている。

『部垂城落城記』

「部垂城主佐竹四郎義元　謀叛心アリト普請奉行ヨリ訴ヒ　本家太田佐竹義篤之命ニ依リ天文九年三月十三日討手トシテ　岩瀬豊後守（岩瀬）白石志摩守（上岩瀬）真崎兵庫介（静）等其勢五百騎　宇留野源兵衛（宇留野）大将トナリ部垂城ニ押寄セタリ

城内ニテハコノ時夢ニモ知ラズ大ニ驚キ周章狼狽シテ俄カニ打テ出防戦スト雖モ僅カニ五十人ノ小勢ナリ　立原筑後、内藤主計介、倉田兵庫、鈴木石見、高岡玄蕃、高津戸隼人、小泉文吾衛門等防戦ス　中ニモ小林大炊介（辰ノ口）大力無双ノ勇士　大勢ノ中ニ切入リ其ノ働キ敵味方ノ目ヲ驚カシ勇士一人ニ切立テラレ敵ハ宮中坂ニ引返ス

其ノ日モ佐竹勢ハ野陣ヲ張リ其ノ夜明ヲ待チケル

部垂ニテハ其ノ夜ノ中ニ使者ヲ以ツテ小場城、小瀬城ニ援兵ヲ求ム

小場城ヨリ援兵抽ケ坂ニ　小瀬家ヨリ宿老内田弾正左衛門加勢田子内坂ニ後詰ス　其ノ勢三百余騎　明クレバ三月十四日殊ニ晴天ナリ　士気軒昂城中堅固タリ時ニ黒沢大学返忠シテ敵ヲ搦手ノ間道ヨリ案内シ火ヲ放ツ　何カハ以テタマルベキ　遂ニ落城ス

本城ニテ義元、小場義実自害ス　若君竹寿丸ヲ姥ノ喜代ガ打掛ニ隠シ参ラセ逃ゲ行クトコロヲ黒沢大学追ヒ来リテ討殺ス此処ニ堂ヲ立テ後ノ

世ニ堂ノ中ト云フ　部垂落城ト聞キ内田弾正自害ス　此処ニ葬リ碑ヲ建テ世人弾正塚ト云フ佐竹四郎義元、若君竹寿丸、小場義実ヲ西角屋敷ニ葬リ祭リ後世小場義実遺骨ヲ小場常秀寺ニ遷葬ス　義元竹寿丸ノ墓所ハ徳川義公神社仏閣調査ノ節鎮守境内ニ遷シ大八幡、小八幡明神トシテ祭リ代々立原筑後ノ子孫毎年三月十四日之ヲ祭ル」〔以上『大宮町史』より〕

宇留野源兵衛尉義長が攻城軍の「総大将」と記すものもあるが、総大将ではなく先手の大将が正しいと考える。『大宮町史』にも総大将とは記していない。

それまで義元方であった源兵衛尉義長が義篤に訴え出て、義篤はそれを聞き入れ源兵衛尉義長を討手の先手に任じ部垂城の急襲を命じた。何よりも内応者である、内応者が攻撃軍の先手となるのは戦国の慣行といわれる。

三月十三日の城攻めでは夕刻に掛ったため落城させることはできず、攻撃軍は城を取囲み野営した。この間に義元方も小場・小瀬等近隣の諸将に援軍を働きかけたが、源兵衛尉義長も動いた。城内に内応を働きかけ、黒澤大学の応諾を取付けたのは源兵衛尉と思われる。

享禄二年（1529）に義元が部垂城を攻め取った時、小貫兵庫助の重臣の小田野某、黒澤大学某を内応させたのは源兵衛尉義長の説得による。今回の黒澤大学の「返り忠」も事前に源兵衛尉と黒澤大学の間で話合い済だったと思われる。

- 天文九年（1540）三月十四日、宇留野義元（四郎、時に三十一歳。道号勝岩、法名常俊）、其子竹寿丸（道号宗芳、法名常順）、小場義実（三郎、義積の子、式部大輔。時に五十二歳。道号高巌、法名常秀）部垂に於て自殺（東州雑記及び佐竹古譜等に

出。按に、故書の如きは曾て義元叛逆、年々合戦に及ぶ。時に岩城氏乱に乗じて、江戸氏を誘ひ常州を覘ふ。義元其の威ようやく衰えるに及んで、江戸氏翻って義篤に降り服するか。古老伝えて部垂十二年の乱と云。享禄二年〈1529〉より天文九年〈1540〉に至って凡そ十二年なり)。(『佐竹家譜・義篤』)。

・天文九年(1540)五月十二日、(義篤)所領を諏訪神社に寄す。その書に曰く、「部垂之内、天王之近辺二段一貫文之地、諏訪大明神江奉寄進之状如件」と(其の書二方八右衛門某家蔵真迹の書なり)。(『佐竹家譜・義篤』)。

宇留野義元の子・竹寿丸(法名常順)は父と同日に死亡したが、二男、三男は寺に入ったなどとある。義元にはその他に二人の女子がいたことはあまり知られていない。一人は大関高増室(『寛政重修諸家譜』)、一人は佐竹家臣上平又三郎義晴室(義晴は長倉遠江守義尚の嫡子、『佐竹御分流系図』秋田県公文書館所蔵)となり各々子息女がいて義元の血脈が繋がっていたことが判る。

## (7) 源姓宇留野氏の名跡と家督

宇留野源兵衛尉義長は、天文九年(1540)の部垂の乱の後、佐竹義篤に赦された。そして宇留野城を領することと宇留野名跡を継ぐことを認められた。部垂城は取り壊され廃城となる。

佐竹義俊の三男として生まれ、義俊の弟(実定)・甥(実定二男)による佐竹領統治時代に宇留野氏を創氏した天鳳存虎が宇留野名跡の初代であることは間違いない。『佐竹家譜・義俊』にも天鳳存虎が「**宇留野氏の祖なり**」と明記されている。

以下その名跡は下記のように推移する。(「①」は初代、「②」は二代、以下同じ。「―」は嫡出子相続、「=」は嫡出子以外の名跡相続。なお、傍線は、義俊四男・掃部助某の家系)

・宇留野氏初代①天鳳存虎＝②掃部助某（四郎、義俊四男、義公）＝③義久（四郎、四郎掃部助某の養子、依上の妻倉で討死、法名賀岑慶公）＝④義元（四郎、佐竹義舜三男、義久の猶子）＝⑤義長（源兵衛尉、天鳳存虎の嫡子）―⑥義則（源七郎、源兵衛尉義長の三男、右近）＝⑦義長（蓮信、源十郎、源太郎、源兵衛、源兵衛尉義長の五男、実は源五郎義泰討死後祖父源兵衛尉義長の養子となる）―⑧勝忠（源太郎、源兵衛、源兵衛義長の嫡男、初め義勝）＝⑨勝明（源兵衛、勝忠の養子、実は茂木監物治種長男、源兵衛勝忠の外孫）＝⑩勝休（九助、勝忠の庶子縫《ぬ》殿《い》勝弘の長男）＝⑪勝鄭（源兵衛勝明の末子、源太郎、源兵衛）―⑫勝富（源太郎、源兵衛））―⑬勝意（源蔵、源兵衛）（以下略）

・宇留野天鳳存虎の家系（家督）は次のように繋がる。

初代①天鳳存虎（佐竹義俊三男、母平元氏女、１５０４年卒）―②義長（源兵衛尉、卒年不詳、およそ１５５０年頃）―③義泰（源五郎、源兵衛尉義長嫡男、１５３９年七月七日卒）＝④義則（源七郎、右近、源兵衛尉義長三男、１５６３年卒）＝⑤義長（蓮信、源十郎、源太郎、源兵衛、源兵衛尉義長の五男、実は源五郎義泰討死後祖父源兵衛尉義長の養子となる、卒年不詳、およそ１６２０年頃、およその行年八十二）―⑥勝忠（源太郎、源兵衛、源兵衛義長の嫡長子、初め義勝、１６５１年卒、行年六十一）＝⑦勝明（茂木監物治種の長男、勝忠の外孫、１７０１年卒、行年七十二）＝（以下略）

・宇留野四郎掃部助某の家系（家督）

初代①掃部助某（四郎、佐竹義俊四男、母戸村の町田氏女）＝②義久（四郎、四郎掃部助某の養子、依上の妻倉で討死、法名賀岑慶公）＝③義元（四郎、

佐竹義舜三男、母岩城氏、四郎義久の猶子）

## ⑻ 天鳳存虎系の宇留野城主について

部垂城落城に際し、城は廃城としたが、部垂家臣団、小場氏、前小屋氏、小瀬氏および宇留野氏に処分がなかった理由は、処分をして佐竹家臣団の戦力を落とすことを避け、逆に佐竹統治領域内の結束を強め、江戸氏、岩城氏、那須氏、宇都宮氏、小田氏等々の外部に対する戦闘力向上の絶好の機会と考えたためと思われる。

その他に、義篤は人心掌握の手段として、積極的に寺社勢力を取り込むことにも気を配った。多賀郡水木（日立市）の天速玉姫神社を再建、領内の諏訪、鹿島、稲荷社に所領を寄進、本米崎（那珂町）上宮寺某の還寺を許可したので本願寺光教（証如）が好を通じ、耕山寺に所領を寄進、久慈郡白羽（常陸太田市）の天志良波神社の社殿改造等々を行ったといわれる。

天文十四年（１５４５）四月に佐竹家督を相続した義昭も、領国内外の難局を乗り切るため、家臣団維持のためにか、積極的に寺社を優遇している。

部垂十二年の乱鎮圧後、家臣であり水戸城主であった江戸氏と領境をめぐる争乱が多発し、天文二十年（１５５１）に和解が成立するまで、那珂川沿岸で戦闘が展開され多数の死者を出した。（『大宮町史』）。

天文十五年（１５４６）佐竹寺奉加帳、天文二十二年（１５５３）二回目の鹿島神宮（鹿島町）神宮寺に所領寄進、富士浅間社に所領寄進、鹿島神宮に久慈郡内役銭収納を認めた。これら一連の活動の上に、弘治三年（１５５７）三月、義昭は部垂一族の鎮魂と地域の安定を願って甲明神に奉加することになるのである。

甲明神は部垂城郭に接し、その鎮守的役割を果たしてきたもので、佐竹氏にとっては部垂の乱の思い出になる存在であった。この地は乱の鎮圧後、城郭の重要部分を破壊し、宇留野源兵衛尉義長に預けられた。このため甲明神の氏子は、部垂、宇留野、樫（富岡）、小倉、塩子、岩崎、上根本、横瀬、八田、菅又、辰ノ口、引田の宇留野氏支配圏内と思われる村々に分布することになった。（『大宮町史』）。

この甲明神の奉加帳に、町内の領主では宇留野太蔵の名前が記載されていると『大宮町史』にある。時代的に、宇留野源兵衛尉義長はもし生存しているとしたら弘治三年（１５５７）の時点では八十八歳位と考えられるが、その時点では亡くなっていて、その後を継いだ宇留野源七郎義則（永禄六年＝１５６３年、小田で討死）の時代であろうと考えられる。ただ、源七郎義則（右近）が太蔵を名乗ったとの記録は現在伝えられていない。

源七郎義則が永禄六年に小田で討死した後、家督を継いだのは源十郎義長（のち源太郎、源兵衛）である。その時源兵衛はおよそ二十五歳位と考えられる。

このあと源兵衛義長は佐竹義重、義宣の重臣として仕えることとなり、慶長七年（１６０２）佐竹義宣が秋田転封を命じられた時、義宣に従い当初横手に居住することになる。

秋田下向に際し、「宇留野城郭の中心だったらしい宇御城にある日向神社に、宇留野義重が祖先の地との別れを惜しんで奉納したという二本の軍配団扇がある。

別の伝承では源兵衛奉納とあって義重とは称していないが、源兵衛は宇留野氏本流の通称であり、同氏一族の奉納だったことは確かであろう」と『大宮町史』に載っている。大宮町史の言うとおり、「源兵衛義長」の奉納であると思われる。宇留野氏には「義重」の諱を名乗った人物はおらず、当時「義重」を名乗った人物は「佐竹義重」しか見当たらない。その軍配二本は現在、日向神社（海野千代麿宮司）から茨城県立歴史館に寄託されていて、同館で「軍配（伝宇留野氏奉納）二握、日向神社蔵」と資料名が付され厳重に管理・保管されている。

### (9) 宇留野氏名跡七代・源兵衛義長の常陸時代

巻頭で触れたが、常陸時代の宇留野氏については各種系図以外、本当に史料が少ないが、源兵衛義長に関しては『奥羽永慶軍記』を含め名前を拾えるものが多い。しかし、自家に伝わる家譜を含め、生年・行年等に触れるものはない。源兵衛義長の出生を穿鑿する前に、その活躍・行動を伝えるものを年代順に拾い出して源兵衛義長の概要を掴むものとする。

①元亀二年（1571）、和田安房守昭為出奔時、安房守三男・善九郎を十字の鑓で突き殺した。このとき「和田系図」（常陸太田市史編さん史料『佐竹家臣系譜』）では「宇留野源兵衛某」、『宇留野氏系圖』では「源兵衛義長」となっている（源兵衛のおよその年齢、以下同。三十三歳位の時）。

②元亀二年（1571）十二月十五日、義重から家臣吉原修理亮に授ける書に曰く「宇留野源兵衛尉、真弓別当論之地、訖言付遣之候者也」（『佐竹家譜・義重』）。（三十三歳位の時）。

③天正三年（1575）一～二月、白川の攻城戦で大将として活躍（『奥羽永慶軍記』）、名は「源太郎」（三十七歳位の時）。

④天正七年（1579）、朝川合戦で大将として活躍（『奥羽永慶軍記』）、名は「源太郎」（四十一歳位の時）。

⑤天正十年（1582）二月十日、佐竹義宣十三歳の時に元服（御烏帽子着祝）。この席に一族の一人（氏族宿老）として参列。『常陸太田市

史』では「宇留野源太郎」、『佐竹家譜・義宣』では「宇留野源兵衛義長」（四十四歳位の時）。
⑥天正十二年（1584）、水戸・加倉井の日蓮宗妙徳寺の改修時に大旦那の一人として棟札に「宇留野源太郎殿」と記載がある。（『水戸市史』）（四十六歳位の時）。
⑦天正十二年（1584）四月、北条氏直軍と佐竹義重・宇都宮国綱軍が下野の沼尻で対陣、真壁久幹が北恵悟の説得で佐竹側に返る、その軍評定に「宇留野源兵衛尉」が列座（『奥羽永慶軍記』）。（四十六歳位の時）。
⑧天正十三年（1585）十一月、佐竹連合軍と伊達正宗の安積表の戦（人取橋の戦）の時、宇留野源太郎が一軍の将として参陣（『奥羽永慶軍記』）。（四十七歳位の時）。
⑨天正十六年（1588）六月、佐竹義宣・葦名盛重、その他岩城・白川・須賀川等の連合軍と伊達正宗が安積表で対峙、宇留野源太郎が一軍の将として参陣（『奥羽永慶軍記』）。（五十歳位の時）。
⑩天正十九年（1591）三月、義宣が太田城から水戸城に移った時の「御移之節御列座」の中に「宇留野源太郎」の名がある（『大宮町史』『秋田沿革史大成』『馬頭町史』）（五十三歳位の時、この年嫡男・勝忠が生まれている）。
⑪また、『大和田重清日記』にある「宇源」は、宇留野源太郎に比定されるという。文禄二年（1593）に始まる文禄・慶長の役に佐竹氏の一将として、肥後名護屋に在陣したとされている。（五十五歳位の時）。
⑫慶長七年（1602）、『佐竹家譜・義宣』慶長七年九月十七日の条に「此時秋田江御共之人々」の中に「宇留野源兵衛」の名がある。（六十四歳位の時）。
⑬慶長九年～十二年（1604～07）四月の「横手城御番帳」の中に、二番筆頭に「宇留野源

## 第36図　宇留野源兵衛義長の着座図

出典・『佐竹家譜・義宣』、『秋田沿革史大成』、『馬頭町史』

**佐竹義宣元服儀式の着座**
天正十年義宣十三歳当時
〔源兵衛四十四歳位〕

| 右 | | 佐竹義宣 ◎ | | 左 |
|---|---|---|---|---|
| 左衛門（北） | ○ | | ○ | 三郎（南） |
| 馬場和泉守 | ○ | | ○ | 中務（東） |
| 真崎兵庫頭 | ○ | | ○ | 小野右衛門 |
| 小貫伊勢守 | ○ | | ○ | 宇留野源兵衛 |
| 太田五郎左衛門 | ○ | | ○ | 小田野刑部 |

「天正十年壬午二月十日乙卯　卯刻八幡（太田馬場崎の八橋欤、或は太田城中の八幡欤未だ詳ならず）の神前に於て首服を加へ、次郎義宣と称す（今年十三歳）。馬場和泉守政直をして神馬を牽しめ、及び小野崎大蔵某をして鎧、太刀、弓、蟇目を献ず。二方兵庫社内に納む。山方能登某、小田野刑部少輔義定、神幣を捧ぐ。加冠は北義斯、其子久九郎。蟇目小貫伊勢守某、列座の氏族宿老、所謂南三郎義種、北義斯、東中務大輔義久、馬場和泉守政直、小野右衛門佐義継、真崎兵庫重宗、宇留野源兵衛義長、小貫伊勢守、小田野義定（以上小野右衛門義当所蔵古来の書写に出づ）等なり。」《『佐竹家譜・義宣』より》

**太田城より水戸城御移リ御祝儀の列座衆**
天正十九年義宣二十二歳当時
〔源太郎（源兵衛）五十三歳位〕

| 右 | | 佐竹義宣 ◎ | | 左 |
|---|---|---|---|---|
| 佐竹三郎（南） | ○ | | ○ | 佐竹源六郎 |
| 佐竹六郎 | ○ | | ○ | 梶原美濃守 |
| 伊達三河守 | ○ | | ○ | 真壁右衛門 |
| 太田五郎左衛門 | ○ | | ○ | 長尾新五郎 |
| 宍戸外記 | ○ | | ○ | 多賀谷大夫 |
| 岡本蔵人 | ○ | | ○ | 小野右衛門 |
| 馬場和泉守 | ○ | | ○ | 花房助兵衛 |
| 信太藤太 | ○ | | ○ | 酒主弥市郎（※酒出か） |
| 松野上総介 | ○ | | ○ | 向　右近 |
| 田代下総守 | ○ | | ○ | 宇留野源太郎 |
| 須田美濃守 | ○ | | | |

佐竹義宣水戸城へ移る時の列座衆（「佐竹御家譜」から）《『馬頭町史』より》

（註）下図は『秋田沿革史大成』と『馬頭町史』において多少の相違があり、ここでは『馬頭町史』を採用した。

兵衛」の名がある。

慶長十一年（１６０６）七月「横手城御番帳」に、一番筆頭に「宇留野源兵衛」の名がある。（六十八歳位の時）。
⑭慶長十九年（１６１４）十月二十四日、『佐竹家譜・義宣』に大坂御陣に付、義宣其の兵千五百人を率いて大坂の役に赴く」とあり、率いる百五十六騎の二十五番目に「宇留野源太郎」の名がある。この「源太郎」は源太郎勝忠であり後に源兵衛に改めるがこの段階では源兵衛義長が生存と考えられる。（七十六歳位、なお源太郎勝忠はこの時二十四歳）。

⑥にある水戸加倉井の日蓮宗妙徳寺改修の棟札に大旦那・江戸重通の前に宇留野源太郎殿とある件に関しては、宇留野源太郎は佐竹の代表としての記名と考えるが、部垂の乱等で戦死した宇留野一族の多くの霊を弔うための多額の寄進だったろう。秋田に下向した宇留野源兵衛（源太郎改め）義長は熱心な日蓮宗信徒だったことが確認できる。
文化二年（１８０５）八月に宇留野源兵衛勝意（秋田七代）が藩庁に提出した『宇留野家傳書』（A288・2-86～92）の中で「嘗テ常州ニ於テ久遠山法華寺ヲ開基ス慶長七年源兵衛義勝（勝忠の初名）秋田ヘ下向ノ時是ヲ具ス」とあり、源兵衛勝忠（慶安四年・１６５１卒）が葬られたのは秋田市旭北寺町にある久遠山法華寺である。

ここで「源兵衛義勝（勝忠）が久遠山法華寺を具した」とあるのは、正しくは、秋田下向の時義勝（勝忠）が十二歳であったことを考えると、父親の「源兵衛義長が具した」と記すべきところだが、「源兵衛義長」は秋田藩ではその実名を出すことが禁じられたようだ。

常州で久遠山法華寺を開基したのは父親の義長で間違いないと考えられる。秋田の史料で「源兵衛義長」の名が出てこない理由については後述する。

ここで、種々の系図本に源兵衛義長の幼名と考えられる「蓮信」の名が見受けられる。『宇留野氏系圖』には蓮信の記載はないが、『系図御家譜 坤』（A288・2 592–2）には源五郎（源兵衛尉義長の嫡子・義泰）の子として「蓮信 源十郎後ニ源兵衛」とありその蓮信の子供達として、勝忠後源兵衛、左近、清太郎（正しくは清大夫）とあり、まさに「蓮信」が源兵衛義長であることが比定される。

その系図の他に『佐竹氏系図』（AH288・2–17）にも同じく「蓮信」の名があり義長と比定できる。さらに第3図❿佐竹寺本系図にも源五郎の子として源兵衛義長と比定できる「連信」の名が見られる。

この佐竹寺本系図は、天鳳存虎、源兵衛尉義長、源五郎義泰の各事項に必ずしも正しいとは思えない記載があるため、この系図を採用することに多少のひっかかりを覚えるが、義長＝蓮信（連信）について、および源五郎義泰（義光）について詳らかに各事項が記載されているので、その事柄を否定できるものを持ち合わせない今、ここに参考として記すこととする。

その佐竹寺本では源五郎義泰（義光）が「宇留野兵庫頭」で「室和田安房義実娘」は参考としたい。ただし、和田氏系図で和田安房義実の実名を確認できていない。

その源五郎義泰（義光）に女子がいて立原雅楽頭室になったという。その弟・連信は源太郎のち源兵衛を名乗り、室は吉成主殿信実女だと記している。この吉成主殿信実の実名も確認できていない。

源兵衛義長の室として『佐竹 御分流系圖 酒出』（A288・2–590–26）や『源姓佐竹総系圖』

（AS288・2–33）において馬場新介重親の長女が確認できるが、吉成主殿信実女が室とすれば、馬場新介重親長女は義長長男・勝忠（初め義勝）が1591年生まれであることから見ても義長の後妻と考える。勝忠が生まれた時、父親源兵衛義長はおよそ五十三歳位と想定する。その勝忠には弟二人と妹二人がいる。

源兵衛義長が正室（吉成主殿信実女）を迎えたが、正室との間には子が生まれなかったのか、生まれたのが女子だったため記載がないのか、確認できる史料がない。正室を迎えたのは源七郎義則が永禄六年（1563）小田で討死した為に源兵衛義長（当時は源太郎か）が宇留野氏家督を継いだおよそ二十五歳頃と推測する。

ここで①に付いて捕捉する。文化二年乙丑（1805）八月、宇留野源兵衛勝意が藩庁に提出した『宇留野家傳記』中、

「源兵衛義長傳　實ハ義長ノ第五子也兄右近義則ノ嗣トナル　元亀中車丹波守斯忠カ讒言ニ因テ和田安房守昭為奥州白川ニ出奔ス　義重公怒テ北義斯カ宅地ニ於テ　命メ照為ノ長子兵部ニ男彦十郎三男善九郎ヲ誅戮ス　善九郎勇悍ニメ和田重代鶴町ノ刀ヲ以テ既ニ四人ヲ切殺シ又手負ヒ七八人ニ及バシム因茲義斯ノ宅地騒動ス于時義長馳向ヒ十文字ノ鑓ヲ以テ善九郎ヲ突殺ス此時十文字ノ横手ヲ切落スト云々世々嫡子ノ持スル処ノ鑓是也」

とあり、文化二年時点で秋田七代源兵衛勝意の手許に和田善九郎により横手が切落された十文字の鑓があったことが述べられている。

記載が前後するが、③④⑦⑧⑨の『奥羽永慶軍記』にある各戦闘は『佐竹家譜・義重』『佐竹家譜・義宣』の各々に佐竹軍の出陣があったことは確認できるが、出陣した将兵の詳細は記

載されていないため、直接「源太郎」（又は「源兵衛」）の諱は確認することができていない。

⑤佐竹義宣十三歳の時の「御烏帽子着祝」について、『佐竹家譜・義宣』では次のとおりの記述がある。

天正十年壬午（一五八二　十三歳）

二月十日　乙卯　卯刻八幡（太田馬場崎の八幡欤、或は太田城中の八幡欤未だ詳ならず）の神前に於て首服を加へ、次郎義宣と称す（今年十三歳）。馬場和泉守政直をして神馬を索しめ、及び小野崎大蔵某をして鎧、弓、蟇目を献ず。二方兵庫社内に納む。山方能登某、小田野刑部少輔義定、神幣を捧ぐ。加冠は北義斯、理髪は太田丹波、其子久六郎。蟇目小貫伊勢守某、列座の氏族宿老、所謂南三郎義種、北義斯、東中務大輔義久、馬場和泉守政直、小野右衛門佐義継、真崎兵庫重宗、宇留野源兵衛義長、小貫伊勢守、小田野義定（以上小野右衛門義当所蔵古来の書写に出づ）等なり。

『佐竹家譜・義宣』のこの条では、源兵衛義長とある。

源兵衛義長の名は、時として源太郎と源兵衛の混用があるが、和田昭為三男を鏜で突き殺した1571年から、横手城御番帳一番筆頭に名が刻まれている人物は同一の人物である。これらの活躍が明確であるのに係らず、その足跡が秋田時代において消されている理由は何故なのかを突き詰めるまでに少しの時間を要した。その理由は源兵衛義長と馬場氏の関係にあると断定するよりないと考える。

秋田六代宇留野源兵衛勝富（1724～76、行年五十三）の三女（1752年生）が酒出金太夫季久に嫁いでいるため、酒出氏の系図を調べている時に判明した事実である。

常陸時代の酒出氏は馬場氏を名乗っていた。『佐竹 御分流系圖 酒出』（A288・2-590-26）『源姓佐竹氏総系圖』（AS288・2-33）に詳しいが、馬場氏の祖は佐竹四代秀義とその子供達、つまり長男・五代義重、次男・義茂、三男・季義が承久の役（1221年）に戦功を挙げ恩賞を賜い美濃国上有智《こうずち》庄の地頭となった三男・北酒出季義である。

北酒出氏は季義以来世々濃州に住んだが、戦国時代後期に至り北酒出基親（1507〜71）が濃州の兵乱を避けて常州に下向し、佐竹義篤（1507〜45）に仕えた。

基親は義篤の一字を賜い篤親と名乗り、太田郷馬場崎に住し馬場氏を称し、義篤・義昭・義重の三代の重臣として仕えた。

天正十年（1582）義宣の「御烏帽子着祝」に列席したのは篤親の嫡男・和泉守政直（生年不詳）である。馬場和泉守政直の嫡男は新介重親、次男・政親（後改、政忠）、三男・憲直（後改、忠政）で、嫡男重親に女子二人がいる。長女が宇留野源兵衛義長室、二女は舩尾兵衛尉義綱室と記されている。

馬場和泉守政直と新介重親は慶長七年七月下旬、車丹波守斯忠、大窪兵蔵久光等と水戸城奪還を謀り徳川方に捕えられ、取調べを受けた後斬首の刑を受け梟首にされたという。所謂車丹波の一揆といわれるこの事件については、佐竹家譜でも常陸の史料でも詳しく触れるものはなく、真相は不明である。

伏見において家康から義宣に秋田仙北下賜の判物を受け、秋田下向を命じられたのが七月二十七日である。この事件は、常陸から秋田転封を言い渡された佐竹義宣にとって晴天の霹靂であったろう。この時点では咎めを受けることはなかったが、まかり間違えば佐竹氏取り潰し

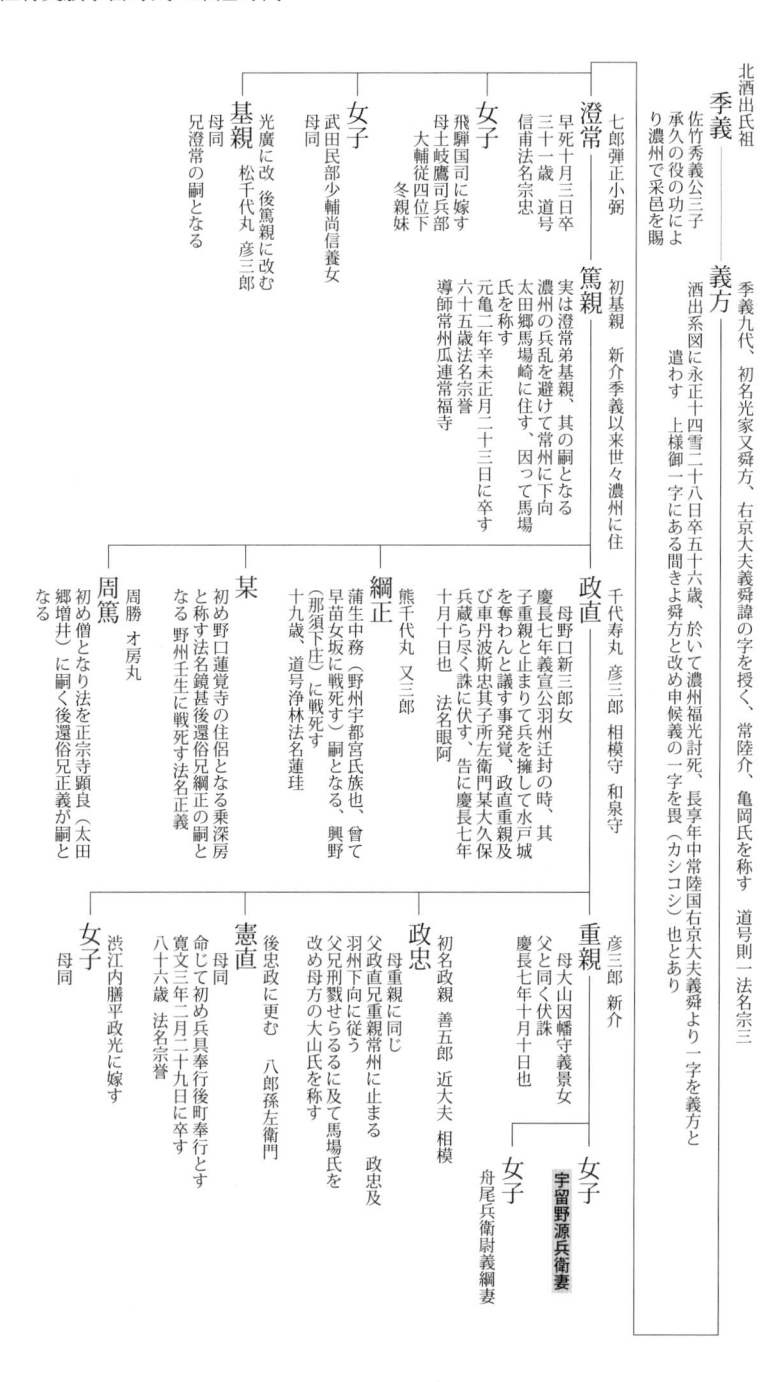

# 第9図　北酒出・馬場氏系図

（註・源姓佐竹氏系図 AS288.2-33
御系図草稿　中村光得編述）

北酒出氏祖
**季義**
佐竹秀義公三子
承久の役の功によ
り濃州で采邑を賜

**義方**
季義九代、初名光家又舜方、右京大夫義舜諱の字を授く、常陸介、亀岡氏を称す　道号則一法名宗三
酒出系図に永正十四雪二十八日卒五十六歳、於いて濃州福光討死、長享年中常陸国右京大夫義舜より一字を義方と
遣わす　上様御一字にある間きよ舜方と改め申候義の一字を畏（カシコシ）也とあり

**澄常**
七郎弾正小弼
早死十月三日卒
三十一歳　道号
信甫法名宗忠

**女子**
飛騨国司に嫁す
母土岐鷹司兵部
大輔従四位下
冬親妹

**女子**
武田民部少輔尚信養女
母同

**基親**
光廣に改　後篤親に改む
松千代丸　彦三郎
母同
兄澄常の嗣となる

**篤親**
初基親　新介季義以来世々濃州に住
実は澄常弟基親、其の嗣となる
濃州の兵乱を避けて常州に下向
太田郷馬場崎に住す、因って馬場
氏を称す
元亀二年辛未正月二十三日に卒す
六十五歳法名宗誉
導師常州瓜連常福寺

**政直**
千代寿丸　彦三郎　相模守　和泉守
母野口新三郎女
慶長七年義宣公羽州迁封の時、其
子重親と止まりて兵を擁して水戸城
を奪わんと議す事発覚、政直重親及
び車丹波斯忠其子所左衛門某大久保
兵蔵ら尽く誅に伏す、告に慶長七年
十月十日也　法名眼阿

**綱正**
熊千代丸　又三郎
蒲生中務（野州宇都宮氏族也、曾て
早苗女坂に戦死す）嗣となる、興野
（那須下庄）に戦死す
十九歳、道号浄林法名蓮珪

**某**
初め野口蓮覚寺の住侶となる乗深房
と称す法名鏡甚後還俗兄綱正の嗣と
なる 野州壬生に戦死す法名正義

**周篤**
周勝　才房丸
初め僧となり法を正宗寺顕良（太田
郷増井）に嗣く後還俗兄正義が嗣と
なる

**重親**
彦三郎　新介
母大山因幡守義景女
父と同く伏誅
慶長七年十月十日也

**女子**
宇留野源兵衛妻

**女子**
舟尾兵衛尉義綱妻

**政忠**
初名政親　善五郎　近大夫　相模
母重親に同じ
父政直兄重親常州に止まる　政忠及
羽州下向に従う
父兄刑戮せらるるに及て馬場氏を
改め母方の大山氏を称す

**憲直**
後忠政に更む　八郎孫左衛門
母同
命じて初め兵具奉行後町奉行とす
寛文三年二月二十九日に卒す
八十六歳　法名宗誉

**女子**
渋江内膳平政光に嫁す
母同

の口実になる事件である。

その後の徳川幕府政権下で、大名取り潰しの実態を見た時、秋田藩としては車丹波一揆に関する人物については、その経歴を極力抹消する処置が密かに採られたのではと推測する。

おそらくその時期は、徳川幕府の基礎が確立した元和年間（1615～24）から次に述べる酒出氏が復姓を赦された延宝年間（1673～81）位までの期間ではなかろうか。

斬首の刑にあった馬場新介重親の弟二人は妻子を携え秋田下向に従った。次男・政忠（初め政親）、三男・忠政（初め憲直）は父兄刑戮せらるに及んで馬場氏を改め、母方の氏・大山氏を称した。馬場和泉守政直の妻は大山因幡守義景娘である。

秋田下向後の政忠は父兄の刑が掛かり永く蟄居の身であったと述べる書もあるが、『佐竹家譜・義宣』元和三年（1617）五月十二日の条に江戸第宅《ていたく》改修普請奉行六人の内の一人として大山金大夫の名が見られ、『梅津政景日記』元和七年正月の祝儀の席に廻座の席に大山金大夫の名がある。

弟・忠政も大山孫左衛門の名前での働きが確認でき、その子孫・酒出孫三郎忠軌提出（文化二年八月）の系図には「武頭に任ぜられ御町奉行に転ず」と記されている。

ただ大山姓から酒出姓に改めることが赦されたのは、二代あとの季親（茂木筑後治貞三男が養子となる）の代で『佐竹 御分流系圖 酒出』には、「寛文十一年辛亥（1671）五月、天山公（義隆）命じて大山氏を改て酒出氏に復せしむ」とあるが、『佐竹家譜・義処』の延宝元年癸丑（1673）十二月二十一日の条に「大山金太夫季親願いに任せ本氏酒出に復せしむ」とも書かれている。

また、小場城の城代であった大山石見守則宗（義景の次男・義喜の子）は『佐竹大系纂』によれば同族の秋田下向に同行しないで破壊した城郭の外郭部に居住し、帰農した。しかし、佐竹遺臣による水戸城奪回騒動といわれる車丹波一揆が発生すると、その族であることを恐れて、大山姓を改めて母方の安藤姓を称し、同地方で代々庄屋を勤めるようになる（『大宮町史』）。

馬場新介重親の次女を妻とした船尾兵衛尉義綱は義宣に従い秋田下向の途中、院内において義宣の勘気を蒙り常陸に帰参することとなったが、最上において死亡した。

義綱の弟・船尾勝直は初め常陸に残ったが、兄・義綱の妻子を同伴し遅れて秋田に下向した（『水戸市史』）。義綱の嫡子・隆廣は慶長十九年摂州今福において戦死し、次男・勝光が禄三百石を賜って宿老の席に列し靭負《ゆきえ》を号することになった。

ただ、兄・隆廣の討死に関し、大坂の役の論功行賞が行われた時、その討死について記録にこれを載せていない理由として『佐竹家譜・義宣』では「船尾三七（隆廣）、当時義宣勘当の輩なり」と記している。父親・義綱のことが関わっているのか、それとも別の理由だったのか。なお、船尾勝直は林氏を称し、葦名義勝に仕え角館に居住したと船尾氏系圖に記されている。

# Ⅱ　佐竹支族宇留野氏の秋田時代

## 一　宇留野宗家について

### (1) 秋田初代・源兵衛義長

秋田初代となる宇留野源兵衛義長について、常陸時代の最後に遭遇した事件のため、源兵衛義長の経歴は不明瞭な部分が多く残るものとなった。

したがって、源兵衛義長の詳細については各種系図本を検証し、それらの事項で『宇留野氏系圖』以外で参考として考えられる事項を、この節では【　】（カッコ）書きで記載することとする。なお、常陸時代に係った主な事項については前記のとおりなのでここでは省略する。

慶長七年（１６０２）佐竹義宣に従い秋田に下向した義長は横手下根岸に居住した。その居住場所については「三　宇留野分流家（左近、内記家）について」の項の「慶長七年転封直後における宇留野勝忠の居住地の考察」を参照いただきたい。

源兵衛義長は【源五郎義泰嫡子。幼名蓮信。母は和田安房義実娘（『大宮町史』「佐竹寺本」）】。源十郎、（源太郎）、源兵衛を名乗る。「源太郎」をカッコ書きしたのは『宇留野氏系圖』には「源太郎」の記載がないからだが、前記したように常陸時代の経歴は「源太郎」の名が多く、その「源太郎」と「蓮信、源十郎、源兵衛」が同一人物と比定することは容易である。

父・源五郎義泰が天文八年（１５３９）七月七日部垂において戦死するにおよび、祖父源兵衛尉義長の養子となる。蓮信の幼名はおそらく

**第10図** 宇留野氏系図（秋田時代の宇留野氏）

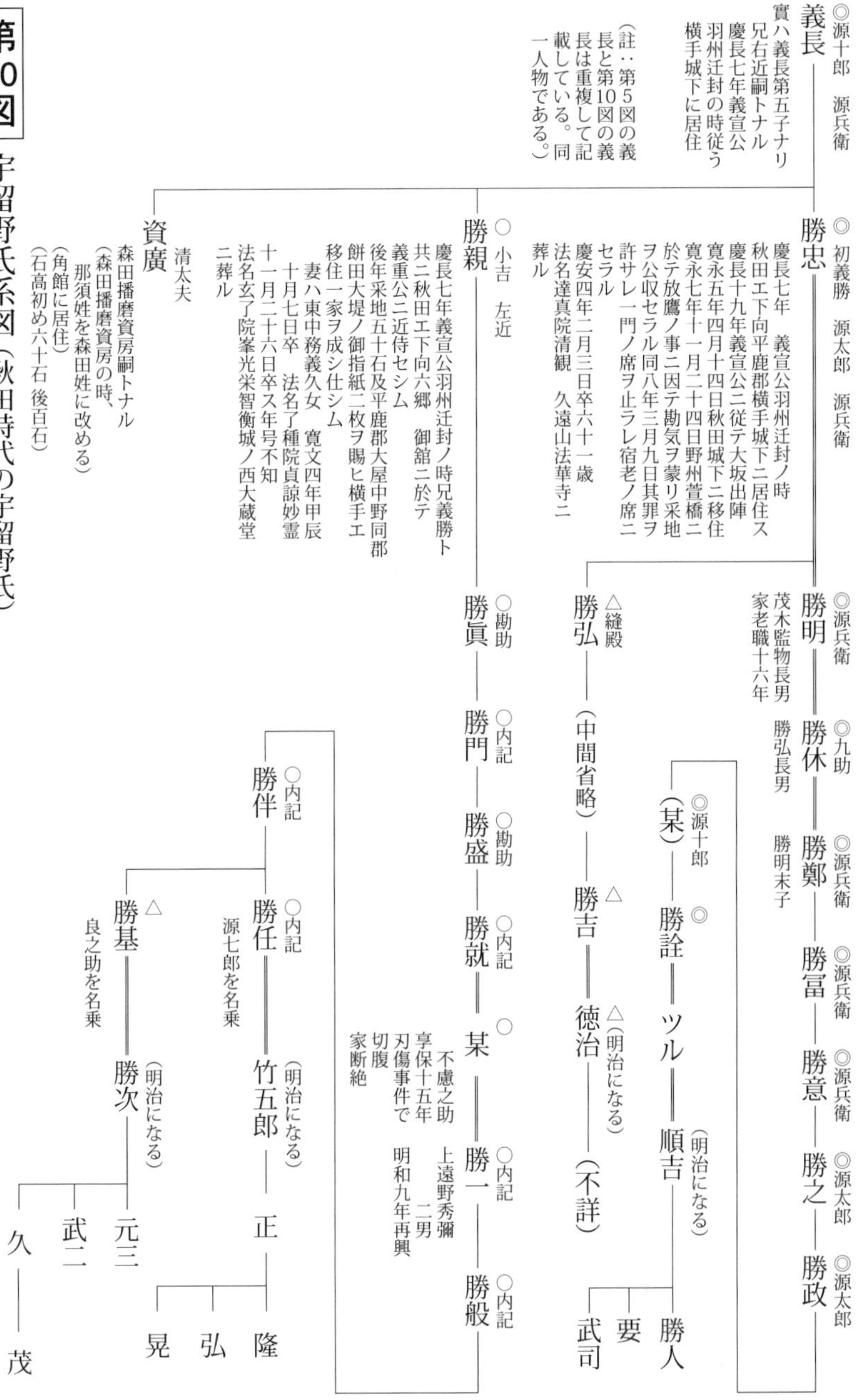

# 宇留野宗家系図（秋田1）

## 第11図

秋田初代
蓮信　源十郎　源太郎　源兵衛

### 義長

不詳（1539頃～161＊年）
妻吉成主殿信実女（佐竹寺本）
生年卒年不詳
後妻馬場新介重親長女
生年卒年不詳
（「源姓佐竹氏総系圖」より）
慶長七年常陸より義宣公に従い
下向 横手下根岸に居住
横手城御番二番筆頭
（慶長九年頃）
横手城御番一番筆頭
（慶長十一年）
（「秋田沿革史大成」より）
嘗て常州に於いて
天正十年（1582）二月十日
義宣公元服式に一族の宿老
として参列
白川城攻城、朝川合戦、沼尻
合戦、人取橋の戦、安積表の
戦等で一軍の将として参陣
天正十九年（1591）三月
太田城から水戸城に御移
之節列座

### 勝忠

二代　初義勝　源太郎　源兵衛
（1591～1651・2・3）
母　馬場新介重親長女
妻　須田美濃守盛秀二女
初め 横手 下根岸居住
後 久保田長野に居住
法名達真院清観 久遠山法華寺に葬る

### 女子

生年卒年不詳
母　馬場新介重親長女
大山六左衛門重成室
法名妙音

### 勝親（分流となる）

小吉　左近
生卒年不詳（159＊～16＊＊）
母　同
妻 東中務義久女
初め六郷で義重公に近侍五十石を賜う
後 横手下根岸に居住
法名玄了院峯光栄智　大蔵堂に葬る

### 清太夫

資廣
1599～1641・8・29　43歳
母　同
森田播磨資房嗣となる
角館東勝楽丁に居住
法名庵清浄心

### 女子

生年不詳～1627・5・10
母　同
赤坂源太光賢室
法名玉室妙光

### 女子

生年不詳161＊～1637・11・19
母　須田美濃守盛秀二女
茂木監物治種室
道号茂庵法名宗繁

### 勝明

三代　伊勢千代　源兵衛
1630・6・24～1701・7・15　72歳
実は茂木監物治種長男
外祖父源兵衛勝忠養いて嗣とする
母は宇留野源兵衛勝忠長女
寛文九年九月蝦夷蜂起の時軍奉行（四十歳）
寛文十一年十月義隆公郡奉行を置き中川宮内
重頼と共に六郡の奉行となる（四十二歳）
延宝元年十二月義処公の相手番（四十四歳）
延宝二年十月世子傅となり加恩二百石を賜う
天和二年六月十三日義林公家老となる
元禄元年十二月三百二十石の加恩を賜い計千石
元禄二年二月義苗公御婚礼の役を勤める
元禄十年十一月故有て家老を免ぜられ蟄居
元禄十三年三月赦され致仕家督を勝休に譲る
元禄十四年七月十五日卒　七十二歳
法名達真院勝室清観　鱗勝院に葬す

### 女子

母　妾
塩谷主鈴兼綱室

### 勝弘（分流となる）

九郎　縫殿
1645～1703・3・5　59歳
母は塩谷兼綱室に同じ
初め田所縫殿左衛門安広養て子とし女
を以てこれに妻はす
後年田所縫殿左衛門安広男子を生む因
って本氏に復す
勝明新田百石を分与し以て公に仕えしむ

### 伊勢

早世6歳

### 加賀

早世12歳

### 勝貞

源太郎
行年17歳
1685・1卒

### 勝休

四代　九助
1668～1704・4・28
行年37歳

### 女子

早世
1681卒

### 女子

養女
大塚資名室

### 銕平

早世
1690卒

### 女子

勝休妻
1704卒
法名妙英

### 女子

早世
1691卒

### 某

勝明末子
1701・3・19
～1742・10・26
行年42歳
勝休嗣となる

（第12図に続く）

# 第12図

## 宇留野宗家系図（秋田２）

（第11図より続く）

**勝休**　1668～1704・4・28　37歳
実は宇留野縫殿勝弘の長子
勝貞早世により勝明養い女
を妻わし嗣とする
妻勝明四女宝永元年卒行年十八歳
母は田所縫殿左衛門安広女
義苗公に近侍する事久しく元禄
七年二百石を賜い大小姓番頭
元禄十年父勝明が事に因て蟄居
元禄十三年三月　勝明赦され
七百石を収公、勝明家督を勝休
に譲り五百石となる
宝永元年四月二十八日卒三十七歳
道号賢室法名萬英
鱗勝院に葬す

五代　初め勝壽　伊勢千代　源太郎　源兵衛
**勝鄭**　1701・3・19～1742・10・26　42歳
実は勝明の末子
元禄十四年三月十九日生
勝休養て嗣とす
母　妾
妻　茂木筑後知量女
宝永二年生　宝暦九年五月十日卒
諡清光院道号妙厳法名日芳行年五十五歳
久遠山法華寺に葬す
勝休死亡時四歳然れども勝明の前功を賞し
其の禄五百石を全く賜う（四歳の時）
正徳二年三月太刀銀馬代を献じ義格公に
初めて拝謁（十二歳の時）
享保十一年大小姓番頭となり祐筆頭を兼る
享保十五年大番頭となる（三十歳の時）
元文元年女御入内の賀を奉じ東都（此春東
都に扈従す）を発して京師に使いす
寛保元年侍鉄砲の指揮を兼ねしむ
寛保二年　十月二十六日卒　四十二歳
諡機雲院道号俊厳法名昭英
鱗勝院に葬す

六代　辰千代　源太郎　源兵衛
**勝冨**　1724・5・9～1776・7・16　53歳
母　茂木筑後知量女
妻　佐竹南淡路義安女（成）
文化九年卒　八十五歳　法名速成院妙就
元文四年六月朔日初て義峯公に拝謁（十六歳）
寛保二年十二月父の遺禄502石4斗2升3合
相違無く賜うの命執政を伝う（十九歳）
寛保三年六月朔日家督源兵衛に改名（二十歳）
寛延元年四月十三日高岡山神社に藩主の
代参として参詣（二十五歳）
宝暦三年大小姓番頭となり兼祐筆頭（三十歳）
明和二年四月十一日、日光の家康百五十年
法会に使し参列輪王寺一品法親王に拝謁
安永五年七月十日卒行年五十三歳
諡淩霄院道号梧山法名全鳳　鱗勝院に葬す

**女子**　同母　早世

**女子**　同母　今宮又三郎義栄室

**女子**　同母　清　1752卒　21歳

**某**　同母　早世
亀之助　内記

**勝一**（分流再興なる）　1766・8・3～1813・4・12
実は小宗宇留野内記勝就外孫上遠野喜太郎秀
彌の第二子なり、嘗て勝就の養子不慮之助
故有て自害を賜い家断つ
勝冨先考の志を襲ぎ勝一を養て弟となし勝就
の家跡再興の旨を天徳寺に託請す　明和九年
十月光源院君法会に因って安永二年四月二十
二日　義敦公其の前罪を赦し命じて勝一を以
て勝就の家跡となし同年七月俸三口を賜う
今年八月朔日家督御礼として同君に拝謁す

**某**　早世
母　佐竹義安女

**女子**　早世
母　佐竹義安女

**女子**　母　佐竹義安女
初め荒川彦十郎秀厚室
離別の後佐竹南左衛門
義良室（後室）となる

**女子**　母　佐竹義安女
1752年生
酒出金太夫季久室

**某**　伊勢之助
卒年十一歳
宝暦九年五月十五日生
母佐竹南淡路義安女
明和六年正月二十八日卒
行年十一歳
諡霊桃院源芳狐流

七代　源蔵　源兵衛
**勝意**
明和三年四月二十七日生
母佐竹南淡路義安女
妻茂木志津摩知道女
寛政七年四月十二日卒
行年二十三歳
諡定静院法名日祐
法華寺に葬る
後妻梅津喜太夫忠興女
寛政元年七月御学館建
立為上根小屋屋敷引越
享和三年改名源兵衛謝礼
文化十三年卒五十一歳
鱗勝院に葬す

（第13図に続く）

# 第13図

# 宇留野宗家系図（秋田3）

（第12図より続く）

七代　源蔵　源兵衛

**勝意**

1766・4・27〜1816　行年51歳

明和三年四月二十七日生
母佐竹南淡路義安女
妻茂木志津摩知道女
寛政七年四月十二日卒
行年二十三歳
謚定静院法名日祐行年二十三
法華寺に葬る
安永五年父の全遺禄を賜う
の命執政伝之
五百二石四斗二升三合　（十一歳）
後三百六石八斗一升八合
後二百七十二石六斗二升一合
寛政元年七月御学館建立の為上根小屋
屋敷引越【秋藩】（二十四歳）
寛政七年十一月嘗て采地荒廃の事に
因って三百六石八斗一升八合となる
寛政八年十二月佐竹南三郎義陂卒去
に因って翌年正月其の父左衛門
義良に弔慰の使を奉じ湯沢に到る
享和三年改名源兵衛謝礼として
義和公に拝謁　（三十八歳）
文化元年四月故有って采地内三十四
石一斗九升七合を公収せられ減禄
二百七十二石六斗二升一合に成る
文化十三年病死（五十一歳）
鱗勝院に葬す

八代　長治　源太郎

**勝之**

1794・6・14
〜卒年不詳

長治（文化二年宗家系図）
源太郎
（御当家引渡廻座略伝記）
寛政六年六月十四日生
（文化二年宗家系図）
母茂木志津摩知道女
（文化二年宗家系図）
文化五年辰出仕拝謁
「源太郎」（十五歳）
（「御亀鑑・秋府二十七」）
文化十三年家督
（二十三歳）
（御当家引渡廻座略伝記）
卒年不詳（文政八年か？）
（勝政の家督相続が文政
八年六月より推測）
（右記の卒年とすると
行年三十二歳）

九代　源太郎

**勝政**

生年不詳
〜1860・12・1

妻茂木志津摩妹
（「秋田武鑑」より）
妻信太勘九郎勝陳女
（「秋田武鑑」より）
文政八年六月
二十六日家督
（「秋田武鑑」より）
文政十年六月二十一日
宇留野源太郎勝政、旧
に復し、初謁に先立て
童容謁見を許す
（「佐竹家譜・義厚」）
安政二年二百六十六石
（「秋田沿革史大成」）
安政七年十二月一日卒
圓通院殿雪相了融居士
（右は鱗勝院墓碑より
側面に「宇留野勝政墓」
と卒年が刻まれている）

十代　源十郎（秋田武鑑、短冊）

**某**

生年不詳
〜1866・4・12

妻小貫佐渡頼直女
（「秋田武鑑」より）
天保四年六月十八日出仕
（「秋田武鑑」より）
慶応二年四月十二日卒
寛量院殿儀岳清居士
（右は鱗勝院墓碑より
側面に「宇留野氏」と
卒年が刻まれている）

**女子**

源十郎長女
ツル
1846・4・8〜
1918・11・29
行年七十三歳

十一代

**勝詮**

1854〜1880・2・9　27歳

嘉永七年生
母小貫佐渡頼直女か（？）
慶応二年家督継
『士族卒明細短冊』記載文
士族卒明細短冊―八
―秋田町分10号
祖父宇留野源太郎亡非役
父宇留野源十郎亡非役
第一大区二小区築地下東町
士族宇留野勝詮
明治六年二十歳
元高二百二十二石七斗四升六合
改正高七十石
生国羽後
慶応二年丙寅四月十九日
家督被申付候明治四年
辛未十一月二日
当県貫属被仰付候
明治十二年二月横手町に移住
横手町宇留野源七郎宅で卒
長照院殿法誠日要居士
行年二十七歳
横手町大蔵堂に葬る
（現在角館町学法寺に改葬）

（第14図に続く）

# 宇留野宗家系図（秋田4）

**第14図**

（第13図より続く）

十一代
**勝詮**
1854～1880・2・9　27歳
母小貫佐渡頼直女か（？）
明治十二年二月横手町に移住
明治十三年二月九日
横手町宇留野源七郎宅で卒
長照院殿法誠日要居士
行年二十七歳
横手町大蔵堂に葬る
（現在角館町学法寺に改葬）

※秋田市旭北栄町の鱗勝院には宇留野氏のものとして誰の墓碑か特定できない次の二基がある
實相院殿妙旭日悟大姉
文久二年戌十月十六日卒
寛恭院殿貞操妙清大姉
明治七年戌十二月
十六日卒

**ツル**
1846・4・8～1918・11・29
源十郎長女・勝詮の姉
母小貫佐渡頼直女か（？）
＊宇留野ツルの情報は横手市で取得の除籍謄本による

（以下除籍謄本内容）
弘化三年四月八日生
宇留野源十郎長女
明治四十四年六月二十七日
本籍を横手町上根岸町二十一番地から角館町竹原町五十六番地一に転籍
大正七年十一月二十九日卒
北秋田郡十二所町十二所乙十九番地に於いて死亡
（行年七十三歳）
家主石川光水届出

註・取得した除籍謄本には宇留野勝詮の名は記載が無い。その理由は明治二十七年八月二十五日の横手の大洪水災害により、町役場庁舎が流され戸籍関係書類の多くが喪失したと記録にある。明治に入り姉弟で横手の分流家・宇留野源七郎宅に移住したと考えられるが、明治十三年に死亡した勝詮の戸籍は復元されなかった為と考えられる。

**順吉**
1878～1946・7・28
明治十一年十一月二十二日生
明治三十六年九月二十六日仙北郡角館町田町上町三十六番地吉成彌五郎・サキ次男順吉をツルの養子とし
横手町上根岸町二十一番地に入籍
（角館町で届出）
同日養女ツ子と婚姻届出
（角館町で届出）
昭和二十一年七月二十八日卒
行年六十九歳
法名　實成院通達信解居士
角館町学法寺に葬る

**ツ子**
1885～1934・9・13
明治十八年十二月一日生
明治三十五年十一月二十五日
仙北郡角館町東勝楽丁九番地河原田次亮・津多の次女ツ子をツルの養女とし横手町上根岸二十一番地に入籍
（角館町で届出）
明治三十六年九月二十六日
ツルの養子順吉と婚姻届出
（角館町で届出）
昭和九年九月十三日卒
行年五十歳
法名　智明院妙常日貞大姉
角館町学法寺に葬る

**勝子**
明治三十七年八月二十五日生
入籍平鹿郡横手町上根岸町二十一番地
明治四十一年十一月一日卒　行年五歳
角館町裏町十一番地に於いて死亡
（角館町戸籍吏に届出、横手町受付）

**信**
明治三十九年九月二十二日生
明治三十九年九月二十四日卒　行年一歳
仙北郡六郷町六郷四百四十番地に於いて死亡
（六郷町戸籍吏に届出、横手町受付）

**勝人**
明治四十一年十一月三十日生
妻キミヱ（長信田村　安達寅之助・リノ二女）
大正二年三月二十五日生
昭和二十七年六月十日卒　行年四十歳
法名芳泉院妙貞日淨大姉　学法寺に葬る
昭和二十一年八月六日
本籍を角館町岩瀬字上菅沢七十七番地に転籍
昭和四十五年十二月十七日卒　行年六十三歳
法名　天光院採薪日膳居士　学法寺に葬る

**ミサヲ**
明治四十四年七月六日生
昭和九年二月十三日　大柴由章（清五郎三男）に嫁ぐ
平成十八年十月二十日卒　行年九十六歳
法名　慈光院貞誉操善大姉

**要**
大正二年十二月十八日生
妻　ナミ（後藤金次・コウ四女）
明治四十四年三月十七日生
平成十七年五月二日卒　行年九十五歳
気象庁に勤め定年退職（東京都国分寺市住）
平成二十年五月二十四日卒　行年九十六歳　法名釋要道

**紀子**
養女
石井氏へ嫁ぐ
（後藤基次五女）

**ミドリ**
大正六年八月十日生
昭和十九年年一月、東京都保健所に保健婦として奉職　昭和四十九年三月退職
平成十九年六月十八日卒　行年九十一歳
法名　慈心院施療清緑大姉　学法寺に葬る

**武司**
大正九年十一月十一日生
昭和十九年五月三十一日アドミラルティ諸島ロスネグロス島に於いて戦死　伍長　行年二十五歳
法名　殉義院武達日散居士　学法寺に葬る

生まれてすぐにつけられた生前法号（日蓮宗）だろうと考えられる。その幼名をつけるだけの理由がある出生だったろうと推測される。

同じ部垂の戦闘で戦死した源八右馬助（源兵衛尉庶長子）の子・大学助も祖父源兵衛尉義長の養子となった。蓮信より年長だったため、源兵衛尉義長の子供達としては、源五郎義泰（実子、嫡子）、源八右馬助（実子、庶長子）、源七郎義則（実子、右近）、大学助（養子、源八右馬助の子）、源十郎（養子、源五郎義泰の子、蓮信）の順となり、その他に「女子多数」と記されている。「女子数人」「女子多数」の中には源兵衛尉義長の娘たち、源五郎義泰、源八右馬助の娘たちもいたのではないかと思われる。

永禄六年（1563）兄源七郎義則が小田で戦死（『新編常陸国誌』）したため、源十郎（蓮信）が家督を継ぐ。家督を年長の大学助ではなく、源十郎（蓮信）が継ぐことになったのは、源十郎が源兵衛尉義長の嫡男・源五郎義泰の嫡流であったためだろう。庶子源八右馬助の子であるが兄である大学助は年下の源十郎が家長となり、その下に立つのを心良しとしなかったため、下野の大山田に去ったのだろうと推測する。

【蓮信の母は和田安房義実女、妻は吉成主殿信実女（『大宮町史』「佐竹寺本系図」）】。

後妻、馬場新介重親長女（『源姓佐竹氏総系圖』〈AS288・2-33〉『佐竹 御分流系圖 酒出』〈A288・2-590-26〉）。

慶長年間、横手城御番二番筆頭（『横手郷土史資料』）、一番筆頭（『秋田沿革史大成』）、卒年不詳、埋葬地不詳。

源兵衛義長には、男子三人、女子二人がいたことが確認できる（五人の年齢から馬場氏女との子供と推測できる）。男子三人は『宇留野氏系圖』にあるとおりで、その他に大山六左衛門重成、赤坂忠兵衛光賢に嫁いだ宇留野源兵衛義長の娘たちがいたことが、大山・赤坂両家系図で確認できる。

大山六左衛門重成（１５８９〜１６２９）は、大山氏五代因幡守義成の次男・義行が分流となりその三代後である。六左衛門重成の父・采女正重光は、義重・義宣に仕え義重の一字を賜っている。采女正重光は朝鮮の役で名護屋に従軍し、義宣の命で、名護屋城の城普請見分のため大和田近江重清と共に完成を見とどける等の役目を果たしている。采女正重光には弟・助兵衛重有がいるが、故あって義宣の秋田下向には従わず、伊達正宗に仕え禄千石で足軽の将となっている。

六左衛門重成は天正十七年（１５８９）生まれで源兵衛義勝（のち勝忠）の二歳年上である。久保田に居住し、義宣の旗本として仕えているが、大坂冬の役に出陣の百五十六騎に名を連ね、元和五年（１６１９）将軍秀忠上洛に際しての義宣供奉にも源兵衛義勝（勝忠）と同じく扈従していて、元和五年八月五日義宣が猿楽饗応のために伏見城登営の折に刀番として梅津政景と共に扈従している（『佐竹家譜・義宣』）。大山六左衛門家とはこの繋がりが基礎となったのか、源兵衛勝明の代以降、複層的な係わりあいが展開されるが、それについては後述する。

赤坂忠兵衛光賢（１６００〜１６７１）は、赤坂下総朝光（１５５１〜１６１５）の嫡子で、『赤坂氏系圖』には「妻宇留野源兵衛某女（寛永四丁卯年五月十日卒）」とあり、その間に生まれた女子は梅津五郎右衛門忠定（図書）に嫁ぐとある。その娘と梅津忠定の間には子供は生まれなかったようだ（『梅津氏統系』AH288.2-3-1）。

忠兵衛光賢に嫁いだ源兵衛義長娘は、光賢が１６００年生まれであり、また義長三男・清太夫（森田播磨資房の嗣となる）が１５９９年生まれであることから推測して１６０２年頃の生まれと思われる。そして この縁が結ばれた当時、赤坂忠兵衛家と宇留野源兵衛家は横手下根岸で隣同士であったことが判る。

このことについては、「三、宇留野分流家（左近・内記家について」の項で添付する「慶長七年転封直後に於ける宇留野勝忠の居住地の考察」（22図）をご参照いただきたい。赤坂家と宇留野家はこのあと分流家同士で繋がりが出てくるが、それについては後述したい。

## ⑵ 秋田二代・源兵衛義勝（のち勝忠に改名）（1591～1651）

元禄年間に藩が記録した系図（『佐竹 御分流系圖 宇留野』A288・2-590-26）、『宇留野氏系圖』および『宇留野家傳記』（文化二年乙丑年八月宇留野源兵衛〈勝意〉提出）に義勝（勝忠）に関して記されている文章は次のとおりである。

『系圖』（藩の祐筆が記録し各家に返された系図、『佐竹御分流系圖 宇留野』A288・2-590-26）

勝忠　源兵衛
寛永七年庚午十一月二十四日
故アッテ禄ヲ没収セラル八年辛未三月九日恩免
慶安四年辛卯二月三日卒ス六十一歳
道号勝室法名清観

『宇留野氏系圖』
勝忠　初義勝　源太郎　源兵衛
慶長七年
義宣公羽州迁封ノ時従テ秋田ニ下向
平鹿郡横手城下ニ居住ス同十九年十一月
義宣公ニ従テ大坂出陣寛永五年四月
十四日秋田城下ニ移住ス
同七年十一月二十四日野州萱橋ニ於テ
放鷹ノ事ニ因テ勘氣ヲ蒙リ采地ヲ公収セ

**「宇留野氏系圖」**（99 ～ 102 頁）
宇留野隆所蔵。全体が皺だらけになっているが、これは明治27年8月25日、横手町を襲った大水害の際、床上浸水で泥水に浸かる被害に遭ったため。（口絵も参照のこと）

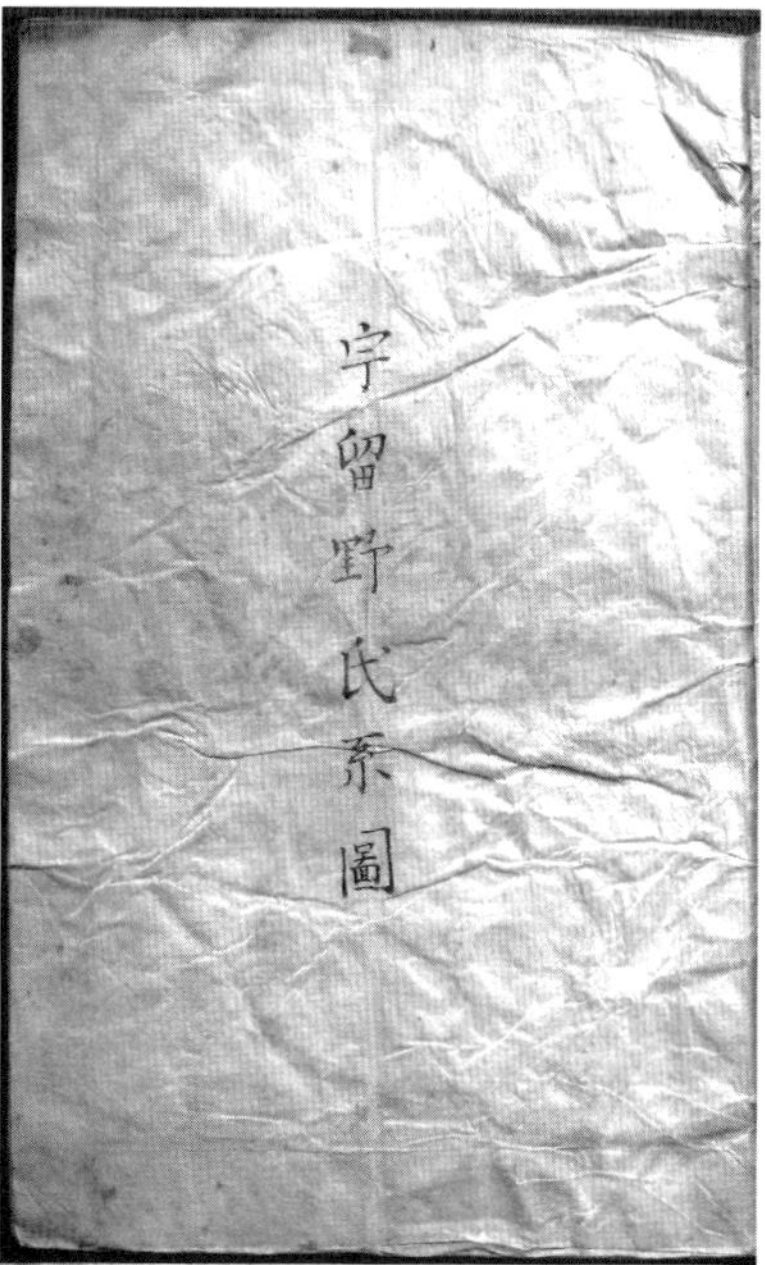
宇留野氏系圖

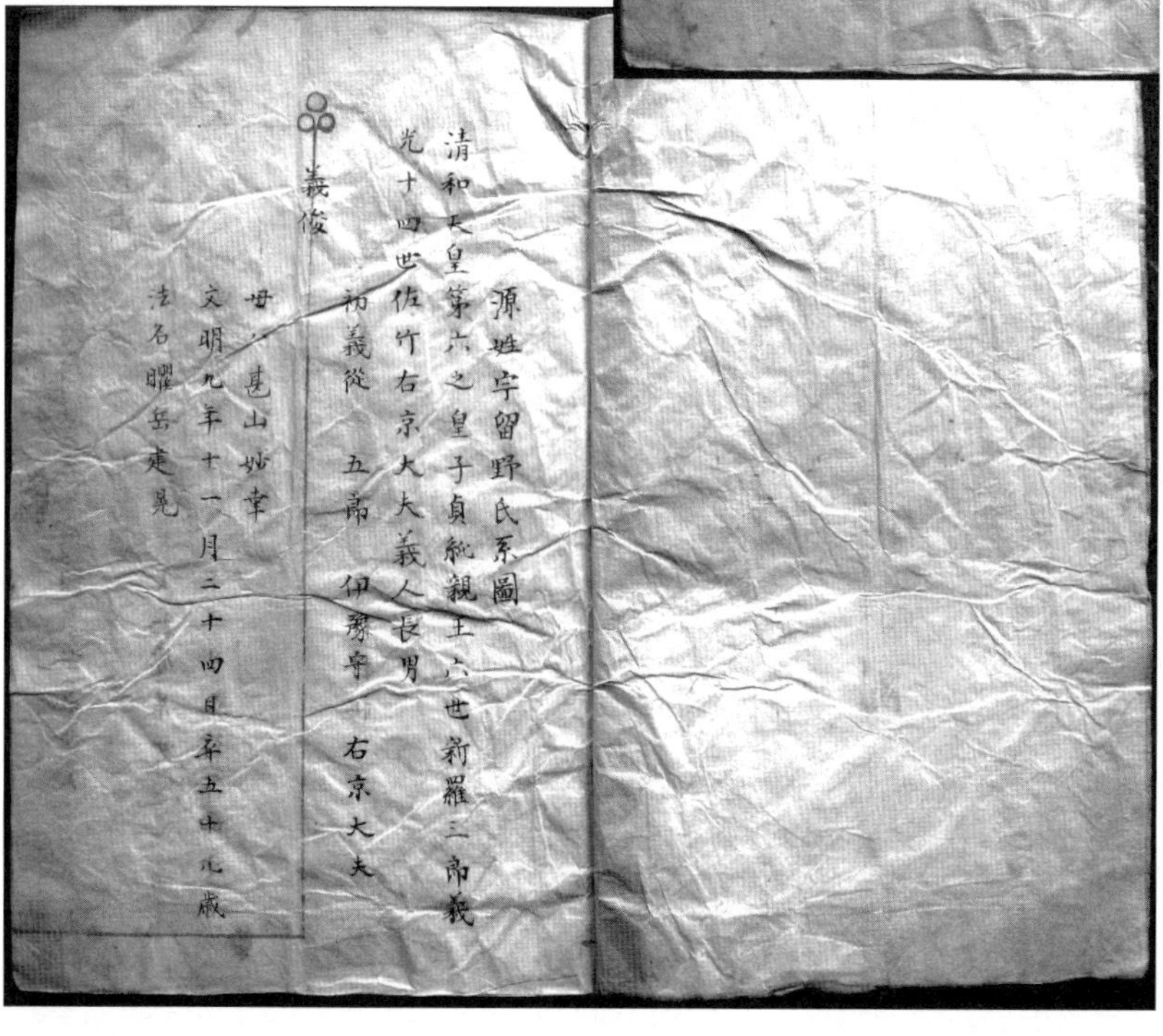
源姓宇留野氏系圖
清和天皇第六之皇子貞純親王六世新羅三郎義
光十四世佐竹右京大夫義人長男
初義従　五郎　伊豫守　右京大夫
義俊
母　甚山妙幸
文明九年十一月二十四日卒五十九歳
法名曜岳建晃

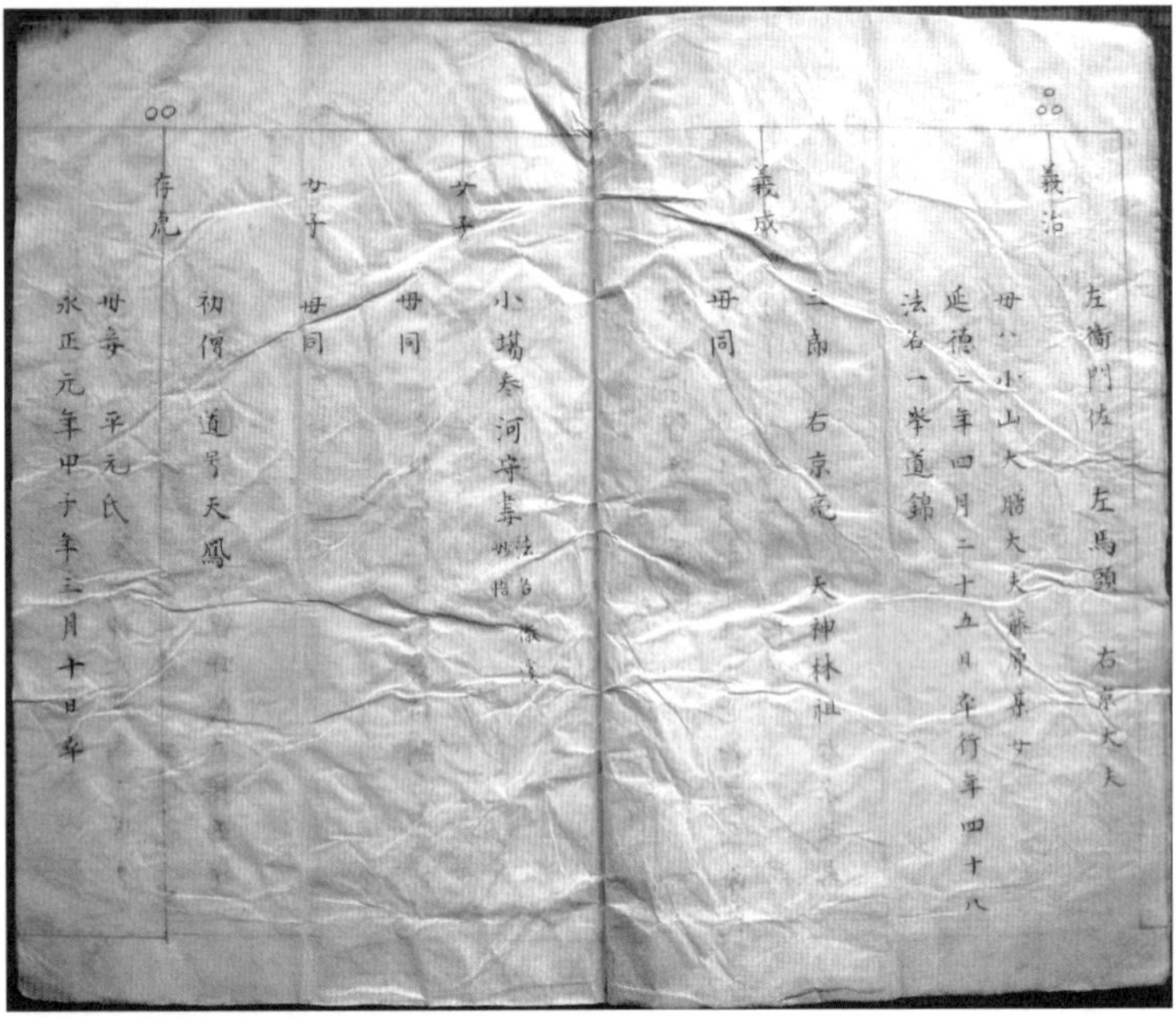

義治　左衛門佐　左馬頭　右京大夫
母ハ小山大膳大夫藤原某女
延徳二年四月二十五日卒行年四十八
法名一挙道錦

義成　二郎　右京亮　天神林祖
母同

女子　小場参河守妻
母同

女子　母同

初僧　道号天鳳

存虎　母某　平元氏
永正元年甲子年三月十日卒

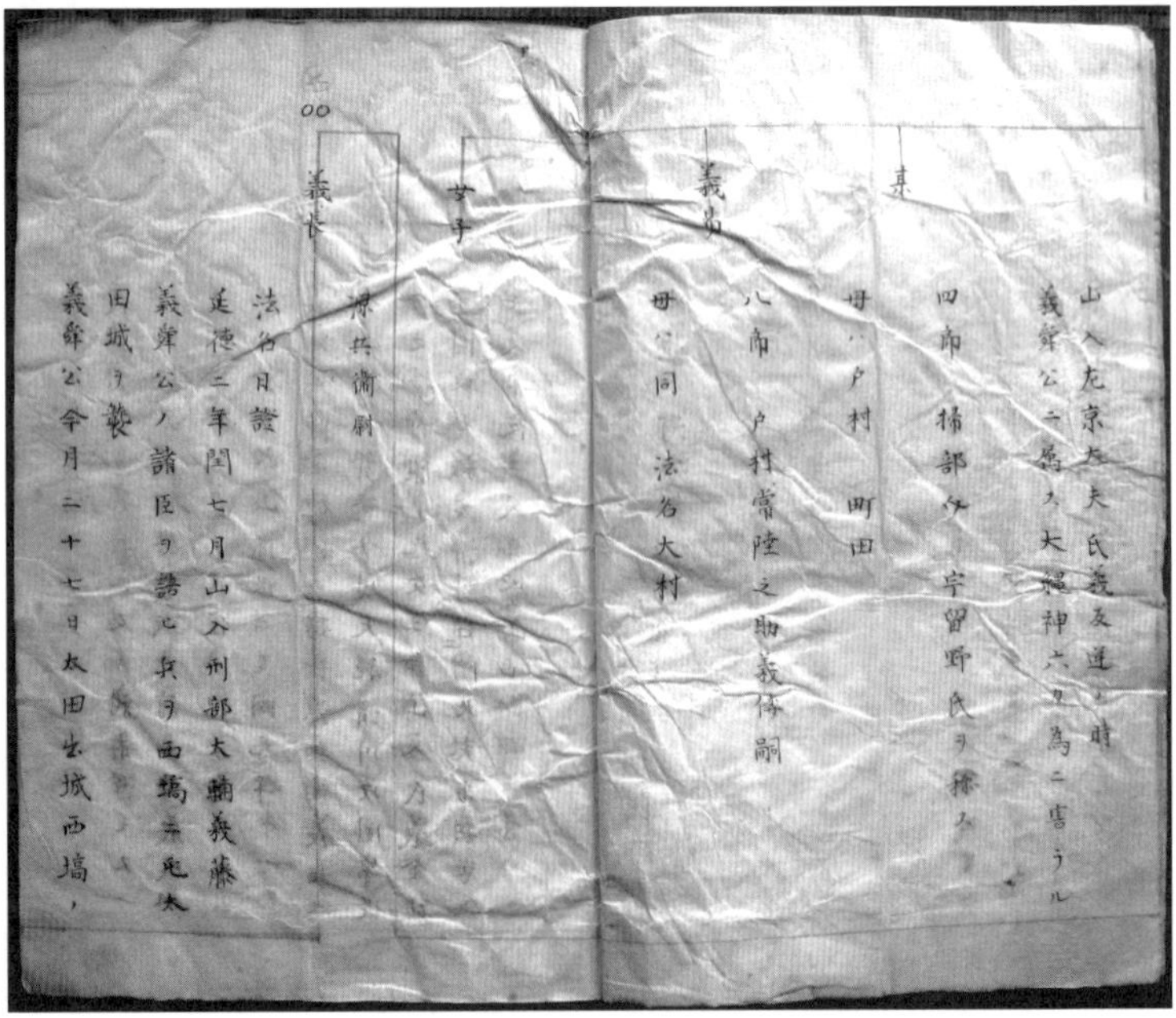

山入左京大夫氏義友通ノ時
義舜公ニ属ス大縄神六ヲ為ニ害ラル

某　四郎　掃部介　宇留野氏ヲ称ス
母ハ戸村　町田

義昌　八郎　戸村常陸之助義倖嗣
母ハ同　法名大村

女子　源兵衛嗣

義長　法名日讃
延徳二年閏七月山入刑部大輔義藤
義舜公ノ諸臣ヲ語ヒ兵ヲ西塙ニ起シ太
田城ヲ襲
義舜公今月二十七日太田出城西塙ノ

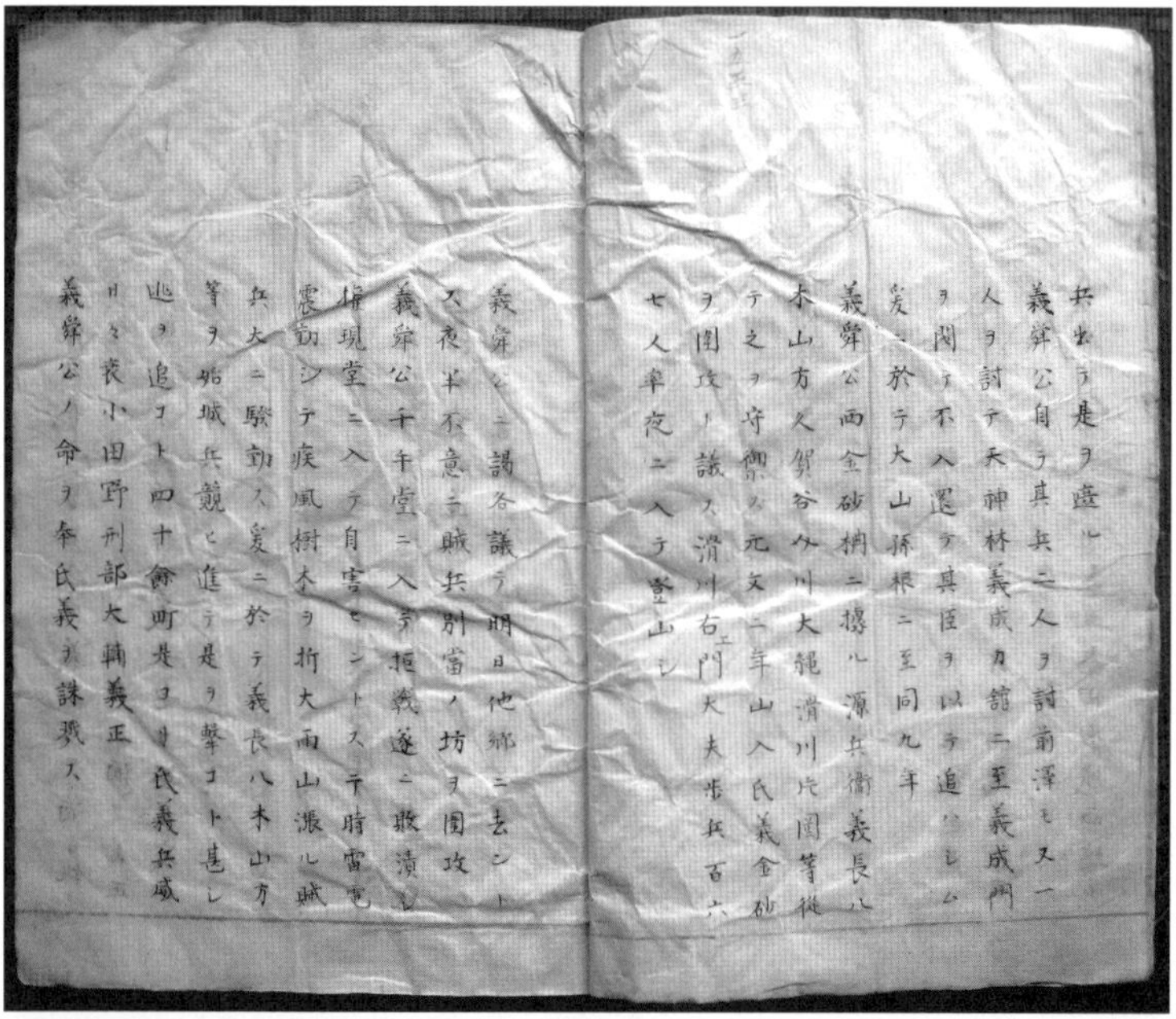

兵出テ是ヲ遮ル
義舜公自ラ其兵二人ヲ討前澤モ又一
人ヲ討テ天神林義成カ館ニ至義成門
ヲ閉テ不入還テ其臣ヲ以テ追ハシム
爰ニ於テ大山孫根ニ至同九年
義舜公西金砂構ニ據ル源兵衛義長ハ
木山方久賀谷外川大縄滑川片岡等従
テ之ヲ守禦ス元文二年山入氏義金砂
ヲ圍攻リ議ス滑川右エ門大夫卒兵百六
七人卒夜ニ入テ登山シ
義舜公ニ謁各議テ明日他郷ニ去ント
ス夜半不意ニ賊兵別當ノ坊ヲ圍攻
義舜公千手堂ニ入テ拒戦遂ニ敗潰シ
権現堂ニ入テ自害セントス于時雷電
震動シテ疾風樹木ヲ折大雨山漲ル賊
兵大ニ駭動ス爰ニ於テ義長八木山方
等ヲ始城兵競ヒ進テ是ヲ撃コト甚シ
逃ヲ追コト四十餘町是ヨリ氏義兵威
日々衰小田野刑部大輔義正
義舜公ノ命ヲ奉氏義ヲ誅戮ス

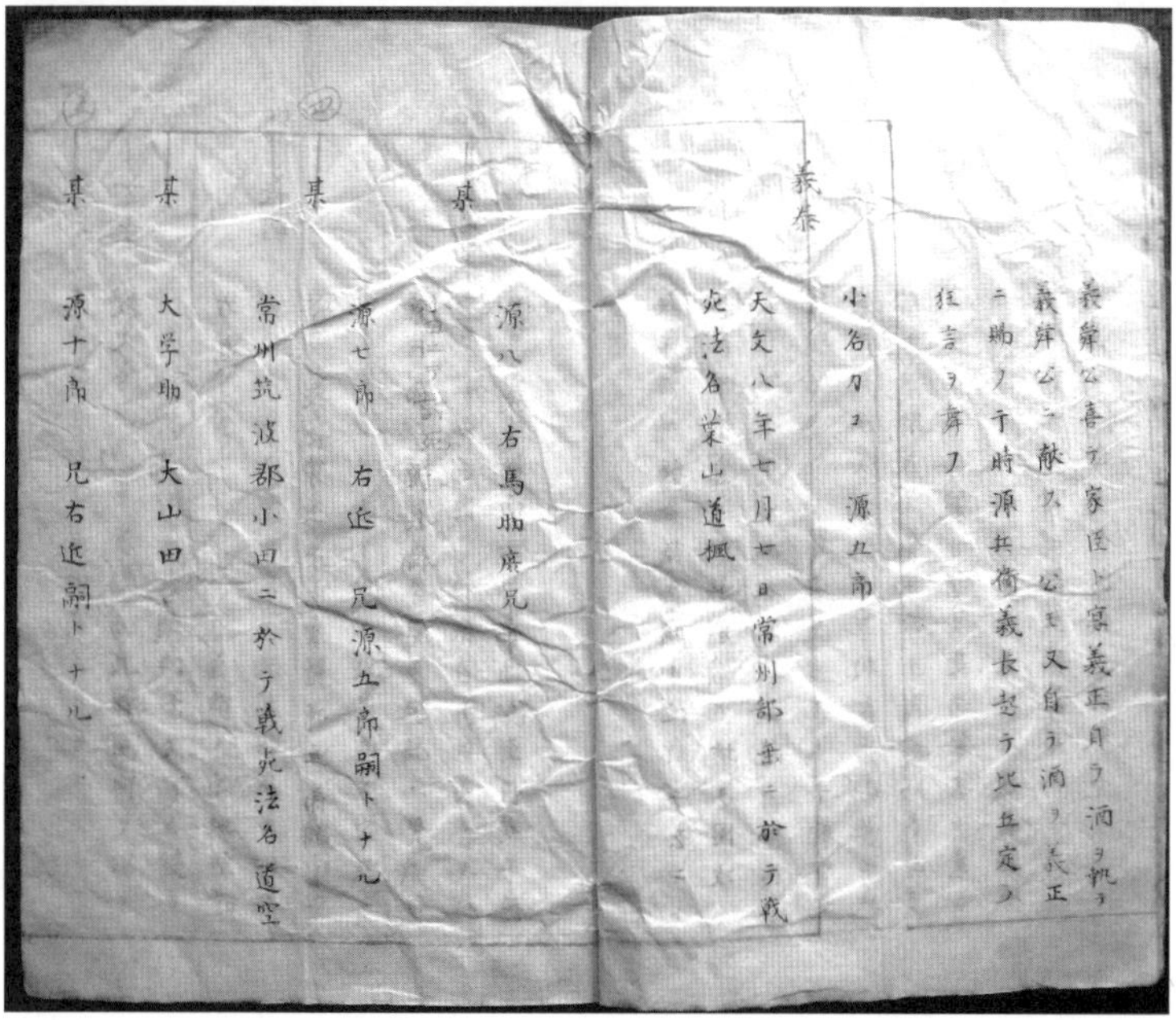

義舜公喜テ家臣ト宴義正自ラ酒ヲ執ラ
義舜公ニ献ス公モ又自ラ酒ヲ義正
ニ賜ノ于時源兵衛義長起テ此五定ノ
狂言ヲ舞フ
義泰
小名タヨ　源五郎
天文八年七月七日常州部垂ニ於テ戦
死法名栄山道楓
某　源八　右馬助　廣兄
某　源七郎　右近　兄源五郎嗣トナル
某　常州筑波郡小田ニ於テ戦死法名道空
某　大学助　大山田
某　源十郎　兄右近嗣トナル

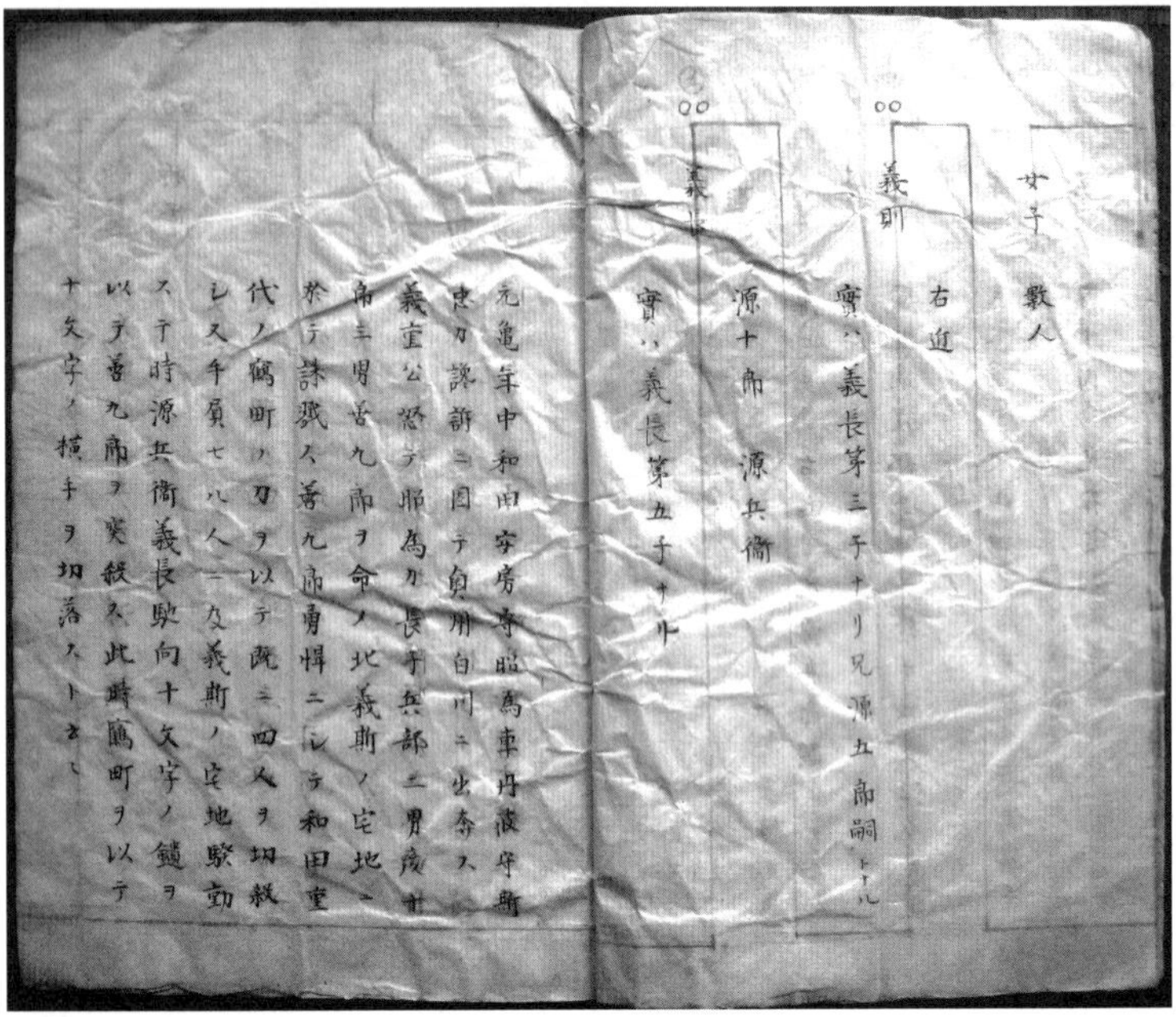

女子　數人

義明　右近

實ハ義長第三子ナリ兄源五郎嗣トナル

源十郎　源兵衛

義信

實ハ義長第五子ナリ

元亀年中和田安房守昭為事丹波守断
吏ノ諌詐ニ因テ負州白川ニ出奔ス
義宣公怒テ昭為カ長子兵部ニ男茂廿
郎三男善九郎ヲ命ノ北義斯ノ宅地ニ
於テ誅戮ス善九郎勇悍ニシテ和田重
代ノ鶴町ノ刀ヲ以テ既ニ四人ヲ切殺
シ又手負七八人ニ及義斯ノ宅地騒動
ス于時源兵衛義長駆向十文字ノ鎗ヲ
以テ善九郎ヲ突殺ス此時鶴町ヲ以テ
十文字ノ横手ヲ切落ストヱヒ

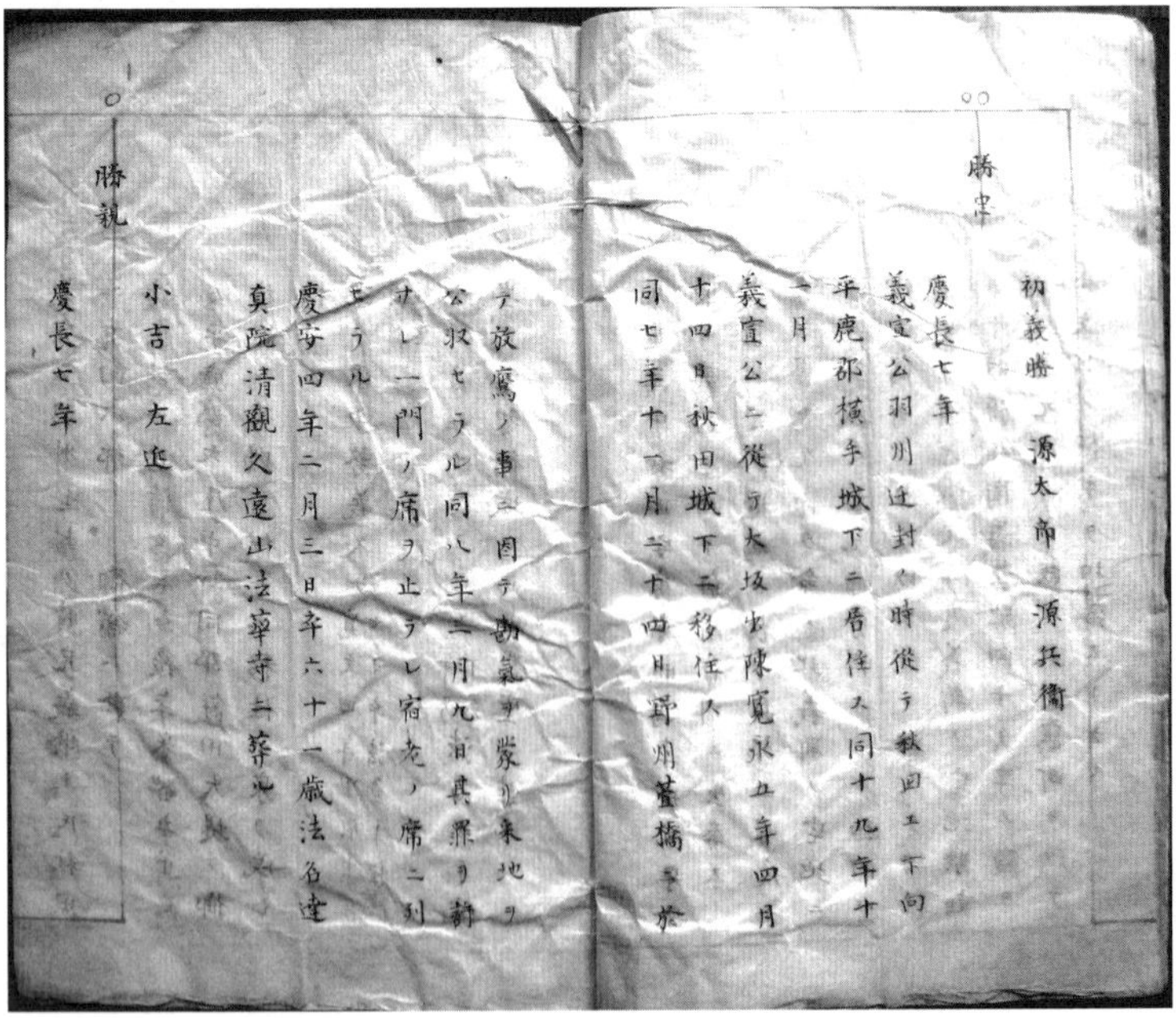

勝忠

初義勝　源太郎　源兵衛

慶長七年
義宣公羽州遷封ノ時従テ秋田ニ下向
平鹿郡横手城下ニ居住ス同十九年十
一月
義宣公ニ従テ大坂出陣寛永五年四月
十四日秋田城下ニ移住ス
同七年十一月二十四日羽州萱橋ニ於
テ放鷹ノ事ニ因テ勘氣ヲ蒙リ來地ヲ
公収セラル同八年二月九日其罪ヲ許
サレ一門ノ席ヲ止ラレ宿老ノ席ニ列
セラル
慶安四年二月三日卒六十一歳法名達
眞院清觀久遠山法華寺ニ葬ル

勝親

小吉　左近

慶長七年

ラル
同八年三月九日其罪ヲ許サレ一門ノ席ヲ
停メラレ
宿老ノ席ニ列セラル
慶安四年二月三日卒六十一歳
法名達真院清観久遠山法華寺ニ葬ル

『宇留野家傳記』
源兵衛勝忠傳
初メ義勝ト称ス慶長七年
義宣公羽州迁封ノ時従テ秋田ニ下向平鹿
郡横手城下ニ居住同十九年甲寅十一月
義宣公ニ従テ大坂出陣
元和七年辛酉正月元日
義宣公出御ノ時義勝引渡一番坐岡本蔵人
次席ニ列ス
寛永五年戊辰四月十四日秋田城下ニ移住
屋鋪長野

同七年庚午十一月二十四日野州萱橋ニ於
テ放鷹ノ事ニ因テ　義宣公ノ勘氣ヲ蒙リ
采地ヲ公収セラル　同八年辛未三月九日
其罪ヲ赦シ一門ノ席ヲ停メラレ宿老ノ席
ニ列セラル

義勝（勝忠）に関し、自家に残る系図関係の文章は以上で全てである。これ以降は他に印刷物として残っている記録を拾い集めたものを中心にその足跡をたどることにするが、その記録は意外に多い。

まず右にあげたように「勝忠」の初名は「義勝」である。いつまで義勝を名乗ったか。義勝は元和七年正月元日の席でも名乗っていたことが『宇留野家傳記』で判る。勝忠に名を改めさせられたのは、一門の席を停められ宿老の席に列せられた時だろうと推測する。一門であった時の通字「義」の字は、寛永八年（１６３１）

三月九日、赦され宿老の席に留まった段階で使用を止められ、その時点から勝忠を名乗ったと推考される。以降、佐竹支族宇留野氏は「勝」の字を通り名とするようになる。また、「義勝」は葦名義勝と一緒の諱であり不都合だった為もあったのではないかと思う。

慶長十九年（1614）十一月、大坂の役に出陣した百五十六騎の内の一騎として二十五番目に「宇留野源太郎」の名が出現する（『佐竹家譜・義宣』）。この時には父・源兵衛義長がまだ存命の可能性が大きい。1614年時点で生存していれば七十六歳くらいである。

須田盛秀はこの時点では八十五歳であることから類推すると全く否定することはできない。さらに元和五（1619）また七年（1621）正月の祝儀の席に「宇留野源兵衛」が引渡一番座に列したとあることにつき、筆者はその列席者は父親の源兵衛義長が列し、息子義勝（勝忠）は「三番御座・御家子」の席に列したのではと推測もした。前記の『宇留野家傳書』では「義勝引渡一番坐」とあるが、これは文化二年の段階で「義勝が列座した」と記すことを藩から強要された可能性があると考えた。

なぜそのような疑問を持ったかというと、勝忠（混乱を避けるため以下の文章では、義勝と記した方が正しい場合でも「勝忠」と記すことにする）がいつ「源太郎」から「源兵衛」と名乗ることを許されたか不明であり、元和五年・七年の正月祝賀の座の列席が勝忠であったとすると、寛永七年（1630）十一月に放鷹事件で禄を没収され蟄居を命じられるまでは、大きな失敗も見受けられないのに、寛永二年・四年・六年の正月の賀（元和九年のことについては、政景日記紛失に因りこの年の記録がない）に、勝忠が引渡座に列しない理由が見当たらないためである。

元和五年・七年の二度の引渡一番座の列座は、

常陸時代からの功績が大きかった源兵衛義長を引渡の席に座らせたのではなかろうか。横手居住の義長が元和七年に存命であれば八十三歳くらいであり可能性はあると推測したのである。

ただし、元和五年（1619）、将軍徳川秀忠の上洛に供奉した藩主義宣に扈従したのが「源兵衛」と『佐竹家譜』『政景日記』にある事実は、横手から江戸、さらに京都までの長旅を考える時、体力的にみて八十一歳くらいの源兵衛義長ではあり得ないだろうと推考し、通説に従わざるを得ないとの結論に達したのである。

その結果、寛永二年から寛永六年までの間、在国時に催された正月の祝いの引渡座に「宇留野源兵衛」の名が出てこなくなった〝謎〟は未解決のままとなったのである。

宇留野源兵衛勝忠については、『梅津政景日記』（以下【政景日記】と記す）、『佐竹家譜』（同【家譜】と記す）、『羽陰史略』等でその名を拾うことができるので、年号に従い記述する。

①　慶長七年、秋田下向の臣に、宇留野源兵衛、宇留野源太郎の二名の宇留野姓がある（【佐竹一門一家族慶長国替の記〈佐竹寺所蔵〉】）（勝忠十二歳の時）。

②　慶長十九年（1614）十月二十四日【家譜】、大坂の役に扈従の輩としてその二十五番目に「宇留野源太郎」の名が見える（勝忠二十四歳の時）。

③　元和三年（1617）九月十七日【政景日記】、「宇留野源兵衛殿にて振舞有候」（政景横手滞在中）（勝忠二十七歳の時）。

④　元和五年（1619）正月朔日【政景日記】、壱番御座の衆として十一番目に「宇留野源兵衛殿」と記されている（勝忠二十九歳の時）。

⑤　元和五年二月二十三日【政景日記】、政景が上洛の途中、横手で宇留野源兵衛に鉄砲十丁

を渡す。

⑥　元和五年四月六日【政景日記】、宇留野勝忠の中間、江戸両国橋に於いて古着を盗み売る。

⑦　元和五年九月四日【政景日記】、山城国日野に於いて宇留野源兵衛・小瀬民部が今宮道義の跡式につき義宣に請願する。

⑧　元和五年十月十二日【政景日記】、この日四ツ時江戸を罷立ち粕壁（春日部）まで参着、道中日々の談合衆（戸村十太夫〈義国〉殿・宇留野源兵衛〈勝忠〉殿・福原彦太夫〈晴賢〉殿・信太修理・岡甚右衛門・同半丞、梅津長三郎〈廉忠〉）とある。

⑨　元和五年極月十四日【政景日記】、（在秋）、山城国日野に於いて借銀未済の衆、横手の宇留野源兵衛・小瀬民部・山縣清右衛門方へ催促の飛脚を立てる。

⑩　元和七年（1621）正月朔日【政景日記】、壱番之御座に御出仕之衆として九番目に「宇留野源兵衛殿」と記されている。（勝忠三十一歳の時）。

⑪　元和七年八月七日【政景日記】、上府の途中、陸奥刈田郡宮にて宇留野源兵衛が昼に梅津政景を振舞う。

⑫　元和七年八月二十五日【政景日記】、（在府）、江戸屋敷の火災に備えての各担当部署を定め、宇留野源兵衛は信太内蔵助と共に御番所担当と定められる。

⑬　元和七年十月二十五日【政景日記】、（在府）、「朝、宇留野源兵衛殿にて振舞有、晩、信太兵部にて振舞有」

⑭　元和七年霜月三日【政景日記】、（在府）、「御袋様（佐竹義宣母）へ大炊殿より鷺進ぜられ候に付、十大夫殿（戸村義国）・彦大夫（福原晴賢）・源兵衛（宇留野勝忠）・兵部（信太）碩庵・我等式も召きなされ、御振舞下され候」

⑮　元和八年（1622）正月七日【政景日記】、（在

府）、「御かこい座敷にて、十大夫（戸村義国）殿・源兵衛（宇留野勝忠）殿・彌五（渋江宣光）・正九（向重政）・堅高（渋江）・兵部少輔（信太）・半丞（岡）・我等式にも御茶下され候、御振舞は御書院にて有、御目の前料理也」（勝忠三十二歳の時）。

⑯　元和八年二月十七日【政景日記】、（在府）、「横手給人石井三丞煩大切に付、名代之儀申上候、様子は、石井内蔵助二番目の子清六と申者、自分のむすめに取合、名代に仕度由、宇留野源兵衛殿を以、我等方へ申候間、即披露致候へば、爰元にて御奉公致、相果申者に候間、御心得之由御意披成候、其段、須田美濃所へも申遣候へと御意に候」

⑰　元和八年二月二十六日【政景日記】、（在府）、御供衆に資金困窮の者多く義宣に披露した所、銀を貸し渡す事を許す、その内の一人に宇留野源兵衛が名を連ねている。

⑱　元和八年三月十六日【政景日記】、（在府）、「宇留野源兵衛殿、ひる、きりむき振舞有」

⑲　元和八年四月二十四日【政景日記】、義宣、日光東照宮社々参に御供衆に宇留野源兵衛の名がある。

⑳　元和八年十二月十一日【政景日記】、（在秋）、「紀伊国中納言様（徳川頼宣、紀州和歌山城主）御煩に付、御使のため宇留野源兵衛（勝忠）参らせ候、今朝爰元を罷り立ち候」

㉑　元和十年（１６２４）二月七日【政景日記】、（在府）、「宇留野源兵衛殿御下風呂御立候」（勝忠三十四歳の時）。

㉒　寛永元年（１６２４）十月二十一日【政景日記】、（在秋）、「横手より宇留野源兵衛（勝忠）・赤坂源太（光賢）参られ候」（勝忠三十四歳の時）。

㉓　寛永元年霜月二十八日【政景日記】、（在秋）、義宣、本田正純に放鷹で獲った雉を贈るため、横手の須田美濃へ宇留野源兵衛を以て届ける

よう指示する。

㉔ 寛永五年（1628）四月十四日【政景日記】、「宇留野源兵衛殿（勝忠）昨日横手より屋敷移候由」（勝忠三十八歳の時）。

㉕ 寛永六年（1629）二月五日【政景日記】、「宇留野源兵衛本指南致され候御足軽、高屋五左衛門に仰付られ候由、御礼飛脚を以て、私所迄申上げ候、則披露致し候」（勝忠三十九歳の時）。

㉖ 寛永六年十月十四日【政景日記】、楢山足軽新屋敷割があり、宇留野源兵衛指南足軽屋敷も屋敷割あり。

㉗ 寛永七年（1630）七月十一日【政景日記】、（在府）、女院様（中和門院、近衛前子）崩御に付き、宇留野源兵衛を京都に派遣する。（勝忠四十歳の時）。

㉘ 寛永七年七月二十二日【政景日記】、（在府）、宇留野源兵衛京都より飛脚を発てる。

㉙ 寛永七年十月五日【政景日記】、（在府）、義宣が政景に江戸屋敷（上、下）小姓衆に切符を渡すよう命じられて、渡した数に付きバラツキがある旨、宇留野源兵衛から言われ処理した。

㉚ 寛永七年霜月二十二日【政景日記】、（在府）、義宣が鷹狩の獲物を、島田弾正殿へ菱喰、雁一ツづつ・森川金右衛門殿へ雁一つに書状を添え、若殿様へ二ツ・信太兵部少・宇留野源兵衛・私（政景）へ雁一ツ宛合わせて八ツを信太兵部少使いの三右衛門に渡し夜通しで持参させた。

㉛ 寛永七年霜月二十四日【政景日記】、下野萱橋の近く古間木に於いて義宣が放鷹するが獲物が殆ど無いのは、義宣の前にその狩場で狩をしたものが居たとし、宇留野源兵衛に疑いが掛けられる。梅津政景は源兵衛を庇うが義宣は承服せず源兵衛勝忠に謹慎を言い渡す。

㉜　寛永七年霜月二十五日【政景日記】、政景は、義宣の放鷹の獲物が多く機嫌が良いのを見て、宇留野源兵衛の処分につき申し上げたが、義宣の考えを替えることはできなかった。

㉝　寛永七年霜月二十六日【政景日記】、宇留野源兵衛殿秋田に下向し、身上相果申され候に付き、政景は家老の小場源左衛門宣忠に書状を添えて処置を伝えた。源兵衛の隼鷹は政景が預り、その日雁に合わせ放したところ大風に吹上げられ彼方に消えた。

㉞　寛永八年（1631）三月九日【政景日記】、「在寺人衆宇留野源兵衛殿・大窪小平太・森田茂右衛門・棚屋兵蔵・田中兵左衛門・大窪亀千代、天徳寺御閑居に付きて、良豚和尚御侘言にて、源左衛門殿・我等罷出申上げ候、何も残り無く召出され候」（勝忠四十一歳の時）。

㉟　寛永八年六月二十五日【政景日記】、（在秋）、義宣城普請現場を検分して、政景に北の丸現場で榑を取り土を切上げた奉行は、大山金大夫・宇留野源兵衛・小田野刑部少輔・船尾靱負の何れかを穿鑿させ、その普請奉行は船尾靱負勝光である事が判明、義宣は船尾勝光の専行を咎め改易に処する。

㊱　寛永八年八月五日【政景日記】、（在秋）、「御城番調之事、戸村八郎（義宗）殿・小野右衛門（義平）殿・武茂源五郎（重綱）殿・向帯刀（重政）へ申し付候得と、御意に候、御普請極まり候ば、大山金大夫・宇留野源兵衛を加え候へと、仰せ出候」

㊲　寛永十年（1633）二月三日【政景日記】、（政景在秋）、在府の佐藤源右衛門（光信）・須田主膳（盛久）・梅津外記（忠国）よりの飛脚によりもたらされた書で義宣が正月二十五日亥の刻に他界した事が知らされる。「之に就き式部（小場義易）殿・左衛門（佐竹義章）殿を始め、御奉行衆、私所へ集まられ申し候、是

非に及ばず仕合に候、若殿様（佐竹義隆）へ御心元無し段、式部・左衛門申し候とて、宇留野源兵衛（勝忠）上らせ申し候、大殿様御乗物御迎として、信太内蔵助（勝忠）・黒沢角右衛門（道広）・岡内記・大窪民部・清水織部・御足軽三十人申付、懸御目次第に、御供仕可参由申付、申し越候、」（勝忠四十三歳の時）。

㊳ 正保三年（1646）八月十日【羽陰史略】、「徳寿丸様初めて将軍家え御目見御登城。御供梅津外記、宇留野源兵衛、真崎主殿」（勝忠五十六歳の時）。

以上のような事柄が宇留野源兵衛関連として拾い出される。

②の大坂の役に出陣した源兵衛勝忠の働きに付き詳しいものはない。ただ、後年に幕紋の件として問題化することがこの時に起きている。延宝二年（1674）に宇留野源兵衛勝明他六人が幕の紋として「三ツ頭丁子巴」とすることになった原因がこの時にあった。佐竹義宣が陣地内で見とがめ、これらの家の幕紋・「月印五本骨軍扇」使用を止めたのである。約六十年後に決着を見たということである。

④は、秋田転封後の記録として、初めて家格をはっきり示し行った正月の行事である。

上座に義宣、その前に一番御座として、葦名義勝（角館城代）、小場式部義成（大館城代）、宇都宮宗安恵斎・石塚源一郎義全（以上久保田）、大山治兵衛義則（角館）・戸村十大夫義国・小野右衛門義従（以上久保田）、今宮摂津守道義（角館）、古内下野義貞・岡本蔵人宣綱（以上久保田）、宇留野源兵衛勝忠（横手）。

二番御座、小場六郎義易（大館）、多賀谷左兵衛宣家（檜山城代）・茂木筑後治良（横手）、真壁右衛門重幹（角館）、伊達五郎宣宗（横手城代）、

松野源五郎綱広（檜山）、武茂源五郎重綱（久保田）、塩谷彌六義綱（十二所城代）、箭田野安房守義政（院内）・須田美濃守盛秀（横手副城代）。三番御座には、御宿老・御家子・主立たる御牢人衆が下段の間に並び、横手副城代須田盛秀一代は親類並とする旨披露があった。

⑤⑥⑦⑧⑨は一連の流れである。元和五年（1619）、将軍徳川秀忠が上洛することになり、多くの大大名が供奉することになるが、帰国中の義宣にも通知があった。将軍上洛の目的は、家康の時に約束されていた秀忠五女・和子の入内が延び延びになっていたため、その環境を整えるためのものであった。

将軍上洛供奉の知らせを受けた二月二十日、義宣はその日の内に秋田を発するが、扈従の輩は二十二日に発すべしと命じた。義宣は途中、下野萱橋近辺で鷹狩をするが、追いついた家臣と共に三月六日に江戸に到着。義宣が江戸を発ち京に向かったのは四月二十八日である。扈従の輩、騎馬三十騎、鉄炮百挺、弓二十張、槍五十筋を従え上洛した。

⑤は二十二日に秋田を発った梅津政景が、横手に居住の宇留野源兵衛（勝忠）、小瀬民部（伊秀）、山縣清右衛門、向清兵衛（政次）に各十丁宛鉄炮を渡した。この四人は政景と同じく江戸に向かった。

⑥は、三月六日に江戸に着き、四月二十八日に江戸を発する間に起きた事件である。古着を盗み両国橋のたもとでその盗品を売った男が、宇留野源兵衛の小屋へ入った中間だとの疑いで調べを進めたが、なかなか実情に迫れなかった。

翌日四月六日に信太兵部少輔に相談し、江戸町奉行米沢勘兵衛・島田治兵衛へ報告し、町人側へ申渡し、義宣の裁断により浅草でその中間を成敗した。検使古谷掃部右衛門、町人側代表は馬喰町の忠右衛門、横山町の九郎右衛門、新石町の七兵衛とある。馬喰町・横山町は今では繊維関係の問屋街で有名だが、江戸時代当初は古着の流通商いの街で、当時は新品より古着が多く流通したといわれる。また近くの人形町は、浅草寺裏に移る前の吉原遊郭があった界隈である。

⑦は元和五年九月一日、京の石田という所で今宮家三代・摂津守道義が病死（四十七歳）した。宇留野源兵衛勝忠・小瀬民部伊秀が今宮道義の跡式（嫡子・又三郎はこの時七歳）について義宣に請願したのは、恐らく今宮道義に従っていた今宮指南の士から源兵衛に強い要請があったからだろうと推測する。

今宮摂津守指南の士は、常陸時代の寺山五十五騎である。その筆頭である森田播磨資房（1610卒）の嗣子となったのが、宇留野源兵衛義長の三男・清太夫（のち資廣）である。すなわち源兵衛勝忠の実弟である。

森田資房は改名前、那須助二郎といい、下野烏山の森田城々代であった。天正十八年（1590）七月、那須資晴が秀吉により改易された時、その縁者である那須助二郎は義重・義宣を頼った。義宣は助二郎を寺山城主の今宮光義（1542～1604）の下に遣わしたと記されている。寺山五十五騎の筆頭に就けたのは那須家の縁者であることを配慮した義重・義宣の指示によってである。

秋田に下向し角館居住となった他の寺山五十五騎の士たちの当初禄高は四十石が最高だったのに比し、森田播磨資廣は六十石の扱いだった。京都において今宮の臣たちは源兵衛勝忠と清太夫資廣が兄弟であることを承知し、源兵衛勝忠を頼りとした。

源兵衛勝忠は、同じく佐竹支族であり、同じ横手下根岸居住で二歳年下の小瀬伊秀を誘い今宮道義の嫡子・又三郎（当時七歳）への家督相続を願い出たのである。

政景を通して聞いた義宣は、今宮摂津守の知行については安堵することを承知したが、指南の士及び代官所については、又三郎が若年であることを理由に、義宣が秋田下向の上、他の者に支配をする旨を伝えている。その支配は又三郎が成人するまでの間、角館城代の葦名義勝が後見することになる。
⑧、元和五年十月十二日、梅津政景と一緒に江戸を発ち帰国の途に就いたのは、戸村十大夫殿・宇留野源兵衛殿・福原彦大夫殿・信太修理・岡勘右衛門・岡半左衛門・岡半丞・梅津長三郎・向正九郎・小野崎権平・小野崎半九郎とあり、前の三人だけを「殿」付で【政景日記】は書かれている。
⑨は十一月二十日に山城国日野において借銀をした者達全員に返済の催促をしているが、十二月の十四日現在で未済だった横手の宇留野源兵衛・小瀬民部・山縣清右衛門に督促の飛脚を発てた。
⑩、元和五年正月と同じく、宇留野源兵衛は一番座に列せられるが、前回一番座だった宇都宮宗安が二番座に下がり、今宮摂津守は死亡により名が消えている。
二番座には、その他に佐竹修理義章（南）と好間兵部大輔が新しく着座し、須田美濃守盛秀の名が、体調を崩していたのか消えている。したがって前回一番座は十一人だったのが九人になり、二番座が十人だったのが十二人になっている。

また、家之子・宿老・牢人衆・一門之息衆として、下段に着座したのは大山孫二郎（義休）・真壁又十郎（幸幹）・古内雅楽（義通）・九郎三郎・早川正二郎（宣直）・大山金大夫（政忠、のち酒出）・小野崎源三郎（宣政）・小貫半四郎（頼為）・真崎兵庫（宣広）・小田野彦三郎（宣行）・小場小

傳次（宣忠）・和田十二郎（重為）・小野崎大学（通広）・今宮弾正（宣貞）・茂木権六（治種か）・渋江彌五郎（宣光）・向正九郎（重政）・田代隼人（綱吉）・前小屋右馬助（勝直）・赤坂源太（光賢）・大塚勘十郎・福原彦大夫（晴賢）・佐藤源右衛門（光信）・塩谷彌六（重綱）とある。

⑮は、上府中の正月七日に江戸屋敷において、在府の衆の内、戸村十大夫殿・宇留野源兵衛殿・渋江宣光・向重政・渋江堅高・信太兵部少輔・岡半丞・梅津政景に茶事があり、場所を御書院に移し「御目ノ前料理」で御振舞があったと正月の祝事を伝えている。

⑰は、元和八年二月、在府中のお供衆の内に手許金が困窮して借銀を申し出る衆が多くなり、義宣の裁可を得て貸出をしている。金額順に並べると、五百目、信太内蔵助（勝忠）、三百目、小野崎木工兵衛・介川源七・宇留野源兵衛、二百目、平塚強右衛門・片岡九郎右衛門、百目、小野崎左近・古谷掃部右衛門・川井理左衛門・後藤兵右衛門。その他に福原彦大夫（晴賢）が特別な理由で五百目の借銀をしている。なお、宇留野源兵衛は、弁済済ではあるが元和五年の上洛時にも日野に於いて借銀をしている。

⑲、元和八年四月二十四日義宣が日光東照宮を社参した。その前の四月十三日将軍秀忠が、京の門跡衆、伝奏衆その他の公家衆を伴い日光東照宮に社参、その中に京から下向した高倉宰相永慶卿もいた。

義宣は嶋田治兵衛を通して土井大炊頭利忠に日光東照宮に社参すべきかどうかの伺いを立てた所、その伺いがあったことは秀忠にも達しているので、社参すべきとの返事であった。日光への御供衆は、戸村十大夫（義国）・宇留野源兵衛（勝忠）・渋江彌五郎（宣光）・向正九郎・梅津主馬（政景）・岡半之丞・大山六左衛門（重成）・平塚強左衛門・佐藤小才次・田代傳七、借馬にて白土勘太郎（以上騎馬）、片岡四方助・宍戸勘四郎・岡勘右衛門・岡彌八郎丸（以上駄輩）、台所方小室惣左衛門・菊池新蔵人・弟作、茶屋の者五人、茶坊主二人、徒歩三十六人、小人五十五人、乗替馬三匹、厩者五人、厨者五人が扈従した。この人数は義宣を加えて百二十七人となる大行列であった。

⑳、紀州和歌山藩主・徳川頼宣は家康の十男で紀州徳川家の祖。慶長七年（１６０２）三月七日～寛文十一年（１６７１）二月十九日（行年六十九）。徳川頼宣の病気見舞いに藩主名代として宇留野源兵衛が久保田を発ち江戸の紀州屋敷に向かった。元和八年当時、頼宣は二十一歳である。

㉒、宇留野源兵衛と赤坂源太（光賢）が横手から、義宣の病の見舞いに久保田に行った。

㉓、寛永元年（１６２４）十一月二十一日、義宣は鷹狩の獲物の内、雉十羽（うち雄鶏五羽、雌鶏五羽）を、横手で幽閉の身で預かっている本多上野（正純）への贈り物とするため、横手城代の須田美濃盛秀のところに送り、横手居住の宇留野源兵衛（勝忠）を以て本多正純へ届けさせるべく獲物を添えて政景に指示してきた、その時の口上を「寒の内に御座候間、鷹之鳥十進ぜ申し候」と申上げるようにと書いた便りを、明日の日付で記し、御小人の者を以て政景に届けてきた。義宣の細かい気遣いが示されている。

㉔、寛永五年（１６２８）四月十四日の梅津政景日記は「宇留野源兵衛殿昨日横手より屋敷移り候由」と書きとめている。久保田城下の整備が進み、各所に居住していた重臣の久保田居住を進めていたと思われる。

『宇留野氏系圖』はそれを「四月十四日秋田城下ニ移住ス」と記しているが、この場合、連続した日付で記している【政景日記】の「四月十三日」が正しいと考える。移住場所は久保田城下長野で、寛文年間「御城下古絵図」に示されている。当時両隣が酒出孫左衛門（忠政）と川井新九郎である。

㉕、源兵衛勝忠が横手から久保田に移って、勝忠指南の足軽を高屋五左衛門が命じられて指南することになり、そのお礼を高屋五左衛門から飛脚で政景宛伝えられその旨を、すぐに義宣に披露された。

前年四月から寛永六年二月までの十ヶ月間はその足軽の指南は一時的に他の者が指南したと思われるが、以後高屋五左衛門は永く足軽を指南することとなる。

㉗㉘、寛永七年七月三日、後陽成天皇女御で後水尾天皇生母である中和門院（近衛前子）が崩御した。後水尾天皇の中宮は徳川秀忠五女・和子である。その知らせを受け、義宣は宇留野勝忠を京都に派遣し弔意を示した。

勝忠はこの年の五月、義宣の出府に扈従し江戸にいた。京に着いた勝忠は高倉永慶卿と連絡を取り、女院の葬送が七月二十八日であることを高倉卿が記した七月二十二日付の義宣宛書状を受取り、飛脚を発している。

㉛㉜㉝、寛永七年十一月の出来事について、『梅津政景日記』原文は、その日の出来事を、日頃はおおむね短文で纏めているのが常であるのに、この三日間のことについては珍しく長い文章で詳細に記している。

土居輝雄氏著『常羽有情』に寛永七年十一月二十四日から二十六日の件について、政景日記の原文を訳して書かれているので、その文章をそのまま引用させて頂きたい。

『二十四日朝、（義宣は）鷹野へ出たが四つ時頃（拙註：午前十時頃）になって雨が降り出し雁二羽を取って帰ったが八つ時（拙註：午後二時頃）

に雨がやんだので再び出かけた。これより先、平野茂左衛門を二十二日諸川に残し置き雁一羽を取ってこの日八つ時に帰って来た。また、小野岡義幸・宇留野勝忠は二十三日政景が行った蕗田・栗山・芦ケ谷での鷹狩を許されていた。ところが、義宣が古間木という川下西へ出かけたところ雁一羽も見えない。そこで土地の者に尋ねると、二組で今日鷹狩をして行ったと言う。「きっと一人は茂左衛門に違いあるまい。もう一組は右衛門と源兵衛両人だろう。鷹を取り上げ詮索致せ。」と義宣は宇垣長兵衛にきつく命じた。

義宣は雁三羽を取って日暮れに帰り宍戸左門に言うには、「あの古間木をまかり通って鷹狩をやった一人は茂左衛門に相違あるまい。よって切腹を申し付ける。かやつは当所へ何度も供を致しておる故、鷹場はよく存じておる。その役に係わる者がこのようなことを致すとは何たることぞ。また、今一人は右衛門と源兵衛両人のうちいずれかじゃ。」と立腹が治まらなかった。詮索が始まった。ここへ着いたのは一番に平野、二番目に小野岡、三番目に宇留野であった。先ず、平野は栗山で一度鷹を合わせたが鷹が濡れているのでその後ずうっと合せなかった。古間木は通ったが鷹合わせはしないと断言する。これは同道した鷹師衆四人に尋ねても平野の言った事と同じであった。次に小野岡と宇留野は古間木は通らなかったと返答する。

「茂左衛門は何と致してまかり通ったのか。」と義宣は政景に尋ねた。

「栗山にて鷹を仕って古間木へ出ると野一つにて道近うございます。本街道を通れば野二つにて道遠くなります。鷹仕らぬこと歴然と致しております故、古間木をまかり通ったことで御成敗仰せ付けられる儀はいかがかと存じます。これは所の者も先に通り過ぎた者は雨のうちと申しておりました。雨のうちは茂左衛門でございます。御容赦下されまし。」

平野茂左衛門は許された。

「屋形様よりお先にだれかが鷹を仕ったものと存じます。されば右衛門でもございませぬ。」

小野岡義幸も放免された。

「だれよりも遅くまかり帰った源兵衛が定めてわしより先に鷹を致す気でおったな。不届き者めが。」

義宣は真っ赤になった。

「源兵衛は、栗山と蕗田の間の畑にて雁を一つ取り、鳥飼・蕗田を参りましたと堅く申しております。」

と政景は宇留野勝忠をかばった。

「いいや、右衛門と一緒に参るべきところ、右衛門が帰り己が残ったこと不届きじゃ。」

と義宣は首を振った。

これは土地の者の「先に通った者は雨のうち、後に通った者は今より少し前の刻限」という証言がある。そのように遅く帰ったのは宇留野であったので義宣は疑いなく源兵衛だと思った。かくて、宇留野勝忠は即刻謹慎を命ぜられた。

翌日、政景は義宣に勝忠を取り成したが殊の外の立腹で、

「成敗あるべきものを容赦したからには所領は没収じゃ。」

と厳しく命じた。

勝忠は一行より早く二十六日帰国の途に就いた。政景は小場宣忠へ書状を添えて勝忠を慰めた。

「そのうちに恩免もあることだろうから、それまではじっと我慢して下され。」

別れる時、勝忠は政景に隼鷹を預けて去って行ったが、その日の鷹場で雁に合わせたところ、「大風にて吹き上げられ虚空に逃げ候て見え申さず候」と政景はその日記に記している。政景

が意識してかどうかは分からないが、「虚空」という言葉に筆者は何ともやりきれない気がしてたまらない。その鷹はおそらく主人を慕い後を追って行ったのかもしれない。』〔以上引用文〕。

『佐竹家譜・義宣』は、寛永七年十一月二十五日の条で「宇留野源兵衛免許なくしてくるまき辺放鷹に因て所領を没収せらる」と記しているが、放鷹することは許されていたのであり、記載事項は誤解を招くものである。

㉞は、寛永七年十一月に采地を公収された源兵衛は天徳寺で謹慎の身であったが、その約四か月後の寛永八年三月九日に、天徳寺住職の良豚和尚が引退するに当たって、その時の在寺人の源兵衛ほか五人の赦免を願い出た。このことにより六人は赦され、宇留野源兵衛勝忠は佐竹一門の席を止められ宿老の席に列せられることになった。前にも記したが、この段階で源兵衛「義勝」の名乗りは「勝忠」と実名を名乗ることになったと考えられる。「義」の一字の使用を禁じられたのである。

この寛永八年三月九日のことについて土居輝雄氏著『常羽有情』に次のように書いている。

『三月九日、宇留野勝忠が恩免となった。すなわち天徳寺住職良豚和尚が隠居するに当たり預っていた在寺人衆の恩赦を小場宣忠と政景に取り成し両家老が義宣に伺いを立てたのである。義宣はいつものように簡単に許した。大窪小平太・森田茂右衛門・棚谷兵蔵・田中兵左衛門・大窪亀千代と一緒だった。

こんな次第で名門宇留野家が滅びずに済んだのである。これが義宣の腹立ちまぎれに成敗されていたのではたまったものでなかった。義宣に限らず当時の大名のほとんどがこんなものであったようである。』〔以上引用文〕。

㊲寛永十年（1633）、年が明けると義宣は体調不良による不快を訴えることが多くなった。秋田仙北六郡各所の神社仏閣では義宣の快気祈祷が行われた。

一昨年（寛永八年）十一月十日に江戸に着いてから永くなった頃の寛永九年十月、相国（秀忠）の一周忌のため帰国せず越年する旨の知らせが国元にあった。

正月二十一日、義宣は在府の戸村八郎（義宗）・向帯刀（重政）・須田主膳（盛久）・佐藤源右衛門（光信）・梅津外記（忠国）を呼び、国元の梅津政景に宛てる遺言を申し伝えた。その主な内容は義宣が死んでも家臣たちが追腹を切ることを禁ずるものであった。その遺言を記した五名連署の書は飛脚（二十一日付）によって一月二十八日に政景に届けられた。

二月三日、江戸より一月二十五日子刻の日付で佐藤源右衛門・須田主膳・梅津外記連署により義宣他界の知らせが飛脚で届けられる。

同日、小場式部義成・佐竹左衛門義章はじめ奉行衆が政景邸に集まり、若殿（義隆、その時二十五歳）への弔問・慰めの使者として宇留野源兵衛勝忠を江戸へ上らせることを決め、義宣の遺骸を迎えるための使としては信太内蔵助（勝忠）・黒沢角右衛門（道広）・岡内記・大久保民部・清水織部と足軽三十人を上らせた。

義宣の霊柩は一月二十九日に江戸を発ち、二月十五日久保田に着き天徳寺に運ばれ、葬礼は三月二十九日に取り行われた。

㊳正保三年（1646）七月二十八日朝、江戸藩邸において、義隆の世子徳寿丸（時に十歳）の元服式を行った。名は義処、字は次郎と称した。八月十二日世子次郎義処が江戸城に登営し、

初めて大猷君（三代将軍徳川家光）に拝謁した。

その時の御供として梅津外記忠国・宇留野源兵衛勝忠・真崎主殿が従った。藩主義隆はその後登営し拝謝した。

## 源兵衛勝忠の兄弟姉妹

宇留野氏秋田二代勝忠は十二歳の時に父・義長と共に初め横手下根岸に居住した。

勝忠は源兵衛義長と馬場新介重親長女の間に生まれた三男二女の長男であるが、義長と前妻との間に子供がいたかどうかは不明である。その兄弟は二男・勝親（分流となる）と三男・資廣（清太夫、森田播磨資房嗣となる）で、姉妹は大山六左衛門重成室と赤坂忠兵衛光賢室の二人である。

## 分流家宇留野左近勝親について

二男・勝親は、小名を小吉と称した。生年は不詳であるが弟・清太夫が慶長四年（１５９９）生まれとあり、兄勝忠の生年が天正十九年（１５９１）であることから文禄二年（１５９３）～慶長二年（１５９７）頃の生れであるといえる。

文化二年に藩庁に提出した『家傳』には次のように書かれている。

「妻ハ傳テ東中務義久女也ト　慶長七年　義宣公羽州迁封ノ時同年御跡ヨリ下向采地五十石ヲ賜ヒ仙北郡六郷ノ館ニ於テ義重公近侍セシム多クタマモノ有リ　後年横手へ移シ　命ジテ向氏ノ部下トス
寛永二年執政梅津半右衛門（憲忠）執達シテ采邑仙北大屋中野餅田大堤ノ指紙二枚ヲ賜フ」

勝親が義重公に近侍したのは、慶長二年生まれとした場合六歳の時、文禄二年生まれとした場合十歳の時で、いずれにしても元服前から義重の身の廻りで仕えたのではなかろうか。六郷当時の記録は、この記載しかない。勝親が横手へ移ったのは、慶長十七年（１６１２）四月に義重が死亡した後であろうと推測する。その時には十六～二十歳位で、既に元服し五十石の采地を貰っていた。義重に仕えている間に元服したと考える。寛永二年（1625）に二枚の指紙を賜い采邑を仙北郡の大屋・中野・餅田・大堤に決められたのは、義重死亡に伴う義重の知行地の再配分によるものではなかろうかと考える。

慶長十七年に左近勝親は横手下根岸の父・源兵衛義長、兄・源太郎勝忠の屋敷の一部に居住することになった。このことについては別項をもって説明したい。

**森田播磨資房嗣子清太夫**（森田資廣）**について**

勝忠末弟・清太夫は、嫡男がなかった森田播磨資房の長女を娶ることを前提として森田家に入り、資房の嗣子となった。

森田播磨資房はかつて那須助二郎と号し、野州烏山城に近い森田城城代であったと文化二年森田主鈴提出『系図并家傳書』にある。

天正十八年（1590）七月、那須資晴が秀吉により改易された時、その縁者である那須助二郎資房は佐竹家中の今宮松庵光義をたより、那須一門である次第を申し立てた。義重・義宣も承知し佐竹家に奉仕することが許され、森田左馬之助と改名することを命じられ、初め旗本として仕えた。

その後、左馬之助を播磨と改名し、今宮光義が寺山城代を命じられた時、播磨は足軽百人の支配を任され寺山城二ノ丸に居住。羽州下向後、今宮指南の士は角館に居住することとなるが、森田播磨資房は今宮指南の寺山五十五騎の筆頭として、他の今宮指南の士が角館町田町に居住したのとは異なり、東勝楽丁の今宮摂津守屋敷の向いに居住することとなる。禄高六十石。

播磨資房は慶長十五年（1610）八月清太

夫資廣が十二歳の時に死亡しているが、その家政は、資房の弟・掃部（のち改め豊前、三人扶持、1572〜1654・2・18）が見たようだ。掃部を豊前に改めたのは、横手居住の森田掃部家との兼ね合いと考える。

横手居住の森田掃部家は那須与一時代に分かれた森田家（源平の戦いの後、那須与一資隆の長兄・光隆が森田氏を称し支流となった家）の子孫と考えられる。

森田清太夫資廣（1599〜1654・2・18）は寛永四年（1627）分限帳に百石とある。義宣の配慮と考える。

**大山六左衛門重成室について**

『宇留野氏系圖』にはその名前の記載がないが、源兵衛勝忠の妹で左近勝親の姉と考えられる。このことは『源姓大山氏系圖』（秋田県公文書館所蔵）に、大山因幡守義成二男家子孫、大山六左衛門重成（1589〜1629・1・19）の妻として「宇留野源兵衛義長女法号妙音」と明記され、その子供達（長男・重次ほか男子二人）の母として宇留野氏女と記述されていることからも確認できる。

六左衛門重成妻を勝忠の妹と推測したのは、源兵衛勝忠の生年が1591年、六左衛門重成の生年が1589年、重成長男・重次の生年が1611年であることから、重成妻が重成より年下で1611年に重次を産んだとすると彼女の生年は勝忠より二歳位後、つまり1593年頃となる。重成妻は長男重次を十九歳位の時に産んだことになり、おおむね妥当と考えられる。

逆に勝忠の姉と推測すると、彼女の生年は1589年頃以前となる。長男の出産は早くても二十三歳以上となり首を傾げることとなる。

またこのことから、勝忠弟・左近勝親の生れはおおむね1595年以降と推測できる。

大山六左衛門家については、後年宇留野源兵衛勝明の時に大山六左衛門家・矢野平右衛門家を含め重層的な係わり合いを持つことから別項をもって説明したい。

## 赤坂忠兵衛光賢室について

『宇留野氏系圖』には大山六左衛門重成室と同じく名前の記載がないが、同様に嫁ぎ先の『赤坂氏系圖』から宇留野源兵衛女が赤坂忠兵衛光賢室となったことがわかる。

赤坂光賢（1600〜1671・5・14）は初め源太、のち忠兵衛と名乗ったが、赤坂下総朝光（1551〜1615・9・1）の長男で朝光が十二所で亡くなった後、朝光の家督を賜い、同年（1615）平鹿郡横手に移住を命じられた。その屋敷が下根岸の宇留野源兵衛屋敷の左隣りである。さらにいえばその左隣が小瀬民部伊秀屋敷だったと思われる。

忠兵衛光賢と宇留野氏女との間には元和九年（1623）に長女が生まれ、後年梅津五郎右衛門忠定（図書）に嫁いだと赤坂氏系図にあるが、その間には子供が生まれなかったようだ。

光賢室の生年は秋田下向の前か後か不明であるが、すぐ上の兄・清太夫が1599年生まれ、光賢が1600年生まれ、梅津忠定に嫁いだ長女が1623年生まれなどから考えると、秋田下向の後ではなかったかと推考する。

光賢にはこの女子しか子供がなかった。宇留野から嫁いだ光賢室は、寛永四卯年（1627）五月十日に亡くなった。法名玉室妙光。後室に小田野大和守宣忠女を迎えるがその間には子供は生まれなかった。後年光賢は高梻氏から嗣子として光年を迎える。

なお、赤坂氏と宇留野氏の縁組がこの後も見られるが、それは分流同士の婚姻なので分流家の項でふれたい。

### 源兵衛勝忠の子供達について

勝忠は横手において1611年頃（二十一歳頃）、須田美濃守盛秀（1530～1625）二女と結婚した。1611年頃としたのは、須田盛秀二女は初め大塚権大夫に嫁いだが、1609年3月8日、大塚権大夫が、義弟の須田盛秀嫡子（盛秀三男）・盛方と横手城内で喧騒して盛方を殺害してしまう。大塚権大夫は東義久の五男である。権大夫は自決し子孫は絶えるが、その妻（盛秀二女）は須田家に帰ることになった。

その盛秀二女と勝忠の結婚は兄・盛方の喪が明けてからだったと考えるのが妥当だろう。さらに勝忠との間に生まれた娘が、後年茂木監物治種（茂木治良二男）に嫁ぎ、長男・勝明が1630年6月に生まれていることから逆算して、勝忠の結婚が1611年頃としても的外れではないと考える。年表的に記載すると次のようになる。

- 慶長十四年（1609）三月八日、大塚権大夫、横手城内で刃傷におよび、義兄・須田大蔵盛方を殺害する。権大夫自決し家断絶。妻須田盛重二女須田家に帰る。
- 慶長十六年頃（1611頃）、宇留野源太郎勝忠、須田美濃守盛秀二女を妻とする。
- 慶長十七年頃（1612頃）、源太郎勝忠長女生まれる。
- 慶長十九年（1614）十一月、源太郎勝忠義宣公に従い大坂ノ役に出陣。
- 寛永六年頃（1629頃）、勝忠長女（当時十八歳位）茂木監物治種に嫁ぐ。
- 寛永七年（1630）六月二十四日、茂木監物治種長男・勝明生まれる（勝忠当時四十歳）。
- 寛永七年（1630）十一月二十五日、源兵衛勝忠、野州萱橋に於いて放鷹のことに因って勘気を蒙り采地を没収される。

・正保二年（１６４５）宇留野源兵衛勝忠次男・勝弘生まれる（母妾）。

勝忠が外孫・勝明を嗣子とすることを許されたのは、勝明が生まれてからそれ程時間を置かない時期ではなかろうか。

その理由は勝明が生まれた時、勝忠は四十歳になっていること、そして茂木監物治種には次男・治時が１６３３年に生まれている。母親が同じ長男、次男がいた場合、普通は次男を養子に出すと考えるが、長男の方を源兵衛勝忠の養子としている。

治種は寛永四年（１６２７）平鹿郡鍋倉郷において三百石の采地を義宣から賜い宿老席に列せられ、のち御相手番を務めたと系図にある。

治種にしても長男・勝明は大事な嫡男になるはずの子であること等々を考えると、勝忠が一人娘を茂木治種に嫁がせる時に、その時点で治種に男子誕生の際には勝忠の嗣子とする約束があったのではないかと推測する。

『茂木系譜 草書』（A288・2–2854）によれば監物治種は「寛文九年（１６６９）九月二十三日卒　行年五十七歳」とあり、逆算すると生年は慶長十八年（１６１３）である。

勝忠正室の須田盛秀女との間には、長女の治種室しか生まれなかった。治種室は１６３０年勝明を、１６３３年治時を生んだ後、寛永十四年（１６３７）十一月十九日に卒。道号雪窓法名正傳とある（『常州佐竹新撰御系図』）。

系図ではその後、勝忠の妾との間に一男一女が生まれている。長は塩谷主鈴兼綱室と記されている。塩谷主鈴家については系圖が見つからず把握できていない（註※）。

男は正保二年（１６４５）生れの九郎（のち縫殿《ぬい》）勝弘である（勝忠五十五歳の時の子）。その系図には「父勝忠外孫勝明を養て嗣子として後生まれる」と記されている。

勝弘は初め田所縫殿《ぬい》左衛門安広が養って子とし、その娘を以てこれに妻わすとある。後年田所安広に男子が生れたため、勝弘は本氏に復した。兄・勝明の代に、新田百石を分与して公に仕えしむとある。

後年、秋田三代勝明の男子三人が次々に亡くなったため、勝弘の長男・九助勝休が勝明の養子となり、秋田宇留野氏四代を襲することとなる。分流宇留野縫殿《ぬい》家については別項とする。

（註※：塩谷主鈴家は、【国典類抄・軍部十】「山方太郎左衛門泰護覚書之内」に、延徳二年（１４９０）義舜公が山入義藤・氏義親子等から逃れ太田城を脱出し天神林義成を頼ったが、義成は門を閉じて逆に追手を掛ける事態になった時、染村で宇留野源兵衛尉義長たち十人が追いつき、義舜を護衛して孫根城に辿り着く。その時の十人の内の一人の「塩谷越前守 今主鈴」と記している。後に佐竹氏に仕えた下野の塩谷伯耆家とは異なる。）

慶安四年（１６５１）二月三日、源兵衛勝忠が没した。行年六十一歳。法名達真院清観（『宇留野氏系圖』）、なお公文書館所蔵系図（『佐竹御分流系圖 宇留野』〈A288・2-590-26〉）には「道号勝室 法名清観」とある）。久遠山法華寺に葬る。

勝忠の妻（須田美濃守盛秀二女）は、同じ慶安四年の七月十五日に勝忠の後を追うように亡くなった。道号茂庵法名宗繁。行年埋葬地とも不詳だが、およそ勝忠と同じ行年で同じく久遠山法華寺に埋葬されたと思われる。

### 久遠山法華寺について

慶安四年（１６５１）に源兵衛勝忠が葬られた久遠山法華寺（現、秋田市旭北寺町）を江戸時代に宇留野宗家の墓所とした。

久遠山法華寺と宇留野家の係わりを述べる前

に秋田魁新報社発行『秋田のお寺』に紹介された日蓮宗、久遠山法華寺について書かれている文を紹介する。

「法華寺の開山、久遠院日壽は、京都本満寺塔中の玉持院の住職で、宗祖日蓮の直弟子、六老僧の一人・日持の東北蝦夷巡錫の遺跡を中興とした高僧である。その日壽が、文亀二（一五〇二）年四月、土崎湊に法華寺を建てて滞在すること数年、弟子の日門に譲って蝦夷地に渡り、上ノ国小堀（松前町）の日持の遺跡の法華堂で、日持の書いた経石を感得し、法華堂を改めて妙光山法華寺として再興した。大永元（一五二一）年、日壽の晩年七十一歳の時で、日持を開祖に勧請し自ら二世となり、享禄元（一五二八）年、世寿七十九歳で遷化した。土崎湊に建立した法華寺は〝浜の法華寺〟と称され、秋田県における最古の日蓮宗寺院である。山号は総本山の身延山久遠寺や開山日壽の院号に由来し、寺号は法華三昧を修する道場にふさわしい命名である。

その後、佐竹氏の時代となって、城下寺町づくりのため移転し、日蓮宗四ケ寺の並ぶ北側に位置する。また、秋田藩の重臣、宇留野源太郎（五百石余）の内室も帰依し、過去帳に「実相院殿妙旭日悟大姉」の法名が記述されている。（以下略）。」


ここで、久遠山法華寺の過去帳に「実相院殿妙旭日悟大姉」の法名が記されているとあるが、現在この墓碑は同じ寺町の秋田市旭北栄町の鱗勝院境内にある。実は、もう一基久遠山法華寺で法名を授けられたと思われる「寛恭院殿貞操妙清大姉」の墓碑も鱗勝院にある。

その他に宇留野家のものとして「帰真明通智勝居士霊位」、「圓通院殿雪相了融居士　宇留野勝政墓」、寛量院殿儀岳清居士」の三基があるが、この三基は鱗勝院で戒名を授けられたものである。

　実は「久遠山法華寺」の山号は江戸時代初期に宇留野源兵衛義勝（のち勝忠に改める）が「具していた久遠山法華寺」の山号を今の久遠山法華寺に譲った可能性があると思わせる節がある。

　文化二年に宇留野源兵衛勝意が藩庁に提出した『宇留野家傳記』の「源兵衛勝明傳」の中に「嘗テ常州ニ於テ久遠山法華寺ヲ開基ス慶長七年源兵衛義勝秋田ヘ下向ノ時是ヲ具ス　後年故有テ命ジテ鱗勝院ヲ主嫡ノ廟トナシ法華寺ヲ妻庶ノ廟寺トナサシム」と記していて、宇留野氏の墓所を創る心算でいたことが判る。

　ここで源兵衛義勝が「具した」とあるのは、本来は父親の源兵衛義長の名を記すべきところ、以前に述べたとおり義長の名を出すことを控えて義勝と記したのだろうと思う。宇留野源兵衛義長は熱心な日蓮宗信徒であったことが伺われる。

　天正十二年（１５８４）水戸・加倉井の日蓮宗の寺・妙徳寺の改修時に大旦那の一人として棟札に「宇留野源太郎殿」と記載があり、その記名順は大旦那の江戸重通の前に記されているほどである。そして慶長七年父親と一緒に秋田に下向した義勝は当時十二歳なのである。

　義長（ないし義勝）は横手で久遠山法華寺を開基すべく地所を用意したが、寛永五年（１６２８）に義勝（のち勝忠）が久保田移住を命じられたために横手において久遠山法華寺を創建することは出来なかったのだろうと考える。

　横手で用意した墓所には、その後分流宇留野勝親家の墓所・大蔵堂が建てられたと考える。

　本知五十石の家が単独で大蔵堂の土地を用意し堂を建てたとは思えない。昭和年間に横手市立鳳中学校用地拡張のため大蔵堂の墓地（堂は朽ちてなくなっていた）を横手市に譲った時には、周辺の他家の墓地等まで含め百坪余りの広さでしかなかったが、かつては相当の面積が有ったと伝えられている。

源兵衛義長は横手で亡くなりその場所に葬られただろう。勝忠が久保田に移り住んだのち、久遠山法華寺に改葬されたと考える。義長の卒年・法号は系図に残されていない。法号が蓮信のままだったかどうかも興味深い所である。

横手の分流家が大蔵堂を建立したのは寛文四年（１６６４）といわれるが、分流初代左近勝親、法名玄了院峯光栄智（卒年不詳）、その妻了種院貞諒妙霊（伝えて東中務義久女）寛文三年（１６６３）三月八日卒、二代勘助勝眞法名是性院宗如卒年寛文三年三月八日、その妻雪相院妙圓（赤坂吉右衛門光定女卒年不詳）はいずれも大蔵堂に葬るとある。

三代源兵衛勝明の時に「故有って」主嫡の廟を鱗勝院にするよう命じられたとあるが、その理由が何であったかは不明である。したがって久遠山法華寺は宇留野家においては秋田三代源兵衛勝明以降は当主以外の寺となった。

系図には久遠山法華寺に埋葬した主な人として次の諡が確認できる。

・清光院道号妙巖法名日芳　宝暦九年（１７５９）五月十日卒
五代勝鄭室　茂木筑後知量女　行年五十五歳
・速成院妙就　文化九年（１８１２）八月朔日卒
六代勝富室　佐竹淡路義安女　行年八十五歳
・定静院法名日祐　寛政七年（１７９５）四月十二日卒
七代勝意室　茂木志津摩知道女　行年二十三歳
・霊桃院道号源芳法名狐流　明和六年（１７６９）正月二十八日卒
七代勝意の兄伊勢之助　行年十一歳

### ⑶ 秋田三代・源兵衛勝明（1630〜1701）

源兵衛勝明については各種の人名録に紹介されているが、まずその一つを引用する。

宇留野勝明（寛永7年6月24日〜元禄14年7月15日）

秋田藩家老。茂木監物の子、宇留野勝忠に養子。宇留野家は廻座に属した名家。寛文五年正月、佐竹義隆の命で江戸に赴き、九年八月蝦夷反乱鎮定のため藩軍奉行として渡道。十一年十月中川宮内重頼と初の郡奉行。延宝元年十二月佐竹義処相手番、三年十月世子佐竹義苗の守役、二百石加増。天和三年六月義苗の家老。三年義苗に六条の建言。元禄元年十二月三百二十石加増で計千石。十年故あって家老を免じられ蟄居、十三年三月五百石減になり、養子の勝休に家督を譲る。義苗の死は元禄十二年、藩主跡目争奪の〈秋田宝暦騒動〉の幕あけ時代だった◇宇留野氏系統譜（『秋田人名大事典』秋田魁新報社・平成十二年七月第二版）

源兵衛勝明は前述したように茂木監物治種の長男で、母は宇留野源兵衛勝忠と須田美濃守盛秀二女の間のただ一人の子供である。

茂木監物治種は茂木筑後守治良（1562〜1634）の二男で、寛永四年（1627）に平鹿郡鍋倉郷に三百石の采地を義宣から賜い宿老席に列せられ、後に御相手番を勤める。その長男が勝明で外祖父源兵衛勝忠が養い嗣子とした。

源兵衛勝忠は妾との間に正保二年（1645）男子・勝弘（縫殿）が生れるが、勝明を嗣子として承認された後なので、縫殿勝弘は初め田所縫殿左衛門安広の養子となり安広の娘を妻としたが、後年田所縫殿安広に男子が生れたため、縫殿勝弘は本氏に復し、源兵衛勝明が新田百石を分与して一家をなし分流となった。

## 勝明の父・茂木監物治種の生年について

ここで、勝明の父・茂木監物治種の生年について検証したい。『茂木系譜（草書）』（A288・2−2854）によると、監物治種の生年の記載はないが、卒年が寛文九年（1669）九月二十三日卒、行年五十七歳とある。卒年から逆算すると治種の生れは慶長十八年（1613）となる。この慶長十八年の生年に疑問が生じる。

【政景日記】元和四年（1618）六月朔日の条に「茂木（治良）殿三番め丿御息御出仕、名ヲ惣三郎と御付被成候」とあり茂木監物治種の同母弟茂木惣三郎治真が出仕したと書いている。

茂木系図には治種同様治真の生年が記されていない。そのうえ万治元戊年閏十二月朔日卒とはあるが、行年は記されていない。仮に惣三郎治真が、兄監物治種より二歳年下と仮定し、治種が系図通り慶長十八年（1613）生れだとすると、治真が出仕した元和四年（1618）には治種が六歳、本人治真は四歳ということになる。

この治真の四歳での出仕年齢には大きな違和感を覚えざるを得ない。按ずるに、茂木系図に記載の監物治種の卒年が五十七歳ではなく六十七歳の誤記ではなかろうかと思われる。

そうだとすると茂木治良三番目の子が出仕し名を惣三郎と名乗ったのが十四歳の時となる。十四歳での出仕も早目であるが、あり得ないことではない。

監物治種の生年が慶長八年（1603）であれば、治種が寛永四年（1627）平鹿郡鍋倉郷に采地三百石を義宣公に賜わった【秋田武鑑】のが二十五歳の時となり、治種と宇留野源兵衛勝忠女との間に伊勢千代（勝明の幼名）が生まれた時、父種治二十八歳、母十八、九歳位となり、違和感なしに受け入れることが出来る。

## 源兵衛勝明の名が出現する主な史料

以下に列記する。

●明暦元年乙未（1655）八月朔日、太刀馬（代黄金一枚）を献ず（八朔の賀儀）。使者（宇留野源兵衛勝明、去月十三日秋田を発し、同二十四日東都到着）登営（祐道、秀光日記）。（【佐竹家譜・義隆】、【羽陰史略巻二】）

●寛文五年乙巳（1665）正月二日、若殿様義処公年頭御使者宇留野源兵衛登城。（【秋藩紀年】【佐竹家譜・義処】）

●寛文六年丙午（1666）正月二日、年始の賀儀、太刀馬代を献ず。使者宇留野源兵衛勝明登 営。（【秋藩紀年】【佐竹家譜・義隆】）

●寛文六年丙午（1666）六月六日、若殿様御下国御同中御家老梅津図書。同廿七日若殿様御下国御礼御使者宇留野源兵衛登城。（【秋藩紀年】）

●寛文六年丙午（1666）六月二十七日、肴（二種）、酒（一荷）を献じて帰国の暇を謝し奉る。使者宇留野源兵衛勝明登営（忠宴及秀光日記）。（【佐竹家譜・義処】）

●寛文九年己酉（1669）、今年韃靼《ゑぞ》の狄人蜂起して乱を作す。松前志摩守某執事蠣崎蔵人某、同主馬某、兵を備て攻伐。脚力及船尾清兵衛勝有を東都執政に遣して松前の事を告す。小河九右衛門某を松前に遣して、具に其次第を聞しめて是を告す。兵粮二百斛を松前志摩守某に犒る。若し、台命有ば兵を松前に発せん為に、預め将卒を定む。一隊は石塚市正義里、一隊は戸村内蔵允義連を将とす。遊軍の将宇留野源兵衛勝明、山方主殿泰朗。足軽の将信太主水定安、高垣新兵衛重春、宇垣正太夫秀延、大塚九郎兵衛定祐、河井平右衛門忠成、及川南右衛門助忠、桐沢久右衛門盛長。目付田中三左衛門定頼、大縄市之進久秀。斥候四人、兵粮役四人、太鞁役二人、法螺役二人、箭役二人、鉄炮玉薬役四人、医師（外科共）三人、馬医一人、工匠二人。騎兵都て三十人、足軽二百十人、中間二十人、雑人五百余人、軍令を習はしむ。然るに季秋に至て、狄の酋長誅に伏し、松前平定す（以上光邦見聞録）。（【佐竹家譜・義隆】）

• 寛文十一年辛亥（1671）十月九日、今日宇留野源兵衛勝明、中川宮内重頼を郡奉行（旧、此職掌なし）とす（秀叙記録及光邦見聞録）。（【佐竹家譜・義隆】）

• 延宝元年癸丑（1673）十二月二十四日、義処公の御相手番となる。（『佐竹分流系圖』）

• 延宝二年甲寅（1674）正月十三日、義処公命じて曰く宇留野源兵衛勝明及び真崎兵庫隆紀、小田野刑部正興、酒出金太夫季親、小瀬縫殿助伊方、前小屋市右衛門忠久、今宮織部隆久七人の先祖累代扇紋の幕を抵するの処、義宣公大坂出陣の時扇紋を停止せしむ。義隆公時世より訴状を呈すると云へ共、先命に因って證文及び桐の紋を賜う也と。同月二十六日再び命じて桐の紋は太閤秀吉公の賜う処に憚有り、因って三頭の丁子巴を以て幕の紋に改め賜うと云々。（【佐竹家譜・義処】【秋藩紀年】【宇留野家傳記】）

このことに関しては、宇留野源兵衛勝明を中心として家老、藩主に扇紋の継続使用を繰り返し願い出ているが、延宝二年正月十三日に最終申し渡しがなされたということである。

• 同年十月十日、宇留野源兵衛勝明を義苗公の傅とす。加恩二百石を賜う。（【佐竹家譜・義処】【秋藩紀年】【宇留野家傳記】）

• 延宝三年乙卯（1675）四月十六日、世子義苗公の傅役として江戸詰。（【秋藩紀年】、当時義苗五歳）

• 天和二年壬戌（1682）六月十三日、義処公、宇留野源兵衛勝明を義林（義苗）公の家老と

**宇留野宗家家紋他**

「宇留野家傳記」（秋田県公文書館所蔵）より

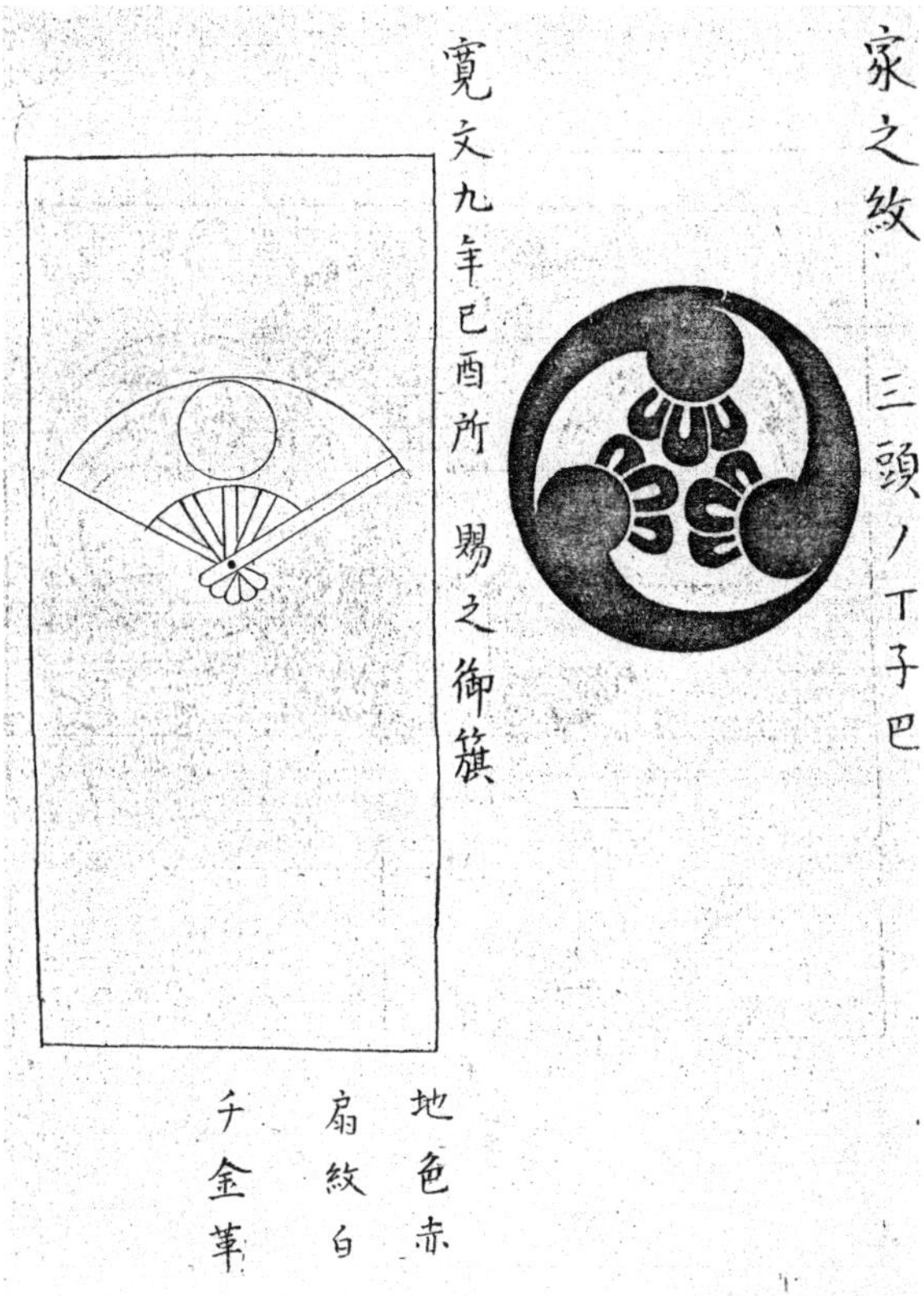


**宇留野家（宗家）の家紋他**

家紋（上図右）は「三頭ノ丁子巴」。前頁延宝二年の記事にあるとおり、扇紋の使用を禁じられ、代わりに賜った紋。〝丁子（ちょうじ）〟はインドネシア原産フトモモ科の〝チョウジノキ〟。花蕾を乾燥させて香辛料（クローブ）として利用される。家紋として図案化されているのも花蕾である。

上図左は、佐竹家の家紋〝五本骨月丸扇〟が見える。「寛文九年己酉所　賜之御籏」とあるとおり拝領の旗である。

寛文九年（1669）、蝦夷地で起こった所謂〝寛文九年蝦夷の乱（シャクシャインの戦い）〟で秋田藩は幕府の命により出兵した。この時、遊軍の大将であった宇留野源兵衛勝明（秋田三代）に与えられたものと思われる。

次頁上は〝二ツ巴〟と〝蛇の目〟の二種類の旗印。下は幕（陣幕）の紋である。

旗

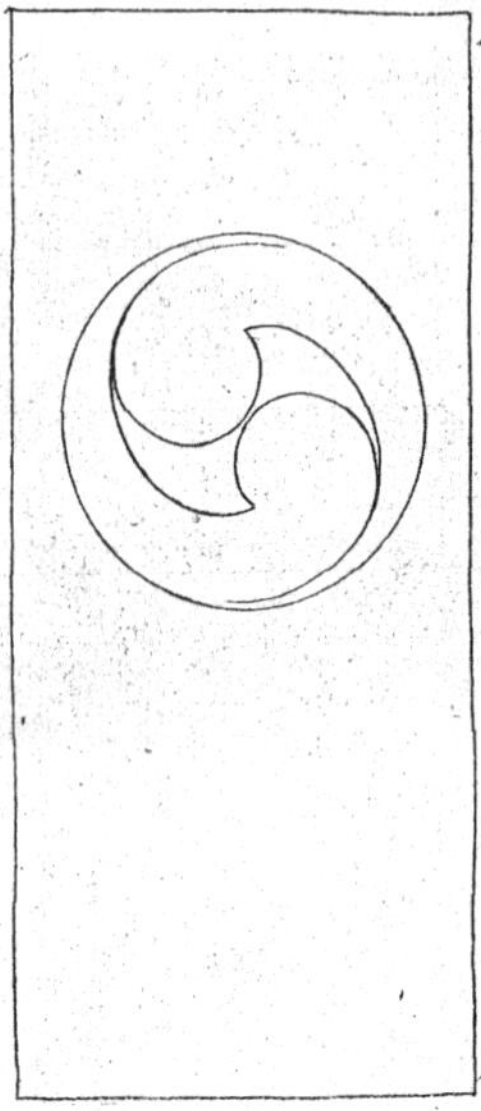

地色赤　二ツ右巴白

旗

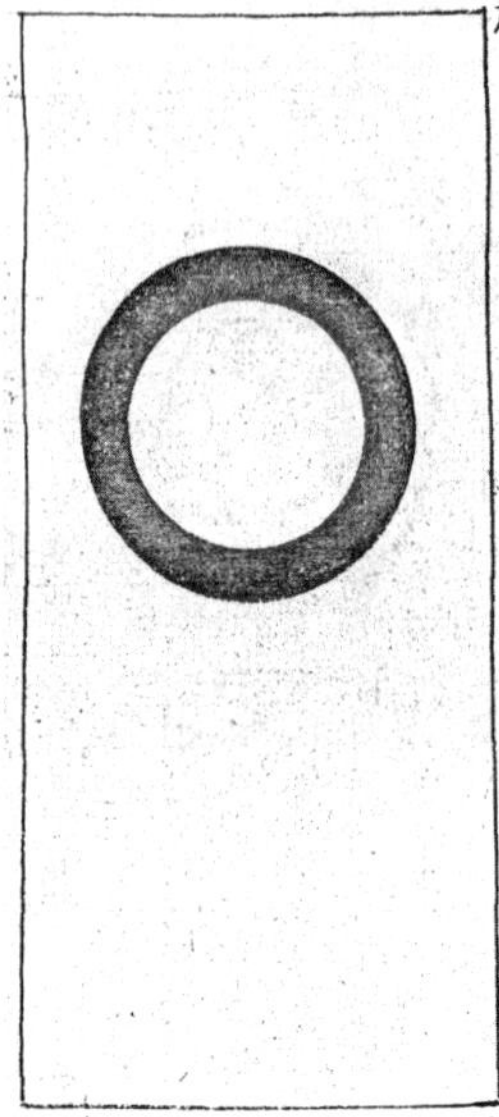

地色白　蛇ノ目黒

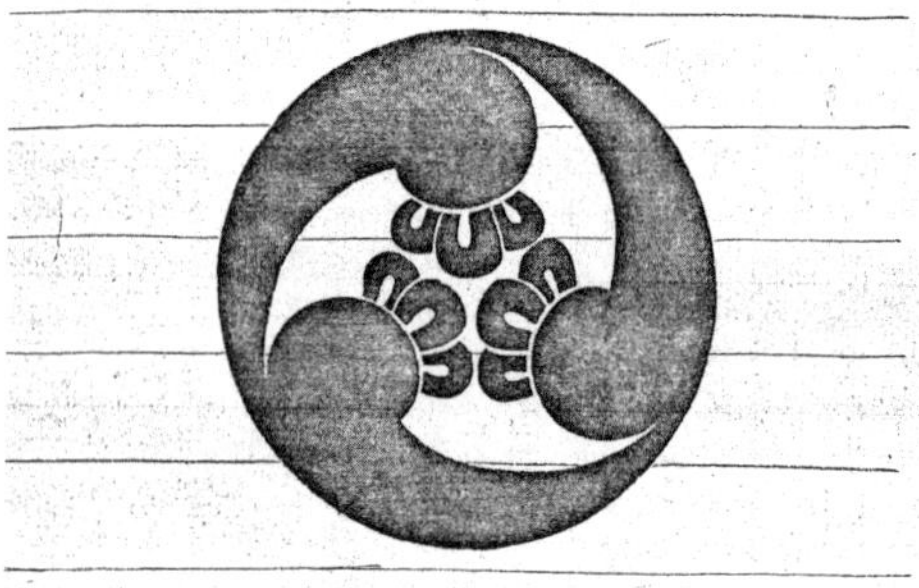

幕之紋

三頭ノ丁子巴

紋黒五幅カケ

す。（【佐竹家譜・義処】【秋藩紀年】）

●貞享四年丁卯（１６８７）六月三日、義苗納幣使者宇留野源兵衛勝明、紀州中納言光貞卿の邸に詣る。（【佐竹家譜・義処】【秋藩紀年】【宇留野家傳記】）

●元禄元年戊辰（１６８８）十二月廿七日、采地三百二十石を加賜て本相とす。是明年、義林公御婚姻に依って、紀州公への御聞得被思召、本知六百八十石に加えて千石に満たしむるの故を以也。（【大正版秋田縣史第一冊】）先に賜う処の元米五百石本の如く賜い、又、大原眞盛の刀を賜う。（【宇留野家傳記】）

●元禄二年己巳（１６８９）二月十一日、義林（後に義苗）公御婚礼紀州殿より御入輿、但し育姫様。源兵衛勝明御婚礼の役を勤める。（【秋藩紀年】【国典類抄】）

●元禄七年甲戌（１６９４）五月廿七日、御家老梅津半右衛門忠宴御国、御家老宇留野源兵衛勝明江戸御財用擔（【秋藩紀年】【大正版秋田縣史第二冊】）

●元禄七年甲戌（１６９４）五月廿七日、宇留野九助勝休部屋住ニ而新知二百石拝領。（【秋藩紀年】）

●元禄十年丁丑（１６９７）十一月六日、宇留野源兵衛勝明不調法之儀就有之御家老職被召上、蟄居被仰付、上使大島小助宇佐美久太夫。（【羽陰史略巻四】【佐竹家譜・義処】【秋藩紀年】）

【補】○御物頭在々え捕もの御用御足軽召連参候時、雨具持参候に付御足軽十人に別夫壱人づつ被貸下候旨、霜月十九日孫太夫（石塚孫太夫）殿、斎（疋田斎定盛）殿、與左衛門（梅津與左衛門忠経）殿、内膳（渋江内膳処光）殿御吟味相済（【羽陰史略巻四】）

●同年十一月九日、疋田斎が源兵衛勝明を呼び出し、九助・源兵衛妻子とも江戸より罷り下る様申付けている。（拙註：欠字が多く意訳して略文で記載。【国典類抄、凶部】）

•元禄十三年庚辰（１７００）三月二日、宇留野源兵衛知行千石之内被減養子九助え五百石被下置、長野屋敷被召上手形御堀端小野崎権太夫屋敷え被移。源兵衛勝明元禄十年十一月御役被召上蟄居被仰付候処、此度如是被仰付。（【羽陰史略巻四】）

•元禄十四年辛巳（１７０１）七月十五日、宇留野源兵衛勝明卒年七十二歳。（【羽陰史略巻四】）

源兵衛勝明が中川宮内重親と共に郡奉行になった前後から、秋田藩の財政が困窮事になる事態は次々に発生する。その主な事柄を以下に抜粋する。

•寛文八年（１６６８）、二月一日神田上屋敷類焼、同年三月それにより家臣の知行高百石に付き銀四百石借上げ、蔵入地百姓も高千石に付き米二百石上納とする。（【羽陰史略巻二】）

•寛文九年（１６６９）四月二日久保田大火（【大正版秋田縣史二】）、この年高百石に付き銀二百目と米三百石宛上納を命ずる（【国典類抄前編雑部】）。

•寛文十年（１６７０）四月六日久保田外町大火。（【大正版秋田縣史二】）

•同年七月廿九日、秋田藩十月より新升を用いることを命ずる。（【秋藩紀年】）

•同年十一月一日、領内洪水・不熟のため倹約を命ずる。（【羽陰史略巻二】）

•延宝二年（１６７４）久保田大火（四月廿九日久保田四丁目より出火。十月十七日久保田寺町より出火）。（【佐竹家譜】【羽陰史略巻三】【上肴町記録】）

•延宝三年（１６７５）、藩は財政難のため家臣から知行借上げをする（【秋田県史近世編上】）。

•秋田藩給人の新田開発・知行地に制限を加える（【秋田県史資料近世下吉沢文書】）。

•天和元年（１６８１）、領内不作。（【梅津忠宴日記】）

・貞享四年（1687）、他領への米の流出を防ぐため米留役人を置く。（【湯沢南家日記】）領内不作のため農民の保有米を買い上げる。（【伊藤文書、小安年代記】）
・元禄七年（1694）四月廿七日、能代方面地震。（【羽陰史略巻四】）

義隆治政後半、義処治政当時と秋田藩の財政に負担がかかる事態が次々に出現した。この時代について根岸茂夫氏が国学院大学近世史研究会『近世史論』第一号（1979年4月）に載せている「秋田藩における座格制の形成」のなかで藩主が行った諸施策について短く纏めているので、その文章を借用させてもらう。

「寛文十一年（1671）十月九日、郡奉行が新設され、領内各地を巡視して、村境の決定、農民への紅花等商品作物の栽培奨励を行った（【国典類抄】）。延宝二年（1674）正月には、検地役二〇名・普請奉行一五名が郡奉行支配となっている（【同前】）。これらの処置は、藩が、新田を開発しながら強固な地方知行制を形成した給人に対処し、農村を直接把握して、支配体制を浸透させる目的で行われたものであった。以上の職制整備と同時に、寛文七年（1667）六月久保田城内に御用部屋が、同十二年十一月同城穴門脇に評定所が新設された（【同前】）、政庁機構も確立をみた。こうして、近習出頭人が未熟な職制を補って藩政全般を執務するという政治体制は解消され、職務が分掌されて、奉行以下の平士層出身者が実務に携わったのである。

延宝四年（1676）二月二十七日、藩は職制を系統的に整備し、惣山奉行の再興・作事奉行の新設等を行って、役方の支配系統・職分を明確にした（【忠宴日記】同日条）。惣山奉行の再興は、領内金銀山を掌握し、鉱山支配体制を再編したものであった。一方、役方の整備と相俟って、三月四日番方も整備され、新たに大番・大小姓番が設けられた（【同前】同日条）。かつ、役方の中には「人者本番之支配」と規定された職が出現し、久保田城下の給人は、門閥層および一部の役方の者を除き、すべて番組に編成され、役方に就任しても日常生活・訴訟等には番頭の支配を受ける事になった（【秋田県史】近世編上）。こうして、武士の本分が番役にあることを明確にする一方、役方・番方の調整が行われ、秋田藩の吏僚制は一応の確立をみたのである。

天和元年（1681）七月十日、一門今宮摂津守義教が改易された。今宮氏は、常陸以来領内の修験・社人を支配し、秋田入封後には仙北角館に組下を率いて居住していたのである（【国典類抄】前編嘉部五十四）。この改易に、修験・社人の世襲支配という中世以来の伝統を解体し、その権限を寺社奉行に移管する目的が存したことは言うまでもない。

天和二年（1682）七月、在府中の藩主義処は、近習三人を秋田に下向させ、これに鷹匠支配二名・歩行頭一名・侍目付二名を加え、都合八名を四組に分けて領内を巡視させた。村々で百姓を一人宛召喚して何事かを尋問したが、その内容は不明である（【国典類抄】前編雑部十九・【羽陰史略】三）。しかし、一ヶ月前の六月八日、忠孝者の上申、郡奉行・給人等の非分の密告奨励を領内に触れており（【国典類抄】前編雑部二）、巡見役人の尋問の内容を推測し得る。藩主義処は、直属の近習・目付等を通じて領内の実態を把握し、給人・代官等の恣意を規制して、藩主の権力を直接領内に浸透させようと図ったのである。吏僚制の確立に伴って、義処は、藩支配体制の権限を藩主に集中するという、藩主親裁体制の確立を志向したのである。

翌天和三年（1683）八月二十七日、大身

給人に支配を委託されていた蔵入地が、所預りの支配地を除いて、大番組中の軽輩から任命された代官二十九名の支配に代わった（【国典類抄】前編嘉部五十三）。この措置は、藩財政の窮乏に当たり、収入の基盤とせねばならぬ蔵入地の支配を統一・強化したものであった。既に、藩は慶安二年（1649）、万治二年（1659）、寛文八年（1668）に給人からの借知・上銀を実施し、延宝元年（1673）以降は毎年これを繰返していた（根岸茂夫氏『寛文・元禄期の秋田藩政と梅津忠宴』）。

同年十一月十四日、藩財政逼迫の理由で郡奉行・惣山奉行・作事奉行等が廃止され、各職掌は必要に応じて家老が担当することとし、支出削減の手段として諸普・作事の延期、江戸詰家臣の縮少等が行われた（【秋田県史】資料近世上所収『先御代々御財用向御指繰次第覚』）。ここにおいて藩政の実務は再度家老に集中し、藩主親裁体制の確立は一頓挫をみた。そして家老には、藩政全般の実務に携わり得る手腕が要請された。ところで、当時の家老筆頭梅津半右衛門忠宴は、藩祖義宣の近習出頭人梅津憲忠・政景兄弟の孫であった（【梅津氏系圖】）。

貞享二年（1685）十一月十六日、藩主義処は、本方奉行を新設して藩財政再建に当らせ、同二十七日、梅津忠宴を進退積大頭に任じて本方奉行を支配させ、藩財政一切を総括させて、従来の家老月番制を廃し、一貫した政策をもって藩財政の再建を企てた。しかし、翌年の凶作等により再建は成功せず、貞享四年（1687）七月十九日、忠宴は進退積大頭を辞し、本方は月番の家老支配に代わった（『先御代々御財用向御指繰次第覚』・『羽陰史略』三）。その後も財政難が続き、藩は、商人資本からの借銀と家臣からの借知を繰返し、何ら積極的な対策を立てなかった。元禄七年（1694）閏五月二十七

日に至り、梅津忠宴を本方惣頭に任じ再度藩財政を総括させたが、翌八年（1695）九月二十八日、忠宴は五十三歳で死去した

梅津忠宴の死は、藩財政の再建を政庁機構によってではなく、個人の力量によって行おうとした、いわば「近習出頭人」政治の終焉を象徴するものであった。忠宴の跡をうけて本方惣頭となった家老宇留野源兵衛勝明は、元禄十年（1697）十一月故あって家老を免じ蟄居となり、同十三年（1700）三月在職中の罪により半知を減ぜられ生涯禁錮の身となった。具体的な事情は不明だが、本方惣頭は宇留野の失脚により、元禄十年廃止されたのである。（以下省略）。」

梅津半右衛門忠宴が元禄八年九月に死亡し、本方惣頭を任せられた宇留野源兵衛勝明（就任当時六十六歳）は、失脚する元禄十年十一月六日までの二年間、財政難解消に全力を傾けたことと思われる。

根岸氏はこの宇留野源兵衛勝明の失脚理由について触れていないが、その失脚理由について越中正一氏が簡素に触れられているものがある。秋田県公文書館発行「古文書倶楽部」第二二号（2008年5月）の中で同氏によるものとして次の記載があるので、その全文を転写させていただく。

「天和二年（1682）から元禄十年（1697）にかけて秋田藩の家老を勤めた宇留野源兵衛勝明は、家老就任直前の天和元年、藩主義処の世子義林《よししげ》に政治のあり方を次のように説いています。

百姓より過役《かやく》を取っては百姓の仕置ならぬ事也。百姓困窮すれば地頭《じとう》士窮し、士窮する時は商《あきない》なきゆへ町人もつまり、公務叶わざる故国

守に難来る也。百姓を能々《よくよく》御仕置成さるべき御事、これ御国の本に御座候。（大正・秋田縣史二冊）

ここで宇留野は、領内の百姓を大事に扱うことが政治の根本である事を説いています。しかし家老となった宇留野源兵衛は、元禄九年（1696）、宇治の茶売商人小幡屋に領内での茶の独占販売を認めました（大町三丁目記録永代帳）。また翌十年には、城中に肴を納品する権利を、それまで独占していた肴町以外の商人に与えました。（二期新秋田叢書「上肴町記録」）

これは藩財政悪化の中で、販売権を新規の商人に与えることで、彼らからの上納金で藩庫を潤そうとする狙いがあったのです。しかし、それまで販売権を得ていた商人は、宇留野の施策が「家督破り」であると騒ぎ立てました。

実は「家督破り」は十七世紀中頃からありましたが、その規模は小さく、藩は取締を強化していました。宇留野はこれを逆手にとり、財政窮乏の打開策として行ったのです。

ところが施行してみると、家督町商人が一斉に反対し、宇留野は失脚を余儀なくされます。

ではなぜ宇留野は失脚したか？

藩は寛文十二年（1672）、久保田城穴門脇の御会所での政治を始め、貞享四年（1687）から「本方《もとかた》御用、自今家老の月番支配」（前掲県史）とあるように、月番の家老が藩の経理の権限を持つことにしました。しかし、宇留野は合議制を無実化し、自らの力を突出させる状況を作りました。その結果、財政難の起死回生策「家督破り」は、家督町商人の反対の声が上がるや、他の家老は宇留野を独断であると非難し、失脚に追い込むのです。

新しい政策を遂行するには、担当者間の意思疎通を大切にしなければならない。そのことを痛感させるできごとです。（越中正一）」

ここで、天和元年（１６８１）に源兵衛勝明が世子に建言した内容を、もう少し詳しく触れたものがあるので転写する。

「天和三年の建言（世子義林〈この年十三歳〉に対し）の大要は

一、日常父母に仕える大要
二、為政の大要
三、家老の選択
四、藩吏の能を知って任ずべきこと
五、士気の養成
六、百姓町人の仕置き

さらにこの六条を細別して、①、親に孝養、妻子兄弟に睦まじく、公私の田畑絲綿の類等怠るべからざる事、②、一郷の百姓五人組にて朝夕勤むべく、組合中病気等の時は、組合にて相務め、納税等は勿論、田畑の荒廃ならざる様努むべき事、③、百姓怠惰の者、若しくは老体の者等は、肝煎長百姓に於いて、詮索致し、地頭代官等へ申聞すべき事、④、作法等固く相守べき事、⑤、年貢取立の事、其他些細の事項、数百箇条に亘り、皆世子を啓発するの料たり（秋田人物傳＝山方泰治（旭嶺）より引用）」

宇留野源兵衛勝明は二代藩主義隆治政後半に認められ、三代藩主義処の時代に重用された。義隆当時の寛文九年（１６６９）、蝦夷蜂起の事態に対応した時には、浮武者大将に任じられ、義隆が亡くなる二ヶ月前の寛文十一年（１６７１）十月には、初めて設けられた郡奉行に中川宮内重頼と共に任じられている。義処が家督相続した翌年（１６７３）、義処の御相手番を命じられ（勝明四十四歳の時）、その翌年（１６７４）十月に義処の世子・徳寿丸（後年義林、義苗、当時四歳）の傅《ふ》となり、二百石の加増を受けている。勝明は翌年（１６７５）四月に徳寿丸の傅役として江戸詰となった、江戸での生活が主体になり、勝明の家族は江戸に上った。国元の家の内のことは勿論本人・夫人が関わったと思うが、家相として鈴木氏が取仕切ったのではないかと推測される。「先祖天鳳存虎が佐竹宗家から分かれた時、命じて竹内、国分、鈴木の三氏を以て媵臣（付人）としたが、竹内、国分は子孫に至り家断って鈴木氏子孫相継いで今に勤仕する。」と文化二年（1805）八月に藩庁に提出した【宇留野家傳記】に記されていて、その鈴木氏の名が享保十六年（1731）八月九日に知行地である薄井村肝煎に宛てた「享保十五年分皆済目録」に「宇留野源兵衛内 鈴木仁兵衛」で押印した文書がある（「雄物川町郷土史」）。天和二年（1682）六月十三日、藩主義処は源兵衛勝明を世子義林の家老に任じた。貞享四年（1687）六月、勝明は義林の結納のため、紀州藩邸に向い、元禄元年（1688）十二月廿七日に本相となり、三百二十石の加増を賜い合わせて千石となっている。翌元禄二年（1689）二月十一日婚儀が執り行われ紀伊中納言光貞卿の三女・育姫が義林室と成る（【佐竹家譜】）。この婚儀の事は佐竹左衛門、石塚孫太夫、梅津半右衛門、宇留野源兵衛が中心になり推し進められたが、婚礼時の諸進行は半右衛門忠宴・源兵衛勝明が中心になり進められ滞りなく無事終えた（【国典類抄】前編吉部）。婚礼当日の表方役割として多くの士（四百人以上）に役割分担され役割ごとに記名されているが「御客御案内役」として小野崎大蔵他七名の中に「若殿様御供可仕宇留野九助」とあり、また「表御番所御取次」六名の中に宇留野縫殿（勝明の義弟、九助の父）の名前が見られる。祝儀の各種祝賀の宴はその後しばらく行われるが、秋田藩において徳川御三家から内室を迎えることは前にも後にもなく、驚くほどの盛大な祝儀が執り行われ、緊縮財政の中、それに費やされた費用も莫大だったろうと思われる。

この祝宴の裏方として源兵衛勝明の内室が江戸の「宇留野源兵衛居候御長屋」に於いて「役者馳走」を指揮したのだろう、「乾徳院様御婚礼之節従　徳雲院様被下物覚」の中に、「白銀十枚　佐竹左衛門」以下各々白銀を下賜されているが、その十一番目に「白銀三枚　宇留野源兵衛女共」と名が出現する（【国典類抄・前編吉部】）。

宇留野源兵衛の家族は、源兵衛勝明が傅役を仰せ付けられた延宝二年（１６７４）十月十日の五日後、源兵衛が一旦久保田に帰り、翌年四月に家族を引連れ江戸に上り、源兵衛が失脚する元禄十年（１６９７）十一月まで足かけ二十三年間江戸住まいであった。

源兵衛勝明の項の最後に、秋田県の諸資料の中に出現しない勝明の姿を紹介しておきたい。

それにはまず、大山六左衛門家と久保田給人の矢野孫太郎（平右衛門）家および茂木監物家・宇留野源兵衛勝明との係わり合いについて述べておかなければならない。

**大山六左衛門家**（**文化二年時点の大山掃部家**）

大山六左衛門家は、常陸時代に大山氏宗家五代・義成（因幡守）の二男・義行（民部大輔）が分流となった家で、その四代・六左衛門重成（１５８９～１６２９）に源兵衛義長の長女が嫁いで嫡子・重次、二男・重清（瀬谷氏嗣子）、三男・重為（十右衛門を称し分流となる）を生んでいる。

実は、大山六左衛門家系図の四代重成の妻として「**宇留野源兵衛義長女**」と記されているのを確認し、初めて常陸から秋田に下向した源兵衛義長に娘がいたことが判ったのである。六左衛門重次の長男が六左衛門重房、二男・重末（矢野平右衛門解重の嗣子）、三男・重国（二十石で分

## 第24図　大山氏（六左衛門家）系図

- 五代 因幡守 **義成** 1447～1509　室江戸但馬守道勝女
  - **女**　佐竹義治室
  - 六代 因幡守 **義宗** 1485～1544　延徳二（1490）主君義舜を孫根城に保護
    - 七代 因幡守 **義在** 1515～1576
    - 八代 因幡守 **義景** 1541～1610
    - 九代 治兵衛 **義則** 1571～1637
    - 十代 治兵衛 **義休** 1616～1652
    - 十一代 因幡 **義武** 1640～1692
    - 十二代 因幡 **義次** 1661～1714
    - 十三代 若狭 **義門** 1703～1736
  - **六左衛門家祖**　初代 民部大輔 **義行**　因幡守義成二男　実岩城常陸公之家臣大館備前守嫡男也
    - 二代 隠岐守 **義次**
      - 三代 采女正 **重光** ～1592　知足院殿（義重）賜一字并官名
        - 四代 六左衛門 **重成** 1589～1629　慶長十九年大坂役出陣　寛永元十一月義宣公御名代到武州而謁台徳院殿秀忠公自問義宣公之病痾重成即対曰以為小人之疾則軽以為大人之疾則重云々　大樹君深賞其言下賜之熨斗目葵御門御服一重　**妻宇留野源兵衛義長女**
          - 五代 六左衛門 **重次** 1611～1652　**母　宇留野源兵衛義長女**　妻森川隠岐常吉女
            - 六代 六左衛門 **重房**（母森川氏女） 1628～1699　鑑照院殿至徳雲院殿之時為大監察又転隊卒之帥　妻同刑部左衛門重長女
              - 七代 六左衛門 **重祐** 1684～1729　実真崎長左衛門季光嫡男　母矢野平右衛門重末女　妻山縣清右衛門隆道女
              - 八代 伝四郎 **重張** 1710～1741　実矢野孫太郎重康二男　母川井氏女　妻遠山氏女
            - 門十郎 平右衛門 **重末**（母森川氏女） 1632～1701　為矢野平右衛門解重嗣
            - **重国**（母森川氏女）　寛文年中分与家禄二十石
          - 又兵衛 **重清**　為瀬谷氏嗣　**母同前（宇留野氏女）**
          - 十右衛門 **重為** 1624～1685　**母同前（宇留野氏女）**　徳雲院殿為世子時在勤于江邸十年寛永二十年義隆公賞其労初賜采地百石及義処公襲位増賜五十石併百五十石為御徒歩頭
            - 十右衛門 **重隣** ～1725　実山方木工之助貞直男
      - 刑部左衛門 **重久**　実は六左衛門重成兄也　文禄年中父采女正重光死于時有故遁於他邦因以其弟重成為嗣後重久帰国別賜禄百石
        - 勘兵衛 **重長** 1622～1683
          - 刑部左衛門 **重寛** 1648～1725
        - **女**　嫁　同姓六左衛門重房

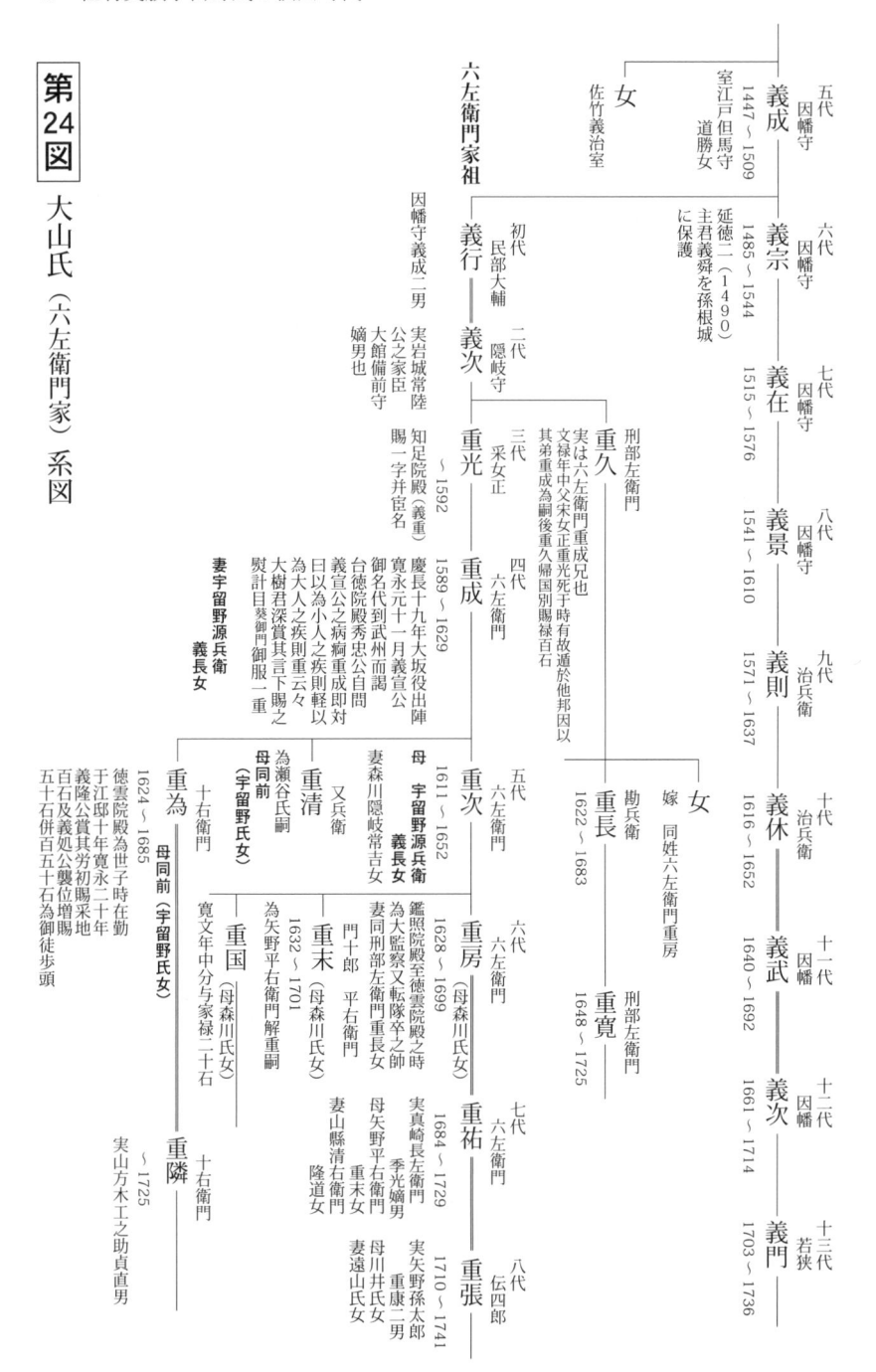

流となる）。矢野氏系図では、大山家から矢野孫太郎家に養子に入ったのは、「末重」と記されていて、大山氏系図で「重末」と記されているが同一人物である。

**矢野孫太郎家（文化二年時点の矢野彦四郎家）**

矢野孫太郎家は佐竹北家（初代義信）が宗家から別れた時（文明十年＝１４７８年）の付人・矢野和泉守重国（重国の父・孫太郎重善の代に佐竹家に仕える）の子孫である。北義住（北家二代）と矢野重国は天文八年（１５３９）七月七日、部垂城の宇留野義元を攻め戦死していることは前に述べた。

重国の跡を継いだ矢野下総憲重（〜１６２３）は、嗣子（養子）長左衛門廉重（１５６８〜１６３３）ほか矢野一族を従え、北又四郎義廉（１５９２〜１６１４）と共に義宣の秋田下向に従い、長野紫島に居住したが、下総憲重は長左衛門廉重の長男・孫太郎解重（１６０５〜５８）に新田を分知し義宣の直臣とする事の許しを得て久保田に居住させた。矢野宗家の分家である。ただし、矢野氏の本流は長左衛門二男の八兵衛親重（１６１５〜５６）が北家付人筆頭の立場で仕えることを約束したので、義宣から見ると陪臣である。このことについては、梅津半衛門憲忠が立ち会っている【政景日記】。

実は半衛門憲忠の妻は、矢野下総憲重の一人娘であり、孫太郎解重の父・廉重と梅津憲忠は義兄弟なのである。したがって、憲忠の跡を継いだ梅津半衛門忠国（１６０１〜５７、１６３３年家老となる、母は矢野下総憲重女）と矢野孫太郎解重は義理の従兄弟という関係である。

矢野孫太郎（のち平右衛門）解重の妻は、梅津小左衛門忠道女（小左衛門忠道は、半右衛門憲忠、主馬政景の異腹の兄、刈和野居住）。また、後でふれる機会があるかも知れないが、矢野長左衛門廉重の妻は長瀬左近光直女でキリシタンだった。

寛永時代後期に持ち上がるキリシタン禁制の江戸幕府の取調べ（寛永二十年）の時に名が挙がる廉重の妻（孫太郎解重・八兵衛親重の母）は、寛永十一年（１６３４）八月五日没と孫太郎家の子孫の系図に見られることから、江戸での取調べの時（寛永二十年正月）にはすでに死亡していたのである。後世言われる、魔法を使う〝矢野の婆さん〟である。

さらにふれておくと、宇留野小宗家四代勘助勝盛に嫁いだ、北家家臣矢野三郎兵衛廣重（寛重とも）女の家系は矢野大隈久重の二男（長男は廉重で、下総憲重の嗣となる）・矢野修理亮堅重の子孫であり、この堅重がキリシタンであった。

義宣の直臣となった久保田給人矢野孫太郎（のち平右衛門）解重に嗣子がなく、養子を大山六左衛門重次の二男門十郎末重を迎え解重の二女（母は梅津小左衛門忠道三女）を添わせた。二女死亡後、三女を後妻としている。

この門十郎（のち平右衛門）末重（１６３２～１７０１）は宇留野源兵衛義長の曾孫にあたり、やはり源兵衛義長の曾孫である源兵衛勝明（１６３０～１７０１）と同年代であるが、勝明が意図したかどうかは不明だが、その末重に後々妻として自分の異腹の妹（勝明と二十歳位の年齢差）が嫁いでいて、懇意にしたことは間違いない。その証としては、勝明は末重の子供達をよく面倒を見た形跡が左記である。

長男・門十郎重良（１６５９～９１。母は解重三女）は、父末重が家督を譲る前に没しているため、重良の子・重康（１６８２年生、母は大山十右衛門重為長女）が、末重（１７０１年卒）の家督を継ぎ、孫太郎を名乗る。〔その重康の子が門十郎（のち孫太郎）重著で矢野解重系統の最後の類族であり、後に北家日記に出て来る「矢野門十郎」である。〕

話が横道にそれたが、末重の二男・重宅（1672〜1731、母茂木監物治種女）は、延宝七年（1679）三月、八歳の時に義処公に扈従し月俸四口と銀八十目を賜うとあり、天和二年（1682）三月江戸に上り義林公に仕え（十一歳の時）、義処、義林の命により名を野五之進に改めている。

元禄二年（1689）の義林公婚礼の儀の当日（野五之進当時十八歳）は、何の役目だったかは不詳だが、「乾徳院様御婚礼之節従　徳雲院様被下物覚」（前出）の中に「金子三百疋　矢野弥五之進」が貰ったと記されている。

元禄七年（1694）江戸において、采地五十石を賜い、義林が秋田に下着した時扈従し、野五之進は父末重から新田二十石を分与され分流家を興した（禄高七十石）。文化二年藩に系図を提出した矢野長治家の祖である。

末重の三男・弥太部（ママ）重治（1675〜1747、母重宅に同じ）は、元禄四年（1691、当時十七歳）に父・末重が新田二十石を分与し分流となる事を許され、同年出仕し即、執政宇留野源兵衛物書として謹仕し、元禄九年（1696）御物書で源兵衛に同道し江戸に上っている（源兵衛は翌元禄十年十一月に失脚する）。

重治は、元禄十二年（1699）まで四ヶ年江戸勤務後、大番七番に入る。

その後、元禄十四年（1701）旗本福富兵部が秋田藩預りとなった時、迎えとして江戸に上り、九月二十三日、ひとまず久保田の戸村十太夫屋敷に置いた後、角館表町の古城山山麓の山屋敷に小屋を造って翌元禄十五年（1702）閏八月二十三日にそこに移したと『角館誌』にある。

送られたのは福富兵部と嫡子虎之助の二人であるが、虎之助が四歳の幼児だったため、乳母一人が江戸から付添い、ほかに家臣松本新五衛門が従っている。

　正徳五年（１７１５）虎之助は許され（十八歳の時）江戸に帰ったが、兵部は享保十五年（１７３０）十月六日角館の山屋敷で死亡した。

　重治は享保九年（１７２４）大御前様御台所役として四ヶ年在江し、延享四年（１７４７）に七十三歳で没している。

## その他、源兵衛勝明が矢野氏に関わった事柄

　源兵衛勝明は矢野孫太郎家との接触を基に、北家家臣の矢野家各氏を知ることになったのではないかと推測している。あるいは勝明が郡奉行に任じられた寛文十一年（１６７１）以降の延宝年間の頃、当時すでに長野から角館に移っていた北家家臣を知った可能性もあるが、前者の可能性が大きいと考えられる。

　源兵衛勝明が矢野平右衛門末重と関わりを持つようになってから、角館の佐竹北家家臣矢野修理亮（主殿）堅重の孫・主殿（三郎兵衛）寛重の長女を横手居住の分流家宇留野勘助勝盛（１６６５～１７０５）に嫁がせる口添えをしただろうと推測させる。

　佐竹家内の話でも、直臣と陪臣との間で縁組する時には許可が必要であった。そのようなもとで、横手居住の勘助勝盛が角館から嫁を迎えるということは、源兵衛の関わりがあったことを強く感じさせる。

　後年『北家日記』に、勝盛と矢野三郎兵衛女との間の長男・内記勝就（１６９２～１７２９）が母の生家に家督襲継の挨拶に行った時（宝永四年二月）に、北家十代当主佐竹義命《よしかた》にも挨拶している。


「北家日記　宝永四年二月四日の条」

　一横手向源左衛門殿与下宇留野内記事矢野造酒塀に候か先日此方へ参候御目見得申上度由昨

日申上候仍是今日御茶屋迄罷出矢野隼人御披露御前へ罷出候手作之由梨子［一さわち］進上仕候

横手下根岸の屋敷内で採れた梨であろう。筆者は角館町の内町で、高い梨の木に冬季、果実がなっていた風景が思い出される。

## 平鹿郡薄井村肝煎　矢野七右衛門に関して

菅江真澄『雪の出羽路』の平鹿郡六巻薄井村の条に「矢野造酒とて宇留野家の給人あり。七左衛門某の末といえり」とある（ここでいう七左衛門とは、角館の佐竹北家陪臣・矢野主殿堅重の長男・半三郎通重が、同じく北家陪臣・小野崎憲通の嗣となり「七左衛門」に改名した。この矢野主殿堅重、小野崎七左衛門通重ともキリシタンの嫌疑を掛けられ上府し取調べを受けた後、北家に引渡されている）。そして『出羽路』五十周年記念号掲載、高橋哲夫氏による「佐藤長右衛門と矢野一艸」の文中に宇留野源兵衛に関する文章があるのでその部分を引用させて頂く。

「薄井村在住の親類に矢野家伝来の伝記と今日までの系図が残されていたのである。家伝によると、正保年代（1644～47）流浪していた家を再興、上薄井・下薄井、合わせて家数三十軒ばかりになったので、下薄井に定住する。と、或る日の夜中、大勢が鑓・刀を持って強盗に押し入り、大騒動となって多くの家財を失った。その後はしだいに家運が傾く。そこで『強盗の要心には弓にまさるはなし』と考え、久保田の高久新右衛門殿弟子となり、ついに其の妙技を体得し、近在からも門弟を得るようになった。そこで、以後は矢にちなんで氏を「矢野」と名乗るようになったのであると。

矢野家の初代は矢野七右衛門で、宝永五年（1708）七十三歳で没す。一艸の祖父で薄井村肝煎であった。父は壮年の頃、宇留野源兵衛に仕え、三十ばかりで家督と肝煎を継いだが、年六十にて卒去する。その三男が一艸である。本名は喜右衛門、幼名は傳助、薄井村に別家し、没年や法名は系図に記録なしである。医師になり、俳諧に秀でて、雅号は生涯一艸を貫いたという。一艸の五男、喜三郎が家督をつぎ、医師も継いでいるのである。」（以上文章通り転写）

ここで筆者は陪臣系図を展開し、角館の矢野一族を調べてみた。

慶長年中、北又七郎義廉に随って常州より秋田に来た矢野一族の一人、矢野甚七重次の三男・重清が「矢野七右衛門」では？と思ったりもした。

文化二年矢野甚七が藩庁に提出した系図の中で、重清は市右衛門とあり、「系図証文等持参行方不知」とその系図にある。「市」と「七」の違いはある。因みに、市右衛門重清の兄・矢野甚七重敞（甚七重次の二男で嫡子）の没年は正徳五年（1715）である。

いずれにしても、その七右衛門の子が宇留野源兵衛（年代から勝明である）に仕えた。その源兵衛の知行地・薄井村の肝煎であることを考えると、一艸の祖父・七右衛門が浪々していた家を再興し、のち矢にちなんで「矢野」を名乗ったと書かれているが、北家家臣だった矢野家の人ではないかと思われるのである。

源兵衛勝明は矢野平右衛門末重との関わりから、北家陪臣である矢野家の各家々のことを知り、その各家に起こったことに配慮をしたのではないか、また当時配慮できる立場に就いていたのである。

その結果、矢野三郎兵衛廣重（寛重とも）に横手居住の宇留野勘助勝盛に相応しい娘がいることを知り、その縁談を進めたろうし、自分の知行地に、色々の事情があって北家家臣である身分を捨てた矢野家の人を受入れ、肝煎にもしたのではと考えられるのである。

そしてその流れは、源兵衛勝明の嗣子・九助勝休も、勝休の嗣子・源兵衛勝鄭も継いだことだろうと思われる。矢野氏各家の系図の中に、なぜか「有故中絶」、「有故浪々」と記載がある人々が見受けられ、文化二年矢野内蔵家（先祖に「造酒」を名乗る人が多い家）の中にもそのような二人の人が見受けられる。

調べを進めている内に、勘助勝盛に嫁いだ矢野三郎兵衛廣重（寛重とも）の娘は、当時幕府から強要されていた切支丹類族届の対象者ではなかったかと思えた。

今村義孝氏著『秋田のキリシタン』によると「元禄の法（拙註：元禄八年六月十三日の「覚」）によれば『ころび』類族は玄孫（女は曾孫）まで改の対象と規しているので〜」から推すと、転切支丹である矢野修理亮（主殿）堅重の孫・三郎兵衛廣重（寛重）の娘はギリギリの対象の曾孫である。

矢野一族でいうと矢野修理亮堅重は寛永二十年（１６４３）正月江戸に上り取調べを受け転んだ。矢野平右衛門解重（久保田給人）、矢野八兵衛親重（北家家臣）の母（長瀬左近光直女）は寛永二十年（１６４３）正月時点では既に死亡（寛永十一年八月五日卒）していて江戸に上ることは当然できなかったので、古切支丹と分類された。

一族七世（女系は四世＝「広辞苑」）まで類族とされたといわれるが、類族と分類されても社会的な地位や身分について何ら拘束されるものではなかったと、前書に記載されている（八七頁）。また同書（八九頁）には、寛永十九年（１６４２）に矢野長左衛門廉重妻が検挙され（実際にはその時点では死亡していた）、寛政十九年（１７９８）に角館の矢野内匠重安（小笹家より矢野隼人家に養子に入った）の死亡によって類族監視が解放されたとある。

なお、前に述べた矢野孫太郎（彦四郎家先祖）の類族届出に関し【国典類抄・前編凶部二十九】より次の文章を拾い出すことができる。

享保十九甲寅年（1734）八月十四日
一昨十三日岡三郎兵衛御改易右は三男永之助小野崎伊織江養子去年霜月六歳と双方より申立類族故本家矢野孫太郎方より切支丹改役江為知不申依而当七月江戸江御届無之且永之助去年は五歳之筈名も猿千代と申候此段も改役人江不申達三郎兵衛儀も同断不調法に付矢野孫太郎知行三百五拾石之内百石被　召上御物頭役御免閉門被　仰付伊織儀は養子永之助不縁返置可申由閉門被仰付候

ここで、矢野平右衛門末重の六男・忠重が岡勘右衛門忠清の養子となり岡三郎兵衛を名乗った。永之助は岡三郎兵衛の三男。小野崎伊織は永之助（六歳）を養子にしたが、五歳であると思い違いして事前の手続きをしなかった。その関連の届出義務は、類族の大本の矢野孫太郎家も責任を負わなければならなかったようだ。

矢野孫太郎重康は享保十九年（1734）、右記の件で卒将を黙せられ禄高三百五十石の内百石を公収され閉門となるが、二年後に旧知の内五十石の返還を賜い、さらにその次の年、鉄砲組卒将となると系図にある。

切支丹類族であっても勤仕につき何ら差障りはなかったが、義務づけられていた年二回の届出手続に不行届きがあった場合には、公儀に対する手前上、厳しい仕置きがあったことが伺われる。


**そのほかに源兵衛勝明が取持ったと思える縁**

組（そのように考えた方がスムーズな縁組）

系図を展開していくと、少なくとも前記以外にも勝明が関わったと思われる縁組が三件挙げられる。

その一つは、横手の宇留野分流家四代勝盛の妹（実際は姉と思われる）が、刈和野の梅津小左衛門忠職（小左衛門忠道の孫、矢野平右衛門解重妻の甥）に嫁いだ縁組。

二番目は梅津小左衛門忠職の妹が角館の森田主鈴資清（1637〜79）に嫁いだ縁組。森田主鈴資清（今宮摂津守指南）は宇留野源兵衛義長の三男・清太夫資廣が森田家の養子となり資房（野州烏山の森田城城代で、那須助二郎を森田播磨に改名）の娘を妻としているが、その清太夫資廣の嫡男が主鈴資清である。

三番目は茂木監物治種の四男・善介友之の長女（勝明の姪）が大塚九郎兵衛資名に嫁いだ縁組である。この勝明の姪は、初め高栁主典重休に嫁いだが重休死後、茂木家に帰った。その姪を勝明は自身の養女としたのち、大塚九郎兵衛資名（1670〜1711）へ三番目の妻として嫁がせている。

## 源兵衛勝明の家族について

勝明には五男三女がいた。その他に勝明の養子となり家督を継いだ九助勝休と、勝明が茂木治種四男・友之の長女（勝明の姪）を自分の養女としたのち大塚九郎兵衛資名に嫁がせた女子がいる。

不思議なことに、系図に勝明の妻の名前が記されていない。宇留野系図にその名がないため、佐竹家臣の主要な系図に目を通して探したが、見つけることはできていない。五男・伊勢千代（のち勝鄭）の母は妾と系図に記されているので、四男三女は正室の子供だろうと考えたい。但し、子供達の出生年から推測すると、後室がいた可能性を否定できない。

長男・伊勢は六歳で夭折とあるが、生年卒年不詳である。ただ二男・加賀は延宝二年（1674）九月七日卒、道号秋岩法名露菊、行年十二歳とあり、寛文三年（1663）生れと判る。それから推測すると長男・伊勢は寛文元年（1661）頃の生れではなかったかと思う。勝明が三十二歳頃の初めての子であるが残念なことに夭逝している。

勝明はこの延宝二年十月十日世子義林（当時四歳）の傅役を命じられた。そして翌三年（1675）四月十六日には傅役として江戸詰（【秋藩紀年】）とある。

この年四月二十七日、「宇留野源兵衛子息宇留野藤四郎今日始而御目見得」（【国典類抄・吉部廻座童形御目見、梅津半右衛門忠宴御家老勤中日記】）とあり、二男は前年死亡しているので、この「藤四郎」は三男・源太郎勝貞の元服前（七歳の時）の名ではないかと思われるが、系図にはその名は記されていない。

お目見得は源兵衛が家族を連れ四月十六日に江戸に上った直後ということになるが、この辺の状況は【国典類抄・嘉部】の中で「忠宴日記」が伝えている。

〔延宝二年十月十日〕、宇留野源兵衛、御曹司（四歳）御傅仰せ付けられ、此の度罷り下り来年四月罷り登り直し、永詰相勤める事を仰せ付けられ、御加増二百石下し置かれ候。御台様（宝明院・松江城主松平直政女）へ源兵衛を忠宴が同道し、上記の段を申上げ候。

〔同十一日〕、宇留野源兵衛に仰せ付候は、来年四月中旬江戸に上着致す候様に罷り登る事、なお、妻子を江戸に連れ引越すかは源兵衛次第と仰せ付けられ候。

〔同十五日〕、宇留野源兵衛今日罷り下り候に付き、今朝御料理を下され候、相伴として真崎兵庫、小野寺桂之助、拙者（忠宴）仰せ付けられ、源兵衛は時服二着拝領。

〔延宝三年四月十六日〕、御曹司様御傳に宇留野源兵衛久保田を去月晦日発足、妻子召連れ、茂右衛門（梅津忠真、忠宴の従兄弟、家老）が同行同前に上着。御曹司様児小姓平元小六郎、渋江孫太郎、源兵衛物書・白土久兵衛が同道して参着、連状持参、且、関所手判も持参候。御台所にて今晩御料理下され、御前様へ茂右衛門、源兵衛、罷り出候に付き拙者（忠宴）も罷り出候。源兵衛家族は始めて御前様へ御目見得、今日は吉日によって源兵衛家族は今晩より御曹司様え相詰め候。

〔閏四月十七日〕、宇留野源兵衛此の方に致定詰に付、御定之御扶持之外、御役料五人御扶持下され候由仰せ出で候。

勝明が、世子・義林の傅役として江戸常勤となるため家族共々この時期は江戸に住んだ。勝明が失脚する元禄十年（１６９７）十一月までの二十三年間江戸住まいであった。

貞享二年（１６８５）正月二十四日、三男・源太郎勝貞が死亡した。在府中に元服し在府中の死亡であった。行年十七歳、道号明庵法名春光。源兵衛勝明の落胆はどれほどだったろう。

この年、四男・鉄平《てっぺい》が生れている。ただこの四男・鉄平も六歳で早世している、道号花顔法名幼柳。その数年前（１６８１年）に長女（法名幼露）が夭折。貞享四年（１６８７）二女（法名妙英）が生れる、この二女は後、養子・九助の妻となった。

九助勝休（１６６８年生まれ）が源兵衛勝明の養子になったのは、元禄四年（１６９１）から元禄七年（１６９４）の間ではないかと推測する。

元禄四年正月十八日に三女（法名春露）が夭

折している。そして、元禄七年五月二十七日、「家老梅津半右衛門忠宴御国御家老宇留野源兵衛勝明江戸御財用擔」「宇留野九助勝休部屋住に而新知弐百石拝領」（【秋藩紀年】、勝休二十七歳の時）とあり、勝休の実父・縫殿勝弘（百石）の子としてではなく、源兵衛勝明の養子となった後の部屋住ということだろう。

勝休が元服したころが養子となった時期と考えられなくてもないが、十七歳頃に勝休が元服と考えると1685年頃である。その時分は三男・源太郎勝貞が死亡した頃であるが、四男鋏平が生れた頃（〜1690年死亡）でもあり、勝休が養子となったのは元禄七年に部屋住みで二百石を賜わった時か、その前年位だろうと思われる。

勝明は江戸で三男源太郎勝貞、四男鋏平、長女幼露、三女春露を亡くしている。

勝明が自分の姪（茂木善助友之の長女）を養女にして大塚九郎兵衛資名（1670〜1711）に嫁がせた（後妻として）のは1681年から85年の間と思われる（勝明五十二歳〜五十六歳）。系図には長女と鋏平の間に、養女として載っている。

大塚氏は常陸時代の永禄五年に初めて佐竹義重に仕えた家であるが、慶長十四年横手城内で喧嘩して須田盛方を殺害し絶家となった大塚権之助（その妻が須田家に帰った後、源兵衛勝忠の妻となる）の家とは関係がない。

大塚九郎兵衛資名の孫・九郎兵衛資永が秋田七代・義明の時に家老職を十二年間（宝暦四年〜明和五年）勤めている。

最後に勝明の末子・伊勢千代だが、勝明が元禄十四年（1701）七月十五日に七十二歳で没する四ケ月前の元禄十四年三月十九日に生まれている。母は妾とあり、九助勝休が養って嗣とし、のち勝休の家督を継いで宇留野宗家当主

（秋田五代）となる。

## 源兵衛勝明の最晩年

元禄十丁丑年（１６９７）十一月六日　宇留野源兵衛不調法之儀就有之御家老職被召上、蟄居被仰付上使大嶋小助 宇佐見久太夫

【補】○御物頭在々え捕もの御用御足軽召連参候時、雨具持参候に付御足軽十人に別夫壹人ツ、被貸下候旨、霜月十九日孫太夫殿、斎殿、與左衛門殿、内膳殿御吟味相済。　【羽陰史略　巻之四】

元禄十丁丑年（１６９７）十一月九日　山方清兵衛利直日記

一 宇留野源兵衛殿を匹田斎殿江御召ニ而被 仰付候ハ御■
被 仰付候就之源兵衛殿遠慮被成候由町奉行役人も出候由■九介殿も下り候様ニと被 仰付候由（註：文中■は「破れ」の箇所、以下同じ）

一 ■殿妻子も江戸より罷下リ候様源兵衛殿申遣候よし■兵衛源兵衛殿御役儀之内江戸江為御登被成候処■参候而是も罷下候由

一 ■兵衛殿江御勘定被　仰付候ニ付熊谷五左衛門ニ同人代ニ御勘定処江罷出候而相勤不存候義ハ源兵衛ニ承候而御勘定可被致候由被
仰付候

十二月廿八日

一 源兵衛殿御勘定急キ申様ニと被 仰付御勘定衆手内廿七八日迄被致候正月ニ相成候而も急き申様ニと被 仰付候而正月六日より御勘定衆罷出候毎年は正月十一日ニ始候

一 源兵衛殿我儘ニ秋田仙北下筋迄無理なる役儀とも■付候故町人百姓を始宿借迄迷惑致候源兵衛殿■急度■所より疋田斎殿江被 召出候て被 仰付候ニ付右百姓やとかり迄よろこ

ひゆわい迄致候夫ニ付せかれ■よろこひ源兵衛殿をうたニつくりうたい申候■書抔もいろいろ罷出候

一■殿手ニ付役持申候町人川村新七清水新右衛門両人ハ■酒役拾弐匁迄申候間比御勘定被仰付候由■吉兵衛江戸より罷下候と則大番組頭遠山理助ニ■人御目付此間虫喰添急度吉兵衛処ニ而被 仰渡候は■兵衛儀不届成儀致候故追而御尋可有之候ニ付延慮■候様ニと被仰付候

（【国典類抄 前編凶部二十九】）

これらの【羽陰史略】【国典類抄】の文書からは、クーデター的様相を感じる。ひがめか？。関係するかどうか定かでないが、源兵衛・九助が元禄十三年（1700）三月二日に赦免された後の元禄十四年（1701）十月二日、源兵衛勝明が家老職を罷免された時の家老だった疋田斎定盛、石塚孫太夫義拠の二人は揃って「病により免ぜらる」（【秋田沿革史大成】）とあり、【羽陰史略】では同日の条に「石塚孫太夫義拠、疋田斎定盛御役儀依御訴訟即御免」と記されている。

元禄十三庚辰（1700）三月二日　宇留野源兵衛知行千石之内被減養子九助え五百石被下置、長野屋敷被召上手形御堀端小野崎権太夫本屋敷え被移。源兵衛勝明元禄十年十一月御役被召上蟄居被仰付候処、此度如是被仰付。

【羽陰史略 巻之四】

元禄十三庚辰（1700）三月二日　御記録処御物書御日記書抜

宇留野源兵衛同嫡子九助并源兵衛属之御用達■吉兵衛熊谷五左衛門儀不調法有之去年より遠慮被 仰付候処今日以御書付被　仰付右御書付之趣左に記之 考吉兵衛五左衛門御科之事は近進

御刑之部に詳也
覚
宇留野源兵衛事御役義勤方不宜付而先年両職被召上候因茲只今迄遠慮仕罷有候勤役之内諸事致方其以後段々被遂御吟味候処御大法に相違儀とも依在之内々急度御穿鑿之上被仰付品も雖有之乾徳院様御幼年より相勤候儀就被 思食無其儀隠居被 仰付候然とも門外江罷出候儀遠慮仕候様に可申渡候

覚
宇留野九助事父源兵衛儀に付遠慮仕罷在候今度源兵衛隠居被 仰付千石之内五百石部屋住領弐百石以上七百石被 召上五百石被下置跡目被 仰付候屋敷之義は御用地に被 召上佐藤左門屋敷為替地被下置候遠慮之儀は当分御赦免難被遊義に被 思召候得とも今度於江戸公儀之御法事就御執行従凌雲院御訴詔依有之遠慮御免被遊候此趣可申渡候
右両通之御書付被遣之為 上使樋口市右衛門 町奉行 宇佐見久太夫 御膳番 井上藤右衛門 御目付 右三人之者とも源兵衛宅江相越源兵衛九助両人に申渡之

（【国典類抄 前編凶部二十九】）

元禄十四年辛巳年（1701）七月十五日 源兵衛勝明卒
行年七十二歳　　帰真明通智勝居士　鱗勝院に葬る

以前に触れるべきだったかもしれないが、源兵衛勝明の横顔を記した文がある。

『国典類抄・前編雑部 十九』に「延宝二甲寅年（1674）十月九日御記録処御物書御日記書抜」として「一宇留野源兵衛儀四方頭被 仰付候 考翌十日御伝被仰付候」とあり、源兵衛勝明が若君・義林の傅役を拝命する前日、「四方頭」を許され、その事を拝命の当日伝えられたと記されている。源兵衛勝明は硬骨漢だったようだ。晩年まで「四方頭」であったかは知る由もない。

また、「硬骨漢ぶり」は次のことでも窺がわれる。家老を罷免され（元禄十年十月六日）蟄居中だった元禄十二年（1699）六月八日、半生を奉げた世子義苗が逝去した。その法事には当然参列は許されなかった源兵衛勝明は、後刻、天徳寺住職に願い出て仏参したことを伝える文章が『国典類抄・前編凶部十七』に見ることができる。

その文章は山方泰護の大御番勤中の日記で宝永二年（1705）六月二十三日徳雲院一周忌法事の日「御法事が始まる前、中田新九郎御所御免訴訟と、北村善左衛門の御仏参願いを天徳寺から申立てがあり、彦太夫殿が老衆へ仰せ立てた。善左衛門は閑居仰せ付けられの際、門外罷り出停止にはならなかったが、徳雲院様より御勘当を蒙り、江戸から下り蟄居中に御逝去なされたので、遠慮して御仏参していなかった。この願いを善左衛門が御会所へ直々申し立てるのも苦しからずと、彦太夫殿が吟味していたところ、先年宇留野源兵衛殿が閑居仰せ付けられの際、天徳寺から申立てられたと永源院覚咄が話した。これを例示して申し立てるのも悪くはないと彦太夫殿が相談され、右の通り申し立てたので、江戸へ仰せ上げるべきと又太郎殿が仰せられた。」とある。

源兵衛勝明の例はごくまれなことで、そうまでして蟄居中乾徳院の御仏参をやりぬいたということがいえる。

### (4) 秋田四代・九助勝休（1668～1704）

『佐竹　御分流系圖　宇留野』（A288・2–590–

26）の記述は次のとおりである。

「勝休　九助
実は縫殿勝弘長子なり　勝貞早世して勝明養いて嗣とす
世子天岩公に近侍する事久しくして元禄七年甲戌禄二百石を賜う
大小姓頭となる
元禄十年丁丑養父勝明事に因て蟄居せしむ
十三年庚辰勝明をして致仕せしめ其の禄七百石を収公し五百石を勝休に賜う
宝永元年甲申四月二十八日卒す　道号賢室法名萬英
母は田所安広女」

勝休は、世子義林に近侍すること久しく、元禄七年（1694）部屋住の身分で二百石の新知を賜ったとあるのは、養父源兵衛勝明の嗣子

となってからと考えられる。

実父・縫殿勝弘は、源兵衛勝忠の妾の子として正保二年（1645）に生まれ、一度、田所縫殿左衛門安広の養子となり、安広の娘と結婚する。

一方、田所安広に男子が誕生したため、勝弘は本氏に復することとなった。その年月は何時であるか特定できないが、実父・源兵衛勝忠は没していて、宇留野本流の嫡子となった秋田三代・源兵衛勝明が、新田百石を分知して縫殿勝弘をして分流となさしめた。

その縫殿勝弘の長男・九助勝休を、世子義林の傅役であった源兵衛勝明の配慮で世子義林の近習として仕えさせたと考えられる。

片一方、源兵衛勝明には三人の男子が生まれたが、残念ながら次々に死亡する。特に勝明三男・源太郎勝貞が貞享二年（1685）に十七歳で死亡したことは、源兵衛勝明にとって痛恨の極

みであったろう。

　その時九助勝休は十八歳であった。部屋住の身で二百石の新知を賜った元禄七年（１６９４）までの間に養子になった勝休は、後年勝明の二女（１６８７年生）を妻としたが、二人の間に子は生まれなかった。

　形式的な結婚はしたが、勝明が蟄居を赦され勝休に家督を譲った元禄十三年（１７００）は勝休三十三歳、妻が十四歳である。結婚はもう少し後かもしれない。

　ただ、この二人の生活はごく短いものと考えられる。勝休が宝永元年（１７０４）四月二十八日、三十七歳で没し、後を追うように妻は同年九月廿八日に十八歳で没した。

　勝休夫妻が、勝明末子・伊勢千代（元禄十四年〈１７０１〉三月十九日生）を養子にして家督を襲継できる状態にしたことは、源兵衛勝明の遺言だったのか（元禄十四年七月十五日勝明卒）勝休の英断であったのか、いずれにしても、勝休が没した時、伊勢千代は四歳であったが、伊勢千代の家督相続は、石高も減禄されることなく速やかに認められた。

　伊勢千代、後年源兵衛勝鄭の条には、「勝休死亡の時四歳然れども勝明の前功を賞し其の禄五百石を全く賜う」とある。勝休の人生を振返ると世子・義苗（元禄九年に義林から改名）に仕え、尽くし、また源兵衛勝明に尽くした一生であるといえる。

　世子・義苗は元禄十二年（１６９９）六月十八日に浅草屋敷で没するが、その時は父・勝明蟄居のため、父と同じく久保田城下長野の屋敷で蟄居の身であり、義苗の側に侍ることはできなかった。

　九助勝休が文献に出現するのはそれほど多くない。【国典類抄・前編嘉部六十八】元禄八年（１６９５）六月十一日 忠宴日記 に「……於江戸大番頭仮役宇留野九助 回座部屋住無役」など見受けられ、世子義林の近習として活躍する姿は先に父・源兵衛勝明の項で触れたとおりである。

その他に『長野先生夜話』の元禄十五年（1702）十二月二十三日の条に「宇留野九助去九日江戸出足にて今日（十二月二十三日）着に候」とあり、九助は勝明と共に蟄居を赦された（勝明は致仕、勝休禄高五百石）のち江戸に上っていたことが判る。

この二十三日の条には、赤穂浪士が今月（十二月）十四日夜半に、吉良左兵衛殿（上野介子息）屋敷中に忍び入り、上野介殿を討留め、左兵衛殿に手負せ立退いた由、取合えず飛脚を立て知らせる旨の書が届いたことが記されている。九助が江戸を出立して五日後の出来事であった。

その前の元禄十五年（1702）正月元旦の一番座、二番座列座定格之書付の中に、廻座序列として小野崎藤太郎、和田掃部助、小貫団右衛門、酒出金太夫、松野丑之助、今宮文四郎、早川十右衛門の次に「在江戸」と註書があり宇留野九助とある。続いて真崎兵庫、小田野刑部以下四十三人の名が記されている（【国典類抄・前編嘉部】）。九助はこの年の殆どが在江戸だったと思われる。

九助勝休　宝永元年（1704）四月二十八日卒　行年三十七歳　道号賢室法名萬英　鱗勝院に葬る

妻　法名妙英　宝永元年九月二十八日卒　行年十八歳

久遠山法華寺に葬る

## (5) 秋田五代・源兵衛勝鄭（1701〜1742）

文化二年乙丑八月に宇留野源兵衛勝意によ

り藩庁に提出された『源姓宇留野氏續系譜』（A288・2　86～92）には次の記載になっている。

「初め勝壽　伊勢千代　源太郎　源兵衛
元禄十四辛巳年（１７０１）三月十九日生す母妾實は源兵衛勝明の末子なり養兄勝休早卒して子なし因って嗣となる　勝鄭年纔に四歳　然共勝明の前功を賞して其禄五百石を全く賜う
正徳二壬辰年（１７１２）三月十七日太刀銀馬代を献じ初めて　義格公に拝謁す（註：勝鄭十二歳の時）
享保十一丙午年（１７２６）　大小姓番頭となり右筆頭を兼ねしむ（註：勝鄭二十六歳の時）
享保十五庚戌年（１７３０）大番頭となる（註：勝鄭三十歳の時）
元文元丙辰年（１７３６）女御入内の賀を奉じて東都此春東都に扈従すを発して京師に使へす（註：勝鄭三十六歳の時）
寛保元辛酉年（１７４１）　侍鉄砲の指揮を兼しむ（註：勝鄭四十一歳の時）
寛保二壬戌年（１７４２）十月二十六日卒す　享年四十二歳　鱗勝院に葬す　謚機雲院道号俊巌法名昭英」
妻は茂木筑後知量女
寶暦九己卯年（１７５９）五月十日卒　年五十五歳
久遠山法華寺に葬す　謚清光院道号妙巌法名日芳

そのほかに、伊勢千代、源兵衛勝鄭について【佐竹家譜】、【国典類抄】で次の記載を拾うことができる。

**宝永中賜フ処ノ世系**

宝永六年（１７０９）四月二十一日（系図証文

を賜う)

「今般秋田に於いて、当家の一族及び分流に系図証文を賜ふ。仍て北義命、東義秀、南義安、小場義方、石塚義敬、大山因幡、戸村十太夫義般、小野岡一太夫義伯、古内左惣次、各使者を献じて謝し奉る。其余分流今宮文四郎、**宇留野伊勢千代**、前小屋一右衛門、小瀬縫殿助、酒出一学、小田野又八郎、真崎兵庫、高垣彦右衛門、大沢弥五兵衛、高久治右衛門等、各書を呈して謝し奉る。」(『佐竹家譜・義格』、義格十六歳)

元禄十年(1697)、藩主義処の命により岡本元朝が奉行となり全家臣及び陪臣に至るまで、各家家蔵の古文書と系図を提出させ精査検証を加え、作業が終了した後の宝永六年四月二十一日、佐竹一門及び分流各家へ分流證文・分流系図を下付し、それを伊勢千代が受領した。(A288・2–590–26 左頁写真)。

[家督の者在江閑居より申立]と題し次の記載が【国典類抄・前編嘉部 四十一】にある。

宝永三丙戌年(1706)十月廿七日 茂木左太右衛門知置日記

一 今日久三郎殿頼閑居仕候而は 公辺江諸色申立事延引に御座候へ共**宇留野伊勢千代**若年故今に出仕も不仕罷在候事故拙者不申立候へば外に近き親類とても無御座候間来年小四郎罷下迄は拙者方より申立度候各様江御内意不申上候而は御積も難斗存御伺仕候間御同役之御方江も内々御心得被下度候由内膳殿へ申入候事(【国典類抄・前編嘉部 四十一 茂木左太右衛門知置日記】)

茂木左太右衛門知置(山三郎、監物)は、茂木監物治種の三男で、宇留野源兵衛勝明の十歳年下の異母弟であり伊勢千代(のち源兵衛勝鄭)の

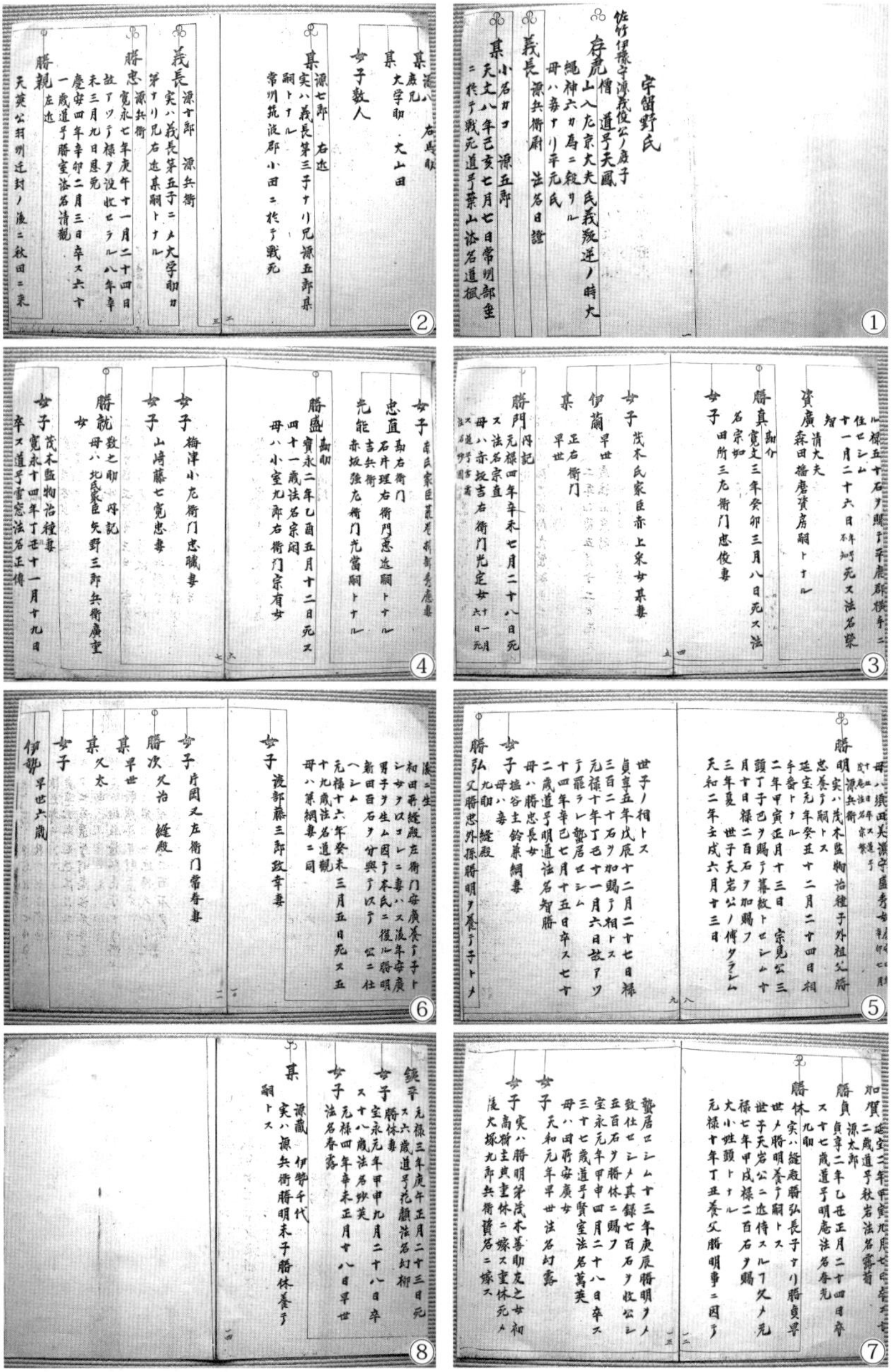

①
宇留野氏
佐竹伊豫守源義俊公ノ庶子
存虎 僧 道号天鳳
山入左京大夫氏義叛逆ノ時大
縄神六カ為ニ殺サル
母ハ妾ナリ平元氏
義長 源兵衛尉 法名日證
某 小名ガコ 源五郎
天文八年己亥七月七日常州部垂
ニ於テ戦死道号葉山法名道楓

②
某 源ハ 右馬助
某 庶兄 大学助 大山田
女子数人
某 源七郎 右近
実ハ義長第三子ナリ兄源五郎某
嗣トナル
常州筑波郡小田ニ於テ戦死
義長 源十郎 源兵衛
実ハ義長第五子ニシテ大学助カ
第ナリ兄右近某嗣トナル
勝忠 源兵衛
寛永七年庚午十一月二十四日
故アツテ禄ヲ没収セラル 八年辛
未三月九日卒
慶安四年辛卯二月三日卒ス六十
一歳道号勝室法名清観
勝親 左近
天英公羽州遷封ノ後ニ秋田ニ来

③
ル 禄五十石ヲ賜テ平鹿郡横手ニ
住セシム
十一月二十六日 不知年 死ス法名榮
智
資廣 清大夫
森田播磨資房嗣トナル
勝真 勘介
寛文三年癸卯三月八日死ス法
名宗如
女子
田所三左衛門忠俊妻
女子
茂木氏家臣赤上釆女某妻
伊蘭 早世
某 正右衛門 早世
勝門 内記
元禄四年辛未七月二十八日死
ス法名宗直
母ハ赤坂吉右衛門光定女 六十一日死 十一月
法名妙圓 道号古霜

④
女子
東氏家臣荒巻新部秀慶妻
忠直 勘右衛門
石井理右衛門忠迭嗣トナル
光能 吉兵衛
赤坂強左衛門光當嗣トナル
勝盛 勘助
寶永二年乙酉五月十二日死ス
四十一歳法名宗閑
母ハ小室九郎右衛門宗有女
女子
梅津小左衛門忠職妻
女子
山崎藤七寛忠妻
勝就 数之助 内記
母ハ北氏家臣矢野三郎兵衛廣重
女
女子
茂木監物治種妻
寛永十四年丁丑十一月十九日
卒ス道号雪窓法名正傳

⑤
母ハ須田美濃守盛秀女 享保 卯七月
勝明 源兵衛 享保十年死 法名宗繁
実ハ茂木監物治種子外祖父勝
忠養テ嗣トス
延宝元年癸丑十二月二十四日相
手番トナル
二年甲寅正月十三日 宗見公三
頭丁子巴ヲ賜テ幕紋トセシム十
月十日禄二百石ヲ加賜フ
三年夏 世子天岩公ノ傅タラシム
天和二年壬戌六月十三日
世子ノ相トス
貞享五年戊辰十二月二十七日禄
三百二十石ヲ加賜テ相トス
元禄十年丁丑十一月六日故アツ
テ罷ラレ蟄居セシム
十四年辛巳七月十五日卒ス七十
二歳道号明道法名智勝
母ハ勝忠長女
女子
塩谷主鈴兼綱妻
母ハ妾
勝弘 九助 縫殿
父勝忠外孫勝明ヲ養テ子トメ

⑥
後ニ生
和田平縫殿左衛門安廣養テ子ト
シ女ヲ以コレニ妻ハス後年安廣
男子ヲ生ム因テ本氏ニ復ル勝明
新田百石ヲ分與テ以テ 公ニ仕
ヘシム
元禄十六年癸未三月五日死ス五
十九歳法名道観
母ハ兼綱妻ニ同
女子
渡部藤三郎政幸妻
女子
片岡又左衛門常春妻
勝次 又治 縫殿
某 早世
某 又太
女子
伊勢 早世六歳

⑦
加賀 延宝二年甲寅九月七日卒ス七
二歳道号秋岩法名露葉
勝貞 源太郎
貞享二年乙丑正月二十四日卒
ス十七歳道号明庵法名春光
勝休 九助
実ハ縫殿勝弘長子ナリ勝貞早
世ノ勝明養テ嗣トス
世子天岩公ニ近侍スル丁久メ元
禄七年甲戌禄二百石ヲ賜
大小姓頭トナル
元禄十年丁丑養父勝明事ニ因テ
蟄居セシム十三年庚辰勝明ノメ
致仕セシメ其録七百石ヲ收公シ
五百石ヲ勝休ニ賜フ
宝永元年甲申四月二十八日卒ス
三十七歳道号賢室法名萬英
母ハ田所安廣女
女子
天和元年早世法名幻露
女子
実ハ勝明第茂木善助友之女和
高貞主典重休ニ嫁ス重休死メ
後大塚九郎兵衛貴名ニ嫁ス

⑧
鎮平
元禄三年庚午正月二十三日死
ス六歳道号花顔法名幻柳
女子
勝休妻
宝永元年甲申九月二十八日卒
ス十八歳法名妙英
女子
元禄四年辛未正月十八日早世
法名春露
某 源蔵 伊勢千代
実ハ源兵衛勝明末子勝休養テ
嗣トス

「佐竹御分流系圖　宇留野」（「宝永中賜フ処ノ世系」A288・2‒590‒26）
（秋田県公文書館蔵）

叔父である。宝永三年（1706）当時は、藩主義格の御相手番を退き致仕し長男・小四郎知康に家督を譲っていた。

知置（当時六十七歳）は久保田城下長野の屋敷に居住、長野から手形御堀端の小野崎権太夫屋敷に移った新しい宇留野源兵衛屋敷とは比較的近い場所であり、身近な親類といえば茂木知置・知康しかおらず、幼い伊勢千代（当時六歳）の庇護者であったと思われる。後年、源兵衛勝鄭は茂木宗家二十二代・筑後知量の五女を室に迎える。

その外、源兵衛勝鄭についての資料として、次のものが見受けられる。

享保十六辛亥年（1731）正月十四日、「……宇留野源兵衛旧冬より大病段々快候に付為保養月代取候事御免被成下度段同役共奉願候由に候依之羽石権兵衛を以及言上願之通申渡候」（【国典類抄・前編嘉部　四十一】）

元文二丁巳年（1737）七月十二日、（宇留野源兵衛）江戸在府（「在番」）（【国典類抄・前編嘉部四十　大塚源内資清御財用方御勘定奉行勤中江戸日記】）

寛保二壬戌年（1742）七月二日、（宇留野源兵衛）江戸在府（「御番頭」）（【国典類抄・前編嘉部　四十大塚新左衛門資益江戸日記】）

寛保二壬戌年（1742）十月十六日

一　茂木一学申立候は此度宇留野源兵衛事病気に付御暇申立罷下候依之看病に同姓源太郎罷登候筈に御座候へ共同人事先頃より病気に而今に差入罷在外に親類も無之依之私罷登度段　一学願申立候故願之通御暇被下置候（【国典類抄・前編嘉部　四十一渋江宇右衛門峯光御家老勤中日記】）

渋江峯光日記の右記記載は、茂木一学知欽の次の申立てを許したことを述べている。

宇留野源兵衛（勝鄭）が病気につき暇を取って秋田へ罷り下ろうとして、看病付添いのため長男・源太郎（勝富）が江戸へ登る筈のところ、同人が先頃より病気になり、親類がいないため（親類の）茂木一学（知欽）が江戸に登ることを願い出たのに対し、それを許可した。

（茂木一学知欽は茂木筑後知量の二男。寛保元年〈1741〉高百石を以て義峯公に奉仕、宿老の席に列す。知欽の姉・於留里は源兵衛勝鄭室で源太郎〈のち源兵衛〉勝富の母親。また、後年知欽の孫娘が勝富の末子・勝意の室となる。）

この配慮がなされたのが寛保二壬戌年（1742）十月十六日であるが、源兵衛勝鄭は十月二十六日に没すとあり、茂木一学知欽が江戸に到着する前に死亡したと思われる。

源兵衛勝鄭の代の享保十五年（1730）十月に、横手の分流家六代・不慮之助が刃傷事件を起こし、お家断絶に至るが、勝鄭はこの時に、小宗家再興につき藩に働きかけをしたことが、宗家六代源兵衛勝富の働きと共に伝えられている。このことについては、源兵衛勝富の項及び分流家の項で詳述する。

## (6) 秋田六代・源兵衛勝富（1724〜1776）

まず、人名録に紹介されている源兵衛勝富についてその文を引用したい。

「宇留野勝富（享保9年5月9日〜安永5年7月10日）

歌人。幼名辰千代。のち源太郎、源兵衛。父勝鄭、母茂木知量の娘。元文四年六月一日、太刀、銀（馬代）を献じて佐竹義峯に拝謁。寛保二年一二月家禄五百二石四斗二升三合相続。家は回座の名家で祖の将監は佐竹義俊三男。寛保三年六月一日、家督礼として太刀、銀、馬代を献じて名を源兵衛に改める。寛延元年四月、高岡神社に藩主の代参として参詣。宝暦三年大小姓頭、兼祐筆頭。五年倹約のため大小姓頭を廃したので免職、七年再興のため復職。のち江戸邸詰め。明和二年四月、日光の家康百五十年法会に参列、輪王寺一品法親王に拝謁。『月花集』に歌が載る。五十三歳没。凌霄院梧山全鳳。鱗勝院。妻は湯沢城代佐竹義安の娘。末子の勝意が相続した◇源姓宇留野氏統系譜。鷹の爪。[笹]
（【秋田人名大事典・秋田魁新報社・平成十二年七月第二版】）

冒頭、歌人と紹介された勝富のよんだ歌数句が、鱗勝院発行の本に紹介されている。

宇留野源兵衛勝富の詠んだ歌（鱗勝院発行『羽州秋田鱗勝院誌』より）

初春「立そむる霞の袖の絶間よりふりつつきたる春の淡ゆき」

帰雁「うす墨にかく一筆のあともなくかすみにきゆる春のかりがね」

暁「老そむるしるしなるらしこの頃はもらさできさつ暁のかね」（『秋田歌集』）

暁千鳥「有明の月澄みわたる波の上に浜風さむく千鳥なくなり」

文化二年乙丑八月に宇留野源兵衛勝意により藩庁に提出された『源姓宇留野氏續系譜』（A288・2　86～92）には次の記載になっている。

「辰千代　源太郎　源兵衛
享保九年甲辰（1724）五月九日生す　母茂木氏

元文四年己未（１７３９）六月朔日太刀銀馬代を献じ初めて　義峯公に拝謁す（註：勝冨十六歳の時）
寛保二年壬戌（１７４２）十二月 父勝鄭の遺禄五百二石四斗二升三合無相違賜うの命執政傳之（註：勝冨十九歳の時）
同三年癸亥（１７４３）六月朔日家督御禮として太刀銀馬代を献じ　公に拝謁し継襲の恩を謝す更改名源兵衛（註：勝冨二十歳の時）
寛延元年戊辰（１７４８）四月十三日 命じて代参として 高岳山神社へ詣せしむ（註：勝冨二十五歳の時）
宝暦三年癸酉（１７５３）大小姓番頭となり右筆頭を兼ねしむ
同五年己亥（１７５５）倹約を行うに因って大扈従番頭の職を廃し兼職を免ぜらる（註：勝冨三十二歳の時）
同七年丁丑（１７５７）前職を興し玉うに因って再び大小姓番頭となり右筆頭を兼ねしむ（註：勝冨三十四歳の時）
明和二年己酉（１７６５）四月十七日　東照宮百五十年の法会に因って日光山使いしむ　于時東都藩邸に謹仕する事六年今年　義敦公入部の供奉す　一品法親王に拝謁す（註：勝冨四十二歳の時）
安永五年丙申（１７７６）七月十日卒す 享年五十三歳
鱗勝院に葬す　諡凌霄院道号梧山法名全鳳」
妻は佐竹南淡路義安女
（註：文化九壬申年〈１８１２〉八月朔日卒　年八十五歳　久遠山法華寺に葬す　諡速成院妙就）

以上が文化二乙丑年八月に藩庁に提出された『源姓宇留野氏続系譜』（A288・2-86～92）の

源兵衛勝富についての記載である。

　そのほかに、源兵衛勝富について【国典類抄】で次の記載を拾うことができる。

•宝暦十三癸未年（１７６３）五月五日
　山方太郎左衛門泰純所持御目見御日記
一　卯刻過御座間　御着座　染御帷子御長袴　是今日五節句初而　御登城に付而也
御熨斗鮑三峯　　御小姓献上
　　今宮　大学
　大塚九郎兵衛
右二目御敷居之内南方列居
　宇留野源兵衛
右二目御敷居之外南方出席

　右記は宝暦十三年（１７６３）五月五日の節句に佐竹次郎義敦が江戸城に登城し将軍（十代家治）に拝謁し挨拶をした時のことと思われる。佐竹次郎義敦の供として家老の今宮大学義栄、同じく家老の大塚九郎兵衛資賢が敷居の内に、宇留野源兵衛勝富は敷居の外に着座した。

　この時源兵衛勝富四十歳、大小姓番頭兼祐筆頭で、家老今宮大学義栄は三十九歳で勝富妹（当時卒）の夫、家老大塚九郎兵衛資賢は源兵衛勝明の養女が嫁いだ九郎兵衛資名の孫である。

　また源通院様御代（八代義敦〈１７５８〜１７８５〉）として

•明和二乙酉年（１７６５）四月晦日
　宇留野源兵衛勝富大小姓御番頭勤中日記
一　暮半時十一日秋田立候御飛脚に御用状相達晦日江戸出足之御飛脚に申越候返礼也無別事右別紙に往古在番之儀荒増申来候処左写
　御在府御日記書抜考
延宝九辛酉（１６８１）正月元日 此年天和に改元 如恒例之御祝儀御膳

八木作助献之御規式　以下略之
御家老梅津半衛門（忠宴）　若殿様御守宇留野源兵衛（勝明）　大御番頭小貫団右衛門（頼忠）　大御番頭渋江十兵衛（光寛）　大小姓御番頭梅津内蔵丞（忠広）　同上疋田斎之助（定盛）　若殿様附局住宇留野九助（勝休）　若殿様附定居小野寺五郎八（知道）　後土屋蔵人主と云
天和三亥年（１６８３）正月元日 前に同

「宇留野源兵衛勝冨大小姓御番頭勤中日記」が存在し、国典類抄には採録されているが、現物については現存しないとの秋田県公文書館員の返事である。国典類抄編纂後に起きた火災で焼失した可能性が大きいといわれる。国典類抄に採録されている文章は、公に係るものだけで、私的なことに触れているものは見当たらない。

## 源兵衛勝冨の弟妹達

源兵衛勝冨は、勝冨を長として、三男三女の兄弟妹である。内二男三女の母は茂木筑後知量女で同じであるが、末弟・勝一（実は横手の上遠野喜太郎秀彌第二子、宇留野内記勝就の外孫）は勝冨が養って弟とした。勿論藩庁に届け済である。この末弟については後述する。

三女の内、二番目・傳は今宮久三郎義栄《よしちか》室となる。長女は夭逝、三女・清は宝暦二年、二十一歳で没している。嫁ぐことはなかった。二男は夭逝している。

宇留野源兵衛勝冨妹・傳（勝鄭二女）は父・勝鄭死亡の時十四歳であった。享保十四年己酉（１７２９）八月四日生、母は茂木筑後知量女。今宮又三郎義栄の妻となった時は、五歳上の兄・勝冨が宇留野宗家当主の時である。

当時今宮峯殼（のち義栄）は今宮宗家・義透（１６９１〜１７５３）の二男だが、今宮勘解由家（今宮宗家四代義賢〈１６１３〜１６７９〉の分流家）隆利に嗣子がなかったために藩主義峯の命により、勘解由家の跡を継いだ。

勝富の妹・傳が峯穀（のち義栄）に嫁いで間もなく、今宮宗家八代義敷が寛延四年（1751）五月に嫡子がないまま没したため、勘解由家の峯殼が同年五月二十七日に宗家を継ぐこととなり、又三郎義栄を名乗った。勘解由家はここで絶える。

傳は義栄との間に長女（のち石塚主殿義智に嫁ぐ）が生れたが、宝暦二年（1752）十二月十六日に二十四歳で没した。

義栄（1725～1802）は宝暦八年（1758）十二月に家老職に就く。明和元年（1764）に家老職を免ぜられるが、十四年後の五十四歳の時（安永七年、1778年）再度家老職に就き、五十六歳の時、家督を義雄に譲り致仕する。享和二年（1802）九月、七十八歳で没した。

次に、末弟勝一について触れる。

「宇留野源兵衛勝冨弟・勝一（亀之助　内記）
實は小宗宇留野内記勝就外孫上遠野喜太郎秀彌の第二子なり嘗て勝就の養子不慮之助故有て自害を賜ひ家断つ勝冨先考の志を襲き勝一を養て弟となし勝就の家跡再興の旨を天徳寺に託請す明和九年壬辰十月 光源君法會に因て安永二年癸巳四月二十二日　義敦公其前罪を赦し命じて勝一を以て勝就の家跡となし同七月月俸三口を賜う今年八月朔日家督御禮として同君に拝謁す」

右記は『源姓宇留野氏続系譜』（A288・2）の源兵衛勝冨の項に記載されている、分流家再興の件である。「先考の志」とは先代源兵衛勝鄭の志を言う。詳しくは分流家の項で述べるが、源兵衛勝冨が上遠野喜太郎秀彌の第二子を養って弟とし、勝冨の努力で安永二年（1773）四月二十二日に、八代義敦公から宇留野分流家

## 第29図　宇留野勝一が勝就外孫上遠野喜太郎秀彌の第二子であることの説明

分流五代
宇留野勝就　1692~1729
＝高屋五左衛門盛放女　16＊＊~1725

（宇留野勝就）
＝後妻　真崎正親某女

某　母　高屋五左衛門盛放女
＊＊~1715

女子　母　高屋五左衛門盛放女
百（カツ）※　1716~1743・10
不慮之助の不祥事（1730年）後
高屋盛放が養女とした後嫁がせる

＝上遠野藤馬秀茂
29石3斗2升9合
幼名徳弥　平太　藤馬
1711~1742・10

上遠野喜太郎秀彌
29石3斗2升↓
187石9斗9升9合
1733~1791・12・26
＝富岡傳右衛門成芳女
1738~1788・4・8

女子
1738~1741・11・4

女子　母　真崎正親某女（勝就後妻）
イヨ　＊＊~1781
勝就卒後母と真崎氏の家に帰り後、
母が木部清右衛門某に嫁し、木部氏
養女となり松浦圓太某に嫁す

某
智養子　山崎喜左衛門某の三子
不慮之助　＊＊~1730・11・21
勝就終わりに臨みて嗣なく因って養子とす、
勝就没するに及びてその家督を襲す、年少なく
未だ不仕して家にある時事故を起し自害を賜う
**家断絶す**

（註※）　現在我家に伝わる系図には百と記されているが、文化二年八月に藩に
提出した続系譜にはカツと記されている。百をカツと読んだのかは
不明だが同一人物であるのは間違いない。

秀英　187石5斗9升2合
幸八　喜八郎　喜太郎
1758・4~1843・4
妻は若木吉兵衛重信女
―秀凭　1778・4~1841・4
―秀凭

勝一
子之助　亀之助　後に内記
1766・8~1813・4　48歳
―＊**宇留野分流家再興す**
宇留野（宗家）勝冨、養いて弟とす
分流五代勝就の養子不慮之助故有って自害
を賜い家断。勝冨、先代勝鄰の志を襲ぎ勝
就の家跡再興の旨を天徳寺二十九世の現住
宣君和尚に託す　明和九年十月光源君法会
に会い其事を請告す　翌安永二年（一七七三）
四月二十二日藩主義敦公其前罪（不慮之助
が犯した罪）を赦し命して勝一を以て勝就
の家跡となし同年七月、月俸三口を賜う
同年八月朔日家督御礼として同君に拝謁す

秀凭
兄秀英の嗣

行勝
須田兎毛行前の嗣

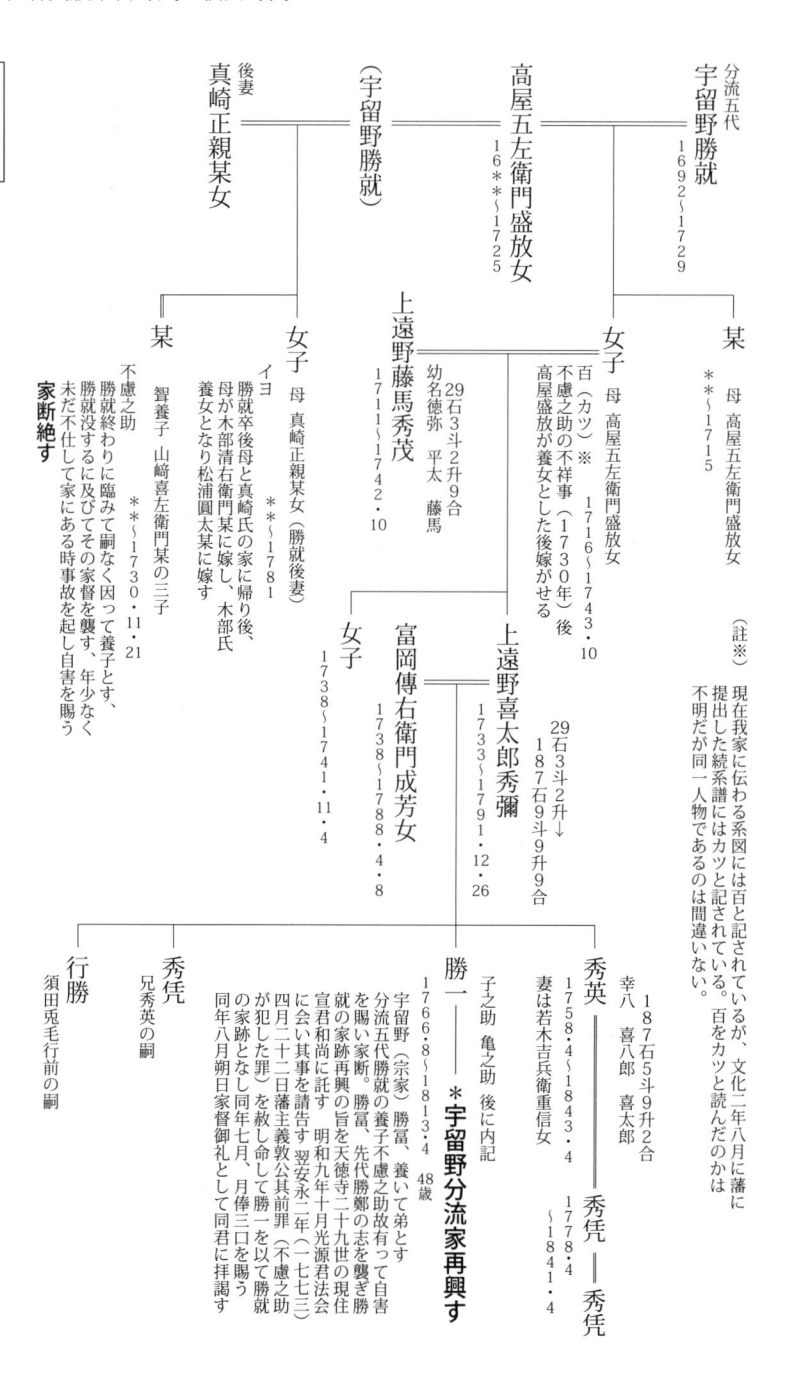

の再興を赦されたのである（勝富、五十歳。勝一、八歳の時である）。

**宇留野家と茂木家**（第25図参照）

五代源兵衛勝鄭の時代から、源兵衛勝冨、源兵衛勝意の代まで、宇留野宗家と茂木家はお互いに各々の家の存続について親類として関わりを持つ。

源兵衛勝鄭が伊勢千代当時の宝永三年（1706）、伊勢千代の叔父・茂木左太右衛門知置が後見し、家督襲継、元服を無事終えているし、勝鄭の晩年江戸において勝鄭が重い病に倒れた時、茂木一学知欽（茂木筑後知量の二男、勝鄭室の弟）が江戸へ登って勝鄭の亡骸を引取っている。

延享五年（1748）四月十五日、茂木筑後知昆が跡取りのないまま、二十歳の時に疱瘡で死亡した。

五月八日に親類として藩に源兵衛勝冨が呼び出され、知昆の知行高三分一を減禄の上、知昆の庶兄・卯五郎知康（のち将監知輝）に家督を継がせることを口達され、それを持ち帰った源兵衛勝冨が茂木一族の意見を纏め、同月十四日に卯五郎の代理として、卯五郎が筑後知昆の遺跡を有難く襲継することを源兵衛勝冨が言上している。

また、七代源兵衛勝意の室が茂木志津摩知道女であり、九代源太郎勝政の室が茂木一学（のち志津摩）知方女である。

親類としての宇留野家と茂木家の関係を整理しておくと次のとおりである。

一、宇留野宗家秋田二代・勝忠長女が茂木監物治種に嫁ぐ。

二、茂木監物治種長男・勝明（勝忠の外孫）が宇留野勝忠嗣子となり、のち三代当主となる。

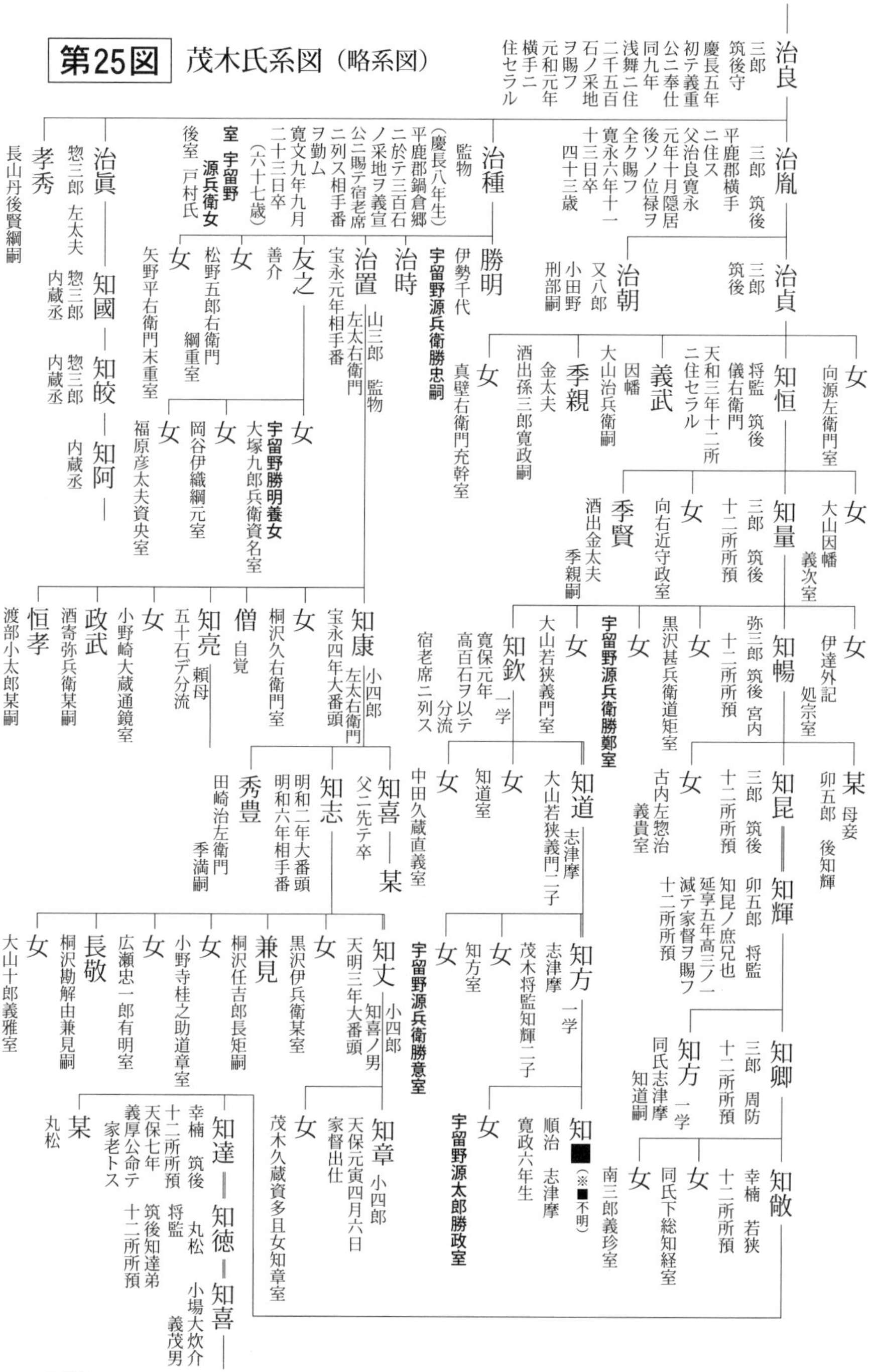

第25図　茂木氏系図（略系図）

三、宇留野勝明が茂木善之助友之の長女（勝明の姪）を養女としたあと、大塚九郎兵衛資名に嫁がせている。
四、宇留野五代勝鄭室として茂木筑後知量五女を迎えている（六代勝冨の母）。
五、宇留野七代勝意室として、茂木志津摩知道二女を迎えている（八代勝之の母）。
六、宇留野九代源太郎勝政室として茂木志津摩知方女を迎えている。

### (7) 秋田七代・源兵衛勝意（１７６６〜１８１６）

前後する部分が生じたが、秋田七代勝意の『源姓宇留野氏續系譜』（A288・2　86〜92）記載は次のとおりである。

「勝意　源蔵　源兵衛
明和三年丙戌（１７６６）四月二十七日生す　母
同安永五年丙申（１７７６）月日欠 父の遺禄無相違賜ふの 命執政傳之
天明四年甲辰（１７８４）二月二十五日嗣襲の恩を謝す于時 先公義敦公滞府たり執政真壁掃部助登幹　公に代って其謝を受く
寛政八年丙辰（１７９６）十二月佐竹南三郎義陂卒去に因て同九年丁巳正月其父左衛門義良に弔慰の使を奉じて湯沢に到る
享和三年癸亥（１８０３）八月八日更改名源兵衛謝禮として　義和公に拝謁す
嘗て父の遺禄の内荒廃の事に因って寛政七年乙卯（１７９５）十一月十五日 三百六石八斗一升八合と成り又文化元年甲子（１８０４）四月故有て采地の内三十四石一斗九升七合 公収せられ減禄して二百七十二石六斗二升一合に成る
妻茂木志津摩知道女 寛政七年乙卯（１７９５）四月十二日卒す 享年二十三歳謚定静院道号啓晃法名日祐導師法華寺
後妻梅津喜太郎忠興女」

以上が源兵衛勝意について勝意自身が記載した部分である。

この系図は、続けてすぐ後に、勝意の長男・「某長治」が載っていて「寛政六年甲寅（１７９４）六月十四日生す　母茂木氏」との記載が最後であり、文化二年乙丑（１８０５）八月に勝意により藩庁に提出された。

源兵衛勝意は、文化十三年（１８１６）に病死したことが『御当家引渡廻座略傳記』（以下「当家略伝記」）で判るが、諡《おくりな》は不明である。行年五十一歳。先例に従い鱗勝院に埋葬されたはずであるが、墓石は見つからない。

その「当家略伝記」では源兵衛勝意の家督を勝之が継いだと記されていて、「当家略伝記」の宇留野に関する記載はそこで終わっている。

『御亀鑑』によると正月の引渡廻座面々が記されているが、「御土器被下候次第御記録」の廻座の七人目に宇留野氏の座は決まっていて、寛政二戌年（１７９０）から寛政十二年申年（１８００）までは「宇留野源蔵」、享和二戌年（１８０２）から文化十一戌年（１８１４）までは「宇留野源兵衛」の名前で記載されていて、同時に文化七午年（１８１０）から文化十一戌年までは「廻座部屋住」とあり「宇留野源太郎」の名前が見受けられ、「源太郎勝之」も着座していたことが判る。

勝意は病弱だったのか、『御亀鑑』に収録されている正月の祝儀の席・十二回の内、「病気」との注記が六回ある。ただ、他の廻座の諸氏もかなりの回数「病気」欠席の註釈が付けられているのが見受けられる。

この時期、勝意（源蔵、源兵衛）の名前が『御亀鑑』に出現するが、役職はなく「無役廻座」と記され、例えば、寛政三年（１７９１）六月九日、源通院（八代義敦）七回忌法事が天徳寺で執り行われているが、左近様（義敦弟・義方）御代香「無役廻座　宇留野源蔵」などと名前が出てくる。

## 源兵衛勝意の兄弟姉妹達

父・勝富は佐竹南淡路義安女（成）との間に三男、三女を儲けたが長男・長女は夭逝である。二女（長）は宝暦元辛未年（1751）生れで、荒川彦十郎秀厚室となるが離別後、佐竹南左衛門義良（サネ）継室となる。

左衛門義良の嫡子三郎義陂（母戸村氏女）が二十三歳で父に先立って亡くなり、義良三男・義珍（母は勝富二女・長）が佐竹南家十四代となった。長は文政三年（1820）十一月十七日卒、七十歳とある。

三女（隆）は宝暦二壬申年（1752）生れ。酒出金大夫季久室となる。酒出家については後述する。

宝暦九己卯年（1759）五月十五日、勝富・南氏女の間に二男（長男は夭逝）が生れ、伊勢之助と名付けた。

伊勢千代の名は過去に勝明、勝鄭が幼名とし、勝明長男（六歳で早世）を伊勢と名付けている。待ちに待った男子だが明和六己丑年（1769）正月二十八日、年十一歳で早世した。父・勝富四十六歳の時である。

諡　霊桃院道号源芳法名孤流

三男勝意が生れたのは、勝富四十三歳の時で、この当時勝富は江戸詰の期間が多い時である。

勝意の姉・隆が嫁いだ酒出家については、常陸時代の最終期、源兵衛義長の項で述べたが、酒出家（当時馬場家）より宇留野源兵衛義長に馬場新介重親の長女が嫁したが、新介重親及びその父・和泉守政直が慶長七年（1602）に車丹波守と共に水戸城奪還の一揆に加担して処刑されて以来の縁組となる。

宇留野家においては、源兵衛義長の室となった馬場新介重親のＤＮＡが営々と繋がっているが、酒出金太夫家においては、新介重親の弟・政忠（秋田転封以降、三代金太夫季親までは大山姓を名乗り、季親の代の延宝元年〈１６７３〉に酒出姓を名乗る事を許されている）に嗣子がなく、佐竹南淡路義章四男・寛政が嗣子となり、秋田二代（孫三郎を名乗る）となるが、寛政にまた嗣がなく、茂木筑後治貞三男・季親が嗣となって酒出三代（金太夫季親）となる。

さらに季親にも嗣がなかったため、茂木儀右衛門知恒（季親の長兄）の二男・季賢が酒出四代（一学、内記）となる。さらに重ねて嗣子がなかったために南淡路義安四男が五代金太夫季寛となる。

その五代金太夫季寛（１７１７〜１７７６）の子・金太夫季久（父南氏、母伊達氏、１７４５年生）に勝富の三女（隆、母南氏、１７５２年生）が嫁いだ。季久と隆の間に嫡男が生れるのを待ったが、なかなか男子が生れず、養子として南左衛門義良二男を迎え酒出七代金太夫季庸となる。室には季久・隆長女を添えている。

ところがその後天明八年（１７８８）に男子が季久と隆の間に生まれ、この男子を季庸の嗣子とすることを決める。八代新助季水である。

七代・金太夫季庸には二男一女がいたが、長男は七歳で早世し、寛政十二年（１８００）生まれの二男鉄五郎が、子供がいなかった八代季水の嗣子となる。酒出九代八郎季恒である。

この八郎季恒は天保六年（１８３５）義厚公が命じて家老としている。八郎季恒は、宇留野源兵衛勝富女・隆の血を引いた孫に当たり、宇留野源兵衛義長と馬場新介重親のＤＮＡを引き継いでいることになる。

このように見てくると、酒出・佐竹南・茂木・

宇留野の親戚関係が複層的に深く、酒出と佐竹南、酒出と茂木、茂木と宇留野、酒出と宇留野、佐竹南と宇留野の関係はここに述べた外にも拾い出すことができるのである。

**八代源太郎勝之、九代源太郎勝政、十代源十郎某、十一代勝詮について**

この四代の当主についてでは、現段階では不完全な姿でしか記述することができない。かなりにわたり想定の部分が入る。

文化二年（1805）八月、源兵衛勝意の代に藩庁に提出した系図より以降（八代〜十一代）の宇留野宗家についての史料は、その間の「系図」がないため極端に少ない。

**文化二年八月提出系図と明治六年提出「士族卒明細短冊」の間の系図について**

文化二年各家から藩庁に提出した系図及び明治六年に提出した「士族卒明細短冊」を秋田県公文書館で閲覧できるが、その文化二年（1805）以降明治六年（1873）までの空白の期間を埋めるものとして、墓碑、除籍謄本、『御亀鑑』、『秋田武鑑』、『秋田沿革史大成』等々があり、それらによって歴代の個人を繋ぎ合わせてこの一番資料の少ない期間の系図を復元している。

前にも述べたように、宇留野宗家が本来自家で書き繋げたであろうと思われる系図を含めた古文書は、昭和の混乱期に紛失したものと思われる。上記の系図がない空白期について万全のものではないが、可能な限り復元を試みたつもりである。今後、主にその部分を修正する資料が出てきた場合には、是非正しい修正を加えて貰いたいものと考えている。

このような作業の中で判ったことだが、幕末期の宗家当主・勝詮は、明治十二年二月に横手の分流家を頼り移住しているが、その横手において明治二十七年八月二十五日の大水害時に横手町の仮庁舎が横手川氾濫のため流され、戸籍原本も流され喪失した。

横手町では戸籍簿の復元を試みたが、勝詮は明治十三年二月九日に死亡していて、戸籍簿復元作業時点で生存していた勝詮の姉・ツルが戸籍筆頭人と記載されている宇留野宗家の謄本しか入手できなかった。（この除籍謄本を入手するにあたり、宇留野宗家の血をひく東京在住の伊藤千代子さんに大変なご足労、お手数をお掛けしたことに深く感謝いたします。）

幸いにも、勝詮の墓碑は横手市新坂の大蔵堂墓地に、宇留野分流家の墓石群の中に混じって建っていたため存在し、昭和六十年に秋田県仙北市角館町の学法寺にある宇留野宗家の墓所に改葬されている。

## (8) 秋田八代・源太郎勝之（１７９４～１８２５?）

『源姓宇留野氏続系譜』（AS288・2）、『御当家引渡廻座略傳記』、『御亀鑑』、『秋田武鑑』から次に挙げる記載を拾うことができる。

・寛政六寅年（１７９４）六月十四日生　母は茂木志津摩知道女（『源姓宇留野氏続系譜』）

・文化五辰年（１８０８）三月朔日、長炉ノ間において、家老以下当番の廻座等々列座のもと、「源兵衛嫡子出仕　宇留野源太郎」の式が行われ九代藩主・義和に拝謁している（『御亀鑑・秋府二十七』）。同日同席で大塚才蔵、白川七郎が家督御礼で拝謁している。

・文化五辰年（１８０８）三月六日、「一巳上刻為　御放鷹牛嶋辺江被為入　宇留野源太郎　右は着座願之通被仰付候」（『御亀鑑・秋府二十七』）。三月朔日に出仕の拝謁を終え、五日後の三月六

日に、義和公の牛嶋方面の鷹狩に従うことを命じられたのか。

・文化五辰年（１８０８）三月十五日

一巳上刻御座之間上段 御着座 御上下

　山城御家老以下各如例列居

一為当日御礼引渡廻座并諸士登　城御目見

　　廻座 宇留野源太郎

　右は着座願之通被仰付　御目見披露大番頭

・文化七午年（１８１０）正月祝賀の席に、「廻座部屋住」として宇留野源太郎が列席、御土器で酒杯を賜ったとあり、父・源兵衛（勝意）は廻座の七番目に着座している（『御亀鑑』）。

・文化九申年（１８１２）正月祝賀の席に、「廻座部屋住」として宇留野源太郎が列席、御土器で酒杯を賜ったとあり、父・源兵衛は廻座の七番目に着座している（『御亀鑑』）。

・文化十一戌年（１８１４）正月祝賀の席に、「廻座部屋住」として宇留野源太郎が列席、御土器で酒杯を賜ったとあり、父・源兵衛は廻座の七番目に名前があるが、病気欠席となっている（『御亀鑑』）。

・文化十三年（１８１６）、父・源兵衛勝意病死により源太郎勝之家督を相続（『御当家引渡廻座略傳記』から推測）。

・文政八年（１８２５）卒（『秋田武鑑』勝政の家督相続年から推測）。

・先に定められた「主嫡の廟は鱗勝院」に従い葬られたはずである。事実、九代源太郎勝政、十代源十郎の墓石は鱗勝院に現在も在る。源太郎勝之の諡《おくりな》は不明であり、また、その内室が誰なのかも不明である。

### (9) 秋田九代・源太郎勝政（？〜１８６０）

・父源太郎勝之（推測）母は不詳

・生年不明（想定では文化十四年頃〈１８１７年頃〉、想定根拠は「童容謁見」の年齢、嫡子源十郎の想定生

年から）

・文政八酉年（１８２５）六月二十六日 源太郎勝政家督相続（『秋田武鑑』）

・文政十亥年（１８２７）六月二十一日「宇留野源太郎勝政、旧に復し、初謁に先って童容謁見を許す」（『佐竹家譜・義厚』）

・室 茂木志津摩妹（『秋田武鑑』茂木志津摩知方女と思われる）

・室 信太勝陳女（『秋田武鑑』信太氏系圖より）（茂木志津摩妹、信太勝陳女のどちらが先妻かは不明）

信太勝陳は『秋田書画人伝』によると、父勝央が嗣なきをもって、梅津藤十郎忠喬の第二子富五郎を養子とした。勘九郎と称し、寛永年中二番頭及び老の御右筆支配兼役。のち病気で辞したとある。梅津藤十郎忠喬の母親は小貫清三郎頼兼の娘である。

・安政七庚申年（１８６０）十二月朔日卒（行年四十四歳くらい）

圓通院殿雪相了融居士　鱗勝院に葬る（鱗勝院墓碑には側面に宇留野勝政墓と右記没年月日が刻まれている）

### ⑽ 秋田十代・源十郎某（？〜１８６６）

源十郎某を特定できる資料は次のもの（①〜④）がある。

①『秋田武鑑』の「宇留野氏」にある源太郎の「嫡子 宇留野源十郎　内室小貫佐渡頼直女　天保四巳年（１８３３）六月十八日出仕」

②明治六年（１８７３）に十一代勝詮が秋田県に提出した『士族卒明細短冊』

「元秋田藩

祖父宇留野源太郎亡非役　父宇留野源十郎

非役

第一大區二小區築地下東町

士族 宇留野勝詮㊞　明治六年二十歳

元高貳百貳拾貳石七斗四升六合
　改正高七拾石　　生国羽後
慶應二年丙寅四月十九日家督被申付候明治四年
辛未十一月二日當縣貫属被仰付候」

　右記のとおり記載された各家々提出の短冊状の札を秋田県公文書館で見ることができる。
③秋田市旭北栄町の鱗勝院には
「寛量院殿儀岳清居士　　慶應二年寅　四月十
　二日卒」
の源十郎の墓石がある。（源十郎の墓石には実名が刻まれてはいないが、②の短冊に「父宇留野源十郎」「慶應二年丙寅四月十九日家督被申付候」の記載によりこの墓石が源十郎のものと特定できる。）
④横手市、仙北市で取得した除籍謄本の要点は
「秋田県平鹿郡横手町上根岸二十一番地
　前戸主亡父宇留野源十郎
戸主　亡父宇留野源十郎長女ツル
弘化三年四月八日生
明治十年三月十五日相続
明治四十四年六月二十七日本籍を横手町上根岸町二十一番地から角館町竹原町三十六番地ノ一に転籍
大正七年十一月二十九日卒
北秋田郡十二所町十二所乙十九番地に於いて死亡
家主石川光水届出」

これらの史料を基にまず、「源十郎内室、小貫佐渡頼直女」「源十郎長女ツル、弘化三年（1846）四月八日生」及び「小貫佐渡頼直　文化五辰年生（1808）」（『秋田武鑑』小貫系圖より）から、源十郎内室のおよその生年が1827〜28年頃と推測できる。
　一方、「宇留野源十郎、天保四巳年（1833）六月十八日出仕」より、出仕年齢を十六歳〜

十七歳と想定すると源十郎の生年は１８１７年～１８年となる。出仕の年齢を十八歳～十九歳と上げていくと、生年が先代・源太郎勝政より前に生まれたことになってしまう。

このことから、源十郎の先代・源太郎勝政（１８１６年頃～１８６０年、行年およそ四十五歳位）と源十郎は実の親子ではなく、兄弟ないし養子の関係ではないかと推測できる。

そのように考えると、宇留野家当主が基本的に（九助を除き）「源兵衛」「源太郎」を名乗ってきたのに「源十郎」を名乗ったことがうなずける。源太郎勝政（卒年、安政七年〈１８６０〉）に何らかの事情があり、『秋田武鑑』が書き終わった弘化元年（１８４４）までの間に源十郎を「嫡子」としたのではなかろうかと推測する。身体が弱かったのだろうか。

②の記載から、源十郎某は源太郎勝政の養子となったものと考えるのが妥当と思われる。

宇留野宗家十代源十郎某の卒年は、慶應二年寅（１８６６）四月十二日卒　行年およそ四十九歳位

諡　寛量院殿儀岳清勇居士　鱗勝院に葬る

（鱗勝院墓碑より）

## ⑾秋田十一代・勝詮（１８５４～１８８０）

十一代勝詮についての史料は、①明治六年（１８７３）に秋田県に提出した、『士族卒明細短冊』、②横手市新坂の大蔵堂墓所にあった墓石（昭和六十年に仙北市角館町の学法寺に改葬）の二つしかないが、かなりの事柄を伝えている。

①『士族卒明細短冊』は前にも記したが左記のとおりである。

「元秋田藩

祖父宇留野源太郎亡非役

父宇留野源十郎亡非役

第一大區二小區築地下東町

士族　宇留野勝詮㊞
明治六年二十歳
元高貳百貳拾貳石七斗四升六合
改正高七拾石　　生國羽後
慶應二年丙寅四月十九日家督被申付候明治四年
辛未十一月二日當縣貫属被仰付候」
②仙北市角館町学法寺にある墓碑は
正面に「長照院殿法誠日要居士」墓頭に三ツ
頭丁子巴の家紋
裏面に「宇留野源勝詮墓」
側面に「明治十二年二月従南秋田郡平鹿横手
江移住宇留野源七郎宅デ卒ス　明治十三年辰二
月九日　行年二十七歳」
それらによると、
• 父は源十郎、祖父は源太郎勝政（①より）

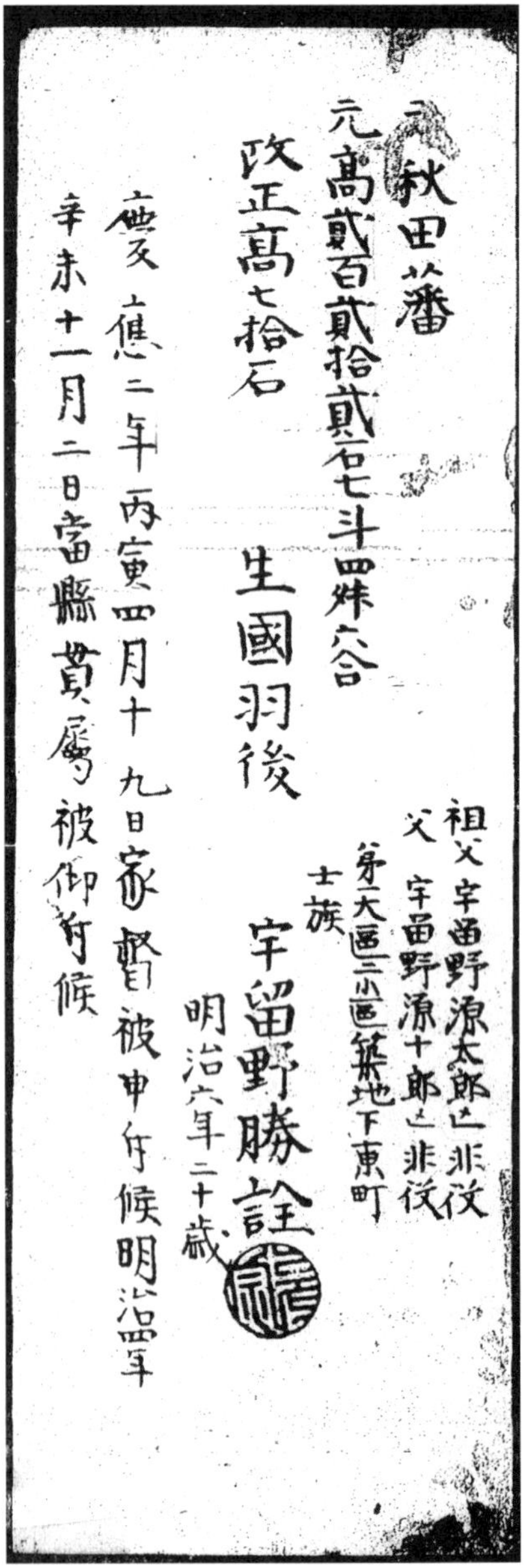
秋田藩
元高貳百貳拾貳石七斗四升六合
改正高七拾石　生國羽後
慶應二年丙寅四月十九日家督被申付候明治四年
辛未十一月二日當縣貫属被仰付候
祖父宇留野源太郎亡非役
父　宇留野源十郎亡非役
第二大區二小區築地下東町
士族
宇留野勝詮
明治六年二十歳

「士族卒明細」宇留野勝詮
（秋田県公文書館蔵）

・母は小貫佐渡頼直女か（『秋田武鑑』）
・安政元年寅（１８５４）生（①より）
・慶応二年寅（１８６６）四月十九日家督相続
　禄高二百二十二石七斗四升六合（①より、十三歳の時）
・明治四年未（１８７１）十一月二日、秋田県貫属となり改正禄高七十石となる。従前の約三一％である（①より、十八歳の時）
・屋敷は久保田町築地下東町であったが、明治十二年（１８７９）二月に横手町上根岸の分流宇留野源七郎宅に引越した。
・明治十三年（１８８０）二月九日卒　行年二十七歳

　秋田市の義峰山鱗勝院には、現在宇留野氏のものとして五基の墓石があるが、その内の三基は当然鱗勝院にあっていい宇留野氏主嫡の墓石（源兵衛勝明、源太郎勝政、源十郎某）だが、主嫡以外の二基は、本来同じく秋田市の久遠山法華寺あるべき墓石である。「實相院殿妙旭日悟大姉　文久二年戌　十月十六日卒」、「寛恭院殿貞操妙清大姉　明治七年　戌十二月十六日卒　宇留野氏」の二基である。

　鱗勝院住職にこのことを尋ねたところ、明治十九年の大火時による焼失後の混乱期に宇留野氏のものとして纏められたのではないかとの返事だった。それ以上のことは判らないとの由である。

　文久二年戌（１８６２）卒の「實相院殿妙旭日悟大姉」については、法華寺の過去帳に法名が記述されていると、当寺の紹介文に載っている。明治七年戌（１８７４）の「寛恭院殿貞操妙清大姉」は十一代勝詮の母のものか、詳しくは判らない。

### ⑿ 秋田十二代・ツル（1846～1918）

十二代ツル以降については除籍謄本を取得することにより、初めてその全貌を知ることができた。前に述べたように宇留野宗家の血を引く東京都在住の伊藤千代子さんが仙北市、横手市で除籍謄本を入手されたものをコピーして頂いた。

横手市、仙北市で取得した除籍謄本の要点は
「秋田県平鹿郡横手町上根岸町二十一番地
前戸主亡父宇留野源十郎
戸主　亡父宇留野源十郎長女ツル
弘化三年四月八日生
明治十年三月十五日相続
明治四十四年六月二十七日本籍を横手町上根岸町二十一番地から角館町竹原町五十六番地ノ一に転籍
大正七年十一月二十九日卒
北秋田郡十二所町十二所乙十九番地に於いて死亡
家主石川光水届出」
法名・埋葬地不詳

宇留野ツル及びそれ以降については、宇留野宗家再興について尽力した河原田津多（横手町上根岸町二十一番地　宇留野源七郎の長女）の関連を述べなければ詳しく理解しにくいので、分流宇留野氏の項で述べたい。

## 二　宇留野分流家（縫殿《ぬい》家）の系譜
### （秋田二代源兵衛勝忠庶子家）

### ⑴ 宇留野分流家（縫殿家）初代・縫殿勝弘

宇留野宗家秋田二代源兵衛勝忠は、茂木監物

# 第15図　宇留野分流系図（縫殿家1）

秋田初代
◎蓮信　源十郎　源太郎　源兵衛
**義長**
不詳（1539頃～161＊年）

（義長の子）

◎二代　のち改め勝忠　源太郎　源兵衛
**義勝**
1591～1651・2・3　61歳
母　馬場新介重親長女
妻　須田美濃守盛秀二女
初め　横手　下根岸居住
後　久保田長野に居住

**女子**
母　馬場新介重親長女
大山六左衛門重成室

○小吉　左近
**勝親**（分流となる）
母　同

資廣
**清太夫**
母　同
森田播磨資房嗣となる

**女子**
母　同
赤坂源太光賢室

（義勝の子）

**女子**
生年不詳161＊～1637・11・19
母　須田美濃守盛秀二女
茂木監物治種室

◎三代　源兵衛
**勝明**
1630・6・24～1701・7・15　72歳
実は茂木監物治種長男
外祖父源兵衛勝忠養いて嗣とする
母は宇留野源兵衛勝忠長女

◎四代　九助
**勝休**

**女子**
母　妾
塩谷主鈴兼綱室

○初代　九郎　縫殿
**勝弘**
1645～1703・3・5　59歳
母は塩谷兼綱室に同じ
初め田所縫殿左衛門安広養て子とし女を以てこれに妻はす
後年田所縫殿左衛門安広男子を生む因って本氏に復す
勝明新田百石を分与し以て公に仕えしむ

（勝弘の子）

九助
**勝休**
母　田所氏女
源兵衛勝明嗣子

**女子**
同母

**女子**
同母

○二代　久治　縫殿
**勝次**
同母

**某**
同母

**某**
同母

**女子**
同母

（第16図に続く）

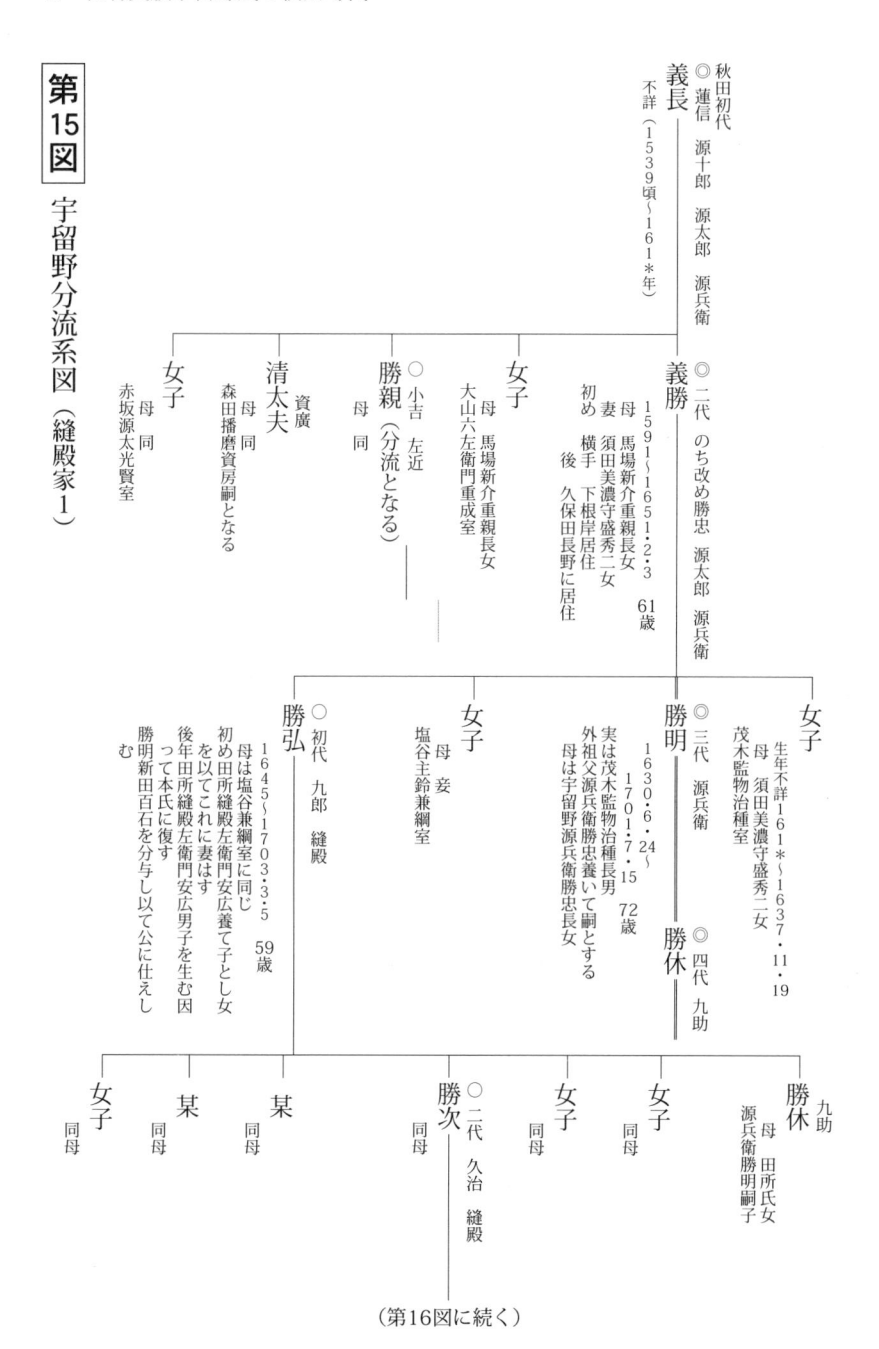

# 第16図　宇留野分流系図（縫殿家2）

**勝休**　九助
1668〜1704・4・28　37歳
母　田所縫殿左衛門安広女
伯父勝明の嗣となる（※1687年頃か？）

**女子**
同母
渡部藤三郎政幸妻

**女子**
同母
片岡叉左衛門常春妻

○二代　久治　縫殿
**勝次**
1687〜1720・7・7　34歳
母　田所縫殿左衛門安広女
貞享四年卯（1687）生　月日闕
元禄九年三月十日初めて義処公に拝謁す
妻　綱木氏女
享保五年七月七日死　享年34歳
法名闕
※正徳四年（1714）御国中分限帳
久保田給人　宇留野縫殿　百石（開）

**某**
早世
同母

**某**
同母
山﨑藤兵衛勝房の嗣となる
藤兵衛勝實（※山崎氏系図より）
1692〜1745・7・27　54歳

**女子**
同母
平元巴門某妻

○三代　久四郎
**某**
?〜1724・8・19
母　綱木氏女
生年月日闕
父勝次死す幼年の故を以て
采地百石の内三十石を減
じて家督を賜ふ
享保九年甲辰八月十九日死
す　法名闕
※禄高七十石となる

○四代　縫殿
**勝意**
1711〜1743・5・7　33歳
母　渡部氏女
正徳元年卯（1711）生　月日闕
実は渡部弥平左衛門忠綱第二子なり
享保九年（1724）年八月久四郎某
末期養子となる故に采地七十石の
内二十石を減じて家督を賜ふ
享保十一年月日闕初めて義峯公に拝
謁
寛保三年（1743）五月七日卒
行年三十三歳　法名智天道孝
※禄高五十石となる

○五代　源七
**勝諸**
1742・5・16〜18＊＊
母ハ妾
寛保二年戌（1742）五月十六日生
父勝意死す、源七幼年（二歳）の故を
以って采地五十石の内拾石を減じ
て家督を賜う　禄高四十石となる
宝暦三年亥（1753）月日闕初めて
義眞公に拝謁（12歳）
同七年丑（1757）七月大番組とな
る（16歳）
天明八年申（1788）三月十六日
平鹿郡の内代官勤中扇紋の上下服
を賜
妻　杉山木工右衛門茂防女
※禄高四十石となる

（第17図に続く）

# 第17図　宇留野分流系図（縫殿家3）

**女子**
母　杉山氏女
明和元年申（1761）十二月八日生
戸沢作兵衛盛春妻

**勝安**
多仲　靭負
母　杉山氏女
1767～1792・11・26
天明元丑（1781）十月初めて義敦公に拝謁
天明元年（1781）十月大番組となる
寛政四年（1792）十一月二十六日卒
行年二十六歳
妻　湊元貞季道女

**女子**
母　湊氏女
寛政三年（1791）三月三日生

○六代　忠治
**勝敷**
1775・11・9～18＊＊
母　竹内惣太夫女
安永四年未（1775）十一月九日生
実は秋山文治光年第二子なり
勝諸養いて嗣とす
寛政五年（1793）八月八日初めて
義和公に拝謁す
同年同月十二日大番組となる
妻は勝諸女

**女子**
1780・4・18～18＊＊
母　杉山氏女
安永九年（1780）四月十八日生
勝敷の妻

○七代　鶴松
**某**
1799・4・11～18＊＊
母　勝諸女
寛政十一年（1799）四月十一日生
※『御亀鑑・秋府三十五より「文化十一年戌（1814）二月十七日宇留野忠治嫡子宇留野鶴松出仕右御盃御棚に而被下之」とあり鶴松十六歳の時に出仕した事が判る

**女子**
1804・8・20～18＊＊
母　同
文化元年子（1804）八月二十日生

○（八代）
**源七**
※右記載は、明治六年に宇留野徳治が提出した「士族卒明細短冊」の記載による

※「佐竹家臣御所持並久府禄高記」
―文政八年（1825）―
禄高　二十三石二升七合
（秋田県立図書館蔵）

※「御国武鑑分限録」
―安政（1854～60）―
禄高二十一石二斗三升九合
（秋田県立図書館蔵）

○（九代）　忠治
**勝吉**
1844～1868・8・13　23歳
※「秋田沿革史大成・上巻」によると
「明治元年八月六日本荘に於いて負傷
八月十三日死亡宇留野忠治二十五歳
（庄内征討）秋田市全良寺に葬る」
※出典は「戊辰戦争関係者人名録」
秋田藩士（銃士）、本荘で負傷し、
寺内病院で没

（十代）
**徳治**

○（十代）
**徳治**
1848～
「士族卒明細短冊」―八―秋田町分十号
祖父宇留野源七亡　○○
養父実兄宇留野忠治亡　非役
第一大区二小区長野下新町南丁
士族宇留野徳治　明治六年二十六歳
元高二十一石八升六合
改正高二十石　外賞典現米二石
生国羽後
明治元年戊辰八月十七日家督被申付候家督
明治四年辛未十一月二日当県貫属被仰付候
※（兄忠治勝吉戦死に付き家督相続）
明治元年戊辰八月十七日家督被申付候

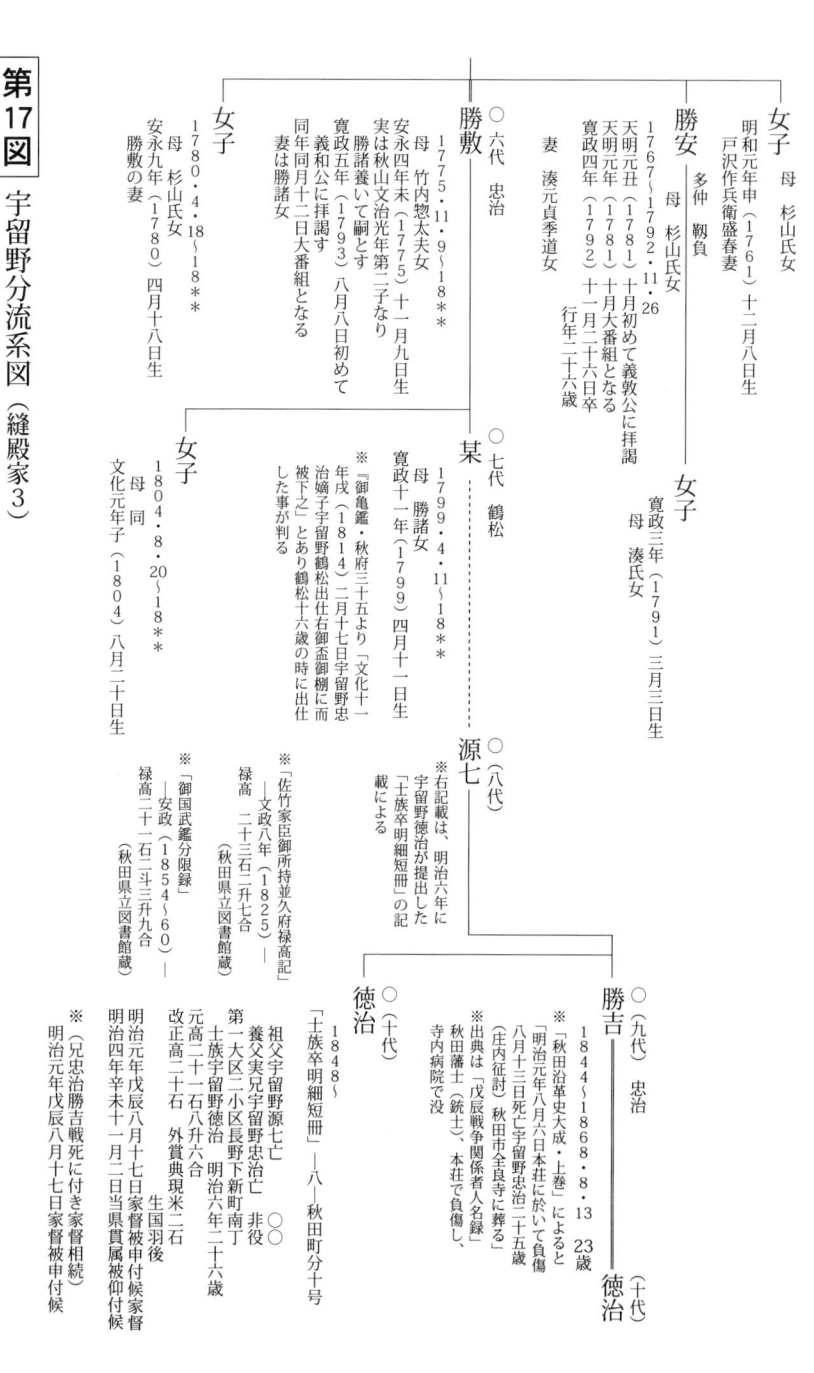

治種の長男勝明（寛永七年〈1630〉六月二十四日生、幼名伊勢千代、母は宇留野源兵衛勝忠長女）を養嗣子とした。その後正保二年（1645）に妾との間に実子勝弘（幼名九郎）が誕生した。源兵衛勝忠五十五歳の時である。

勝忠はこの勝弘を田所縫殿左衛門安広の養子とし、安広は自身の長女を勝弘の妻とし縫殿勝弘を名乗らせた。

後年、田所縫殿安広に男子が生れたため、勝弘は本氏に復することとなる。宗家当主が源兵衛勝明になってからのことと考えられ、源兵衛勝明が自身の新田百石を分与して一家を成すことを許された。縫殿勝弘は久保田給人として義隆公に奉仕することとなった。

宇留野分流家（縫殿家）の全様は『佐竹御分流系圖　宇留野』（秋田県公文書館　A288・2 590–26）と『源姓宇留野氏分流續系譜』（秋田県公文書館　A288・2　86～92、文化二年乙丑七月宇留野源七提出）の二つを合わせないと判らない。

『佐竹御分流系圖　宇留野』には初代縫殿勝弘とその子供達の一部が記載されていて、『源姓宇留野氏分流續系譜』には二代久治縫殿勝次の兄弟達から記載されている。

『佐竹御分流系圖　宇留野』には

「勝弘　九助　縫殿
父勝忠外孫勝明ヲ養テ子トシテ後ニ生
初田所縫殿左衛門安広養テ子トシ女ヲ以コレ
ニ妻ハス後年安広男子ヲ生ム因テ本氏ニ復ル
勝明新田ヲ分與テ以テ　公ニ仕ヘシム
元禄十六年癸未三月五日死ス　五十九歳
法名道観　母ハ兼綱妻ニ同」

宇留野縫殿の名前は『国典類抄』にその名を見受けられる。

・貞享四年（1687）九月、部垂給人越訴事

件のために、久保田の佐竹六郎屋敷において関作兵衛ほか三名が切腹を申し渡された時の御目付役の一人として役目を果たしている。

・元禄二年（1689）二月、藩主義処の嫡男義林（のち義苗）が紀州藩主徳川光貞三女育姫を娶った時に、若殿様（義林）付家老の宇留野源兵衛勝明が家老梅津半右衛門忠宴と婚礼儀式を執行したが、そのとき長男・九助勝休（当時二十二歳、若殿様付、まだ勝明の養子にはなっていない）と共に江戸屋敷において「表御番所取次役」の一人として勤めている（当時四十五歳）。

縫殿勝弘と田所縫殿左衛門安広女との間には四男三女が生まれている。長男・九助勝休（1668年生、宗家源兵衛勝明の養子となる）、長女（渡部藤三郎政幸に嫁す）、二女（片岡又左衛門常春に嫁す）、次男・縫殿勝次（1687年生、幼名久治）、三男は早世、四男藤兵衛勝實（1692年生、幼名久太、山崎藤兵衛勝房の嗣子となる。藤兵衛勝實は養真院様御付御目付、智静院様御付頭役手代となり、延享二年〈1745〉七月二十五日卒、行年五十四歳）、三女（平元巴門某に嫁ぐ）である。

縫殿勝弘について『常州佐竹新撰御系圖』には「法名心成院道号道観」とある。

### (2) 宇留野分流家（縫殿家）二代・縫殿勝次

「初名久治　母同（田所氏）
貞享四年丁卯生ス　月日闕
元禄九年丙子三月十日初テ　義処公ニ拝謁ス
御盃御棚
妻綱木氏女　名實名闕
享保五年庚子七月七日死　享年三十四　法名
闕」

貞享四年（1687）、父勝弘四十三歳の子である。享保五年（1720）勝次の行年三十四歳で綱木氏女との間の一子久四郎某は幼年であった。
正徳四年(1714)の「御国中分限帳」に「久保田給人宇留野縫殿　百石(開百石)」の記載を確認できる。

### (3) 宇留野分流家(縫殿家)三代・久四郎某

「母綱木氏
生年月日闕　父勝次死ス幼年ノ故ヲ以テ采地百石ノ内三十石ヲ減ジテ家督ヲ賜フ
享保九年甲辰八月十九日死ス　法名闕」

享保五年(1720)に父勝次が没した時、久四郎は元服前であったことから推測し、また久四郎が没するまで結婚していなかったことから、相続した年齢十歳くらい、正徳元年(1711)頃に生れ、没年が十四歳くらいとだいたい想定した。父勝次が二十五歳ころの生れと想定。禄高七十石。

### (4) 宇留野分流家(縫殿家)四代・縫殿勝意

「母 渡部氏
正徳元年辛卯生　月日闕
実ハ渡部弥平左衛門忠綱第二子ナリ
享保九年甲辰八月久四郎某末期養子トナル故ニ采地七十石ノ内二十石ヲ減ジテ家督ヲ賜フ
享保十一年丙午　月日闕　初テ　義峯公ニ拝謁ス　御盃御棚
寛保三年癸亥五月七日死　享年三十七歳
法名智天道孝」

縫殿勝意、「実は渡部弥平左衛門忠綱第二子」とあり、二代縫殿勝次の長姉が渡部藤三郎政幸に嫁いでいる。長姉と渡部弥平左衛門忠綱に血の繋がりがあったかどうか。あったとすれば先祖宇留野源兵衛義長の血が繋がったことになる。

禄高五十石。

### (5) 宇留野分流家（縫殿家）五代・源七勝諸

「母ハ妾
寛保二年壬戌五月十六日生ス
父勝意死ス幼年ノ故ヲ以テ采地五十石ノ内拾石ヲ減ジテ家督ヲ賜フ
宝暦三年癸亥（註：酉が正しい）月日干時十二歳　初テ　義眞公ニ拝謁ス　御盃御槲
宝暦七年丁丑七月日闕大番組トナル
天明八年戊申平鹿郡ノ内代官勤中扇紋ノ上下服ヲ賜フ
妻ハ杉山木工右衛門茂防女」

源七勝諸は父縫殿勝意が寛保三年（1743）に三十三歳で亡くなった時二歳であった。

宇留野縫殿家は三代久四郎某、四代縫殿勝意、五代源七勝諸の三代続けて幼年の相続・末期養子相続のため、三十石減、二十石減、十石減と重なり初代縫殿勝弘禄高百石（新田）から、五代源七勝諸の代には四十石（新田）の禄高となっていた。

宝暦三年（1753）十二歳の時、初めて義《よし》真《まさ》公に拝謁、宝暦七年（1757）十六歳の時大番組となる。

天明八年（1788）三月十六日、平鹿郡内の代官勤仕中、義和公より扇紋の上下服を賜う。そのことについて、『御亀鑑・秋府四』九代義《よし》和《まさ》公十四歳、天明八年（1788）三月十六日の条に、武藤久左衛門、安藤助右衛門、宇留野源七を含む十九名の各所代官が御城において褒賞されていて「右面々御代官相勤近年御用向等被仰付出情相勤候ニ付格別之思召を以御紋附上下被下置候」と記されている。

また「秋府七」寛政二年（1790）二月十四日にも御賞有面々として武藤久左衛門、安藤助右衛門、宇留野源七を含む十九人の代官が御目見に預ったことが記載されていて「右兼而深切ニ相勤猶去年中より打重御用筋被　仰付候処格別ニ所存を相用相勤候ニ付　御目見被仰付難有奉存候旨披露 松野永四郎 此節月番御家老大越源十郎ニツ目御敷居之外ニ罷有御丁寧之被成下上意難有之旨御取合申上之」と記されている。

なお、前回の褒賞時と同一の代官は十九名中十名である。

寛政六年（1794）「六郡惣村附帳」に代官宇留野源七の平鹿郡扱所が角間川村、門野目村ほか四十四町村とあることが『大曲市史』（五六頁）に記されている。

文化二年（1805）七月、宇留野源七勝諸が六十一歳の時、藩庁に『源姓宇留野氏分流續系譜』を提出している。源七勝諸の没年は不詳である。

## ⑹宇留野分流家（縫殿家）六代・忠治勝敷

五代源七勝諸が提出した『源姓宇留野氏分流續系譜』によると、源七勝諸には妻杉山木工右衛門茂防女との間に、一男二女の実子がいたが、長男靭負《ゆきえ》勝安は寛政四年（1792）十一月二十六日に父に先立ち二十六歳で死亡したため、源七勝諸は秋山文治光年の二男勝敷を養子として、安永九年（1780）四月十八日生の二女を勝敷の妻とした。

『源姓宇留野氏分流續系譜』には

「勝敷　忠治　　母　竹内惣太夫女
安永四年乙未十一月九日生ス
實ハ秋山文治光年第二子ナリ勝諸養テ嗣トス
寛政五年癸丑八月八日初テ　義和公ニ拝謁ス
御盃御梖
同月十二日大番組トナル
妻ハ勝諸女」とある。

勝敷の妻は安永九年（1780）庚子四月十八日生。
「系圖」には勝諸の実子三人の記載があり
「女子　明和元年（1761）甲申十二月二十八
日生ス
母杉山氏　戸沢作兵衛盛春妻」
「勝安　多仲　靭負　母同
明和四年（1767）丁亥十一月十一日生ス
天明元年（1781）辛丑十月四日初テ　義敦
公ニ拝謁ス御盃御梱
同年（1781）同月日闕大番組トナル
妻ハ湊元貞季道女
寛政四年（1792）壬子十一月二十六日死ス
享年二十六
法名観理宗本」
靭負勝安と湊氏女の間に寛政三年（1791）
生の女子が生まれている。

### (7) 宇留野分流家（縫殿家）七代・鶴松某

「某　鶴松　母ハ勝諸女
寛政十一年己未四月十一日生ス」
前記したようにこの代のことは基本的に、五
代源七勝諸が提出した『源姓宇留野氏分流續系
譜』でしか辿ることができない。
寛政十一年（1799）四月十一日に生まれた
鶴松が、『御亀鑑・秋府三十五』義和公の文化
十一年（1814）二月十七日の条に「宇留野
忠治嫡子　宇留野鶴松出仕　小貫及右衛門嫡子
小貫藤七郎　右両人　御盃御梱ニ而被下之」
鶴松十六歳の時である。
勝敷と勝諸二女の間には鶴松の外に文化元年
（1804）八月二十日生の妹がいた。この時
点で鶴松某の禄高は四十石である。
以上縫殿家の初代勝弘から七代鶴松までにつ

いて、『源姓宇留野氏分流續系譜』その他から辛うじて辿ることができる事柄であるが、八代から十代までのことについては、十代（と思われる）徳治が明治六年（１８７３）秋田県庁に提出した「士族卒明細短冊」によりその一部を拾うことができる。

ただし、七代鶴松某と八代源七某が連続しているかどうか、七代鶴松某と八代源七某の間に誰かがいるかどうかの検証は現時点ではできていない。

ここで十代徳治が秋田県庁に提出した「士族卒明細短冊」を写す。

「元秋田藩　父　宇留野源七亡
養父實兄　宇留野忠治亡　非役
第一大区二小区長野下新町南丁
士族　宇留野徳治㊞

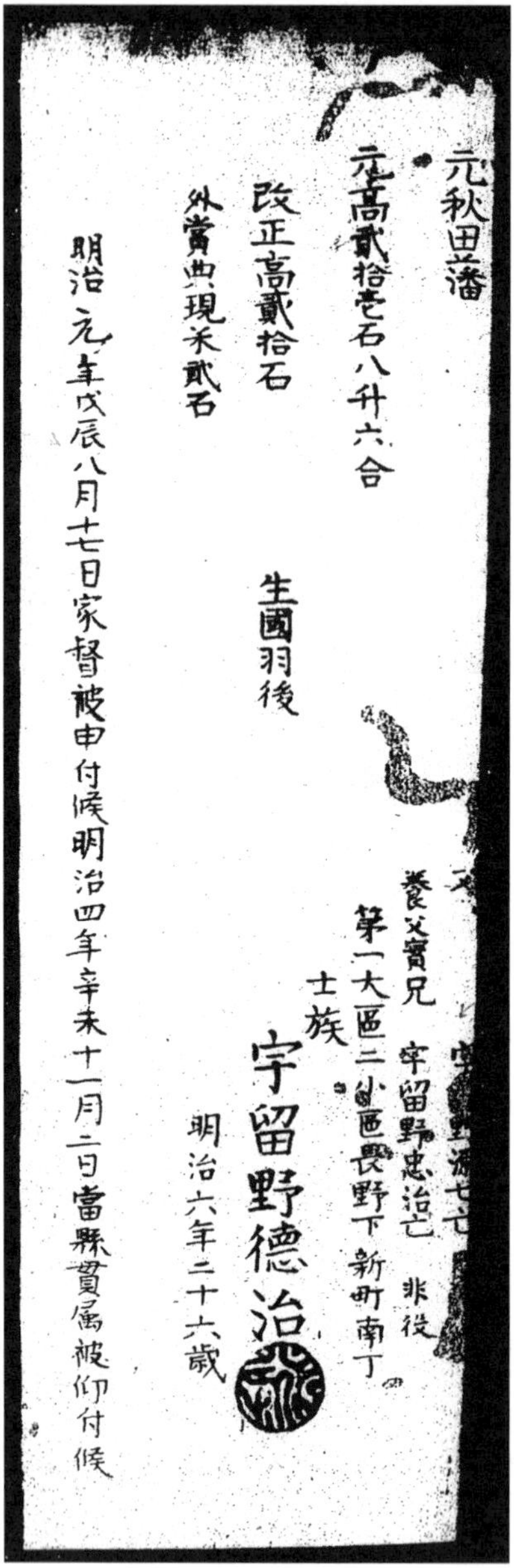
宇留野源七亡
養父實兄　宇留野忠治亡　非役
第一大區二小區長野下新町南丁
士族
宇留野徳治
明治六年二十六歳
生國羽後
元秋田藩
元高貳拾壱石八升六合
改正高貳拾石
外賞典現米貳石
明治元年戊辰八月十七日家督被申付候明治四年辛未十一月二日當縣貫属被仰付候

「士族卒明細」宇留野徳治
（秋田県公文書館蔵）

明治六年二十六歳
元高貳拾壱石八升六合
改正高貳拾石　　生国羽後
外賞典現米貳石
明治元年戊辰八月十七日家督被申付候明治四
年辛未十一月二日當縣貫属被仰付候」

**(8) 宇留野分流家（縫殿家）八代・源七某**

縫殿家八代宇留野源七某の名前は、「士族卒明細短冊」のほか、『秋田沿革史大成』付録に「藩士分限禄取扶持方各郷士給禄名調」（安政二卯年〈1855〉改定）の中で「久保田住士以下分限調」に「五人扶持五十目十九石　宇留野源七」と記載されている。

**(9) 宇留野分流家（縫殿家）九代・忠治勝吉**

「忠治　勝吉
天保十五年（1844）生
明治元年（1868）戊辰戦争庄内征討戦で、本荘に於いて負傷、八月十三日死亡、秋田市全良寺に葬る、行年二十五歳」（『秋田沿革史大成』）。十代徳治の四歳年上の兄である。

**(10) 宇留野分流家（縫殿家）十代・徳治**

徳治は四歳年上の兄忠治が明治元年（1868）八月十三日に戦死したため、同年八月十七日に家督を相続した。相続時の禄高は二十一石八升六合であったが、明治四年十一月二日秋田県から改正禄高二十石、ほかに賞典（兄忠治の戦死による）として現米二石を与えられている。

徳治が住んでいた場所は秋田町長野下新町南町であったが、それ以降の消息を追うことはできていない。

# 宇留野分流家（縫殿家）家紋他

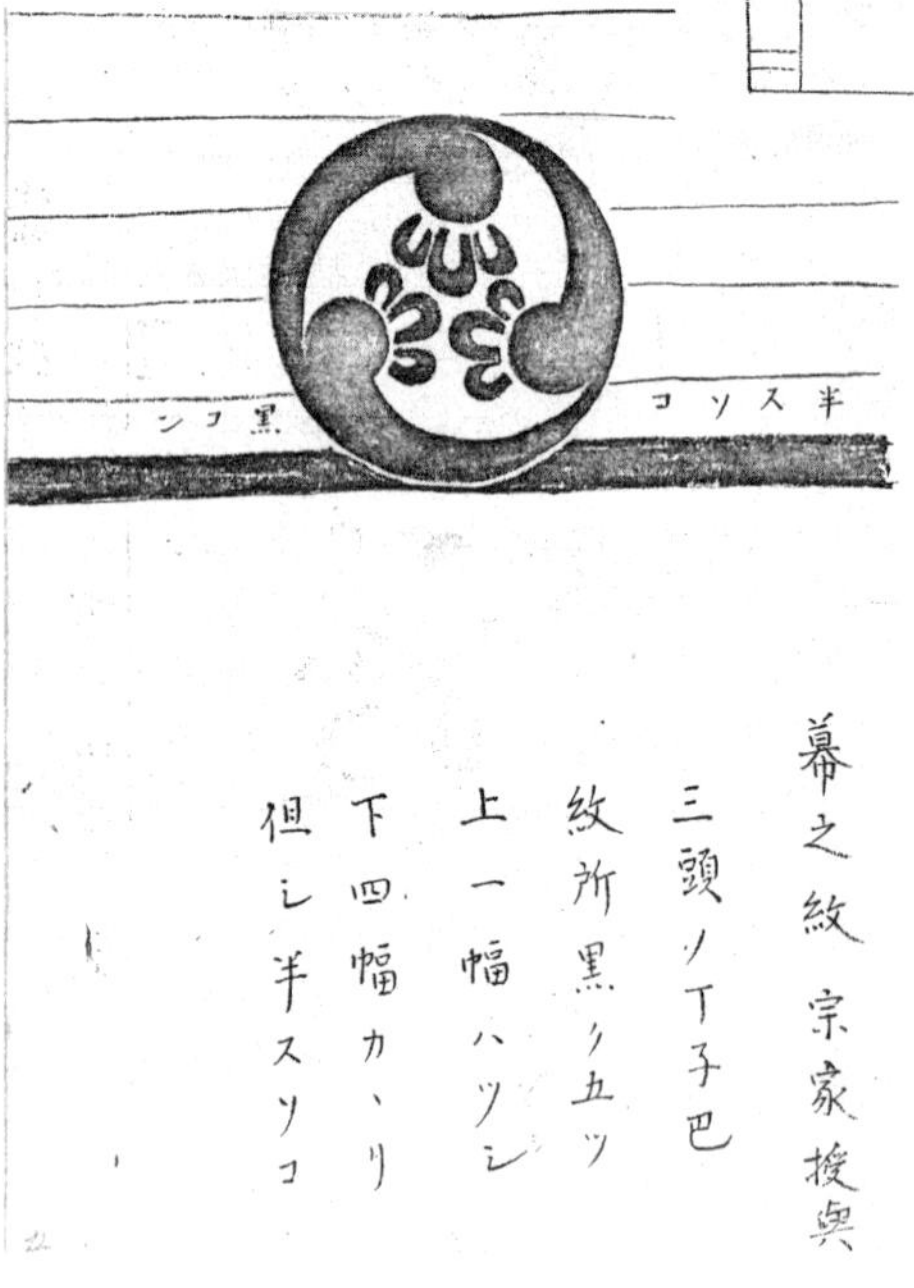


「源姓宇留野氏續系譜」（秋田県公文書館所蔵）より

**宇留野分流家（縫殿家）の家紋他**

家紋（上図右）は「丸に三頭ノ丁子巴」。宗家の紋に丸い輪を加えて分流であることを表している。

旗印は浅黄地に〝龍〟の文字を白く染め抜く。

幕の紋は宗家から授与されたものとある。紋の大きさや下一幅が黒紺であることが宗家と異なっている。

## 三　宇留野分流家（左近・内記家）について
### （宇留野源兵衛義長二男・勝親家）

#### ⑴分流初代・左近勝親

『宇留野氏系圖』には、勝親について次のように記載されている。

「勝親　小吉　左近
慶長七年
義宣公羽州迁封ノ時兄義勝ト共ニ秋田エ下向六郷　御舘ニ於テ　義重公ニ近侍セシム後年采地五十石及平鹿郡大屋中野同郡餅田大堤ノ御指紙二枚ヲ賜ヒ横手エ移住一家ヲ成シ仕シム
妻ハ東中務義久女　寛文四年甲辰十月七日卒法名了種院貞諒妙霊
十一月二十六日卒ス　年号不知　法名玄了院峯光栄智　衡城ノ西大蔵堂ニ葬ル」

『佐竹　御分流系圖　宇留野』（A288・2–590–26）には、「天英公羽州迁封ノ後ニ来ル禄五十石ヲ賜テ平鹿郡横手ニ住セシム（以下略）」とあり、また文化二年に子孫宇留野勝一が藩庁に提出した『家傳』にも「義宣公羽州迁封ノ時同年御跡ヨリ下向采地五十石ヲ賜ヒ仙北郡六郷ノ館ニ於テ義重公近侍セシム多クタマモノ（ママ）有リ後年横手ヘ移シ　命シテ向氏ノ部下トス　寛永二年執政梅津半衛門執達シテ采邑仙北大屋中野餅田大堤ノ指紙二枚ヲ賜フ」とあり、慶長七年に義宣公と一緒ではなかったが、同年に遅れて横手に着いたことが判る。

勝親の生年が不明で推測になるが兄・義勝（のち勝忠）が一五九一年生、弟・清太夫が一五九九年生、さらに大山六左衛門家系図から判った義勝と勝親の間の女子が一五九三年頃の生れと思われることから、勝親は一五九五年頃の生れと

# 第18図 宇留野分流系図（内記家1）

**義長**
秋田初代
蓮信 源十郎 源太郎 源兵衛
不詳（1539頃～161＊年）
妻吉成主殿信実女（佐竹寺本）
生年卒年不詳
後妻馬場新介重親長女
生年卒年不詳
「源姓佐竹氏総系圖」より
慶長七年常陸より義宣公に従い
下向 横手下根岸に居住
卒年不詳（～161＊？）

**義勝**
宗家秋田二代
のち改め勝忠 源太郎 源兵衛
1591～1651・2・3 61歳
母 馬場新介重親長女
妻 須田美濃守盛秀二女
初め 横手 下根岸居住
後 久保田長野に居住

**女子**
生年卒年不詳
母 馬場新介重親長女
大山六左衛門重成室

**勝親**
分流家初代
小吉 左近
不詳（159＊～16＊＊）
母 馬場新介重親長女
妻 傳て東中務義久女
初め六郷で義重公に近侍五十石を賜う
後年横手へ移し命じて向氏の部下とす
横手下根岸に居住
十一月二十六日卒 年号不知
法名玄了院峯光栄智
衡城の西大蔵堂に葬る

**清太夫**
資廣
1599～1641・8・29 43歳
母 同
森田播磨資房嗣となる

**女子**
生年不詳～1641・8・2
母 同
赤坂源太光賢室
法名玉室妙光

（勝親の子）

**勝眞**
二代 勘助
生年不詳～1663・3・8
母 傳て東氏女
妻 赤坂吉右衛門光定女
十一月六日卒年号不知
法名雪霜院妙圓
大蔵堂に葬る
寛文三年癸卯三月八日卒
法名是性院宗如
大蔵堂に葬る

**女子**
田所三左衛門忠俊妻

**女子**
茂木氏家臣赤上采女某妻

**某**
伊蘭 早世

**某**
正右衛門 早世

（勝眞の子）

**勝門**
三代 内記
生年不詳～1691・7・28
母 赤坂吉右衛門光定女
妻 小室九郎右衛門宗有女
享保四年二月十日卒
法名蘂宕院妙連禅定尼
大蔵堂に葬る
元禄四年辛未七月二十八日卒
法名教法院宗直
大蔵堂に葬る

**女子**
南氏家臣荒巻掃部秀應妻

**忠直**
勘右衛門
石井理左衛門忠近嗣となる

**光能**
吉兵衛
赤坂強左衛門光當嗣となる

（第19図に続く）

# 第19図　宇留野分流系図（内記家2）

（第18図より続く）

四代　勘助
**勝盛**
1665～1705・5・12　41歳
母　小室九郎右衛門宗有女
妻　北家家臣矢野三郎兵衛廣重女
享保三年戊戌閏十月十一日卒
法名智善院妙観
大蔵堂に葬る
元禄九年義處公に扈従して東都に
至り同十年公に従って秋田へ下向
宝永二年乙酉五月十二日卒
法名観行院宗閑　行年四十一歳
大蔵堂に葬る

**女子**
梅津小左衛門忠職妻

**女子**
山崎藤七寛忠妻

五代　数之助　内記
**勝就**
1692～1729・11・8　38歳
母　矢野三郎兵衛廣重女
妻　高屋五左衛門盛放女
享保十年十月十四日卒
法名眞如院妙躰日壽
大蔵堂に葬る
後妻　真崎正親某女
元禄十四年六月初て義処公に拝謁其時前髪
宝永二年七月父の家督を賜う義格公幼年
宝永三年十二月横手御本丸大御番
六番に入る（十五歳の時）
正徳元五月義格公入部因って同年拝謁し
て継襲の恩を奉謝す御盃御梛（二十歳）
正徳三年明春の義格公御参府御供番に
任せられる同年十月病に臥す因て辞
して其の扈従を許される（二十二歳の時）
享保八年十一月采地増減の事に因て百五石
の御判紙義峯公改て賜う（三十二歳の時）
享保十一年五月命ぜられ向源左衛門政之
組下組頭役に任ぜられ支配羽黒野御扶
持方御足軽指揮及び御本丸大御番筆頭
火事火消方を兼ねる（三十五歳の時）
享保十三年八月病に臥し両役を辞す
享保十四年十一月八日卒　行年三十八歳
法名一翁院泡閑日廣
大蔵堂に葬る
導師日蓮宗六郷長應山本善寺

**某**　兎毛
生年不詳～1732・1・16
母　矢野三郎兵衛廣重女
初め真崎氏養子となる
故有って真崎氏より本氏に復す
享保十七年壬子正月十六日没
法名観達院智充

**某**　早世
母　高屋五左衛門盛放女
正徳五年正月二十日卒
諡　蓮智

**女子**　百（カツ）
母　高屋五左衛門盛放女
享保元年丙申生
不慮之助卒して後高屋五左衛門盛放養女
として上遠野藤馬秀茂の妻とす
寛保三年癸亥十月十一日卒　享年二十八歳
道号光授法名映心

**女子**（イヨ）
母　真崎正親某女
勝就没して後母真崎氏へ帰り木部氏へ再嫁
の時母に従って木部氏へ行き木部氏 清右衛門
養女として松浦圓太某の妻とす
天明元年十一月二十七日卒
法名是随還珠

六代
**某**　不慮之助
実は山崎喜左衛門寛忠の第三子也勝就末期
に臨んで嗣なし養て子とす　勝就没するに
及て其家督を襲す年少なく未だ不仕して家
に在　享保十五年庚戌十月三日浅利八百
蔵長兵衛二男と争論す其の夜八百蔵来つて不
慮之助を門外に誘て兵刃を交ゆ不慮之助
刃傷せらる止むを得ずして八百蔵を刃傷す
其の罪に因って同年十一月二十一日命じて
自害を賜う　上使岡内記副大鑑察高垣兵
右衛門
家断つ　法名清翁院運理

七代　幼名子之助　亀之助　内記
**勝一**

（第20図に続く）

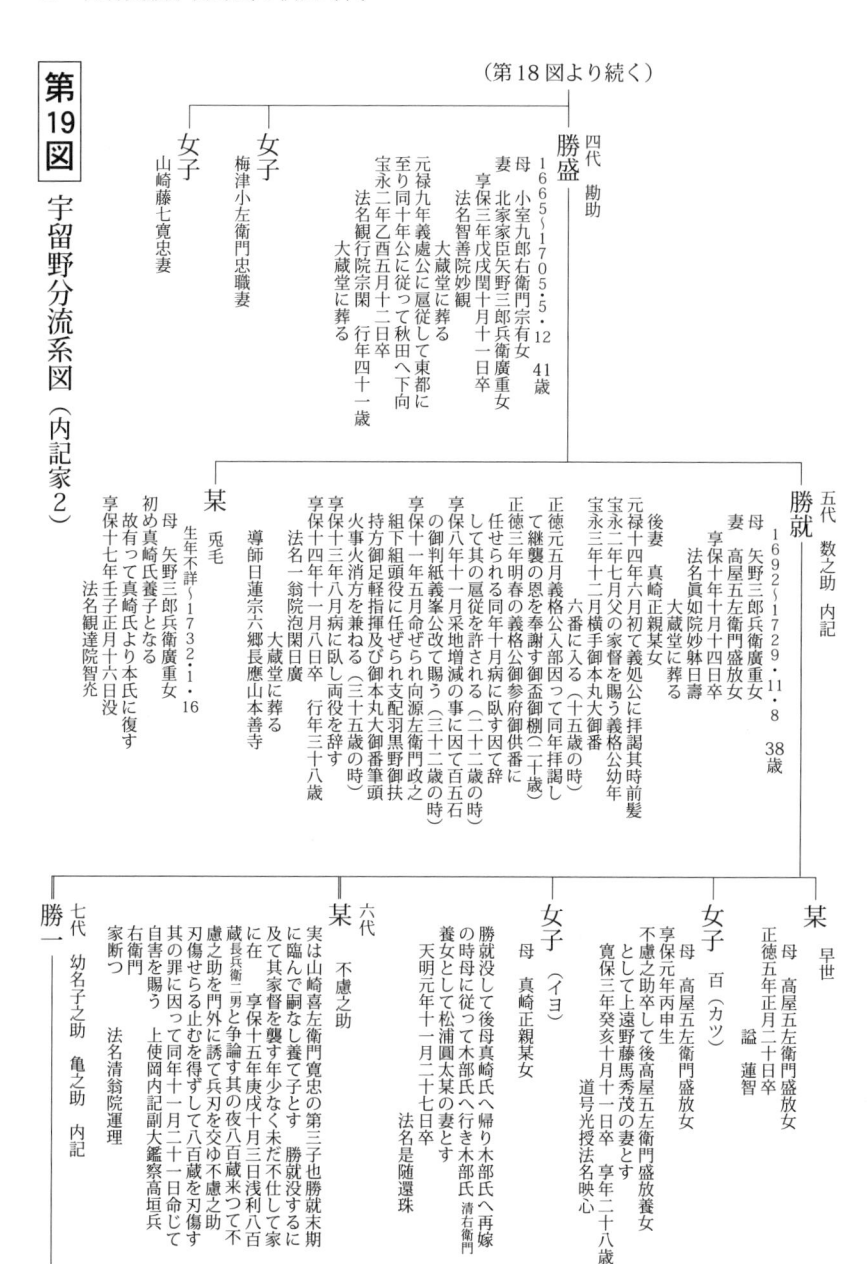

# 宇留野分流系図（内記家3）

**第20図**

七代
**勝一** 幼名子之助　亀之助　内記
1766・8・3～1813・4・12　行年48歳
明和三年丙戌八月三日生
実は上遠野喜太郎秀彌第二子也勝就外孫源兵衛勝冨養いて弟とす
生母は冨岡傳右衛門成芳女
天明八年戊申四月八日没　壽五十一歳
諡月心院道号頓證法号速夢
妻　益子八右衛門為章女　文政三年七月十四日卒
行年五十一歳　諡壽量院妙道日教　大蔵堂に葬る
・嘗て勝就の養子不慮之助刑せらるるの後数年家断つ養兄勝冨父の志を襲ぎ勝就の家再興の事を天徳寺二十九世の現住宣君和尚に託して頻に請告す
明和九年壬辰十月、光源君法会の赦に合い尚其事を請告す、是に因って安永二年癸巳四月二十二日源通公其の前罪を赦し　命じて勝一をして勝就の家蹟を再興せしめ旧に依って向庄九郎政芳の部下とす、同五月五日宗家勝冨二男家中興及び幕の紋三ツ頭の丁子巴授与の証文を改めて授く同年七月月俸三口を賜う　同年八月朔日義敦公に拝謁す継襲の恩を奉謝す奏者小野崎内匠
・安永三年甲午十月、旧知百五石の内三十石を返し賜う
・安永七年戊戌六月、宗家源蔵勝意が采邑開墾の力を佐け且つ小宗の家たるを以て勝意采地の内十九石六斗授与の事を請う、同月其の請う処を可都合四十九石六斗に成
・天明三年癸卯九月、横手御本丸大御番五番に入る
・寛政五年八月国学館員備るに因って勤番を免ぜらる
・同年九月部下組頭格書院教授に任ぜらる横手一郷を提学向政甲に属し一騎に任ぜられ軍法を命令せらる
・文化四年六月朔日嶋夷蜂起し松前騒乱の為、秋府に到り
・文化四年八月教授数年の功労を賞して白銀三百目を賜う
・文化十年三月教授の功労を賞して白銀三十目を賜う
文化十三年四月十二日卒　行年四十八歳
諡源壽院教道日満　大蔵堂に葬る

**女子** 名は辰
母は益子氏女
寛政元年己酉六月晦日生
秦與左衛門某妻故有って離別となる
文化十一年五月二十六日卒　行年二十六歳
諡深達院妙相　大蔵堂に葬る

八代
**勝般** 源助　内記　七郎
母は益子氏女
1792・1・1～1844・2・15　53歳
寛政四年壬子正月元日生
妻　塩軍兵衛高致女
天保十年六月二十六日卒　行年四十七歳
諡　清閑院妙金日法　大蔵堂に葬る
後妻　宮崎九兵衛養女
天保十四年二月二十六日卒　行年四十七歳
諡　常照院妙喜日泉　大蔵堂に葬る
文化二年八月二十二日義和公に拝謁于時前髪
文化八年正月御本丸大番十五番に入る
文化十年五月父の家禄を賜う
文化十年八月二十七日義和公に拝謁嗣襲の恩を奉謝す奏者大番頭大塚才蔵
天保十五年二月十五日卒　行年五十三歳
諡　止明院順道日静　大蔵堂に葬る

**某** 小傳治　早世
母は益子氏女
寛政六年八月二十七日生
寛政八年正月四日死す　諡還夢　大蔵堂に葬る

**秀現** 万吉
母は益子氏女
寛政九年正月十四日生
塩藤太秀緜嗣となる

**女子** 名は秀　養女
母は勝一女
実は秦與左衛門某女勝一外孫養いて女とす
文化十二年十一月二十七日卒
諡　善性　大蔵堂に葬る

**女子** 養女
実は渡部氏女　上遠野典膳秀武妻とす

**女子** 養女
河會惣内愛惟妻とす

**某** 亀之助
母は塩氏女
文化十年閏十一月十五日生
文化十一年正月二十二日卒　二歳

九代
**勝伴** 源助　内記
母は塩氏女
1816・3・9～1847・11・11　32歳
文化十三年三月九日生
妻　金澤三郎兵衛親将女
文化十三年三月十二日生
明治三十七年八月二十五日卒　八十九歳
止源院妙覚日悟大姉　大蔵堂に葬る
文政十二年七月十一日義厚公に拝謁
奏者大番頭赤坂忠兵衛 于時前髪十四歳
天保五年正月育英書院勤学を以て学庸論語試験を免ぜらる　十九歳
同年　横手御本丸大御番四番に入る
天保十五年三月父の家禄を賜う
弘化二年九月十二日義厚公に拝謁嗣襲の恩を奉謝す奏者大番頭小野寺桂之助
于時御盃御梱を以て賜う
弘化四年十一月十一日卒　行年三十二歳
諡　貞松院玄理日明　大蔵堂に葬る

（第21図に続く）

**信之** 良吉
母は塩氏女
文政二年九月十一日生
佐藤禮太信成嗣となる

（第20図より続く）

# 第21図

## 宇留野分流系図（内記家4）

十代
**勝任**　源治　内記　源七郎　初め勝知
1836・3・13～1905・8・20　70歳
天保七年丙巳三月十三日生
母　金澤三郎兵衛親将女
妻　寺田喜四郎利業女
元治元年十二月十二日卒　行年二十八歳
後妻　今村理平治姉ヤヱ　根岸下町
大正五年四月二十五日卒　行年八十二歳
弘化二年乙巳九月十二日初めて義厚公え拝謁す
弘化五年戊申正月九日父の家禄を賜う
嘉永七年甲寅十月二日　育英書院勤学の故を以
て学庸論語試験を免さる　十九歳
同年十月十三日　横手御本丸大御番五番に入る
同年十一月二十五日育英書院詰め役加勢に任ぜらる
安政二年乙卯二月晦日詰役に任ぜらる
同年五月　義睦公御入部同三年丙辰四月十二日
義睦公え拝謁す奏者大番頭小田野常治嗣襲の恩
を奉謝す　于時御盃御棚にて賜う序先規の通り
慶應二年六月京都警護の為久保田を出立、翌年
正月廿八日京都出立、二月廿四日久保田帰着
明治元年四月庄内征討に組頭として雄勝郡田代
へ出陣、解兵。七月庄内征討に組頭として雄勝
郡大澤村に出陣、同年八月十四角間川村にて鉄
砲傷を負い戦線離脱後久保田に移り入院
明治十九年横手裁判処使丁取締
明治廿七年八月五日横手川氾濫で大被害に会う
明治廿六年九月廿六日角館町山根町二番地に転籍
明治廿八年八月廿日卒　行年七十歳
諡　源壽院恭堂謙居士　源太寺山に葬る

**勝基**　良之助
母　金澤三郎兵衛親将女
天保十四年五月七日生
明治元年八月の戦功に因り明治四年二月二日
一家を成す事を許される

---

**女子**　津多
1855～1938・1・19　84歳
安政二年乙卯八月二十日生
母　寺田喜四郎利業女
河原田次亮（角館町）に嫁ぐ
法名慈海壽操大姉　天寧寺に葬る

**勝孝**　源治
1858～1886・8・16　29歳
安政五年戊午八月十六日生
母　寺田喜四郎利業女
明治十九年丙戌八月十六日卒
法名源良院義厳　行年二十九歳
コレラ病にて死する故火葬す後
遺骨大蔵堂に葬る

十一代
**竹五郎**
1870～1928・5・17　59歳
陶源三郎（角館町表町住）の四男
明治三年九月一日生
勝孝卒後源七郎の嗣子が居なくなっ
た為明治三十年七月三十一日源七郎
の養子とし横手町上根岸町二十一番
地に入籍　明治三十八年八月二十日
養父源七郎死亡に因り同年十月十一
日家督相続届出
明治三十一年六月三十日吉成ハル
（角館の吉成敬四郎と河原田次功の
長女レンの長女）と結婚（横手町
上根岸町21番地で入籍）
昭和十八年九月二十九日卒七十五歳
法名観覚院法連妙操大姉
角館町山根町、源太寺山に葬る
昭和三年五月十七日竹五郎死亡
諡消隆院啓運良徹居士五十九歳
山根町源太寺墓地に葬る

---

**勝輝**
1899・11・3～1922・1・25　24歳
明治卅二年十一月三日生（角館町で出
生・本籍地横手町上根岸町21番地）
母　吉成ハル（敬四郎・レンの長女）
大正十一年一月廿五日卒　二十四歳
法名勝行院法輝日道居士
角館町山根町、源太寺山に葬る

**女子**　イヨ
1902・4・15～1972・8・4　71歳
明治卅五年四月十五日生（角館町で出
生・本籍地横手町上根岸町廿一番地）
母　吉成ハル（敬四郎・レンの長女）
大正十一年十月二十日蓮沼一太郎に
嫁す（本籍角館町小人町三十六番地）
昭和四十七年八月四日卒　七十一歳

十二代
**正**
1907・11・30～2005・6・8　99歳
明治四十年十一月三十日角館町
山根町五十三番地にて出生
母　吉成ハル（敬四郎・レンの長女）
妻　草彅ヨシヱ（正一・トミの長女）
明治四十三年五月十四日生
昭和三十五年八月二十七日角館町
東勝楽丁一番地四にて卒五十一歳
法名一乗院妙在日慈大姉
角館町山根町、源太寺山に葬る
後妻　門脇エシ　平成二十二年卒
秋田県角館町周辺の公立学校教員と
して四十年近く勤務
角館町立中川中学校長
田沢湖町立生保内小学校長
中仙町立長野小学校長
平成十七年六月八日角館町
東勝楽丁一番地四にて卒
行年九十九歳　源太寺山に葬る
法名　教導院育徳日正居士

---

**祐子**
仙北郡角館町東勝楽丁
二番地ノ一にて
昭和十年七月二日生
母　草彅ヨシエ
昭和卅六年吉成實に嫁ぐ
（長男達三　長女節子）

**隆**
仙北郡角館町東勝楽丁
廿三番地にて
昭和十二年五月五日生
母　草彅ヨシエ
妻　梅津千鶴子
長女京子　長男勝吾

**弘**
仙北郡角館町東勝楽丁
廿三番地にて
昭和十六年六月卅日生
母　草彅ヨシエ
妻　加川明子
長男勝彦　二男智

**剛**
仙北郡神代村神代にて
昭和廿年七月廿六日生
母　草彅ヨシエ
昭和廿年十一月廿七日卒

**晃**
仙北郡角館町東勝楽丁
一番地にて
昭和廿二年十二月十二日生
母　草彅ヨシエ
妻　石井朝江
長女愛　二女祥子

**恵子**
昭和廿九年六月十六日生
母　門脇ヱシ

想定してもそれ程の誤差はないものと考える。

勝親は慶長七年時点では、八歳前後だったと推測される。

五十石を貰って義重に近侍したとあることから仕えたのは横手に来てすぐではなく、三、四年後の慶長十年頃からでなかろうかと推測する。

義重が慶長十七年（１６１２）四月十九日に花舘で鷹狩の折に落馬して没した時には側にいたのかどうか、少なくとも六郷にはいたと思われる。この時、勝親（小吉）は十八歳位だったろう。

六郷の義重居住館の撤去に伴い勝親は横手の父・源兵衛義長、兄・源太郎義勝（のち勝忠）が住んでいる下根岸の屋敷に一緒に住むことになる。

そのことは、「第22図」の「慶長七年転封直後における宇留野勝忠の居住地の考察」で推考できるように分流家で五十石の勝親（小吉）が、寛文九年絵図にある下根岸の相当の広さのあるこの場所に初めから一人で住めるとは到底思えないからである。

左近勝親はそこで一家を成し三男二女をもうける。妻は『宇留野氏系圖』には「妻ハ東中務義久女」とあるが『家傳』には「傳テ東中務義久女也」とあり、また佐竹東家系図の上では宇留野氏に嫁いだ女性を見出すことはできない。

妻は寛文四年（１６６４）十月七日卒とあり長命であった。

『横手市史・近世』二二七頁に寛永五年（１６２８）横手城本丸警備の大番士一覧の中に二番筆頭赤坂源太の次に「宇留野小吉・根岸・五十石」とある。赤坂源太光賢は小吉（のち左近）勝親の妹が嫁いでいて義理の兄弟（小吉が年長）であるが、この妹は前年寛永四年（１６２７）五月十日に亡くなっている。下根岸の住まいは隣同士である。

またこの年、寛永五年四月十三日に兄源兵衛義勝（後改め勝忠）一家が横手城下・下根岸から久保田城下長野に義宣の命で引越ししている。

なお、『横手市史・近世』二二九頁上段に小瀬氏の家督継承についての記述があるが、少なくても次の記述（【】内）には事実の誤認がある。【（前略）。それには藩主佐竹義宣の許しが必要で、『佐竹家譜』によれば、元和五年（一六一九）九月四日、家老の梅津政景から宇留野源兵衛や小瀬民部伊秀の家督継承の件が義宣に上奏され、二人とも義宣の承認を受けている。】

この記述の『佐竹家譜』元和五年（1619）九月四日の条は「重陽の御服三（中略）。宇留野源兵衛、小瀬民部等、今宮摂津守家督を其子に授けんと請う。政景是を執す。義宣許諾す。但、指南代官等のことは其子幼少の間秋田下向の上、他人に下知せしむべしと云々。」とある。

ことの背景は、佐竹義宣が、将軍徳川秀忠の上洛に扈従して多くの家臣を引連れ上洛した折、今宮摂津守道義が山城国石田で病死した（九月朔日卒、行年四十七）。そのことにつき九月四日、同じく山城国日野にいた宇留野源兵衛（義勝のち勝忠）が同じ佐竹分流家で横手下根岸居住の小瀬民部伊秀を誘い、梅津政景（この時点ではまだ家老になっていない）を通して同じ佐竹分流家の今宮摂津守道義の幼い嫡男又三郎（当時七歳、幼名大嶺、のち義賢）に家督継承されることを願い出たのである。

実は、今宮摂津守道義は角館で常州以来の流れを汲む寺山五十五騎の武士団を指南していた。その寺山五十五騎の筆頭・森田播磨資房（～1610卒）の養嗣子に宇留野源兵衛義長の三男・清太夫（勝忠の弟）がなっていた。

今宮摂津守道義家督を又三郎に継承するよう請願したのは、今宮家指南の武士団から宇留野源兵衛義勝（勝忠）へ強い働きかけがあったと考えられる。

『佐竹家譜』のこの項の原典は『梅津政景日記』だが、その同年九月四日の条は【一、重陽之御服三ツノ内、（中略）。一、黒沢甚兵衛（道家）を以、宇留野源兵衛（勝忠）・小瀬民部（伊秀）被申分ハ、摂津守相果候ニ付、下之者共申分ハ、跡式之承届、妻子にも為申聞度由申候と、拙者ニ被申候間、其段申上候へハ、摂津守知行之所無御相違由、被仰出候、指南・代官所之儀ハ、子共若輩之儀ニ候間、御下之上、御覧被計、余人ニ可被仰付にて御座候、一、天氣吉】となっている。

この『大日本古記録・梅津政景日記』の欄外には「義宣重陽ノ服ヲ秀忠ニ献ズ、土井利勝土屋利清等ニモ之ヲ贈ル」「宇留野勝忠等今宮道義ノ跡式ニツキテ義宣ニ請フ」「義宣道義ノ知行ヲ安堵セシメ指南代官所ハ他ニ命ズベキコトヲ告グ」と註釈書きがされている。従って、『横手市史・近世』の二二九頁の記載はその部分については的外れとなっている。

ちなみに、今宮家四代又三郎を角館所預かりの葦名義勝が後見人となり、今宮又三郎は長じて摂津守義賢を名乗り道義同様組下の士卒を支配し、また修験社人の頭領となっている。

### 宇留野源兵衛義長・嫡子源太郎義勝（のちに勝忠）居住地の考察

ここで、宇留野源兵衛義長、嫡子源太郎義勝（のちに源兵衛勝忠）の横手における居住地の考察をしておきたい（214～215頁第22図参照）。

常陸時代、佐竹義宣に仕える重臣（水戸城御移り祝賀の座に列席等々、秋田に移ってからも元和五年、同七年正月祝賀の席で引渡一番座列座）であった宇留野源兵衛義長（引渡一番座列席は横手居住の嫡子義勝が列座）は義宣の秋田下向に従い横手居住を命じられた。その居住場所について直接示す史料はないが、各種事項から、その場所は横手城登城口（七曲坂手前）左側の下根岸で、図に示した場所にほぼ間違いないと推測できる。推測を裏付ける事項として、

①寛文九年絵図（横手市立図書館所蔵「横手城下全図須田主膳盛品公時代　寛文九年」）と享保十三年横手絵図（秋田県立図書館所蔵）での「宇留野内記」の居住場所。

②宇留野源兵衛義長の秋田下向直前の佐竹義宣のもとにおける地位、及び慶長九〜十一年の横手御城御番帳で確認できる横手における地位の確認、さらに元和五年、同七年の引渡一番座列座という地位。

③金弥右衛門考

ここで、前記寛文九年横手絵図は『横手市史』によると実際には時代が若干の差があり信頼性において今一つ欠けるとの注釈が付けられているが、今回の考察に直接影響を与えるものではないと考えられるので、横手市立図書館所蔵の寛文九年（１６６９）絵図と享保十三年（１７１８）絵図を使用して比較考察する。

寛文九年絵図にある「宇留野内記」は分流家三代・内記勝門（生年不詳〜１６９１・７・28）である。二代勘助勝眞は寛文三年（１６６３）に没している。

三代内記勝門がこの場所に居住できたのは、分流初代・左近勝親が仕えていた六郷居住の義重が亡くなったため、向氏指南のもと横手居住を命じられ、この場所に居住することとなった。

知行高五十石でしかも分家の身分の左近勝親が下根岸のこの場所に住めたのは、当時まだ父・源兵衛義長が生存していて、兄・源太郎義勝（勝忠）が父と一緒に住んでいたためと考えるのが妥当である。

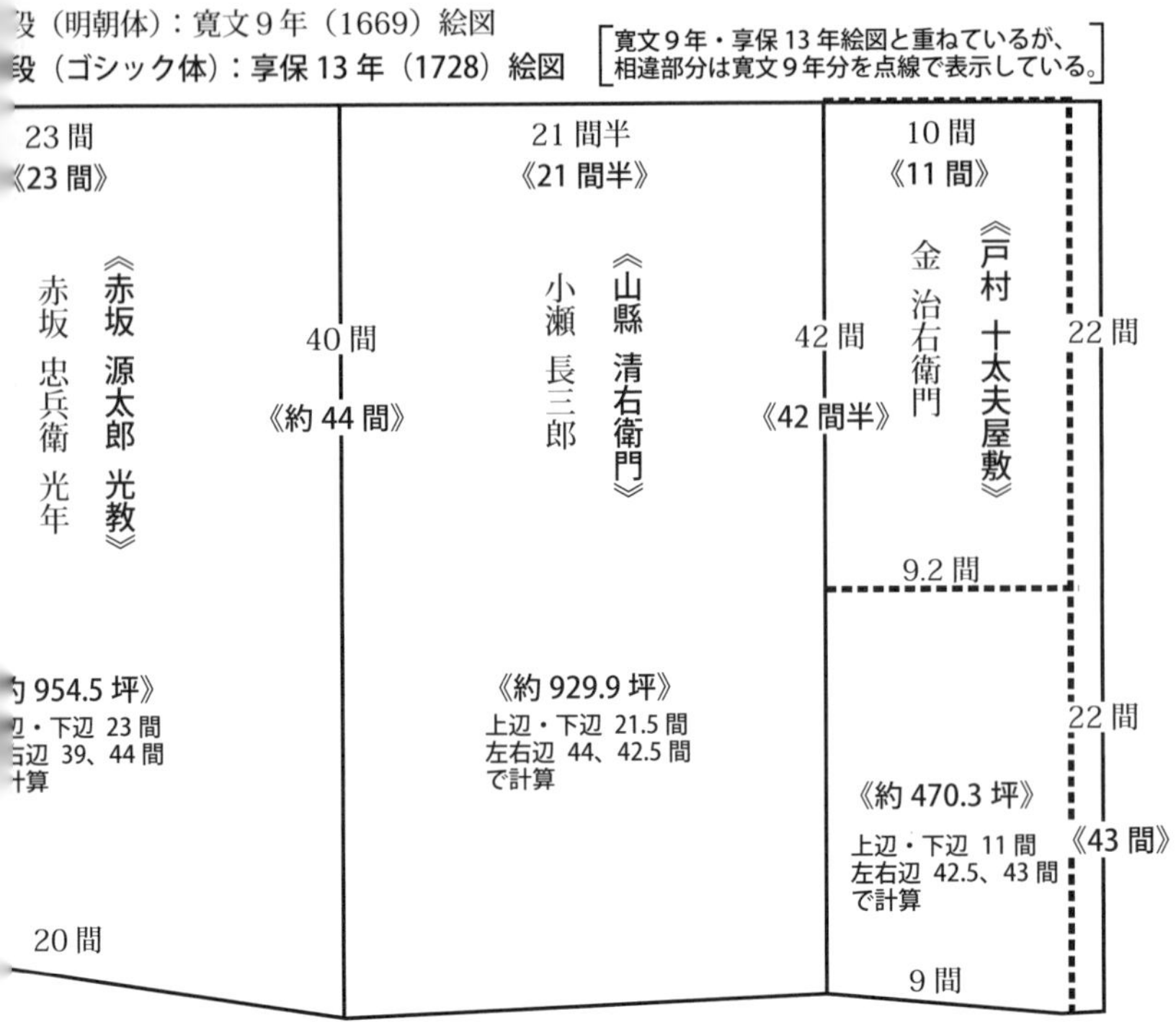


(2) 源兵衛義長は常陸時代にも、天正 10 年（1582）義宣元服の儀式、天正 19 年（1591）の太田城より水戸城御移りの祝賀式の折にも、一族として列座していて、また元和５年(1619)、元和７年(1621)の久保田城における祝賀式で源兵衛(勝忠)が引渡一番座に列席している。横手居住で元和５年正月の祝賀式に列したのは一番座に宇留野源兵衛（勝忠）、二番座に茂木筑後（治良）、伊達五郎（宣宗）、須田美濃（盛秀、横手城代）と梅津政景日記に記されている。形式的かもしれないが、宇留野源兵衛は当時の横手居住武士の間では格式の上で筆頭であったといえる。

(3) 寛永５年（1628）４月 13 日に源兵衛義勝（勝忠）が久保田城下長野に移住を命じられたが、小吉（のち左近）勝親がその屋敷の一部（寛永９年絵図）に居住し続け、分流５代内記勝就までその場所に居住し続けた（享保 13 年絵図）。

(4) 寛文９年絵図で金弥右衛門、享保 13 年絵図で「空白」となっている部分は、宇留野源兵衛（勝忠）が寛永５年に久保田の長野屋敷に引越した後、金弥右衛門（秀定）が居住し、寛文９年時点では秀定の孫・道穏の代・宝永３年（1706）に御馬預頭にて横手から久保田に引越ししたためである。金弥右衛門秀定は旧小野寺家臣で、永禄 11 年（1568）生れ、旧小野寺時代川連城代であった金掃部の嗣となった。慶長８年（1603）義宣公に仕え 80 石を賜った。梅津政景日記には馬の目利きとして政景の相談相手として頻繁にその名が出現する。

**第22図** 慶長七年転封直後における宇留野勝忠の居住地の考察

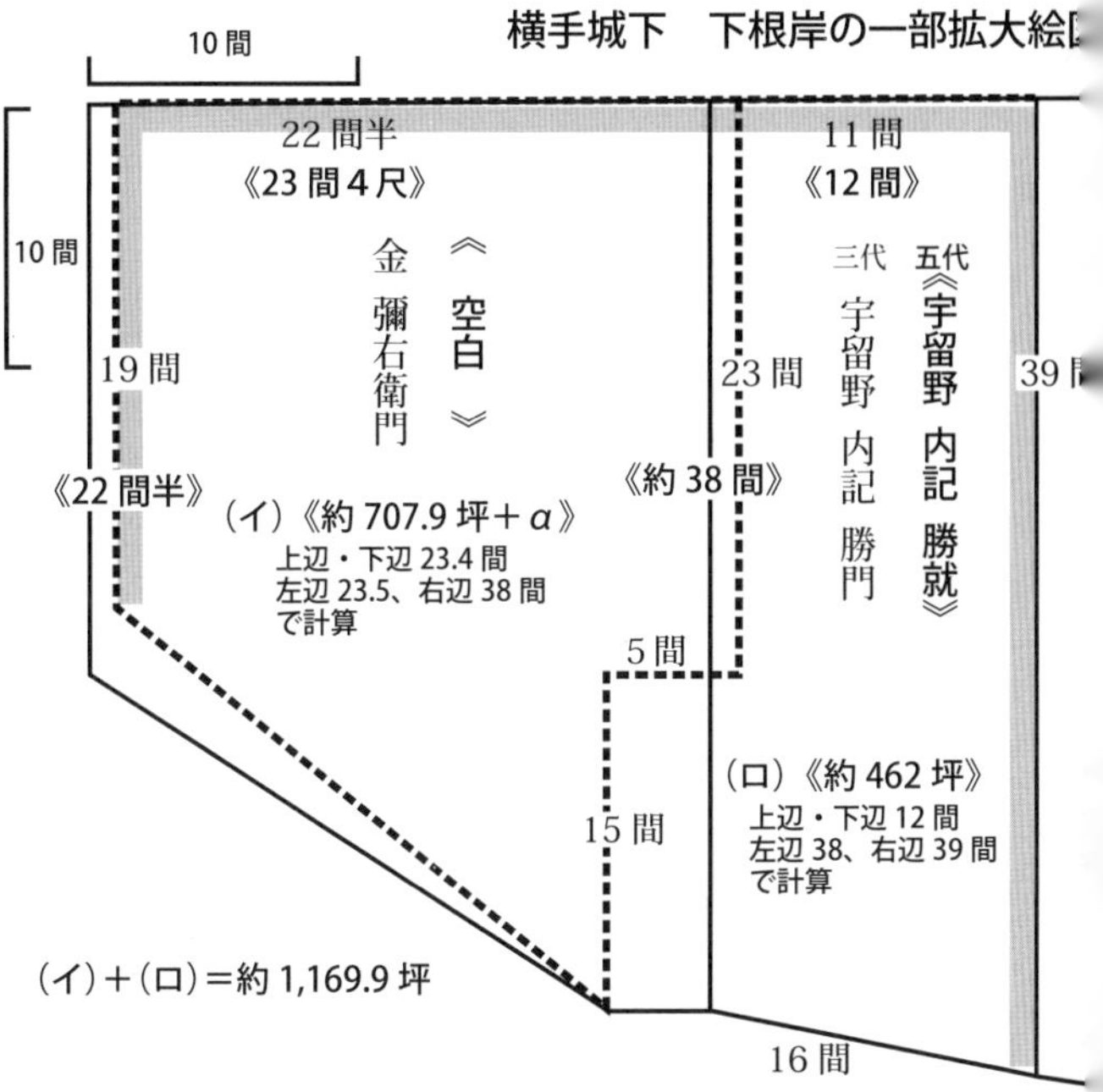


（註）絵図の写真のコピーから読み取っているため、不鮮明で読み取りにくい部分があり、間口・奥行の数値に一部違いがあるかもしれない。
敷地面積は享保絵図の面積（概算）

慶長7年（1602）、宇留野源兵衛義長、長男源太郎義勝（のち源兵衛、勝忠）、次男小吉（のち左近）勝親、三男清太夫は佐竹義宣の下向に従い初め横手に居住した。

次男小吉勝親はその後、50石を賜い六郷の佐竹義重に仕える。三男清太夫は今宮3代道義と共に角館に居住した森田播磨資房（1610年卒）の嗣子となった。

父・源兵衛義長と長男源太郎義勝は横手に居住し、義長は慶長9年（1604）より同12年（1607）頃の横手御城御番帳に二番筆頭（『横手郷土史資料』）、慶長11年（1606）7月御番帳に一番筆頭と記されている。尚、前者大番帳では、一番筆頭は真崎兵庫頭、二番筆頭宇留野源兵衛、三番筆頭小瀬越中守、四番筆頭小野崎淡路守（以下略）。後者大番帳では一番筆頭宇留野源兵衛、二番筆頭小瀬越中守、三番筆頭小野崎淡路守、四番筆頭前沢主殿（以下略）とある。

当図面左端（薄墨色の線内）に宇留野源兵衛が居住したと考える論拠は次の点が挙げられる。

（1）六郷の義重が慶長17年（1612）4月に死亡した後、宇留野小吉勝親は命じられ（向右近宣政指南）横手居住となったが、その時の居住場所が寛文9年（1669）絵図に在る宇留野内記勝門（分流3代、勝親の孫）居住地であったと考えられる。石高50石の勝親がこの場所に住むことが出来たのは、父源兵衛と長男源太郎義勝（勝忠）が当時居住していた敷地の一角を与えられたものと考えられる。そうでなければ、50石の身分でこの場所に住むことはできない。

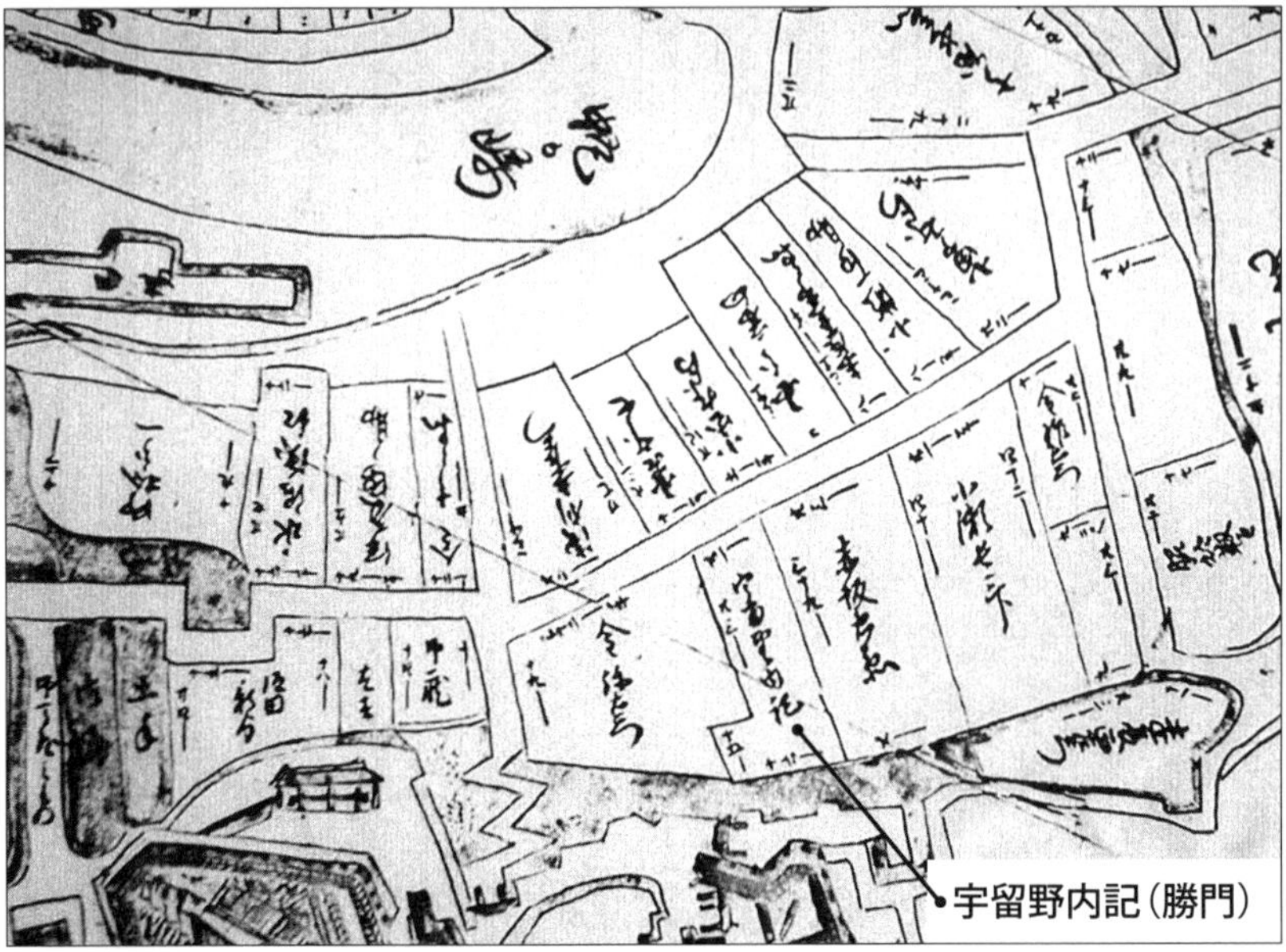


「横手絵図」（部分・寛文９年－1669年）（横手市立横手図書館蔵）

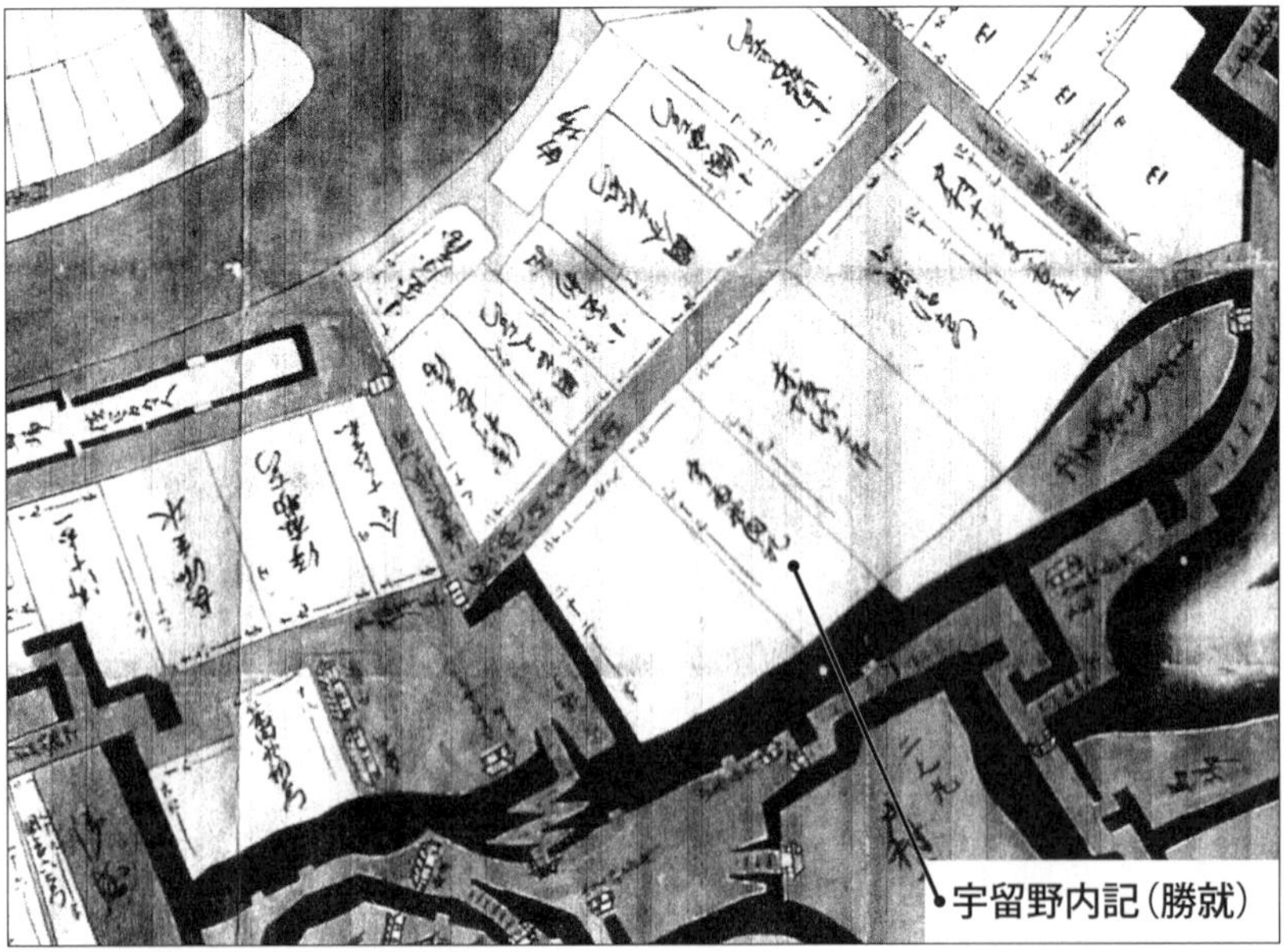


「横手絵図」（部分・享保13年－1728年）（秋田県公文書館蔵）

当時の屋敷は、寛文九年絵図にある金弥右衛門道秀の居住場所と内記勝門の屋敷を繋げた屋敷だったと想定する。享保十三年絵図で概算計算すると、合わせて約一一七〇坪余となる。

内記勝門の祖父・左近勝親が六郷から横手に移った慶長十七年当時の金氏当主は、道秀の祖父・弥右衛門秀定（1568〜1629）である。秀定は前小野寺義道重臣だが、慶長八年（1603）に知行高八十石で佐竹義宣に仕えた。梅津政景日記には、馬の目利きとして横手において政景と交流があったことが伺える。

秀定の三代後の弥右衛門道穏の代・宝永三年（1706）に久保田移住を命じられ、さらに道穏の四代あとの宇一郎道揚の代に宿老席に列せられるとある。佐竹氏の秋田下向直後、新参で禄高八十石の金氏がこの場所に住んだのは、少なくとも寛永五年（1628）四月十三日に宇留野源兵衛義勝（勝忠）が久保田城下長野に移住した後だろうと推測する。

その時点で宇留野左近勝親（卒年が不詳のため、あるいは勘助勝眞かもしれない）が住んでいた、敷地部分の後ろ側がカギ形になっている約五〇〇坪の地形が、兄・源兵衛義勝（勝忠）と同じ敷地に住んでいたことを特徴づける。

この敷地は享保十三年（1728）絵図では、カギ形の宅地から長方形（実際は台形）の約四六〇坪の宅地になり、引続き宇留野内記が居住しているが、この享保絵図の内記は分流五代・内記勝就（1692〜1729・11・8）である。

この絵図が作成された二年後の享保十五年（1730）十月三日に、内記勝就の聟養子・不慮之助が道路を挟んだ斜め向かいの浅利長兵衛家二男・八百蔵との争論から刃傷におよび、八百蔵を殺傷したため、同年十一月二十一日に自害を賜いお家断絶にいたる。

断絶となった宇留野分流家が宗家宇留野源兵

衛勝富の働きかけにより再興するのは、四十三年後であるが、屋敷は上根岸となる。

詳しくは、宇留野内記勝一の項で述べるが、下根岸のこの一画は郷校・育英書院が寛政七年（1795）四月に落成し、内記勝一は郷校初代教授としてこの地に関わりを持つことになる。

慶長年間（九年・十年頃）、下根岸のこの場所は、当初七曲坂に向かって左側に宇留野源兵衛（義長）、真崎兵庫頭（宣広）、小瀬長三郎（伊秀）が住んだと思われる。

真崎兵庫頭は慶長年間（九年・十年頃）、横手城御番一番筆頭であった。二番筆頭・宇留野源兵衛、三番筆頭・小瀬越中守とその御番帳にある。慶長十一年七月の大番帳は一番筆頭・宇留野源兵衛、二番筆頭・小瀬越中守、三番筆頭・小野崎淡路守となっていてその大番帳に真崎兵庫頭の名は見受けられず、久保田に移住したものと考えられる。

真崎兵庫頭屋敷の跡地に赤坂源太光賢が移住を命じられたのは元和元年（1615）で、光賢十六歳の時である。赤坂光賢につき、『羽陰史略』元和元年十一月十一日の条に次の記載がある。「今年大坂陣中に於て古内下野義貞、前小屋右馬介勝直、赤坂兵部光賢故あって所領を没収され、宝鏡院に在住持の僧赦を乞によって今日恩免あって謁す。向宣政これを執す。」

このことから、十二所から横手移住を命じられたのは、元和元年十一月か十二月であろうと推測する。

父・赤坂下総はこの年九月朔日十二所において六十五歳の歳で卒とある。赤坂源太光賢に宇留野源兵衛義長の娘が嫁ぎ、一女を生んでいる。元和九癸亥年（1623）生れのその一人娘が久保田の梅津五郎右衛門忠定（図書）に嫁いでいるが、残念ながら梅津忠定と源兵衛義長の孫娘との間に子供は生まれなかったようだ。

## 左近勝親の子供達

長男・勘助勝眞。次は女で「田所三左衛門忠俊妻」とある。その次も女子で「赤上采女妻」とある。次は「某　伊蘭　早世」、次も「某正右衛門　早世」、以上の三男二女である。

田所三左衛門（俊重と思われる）が元禄十年丑（1697）十月二十六日に藩に提出した系図が県公文書館にあるが、秋田に国替えの時下向した田所助右衛門某は寛永十年酉（1633）十月四日卒、法名文阿。嫡子三左衛門忠俊は寛文二年寅（1662）十二月二日卒、法名傳阿、母は石井対馬女とあるが妻の名は記されていない。

ただし、忠俊の養子（忠俊には嫡子がいなかったようだ）田所正之助、実は小野崎忠兵衛道重二男（1644～1663、二十歳）法名讃阿の項には「養母宇留野内記妹（正しくは「勘助妹」だろう）」と記されていてこの家系に嫁いだことが判る。

『佐竹家譜・義宣』元和八年（1622）四月二十日の条に江戸屋敷のこととして「田所助右衛門他京都より端午献上の御服持参」、また寛永七年（1630）十月五日秋田に於いて田所助右衛門死す。家督嫡子三左衛門に賜ふ」と記されている。

次は、「女子　赤上采女妻」とあるが、『佐竹御分流系圖　宇留野』には「茂木氏家臣赤上采女某妻」とある。赤上氏系図を見つけることはできていない。

続いて二男「某　伊蘭　早世」、三男「某　正右衛門　早世」とあるが、三男某は「正右衛門」と記されていることから他家の養子となったが、「早世」したということだろう。

長男勘助勝眞の生年は不詳で「寛文三年癸卯（1663）三月八日卒、法名是性院宗如」「妻

は赤坂吉右衛門光定女　十一月六日卒　法名雪霜院妙圓大蔵堂に葬る」とある。

### (2) 分流二代・勘助勝眞

「勝眞　勘助

母ハ東氏

寛文三年癸卯三月八日卒 法名是性院宗如

妻ハ赤坂吉右衛門光定女

十一月六日卒　法名雪相院妙圓 大蔵堂ニ葬ル」

勘助勝眞の生年は不詳だが、その周辺の人物の情報を整理すると、およそ一六一四〜一八年頃の生れと想定できる。

一つは、父・左近勝親の生年がおよそ一五九五年頃と想定したが、一六一二年頃六郷から横手に移住し、一家を成したのが一六一三年（慶長十八年）頃と想定すると、一六一四〜一八年に長男・勝眞が誕生したとしても違和感はない。

一方、勝眞妻の赤坂吉右衛門家の方に目を遣ると、妻の兄・赤坂治部左衛門光直は「元和元年生 月日闕」とあり、一六一五年生まれであることが判る。その次に生まれた妻が一六一七〜二〇年頃の生れであれば違和感はない。その二人の婚姻は一六三八〜四〇年頃か。三代内記勝門の生年は一六四〇〜四二年頃かと想定できる。

内記勝門の長女が嫁いだ刈和野給人梅津小左衛門忠職の生年が明暦元乙未年（1655）一月一日、忠職長男・小左衛門忠銀の生年が延宝八庚申年（1680）九月二十三日であることから考えると、勝門長女の生れは一六五八〜六〇年頃だろうと考えられる。従って系図上では分流四代勘助勝盛（1665〜1705、四十一歳）の妹のようにみなされる勝門長女は、実際は勝盛の姉であることが明確である。

**勘助勝眞妻の実家・赤坂吉右衛門家について**

ここで、勝眞の岳父・赤坂吉右衛門光定についてふれたい。

赤坂氏嫡流は宮内大輔政光の嫡男・朝光で、慶長七年の義宣下向に従い小場義成が旧浅利領を受取るのを助け米内沢城を受取った。のち十二所城の城将に任じられる。

宮内大輔（左馬助）政光の弟・右馬助は政光と共に陸奥国南部の石川郡渡瀬に留まった。その子（朝光の従兄弟たち）・主水種光・長右衛門光治・吉右衛門光定は、初め親と共にやはり陸奥国石川郡に留まったが、主水種光・長右衛門光治・吉右衛門光定の三兄弟は慶長十三年（１６０８）に秋田に下向、義宣に命じられ向指南となり横手に居住することとなった。

なお、右馬助の次の弟・某は無嗣で断絶とある。さらに次の弟・伯耆光次（朝光の叔父）と右馬助光忠の末子・角助光忠（親と同名、朝光従弟）は、嫡流・下総朝光と慶長七年から行動を共にし、米内沢城受取、十二所統治で朝光を助け、朝光嫡男・源太光賢が横手移住を命じられた時、光賢と一緒に横手に移っている。

宇留野勝眞の岳父・吉右衛門光定は慶長十九年（１６１４）渋江内膳政光を総指揮官とする秋田領の総検地が着手された時、その検地役に任じられ、大坂の役に加わることは義宣から許されなかった。吉右衛門光定は秋田遅参の汚名返上を期し、大坂の役への扈従を願い出たのであろう。

この慶長十九年（１６１４）の検地は、秋田藩として二回目の領内総検地（いわゆる中竿《なかざお》）であるが、この検地の成功により掌握された村高を基に寛永四年（１６２７）の配当帳に記された禄高が家臣に宛がわれ、これ以降「本知」となり、秋田藩士に与えられた家禄の基礎になるものだったといわれている。

## 第28図 赤坂氏系図（略系図）

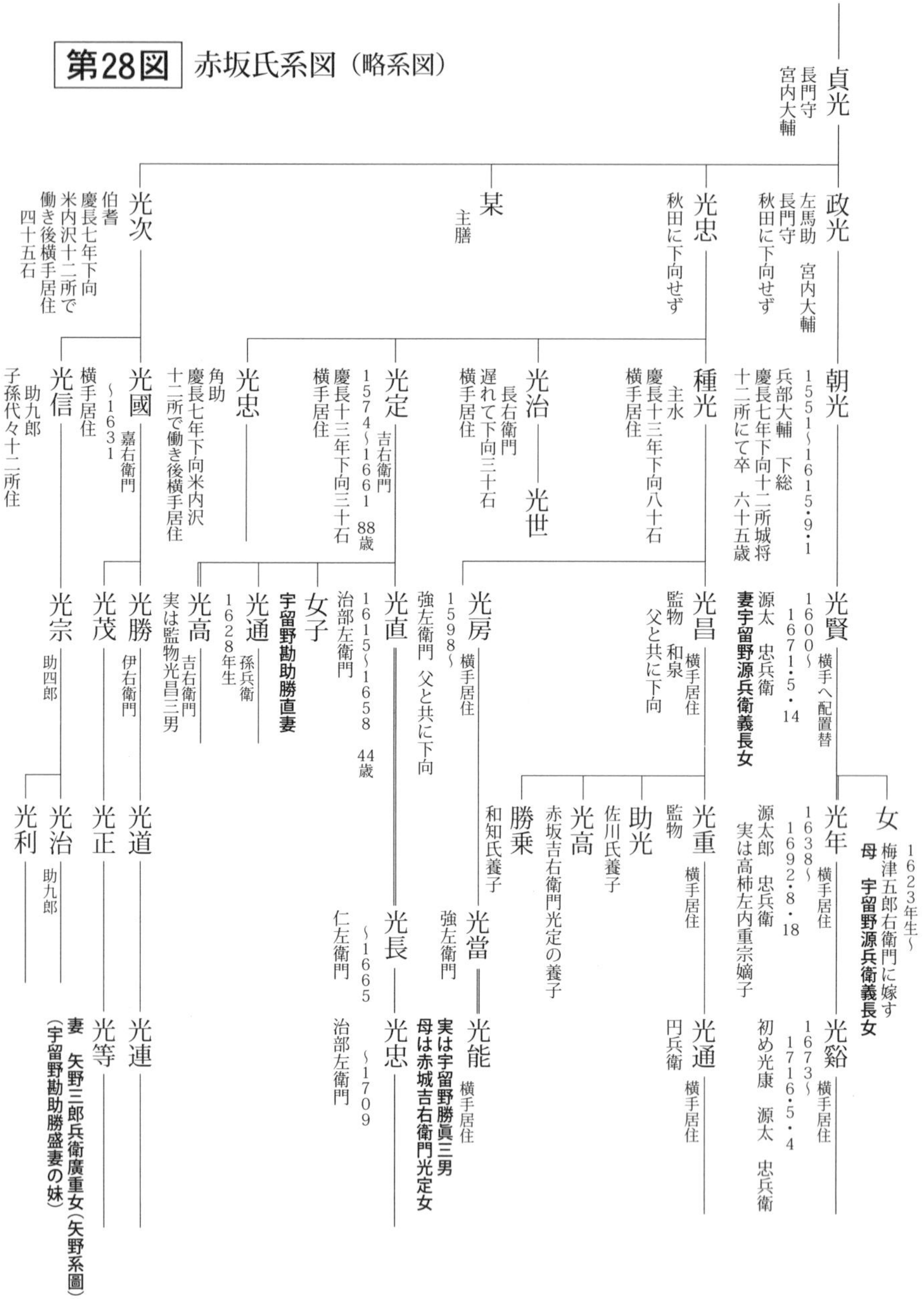


註・この系図の一部は「北羽歴研・史論五」掲載論文「佐竹入部当初の北秋地方と赤坂朝光」（鷲谷 豊氏著）を引用させて頂いている。

赤坂吉右衛門光定は、寛文元年（１６６１）八十八歳で没しているが、八十歳をこえた承応二年（１６５３）頃が隠居を許された時期ではなかったかと思われると『横手市史』に記載がある。光定の家督は長男・治部左衛門光直が継襲するが、光直の高は父から受け継いだ禄に新田開発した高を加えた八十五石（本田三十石）になっていると続けている。

宇留野勘助勝眞妻の次に寛永五年（１６２８）に生れた二男・孫兵衛光通に「次男ノ月俸二口」を願い出て許され、光通が二十歳を迎えた正保四年（１６４７）頃に光通を分家させた。

そしてその後に光定の隠居が許されると、その隠居料二人扶持をもって甥・赤坂主水種光の孫（種光の子・光昌の三男）を養子に迎え一家を成させ、光定と同じ吉右衛門を名乗らせている。

（以上一部『横手市史』を引用している。）

### (3) 分流三代・内記勝門

「母ハ赤坂氏

元禄四年辛未七月二十八日卒ス　教法院宗直大蔵堂ニ葬

妻ハ小室九郎右衛門宗有女

享保四年己亥二月十日卒　蘂宕院妙連禅定尼」

三代・内記勝門の生年も不詳だが、やはりその周辺の人物の情報を整理すると、およそ一六四〇～一六四二年頃の生れだろうと推測できる。二代勝眞のおよその生年が一六一八年頃、勝門の妻小室氏女のおよその生年が一六四〇～一六四二年頃、梅津小左衛門忠職に嫁いだ長女の生年がおよそ一六五八～一六六〇年頃の推測からである。

小室氏の先祖は佐竹十一代義宣の二男・義有（十二代義盛の次弟）であるが、佐竹十三代義人の時に義人に叛逆、山入党に与した経緯がある。

土佐守宗国の時義宣に従い秋田に下向、初め久保田に住んだが、南部藩との境目の守りのため横手に移された。その時に別に四十五石を給わり、本知は久保田に残った長男・清八郎宗忠が相続し、横手での禄四十五石は次男・九郎右衛門宗明（1593〜1648）が後に相続する。宗明の長男が九郎右衛門宗有（1617〜1691）で『佐竹家譜』寛永八年（1631）六月朔日の条に「小室九郎右衛門嫡子（横手の士）出仕」とあり、九郎右衛門宗有十五歳の時の出仕である。

宗有の妻は鹿子畑玄蕃秀家女とある。寛文九年の絵図では宇留野内記屋敷の真向いが小室九郎右衛門屋敷になっている。

また慶長十一年（1606）七月の横手大番帳には小室土佐守（宗明）が一番組の六番に名が見られ、その時の一番筆頭が宇留野源兵衛（当時義長）である。また、寛永五年（1628）の大番帳にはやはり小室九郎右衛門（宗明）が一番組の四番に名があり、その組の筆頭は小瀬民部（伊秀）である。

この年の四月十三日に宇留野源兵衛義勝（勝忠）は久保田城下長野に移住を命じられている。

余談であるが『梅津政景日記』寛永六年（1629）二月五日の条に、「宇留野源兵衛本指南致され候御足軽、高屋五左衛門に仰付られ候由、御礼飛脚を以て、私所迄申上げ候、則披露致し候」。

宇留野源兵衛が横手から久保田に移って、源兵衛指南の足軽を高屋五左衛門が命じられて指南することになり、そのお礼を高屋五左衛門から飛脚で政景宛伝えられその旨を、すぐに義宣に披露された。前年四月から寛永六年二月までの十ヶ月間はその足軽の指南は一時的に他の者が指南したと思われるが、以後高屋五左衛門は永く足軽を指南することとなる。当時の横手武士団の一コマである。

分流三代勝門の妻・小室九郎右衛門宗有女が寛文四年（１６６４）に宇留野氏先祖の霊位を祀るため大蔵堂（尼寺）を建立したと言い伝えられている。分流初代勝親が没した時に「衡城ノ西大蔵堂ニ葬ル」と系図に記載されているが、実は衡城の西の地に墓地を設けたのは勝親の代と考えられるが、その地に大蔵堂を建立したのは三代勝門の代ということだろうと考えられる。

ただその建立が寛文四年とすると、妻の年齢が二十代ということになる。建立年の言い伝えが「寛文四年」というのが正しいかどうかに若干の疑義が生じるが、建立は勝門の代だろう。

内記勝門の卒年は元禄四年（１６９１）、勝門妻の卒年は享保四年（１７１９）である。

## 内記勝門の姉妹兄弟達

勝門のすぐ下は「女子　荒巻掃部秀應妻」とあり『佐竹　御分流系圖　宇留野』（A288・2−590−26）には南氏家臣とある。

ただ、佐竹南家の筆頭家老役の『荒巻氏系圖南家人荒巻監物』には「秀應　坊主　掃部　寛永十六己卯六月七日出仕」「元禄六癸酉三月十日死年五十五法名銀應宗鐵」「妻院内給人近藤八右衛門某女寛文六年七月二日死年齢不知」「後妻横手給人小貫与三兵衛某享保三年戌十月十日死年齢不詳」とあり、その系図には宇留野勘助勝眞女が荒巻秀應（１６３９〜１６９３）に嫁いだ記録はない。ただし勝眞の娘は嫁いで直ぐ死亡したため、系図には載せなかった可能性があることは、否定できない。

勝眞次男は「忠直　勘右衛門　石井理左衛門忠近嗣となる」とある。

石井理左衛門忠近（１６２７〜１６８１）には長男・源七忠安がいたが「病身にて御奉公不仕

候」、次男・長五郎忠重も早世したため宇留野勘助勝眞の次男を養い「勘右衛門忠直」と名乗ったがその忠直も早世した。

そのため、小室藤左衛門宗名の三男を養子として迎え、靭負《ゆきえ》（のち理左衛門）忠央と名乗ったとある。忠央は明暦四年（１６５８）生れ、正徳元年（１７１１）八月二日五十四歳で卒とある。

宇留野勘助勝眞三男は「光能　吉兵衛　赤坂強左衛門光當嗣となる」と記されている。

赤坂強左衛門光當は赤坂主水種光二男・光房の嫡男であり、勝眞の妻（光能の母）・赤坂吉右衛門光定女とはいとこであることから光房の長男・光當と内記勝門や光能は、また従兄弟の関係である。勘助勝眞三男・光能は、また従兄弟・光當の嫡子になったということになる。

## ⑷ 分流四代・勘助勝盛

『宇留野氏系圖』には

「勝盛　勘助

元禄九年　義処公ニ扈従シテ東都ニ至リ同十年公ニ従テ秋田へ下向

宝永二年乙酉五月十二日卒　法名観行院宗閑大蔵堂ニ葬ル

妻ハ矢野三郎兵衛廣重女（享保三年戊戌閏十月十一日卒）　法名智善院妙観」と記載されている。

勘助勝盛について『佐竹 御分流系圖 宇留野』（A288・2–590–26）の記載に行年が四十一歳との記載があり、卒年が宝永二年（１７０５）から逆算し、生年が寛文五年（１６６５）であることが判る。

勘助勝盛が元禄九年（１６９６）、藩主義処が参勤の為の上府に扈従し、東都に到るとあり、『佐竹家譜・義処』には三月十六日の条に「東都参観として秋田を発す（忠昭日記）。」とあり、四月十一日「東都到著」とある。

義処が久保田を出立する前の三月十日の岡本元朝日記に、藩主義処が家老宇留野源兵衛宅に出向き料理（二汁五菜）を食したことが記されている。そして矢野系図（文化二年、矢野小七郎提出）に次の記載があることから、宇留野源兵衛がこの年、藩主と一緒だったかは不明だが江戸へ上ったことが判る。

矢野平右衛門末重と茂木監物治種女の間に生まれた矢野弥太郎重治（1675～1742）が、元禄九年（1696）に宇留野源兵衛御物書として源兵衛と同じく江戸へ到り、元禄十二年（1699）迄四年間在府す、と系図に記されている。

いずれにしても、江戸で宇留野勘助勝盛と宗家・源兵衛勝明や矢野弥太郎重治は顔を合わせていると考える。勘助勝盛は妻・矢野三郎兵衛廣重長女との間に長男・数之助（のち内記）勝就（当時五歳）が生まれていて、親類として話が弾んだのではないか。勘助勝盛は翌元禄十年六月、藩主に扈従（六月十六日秋田到着）し、帰国している。

勘助勝盛の妻の妹（矢野三郎兵衛廣重二女）が横手（羽黒町）に住む赤坂形右衛門光等に嫁いでいて、姉妹が近くに住んだことが判る。

なお、江戸から秋田に帰国していた源兵衛勝明は、元禄十年（1697）十一月六日に失脚し蟄居の身になっている。

勘助勝盛の妻が角館の佐竹北家家臣である矢野三郎兵衛廣重（寛重とも、1644～1691）であることは、宗家の勝明の項でふれたとおりで、勝明と矢野孫太郎家、大山六左衛門家との交流の延長線上にあることを考えざるを得ないが、さらにその延長線は赤坂家へ延びているのか。

## 勘助勝盛の妻・矢野造酒家の家系

（末尾矢野氏系図参照）

角館の矢野造酒家は佐竹北家の付人であるが、矢野三郎兵衛廣重の長男・造酒秀重（１６７４～１７４１）の居住地は角館町表町上丁の東側の最南角地で、現在の石黒直次家屋敷（表町下丁一番地）と道路を挟んだ向かい側の広い敷地だった。

表町上丁東側の一番北側は矢野主鈴屋敷があった。その矢野主鈴家は佐竹北家が佐竹宗家十五代義治（１４４３～１４９０）の三男・義信を初代として分流となった時、宗家から義信の付人として命じられた矢野彦四郎（のち和泉）重国の子孫の宗家で、義宣に従い秋田に下向した時、矢野宗家の矢野長左衛門廉重（１５６８～１６３３）の長男・解重（孫太郎、平右衛門。１６０５～１６５８）を義宣の直臣とし、次男・親重（１６１５～１６５６）に宗家を継がせ北家付人筆頭とすることで、長左衛門廉重とその父（義父）下総憲重（～１６２３）が義宣と家老梅津半右衛門憲忠に願い出て許されている。

この下総憲重と義宣の話に梅津憲忠が加わるのは、常陸時代の一時、ある事件（真崎孫三との刃傷事件）が原因で梅津憲忠が北家の食邑に暮らしたことがあり、憲忠が矢野下総憲重の娘を妻に迎えている（長男・長三郎、次男・忠国の母）。

この時期北家当主は義宣の末弟・中若丸（彦次郎、１６１２年生）で若かったため、北家の家政は矢野下総憲重、長左衛門廉重、小野崎憲通たちが中心になり執り行われていて、半右衛門憲忠の岳父の進言を義宣は許したのである。

長男・孫太郎解重は新田を父・長左衛門廉重から分与され独立し、元和四年（１６１８）五月十八日、十四歳の時、義宣に出仕している【政景日記】。のち、梅津小左衛門忠道（１５６０～１６４０、半右衛門憲忠の異母兄）の三女を妻に迎え、矢野平右衛門家（孫太郎家）として栄える。

北家家臣の矢野家は宗家の長左衛門廉重・八兵衛親重の家（文化年間当時主水家）の外に、廉重の弟・修理亮（主殿）堅重（文化年間当時＝以下同、内蔵家）、廉重たちの従弟たちの越中重次（後の甚七家）、ほか隼人重玄・重久（後の隼人家）、太郎右衛門重広（後の清兵衛家）があり、いずれも北家の付人の立場であった。

宇留野勘助勝盛の妻は修理亮（主殿）堅重の孫・主殿（三郎兵衛）廣重（１６４４～１６９１）の長女である。修理亮堅重は切支丹であった（長左衛門廉重の妻・長瀬左近光直女も切支丹で、後世魔法を使う「矢野の婆さん」と云われた人）。

矢野宗家である八兵衛親重の系統も、また、修理亮堅重の系統も、さらに義宣直臣となった矢野孫太郎（平右衛門）解重の系統も、後年江戸幕府が各藩に命じた切支丹類族の届出が必要な家々であった。

類族だからといって身分上何ら普通の給人と異なる扱いを受けることはなかったが、幕府に対する年二回の類族届出に手抜かりがあると、厳しい咎めがあった。事実、矢野平右衛門解重の孫（正しくは曾孫にあたる）・孫太郎重康の代の享保十九年（１７３４）に手続きにぬかりがあり、禄高三百五十石の内百石を公収され閉門を申し渡されている。その二年後に旧知の内五十石を還され、翌享保二十二年には鉄砲組卒将になっている。

〔調べを進めている内に、勘助勝盛に嫁いだ矢野三郎兵衛廣重（寛重とも）の娘は、当時幕府から強要されていた切支丹類族届の対象者ではなかったかと思えた。

今村義孝氏著『秋田のキリシタン』によると「元禄の法（拙註：元禄八年六月十三日の「覚」）によれば『ころび』類族は玄孫（女は曾孫）ま

で改の対象と規しているので～」から推すと転切支丹である矢野修理亮（主殿）堅重の孫・三郎兵衛廣重（寛重）の娘はギリギリの対象の曾孫である。」

右の〔　〕内の文章は、宗家三代・源兵衛勝明の項で記述した文であるが、勝盛の姉を刈和野の梅津小左衛門忠職に嫁がせ、勘助勝盛に角館の北家家臣の家から嫁に迎えることになったのは、確たる証拠は示せないが、当時家老で切支丹類族届出の執政にも携わったと考えられる源兵衛勝明の影が見えるように思われてならない。

勘助勝盛の姉は、『宇留野氏系圖』では順序が勝盛の次で「妹」のように記載されているが、「⑵分流二代・勘助勝眞」の項で述べたとおり姉であると断定できる。

同じような長幼の記載はよくあることのようで、嫁ぎ先の梅津小左衛門家の系図でも見られ、角館の森田主鈴資清（1637～1679、森田清太夫資廣長男）に嫁いだ忠職の「妹」は森田氏系図には寛永十九年壬午（1642）誕生、貞享四年丁卯（1687）九月二十四日死　行年四十六歳」と記載されていて忠職の十三歳上の姉であることが判る。

勘助勝盛にはもう一人「妹」がいる。勝盛との長幼は不明だが、横手本町の山崎藤七（のち喜左衛門）寛忠に嫁いでいる。『宇留野氏系圖』には「女子　山崎藤七妻」としか記されていないが『佐竹　御分流系圖　宇留野』には「女子山崎藤七寛忠妻」と記されている。

後年、山崎喜左衛門寛忠の三男が宇留野内記勝就の養子となり、ある事件を起すが、その藤七（喜左衛門）寛忠の妻となった。

## (5) 分流五代・内記勝就

『宇留野氏系圖』には

「勝就　数之助　内記
　母ハ矢野氏
享保十一年向源左衛門部下組頭役及ヒ御足軽指
引ヲ兼シム同十三年病ニ臥シ其職ヲ辞ス
享保十四年己酉十一月八日卒ス　行年三十八歳
　法名一翁院泡閑日廣　大蔵堂ニ葬」と記載
されている。

　文化二年乙丑八月に宇留野内記勝一が藩庁に提出した『源姓宇留野氏分流続系譜』（秋田県公文書館所蔵）にはもう少し詳しく記載されている。

「勝就　数之助　内記
母は矢野三郎兵衛廣重女
享保三年戊戌閏十月十一日没　大蔵堂に葬諡智善院妙観と号
元禄五年壬申年生 月日闕
同十四年辛巳六月初めて
義処公に拝謁す 于時前髪 御盃御梛
宝永二年乙酉七月父の家督を賜う 于時義格公御幼年
同三年丙戌十二月横手 御本丸大御番六番に入
正徳元年辛卯五月　義格公入部因て同年 月日闕
拝謁して継襲の恩を奉謝す 御盃御梛
同三年癸巳 命じて明年甲午の春 義格公御参府
御供番に任ぜらる 同十月病に臥す因て辞して
其の扈従を許さる
享保八年癸卯十一月二十八日采地増減の事に因
て百五石の御判紙　義峯公改め賜う
同十一年丙午五月　命じて向源左衛門政之組下
頭役に任ぜられ支配羽黒野御扶持方御足軽指揮
及び 御本丸大御番筆頭火事火消方を兼ず
同十三年戊申八月病に臥し両役を辞す
妻は高屋五左衛門盛放女 享保十年乙巳十月十四日没 大蔵堂に葬
諡眞如院道号日壽法名妙躰と号す
後妻真崎正親某女
同十四年己酉十一月八日没　享年三十八歳 横
手の西大蔵堂に葬　諡一翁院道号日廣法名泡閑

導師日蓮宗六郷長應山本善寺」

数之助（勝就）は元禄十四年（1701）六月、十歳の時前髪で初めて藩主義処に拝謁している。宝永二年（1705）五月十二日に父勝盛が四十一歳で死亡し、同年七月十四歳の時、家督を賜う。その時義格公御幼年（十二歳）と記されているが、公には拝謁はしていない。それは正徳元年（1711）五月に義格が入部し、その年に拝謁して継襲の恩を奉謝し藩主から盃を受けたのである。

宝永三年（1706）横手城本丸御大番六番に入ったとあり十五歳の時である。普通より随分早い大番入りと思われる。

勝就が十六歳の宝永四年（1707）二月に母親の実家である角館の矢野造酒秀重（勝就の伯父）を訪ねている（宗家勝明の項で触れている）。家督相続の挨拶であろう。その時には北家十代当主佐竹義命にも挨拶している。角館の佐竹北家の日記に書かれた部分を紹介すると、

「北家日記　宝永四年二月四日の条」

一　横手向源左衛門殿与下宇留野内記事矢野造酒甥に候か先日此方へ参候御目見得申上度由昨日申上候仍是今日御茶屋迄罷出矢野隼人御披露御前へ罷出候手作之由梨子［一さわち］進上仕候

この角館訪問に勝就の母親が同行したかどうかは触れていない。

正徳三年（1713）、勝就二十二歳の時、藩主義格が明年の春参勤で上府する御供番に任ぜられた。ただ、正徳三年の十月に病に臥したため、明春の扈従を辞退し許された、無念の思いだったろう。

享保元年（1716）に長女カツが生れている。

その前の正徳五年（1715）正月に男の子が早世する。享保三年（1718）閏十月十一日母（矢野氏女）が死亡した。

享保八年（1723）十一月二十八日、采地が百五石であることの御判紙を改めて藩主義峯公の名で賜わったとある。前の御判紙と引換えに貰った新しい御判紙は、「本田五十石、新田五十五石」と記されていたと思われる。

享保十一年（1726）五月、向源左衛門政之組下の組下頭役に任ぜられ、向政之支配の羽黒野御扶持方足軽指揮及び御本丸大御番筆頭火事火消方を兼任することを命じられた。内記勝就三十五歳の時である。慶長年間に宇留野源兵衛義長が御本丸大御番二番、一番筆頭を勤めて以来、宇留野氏が横手城の大御番筆頭に就いたのは約百年ぶりである。

しかし、享保十三年（1728）八月、病床に臥したため、前記の両方の役を辞任した。

享保十四年（1729）十一月八日没、享年三十八歳である。

妻は高屋五左衛門盛放長女、勝就より四年前（1725）に亡くなった。勝就は後妻に真崎正親某女を迎えている。

内記勝就の妻の実家・高屋五左衛門盛放の家は、慶長七年義宣が秋田に下向した折、二百石で召し抱えた高屋某（秋田氏時代河辺郡戸島に住したともいわれる）が死亡した折、横手城代須田盛秀の義宣に対する懇願により、浅利牛欄政吉（1543～1613、嘗て武功の名あり、また鷹方の巧者の名あり）を亡高屋某の後室と縁組させた。

高屋某の幼かった子が稍長して浅利長兵衛盛吉を名乗り、義父浅利牛欄政吉に隠居料五十石を分与した。

長兵衛盛吉は慶長十九年の大坂の役で武功を挙げ、凱旋の後、禄百五十石の加増を賜う。この時、本氏高屋に復し五左衛門を称し、後年足軽の将となった。

浅利牛欄政吉が慶長十八年に七十一歳で没した後、高屋長兵衛盛吉は盛吉の次男・盛次に牛欄政吉の隠居料五十石を以て浅利氏を継がせた。

後年、高屋五左衛門盛吉の嫡子（盛吉の孫・盛富）を後見させるため百石を盛次に分与している。高屋五左衛門盛吉は寛永十八年（1641）に没するが、寛永六年（1629）二月に、横手時代宇留野源兵衛が指南していた足軽を引き継いだのが、この高屋五左衛門盛吉である。高屋五左衛門盛放は盛吉の四代あとの当主で下根岸に居住していた。

内記勝就は横手新坂の大蔵堂に葬られるが、その時の導師が六郷の日蓮宗長應山本善寺の僧侶であったと記されている。初代勝親から四代勝盛まではただ大蔵堂に葬るとだけで葬儀についての記載はないため詳しくは判らないが、五代勝就と同様に六郷の本善寺の住職に導師を依頼していた可能性がある。

数之助（内記）勝就の名前は、以上の外に次の史料（『国典類抄・前編凶部　十』）に残っている。

元禄十六年七月十八日 政之日記（六月二十三日三代義処卒）

一御葬列は辰之刻より初り午之刻に終る

一組下総代吉成市郎兵衛免許総代小栗金兵衛御前継目出仕故伊藤助右衛門上遠野小左衛門赤坂円兵衛上遠野監物宇留野数之助（中略）市郎兵衛義尤素服着申候助右衛門義も同断

（註：向政之日記、組下＝向政之組下、元禄十六年＝1703年）

正徳五年八月十五日 政之日記（同年七月十九日四代義格卒）

一横手組下惣代迎十右衛門 御前出仕継目之者小瀬与兵衛伊藤介右衛門宇留野内記上遠野弥左衛門同小左衛門同監物赤坂円兵衛部屋住伊藤勘九郎上遠野四方助小瀬多右衛門小友村三浦治部右者共御葬礼に付罷登候依之斎藤歩平差添御会所処江差出候処十太夫殿逢被申候副役鯨岡四郎兵衛申渡候ハ 御前継目出仕之者部屋住何方よりも不相登候間毎度被出候而も此度御葬場江出し申間敷と申渡候（註：正徳五年＝1715年）

〝内記勝就の弟・某に付いて〞は次の「六代不慮之助」の項でふれたい。

内記勝就は三十八歳で没した。高屋氏女との間には男子一人、女子一人の子がいたが、男子・某は正徳五年（1715）正月二十日に早世している。勝就が二十四歳の時である、諡蓮智。

その翌年の享保元年（1716）に女子が誕生した。名は「百」、文化二年に藩庁に提出した系図には「カツ」とある。「百」と書いて「カツ」と読んだのか。

享保十三年（1713）三十七歳で病に臥した時に、養子を迎えることを考えた。その養子としたのは、勝就の叔母（四代勝盛妹）が嫁いだ山崎藤七（喜左衛門）寛忠の三男である。その叔母の三男と思われる。

元禄年間に藩庁に提出された山崎氏系図には、寛忠の子として与助、運助の男子二人（「母は宇留野内記勝門女」）が記載されているが、第三子は記載されていない。この元禄年間提出（元禄十一年頃）系図時点では、まだ三男が生まれていなかったと考える。一説には父母が高齢になってからの生れのため「不慮之助」の名が付いたとの説もあるが、名づけの真実は異なると考える。

勝就は家督を聟養子「不慮之助」に譲ったと

文化二年提出系図には書かれている。その時点では年少のため、出仕はしておらず、家にいたとあり、勝就の長女「カツ」と祝言を挙げたかは不詳である。

享保十年（1725）妻・高屋氏女が亡くなった後、勝就は後妻に真崎正親某女を迎え、その間に次女「イヨ」が生まれている。おそらく享保十三年頃（1728頃）の生れだろう。

### ⑹ 分流六代・不慮之助について

『宇留野氏系圖』では

「某　不慮之助
實ハ山崎喜左衛門某ノ三子也　勝就終ニ臨テ嗣ナシ因テ聟養子トス
享保十五年庚戌十月三日、浅利八百蔵 長兵衛二男 ヲ刃傷ニ及ヒ同年十一月二十一日自盡ヲ賜　家断ツ　法名清翁院運理」とある。

文化二年藩庁へ提出の『源姓宇留野氏分流続系譜』には、

「某不慮之助　實ハ山崎喜左衛門寛忠ノ第三子也 勝就末期ニ臨テ嗣ナシ養テ養子トス 勝就没スルニ及テ其家督ヲ襲ス　年少ク未タ不仕シテ家ニ在
享保十五年庚戌十月三日浅利八百蔵 長兵衛二男 ト争論ス其夜八百蔵来ツテ不慮之助ヲ門外ニ誘テ兵刃ヲ交ユ 不慮之助刃傷セラル 止ムヲ得スシテ八百蔵ヲ刃殺ス 其罪ニ因テ同年十一月二十一日命シテ自盡ヲ賜フ 上使岡内記 副大監察高垣兵右衛門」

『宇留野氏系圖』では、四代勝盛の妹を「山崎藤七妻」、「不慮之助」を「山崎喜左衛門某ノ三子也」と記されていて、文化二年提出系図の記載には「山崎喜左衛門寛忠ノ第三子也」と明記しているのに比べ、同じ内記勝一が記載したのに係らず、何となく一部分をぼかす書き方になっている。

浅利長兵衛家は高屋五左衛門盛放家とその

発祥においてごく近いことは以前に記したが、浅利八百蔵の父は浅利長兵衛政方（１６８８～１７４６）で、一家は当時宇留野分流家が住んでいた下根岸で真向いに住んでいたことが享保十三年（１７２８）の横手絵図で確認できる。不慮之助と八百蔵はほぼ同年齢と思われる。不慮之助は当時十五歳と伝聞されていて、一方、八百蔵の兄・政應は宝永七年（１７１０）生とあるから的を得ているといえる。

二人の争論が何であったかはどこにも記されていないので、筆者は切支丹類族（四代勝盛の妻・矢野三郎兵衛廣重の娘で類族届の対象、１７２５年卒）がその対象かと仮定して調べてみたが、直接そのことに突き当る事柄は見当たらなかった。

話はそれるが、八百蔵の兄・政應（１７１０～１７４９）に嗣子がなかったために久保田給人の矢野孫太郎重康の第五子を養子にしている。この養子が長兵衛政喜（１７３７～１７９６）で矢野孫太郎（平右衛門）解重系の類族である。

浅利氏系図には「八百蔵　享保十五年庚戌十月三日没　法名利鉡真丈」とあり、同家の菩提寺・春光院に葬られたと思われる。

不慮之助の自害は下根岸の自宅で行われたと考えるが、久保田から上使として岡内記、副大監察として高垣兵右衛門が派遣されている。

この不慮之助の自害により、宇留野分流家は一時期断絶するが、刃殺が十月三日で自害が十一月二十一日と日数が四十八日間も開いていることと、また宗家の宇留野源兵衛勝鄭（当時三十歳、久保田城の大番頭、１７４２年に四十二歳で卒）が、分流家再興に動いたとあることから、不慮之助側に悪い点がなかったのではと考えられる。分流家再興には四十三年という長い年月がかかった。

## 事件前後の宇留野分流家の家族の顛末

勝就の後妻・真崎氏女との間に、勝就二女「イヨ」(勝就死亡時二歳位)の項に「父(勝就)没シテ後母真崎氏へ帰リ木部氏へ再嫁ノ時 母ニ従テ木部氏へ行キ木部氏 清右衛門 養女トシテ松浦圓太某ノ妻トス」とある。これによると不慮之助事件前に母と共に真崎氏へ帰ったと思われる。

## 真崎正親家について

分流五代内記勝就の後妻の実家・真崎正親家は、宇留野家と関わりの多い家である。

古くは、天文八年(1539)七月七日、常州部垂において宇留野源五郎義泰が戦死しているが、真崎家の先祖彦四郎季直(1516〜1539・7・7)も同じ戦場で同日に戦死している。宇留野義元側に付いていた源五郎義泰と部垂城の義元を攻めた彦四郎季直である。前にも述べたが矢野平右衛門解重の先祖・和泉守重国も同じ日同じ所で戦死している。

真崎彦四郎季直は駿河守義惟の二男で分流となり、二代後の長右衛門季富(1577〜1639・6・7)の代に義宣に従い秋田に下向、二百石を賜い久保田給人となった。

季富の四代後の季當の代、次弟・季光が大山六左衛門重房の養子となるが、兄・季當が死亡したため、真崎に帰り季當の家督七百五十石から二百石を減じられて相続する。

なお、大山六左衛門重房の家督は、季光の長男が嗣ぐ。重房の祖父・六左衛門重成には宇留野源兵衛義長長女が嫁いでいて、大山六左衛門家六代重房は、宇留野分流三代内記勝門と又従兄弟の関係にある。

そして大山重房の次弟・平右衛門末重が矢野平右衛門解重の養子に入り末重の三女が真崎長左衛門季光に嫁ぎ、その五女が「平鹿郡横手宇留野内記勝就妻」となった。

真崎氏系図には内記勝就死後、勝就後妻（真崎氏）は勝就との間に生まれた幼いイヨ（勝就二女）を連れ久保田の真崎氏に復し、木部清右衛門頼雄に嫁ぐとある。イヨを連れての再嫁であった。

勝就の弟・兎毛が養子に入った真崎家は、真崎宗家、真崎分流家に各々数軒の分流家がありどの分流家に養子となったかは、まだ掌握できていない。兎毛が真崎家から本姓に復したのは、勝就後妻が兄・真崎正親（季吏）家に帰ったのとは原因が別で、不慮之助の事件が起きた後の処置と考えたい。

真崎家・大山家・矢野家の関わりを調べて見ると、大山六左衛門重房弟・末重が矢野平右衛門解重の養子となり初め妻としたのが解重の二女だが、その二女死後後妻としたのが解重三女である。さらに解重三女が亡くなり、二度目の後添えになったのが茂木監物治種二女（宇留野源兵衛勝明の異母妹）である。

真崎長左衛門季光の最初の妻は解重三女と平右衛門末重の間の娘（類族）であり、季光の後妻として茂木監物二女と末重の間の娘（類族ではない）が姉の死後季光の後妻となったのである。

真崎氏は鎌倉時代に佐竹五代義重の三男・岡田四郎義澄の長子・義連が真崎次郎を名乗った後連綿と続く佐竹支族である。真崎分流家である真崎正親家は延宝二年（１６７４）に紋幕を宇留野分流家と同じく「三ツ頭丁子巴」の紋に替えることを命じられている。

## 内記勝就の弟・兎毛某について

不慮之助事件後、身の処し方が変わった二人がいる。

一人は内記勝就の弟「兎毛某」であり、もう一人は勝就の長女「カツ」である。

不慮之助が享保十五年（1730）十月三日に殺傷事件を起し、その結果真崎氏養子に入っていた「兎毛某」は実家の不祥事のため藩の処置に因ってだろう、真崎家にはいられない状態になり、真崎家を去ることとなった。

勝一が分流家再興に当って書き写した『宇留野氏系圖』には勝就弟・某を「兎毛　初真崎氏養子トナル、母同、享保七年壬子正月十六日卒法名観達院智兖」と記している。

弟・某は享保七年（1722）に卒とあり兄より早く没したことになり、不慮之助の事件とはなんら関係しない事柄で真崎家から返ったように記されているが、事実は違うことが文化二年乙丑（1805）に内記勝一が藩庁に提出した『源姓宇留野氏分流續系譜』と照合することにより判明する。

『源姓宇留野氏分流續系譜』（後者という）には「某　兎毛　生年月日闕　母同　享保十七年壬子正月十六日没　大蔵堂ニ葬　謚観達院法名智兖」とあり『宇留野氏系圖』（前者という）とは若干の差異がある。

前者は「享保七年壬子」、後者は「享保十七年壬子」と記されているが、享保七年は「壬寅」であり「壬子」は誤りである。後者の「享保十七年壬子」は正しい。

前者『宇留野氏系圖』の末尾に「文化二年沾源勝一校正」したと記している。後者を藩庁に提出した同じ年に書かれたことが判る。

また、前者には書いていて、後者には書いていない「初真崎氏養子となる」はなるべく書きたくない事実だったのではないか。

兄・勝就は後妻を真崎氏から迎えていることが、勝就の子供達の記載事項から判る。その事実を前者でも後者でも触れることを避けている。少なくても内記勝就の項では両方とも内記勝就の後妻には触れずに、子供達の項で「女子、母は真崎正親某女」と記している。

不慮之助事件により真崎家から復した「某・兎毛」は、事件の約十五カ月後、一人淋しく死亡したと思われるが、その間の生活はどうだったか、生家が接収されたであろう後の状態がどうだったか記すものは何もない。

母の生家である角館の矢野家で世話になったのか、あるいは兄・勝就の妻の生家・高屋五左衛門家で世話になったのか、死亡した時には法名を貰い大蔵堂の墓地に葬られたとある。

**勝就長女「カツ」について**

もう一人は勝就長女「カツ」である。

『宇留野氏系圖』は「女子　名ハ百　母同不慮之助卒メ後高屋五左衛門盛放養テ女トシ上遠野藤馬秀茂妻トス　寛保三年癸亥十月十一日卒 行年二十八 法名光受映心」。

文化二年提出系図（後者）は「女子 名ハカツ享保元年丙申生 月日闕　父没メ後高屋五左衛門盛放養女トシテ上遠野藤馬秀茂ノ妻トス　寛保三年癸亥十月十一日享年二十八歳 道号光授法名映心」。

後者は外祖父・高屋五左衛門盛放の養女になった原因について触れていないがあとはほぼ同じである。一つだけ法名に「受」と「授」の違いがあり受けると授けるではずいぶん違いがあると考えると首をかしげる。

上遠野藤馬秀茂（1711～1742）に嫁いだカツ（1716～1743）は、宗家源兵衛勝鄭が亡くなる寛保二年（1742）年十月（藤馬秀茂も同年十月に卒）までの間に藤馬秀茂の力も借りて宇留野分流家再興の働きかけを勝鄭にしたようだ。

上遠野家系図にそれに触れた記載がある。源兵衛勝冨の代に分流家は再興されるが、勝冨は「先考」（父勝鄭を指す）の願いを継いで宇留野分流家再興に力を尽くす。十歳で上遠野秀茂の家督を継いだ喜太郎秀彌は母カツの志を襲ぎ祖父勝就の名跡を志すとある。

遂にその再興の願いがかなう時が到来し、まず宗家宇留野源兵衛勝冨が上遠野喜太郎秀彌の次男・子之助（亀之助）を勝冨の弟とすることを許され、その弟・宇留野亀之助をして宇留野内記勝就の家跡を継ぐことを赦されるのである。

明和九年（1772）十月、天徳寺において光源院君（二十四代義峯四女直姫、二十六代義明夫人で二十七代義敦の母）の法会の時に、当時大小姓番頭兼祐筆頭であった源兵衛勝冨が天徳寺現住職宣君和尚に託請し、ついに翌安永二年（1773）四月二十二日に義敦公より、宇留野亀之助をして内記勝就の家跡を継ぐことを赦されたのである。

源兵衛勝冨がその三年後（1776年）の七月に亡くなり、また勝冨の家督を継いだ源兵衛勝意が亀之助（内記勝一）と同じ年であること、さらに、宇留野内記勝就の血を繋ぐ上遠野喜太郎秀彌家を見ると、この時点で男子は長男・秀英と子之助（亀之助）だけで三男・子之助（秀凭）は安永七年（1778）生れ、四男源六（行勝）は未だ生まれておらず、この機会が宇留野分流家再興の唯一のものだったといえる。常陸時代から天鳳存虎、源兵衛尉義長以降続く血が宇留野分流家再興と共に繋げられたのである。

### (7) 分流七代・内記勝一

『宇留野氏系圖』には

「勝一　幼名子之助　亀之助　内記
實ハ上遠野喜太郎秀彌第二子也 勝就外孫 宗家源
兵衛勝冨養テ弟トス
明和三年丙戌（1766）八月三日生母ハ冨岡

傳右衛門成芳女（天明八年戊申（1788）四月八日没 壽五十一歳）諡月心院道号頓證法名速夢　嘗テ不慮之助刑セラルルノ後数年家断ツ養兄勝冨父ノ志ヲ襲キ勝就ノ家再興ノ事ヲ天徳寺二十九世ノ現住宣君和尚ニ託シテ頻ニ請告ス

明和九年壬辰（1772）十月　光源君法会ノ赦ニ会イ尚其事ヲ請告ス 是因テ安永二年癸巳（1773）四月二十二日源通公其ノ前罪ヲ赦シ命ジテ勝一ヲシテ勝就ノ家跡ヲ再興セシメ旧ニ依テ向庄九郎正芳ノ部下トス 同五月五日宗家勝冨二男家中興及ヒ幕ノ紋三頭ノ丁子巴授与ノ證文ヲ改メテ授ク同年七月月俸三口ヲ賜フ同八月朔日 義敦公ニ拝謁ス 継襲ノ恩ヲ奉謝ス（于時前髪）奏者大番頭小野崎内匠　嘗テ先祖ヨリ内記勝就迄代々出仕継目御栩ヲ以テ御盃ヲ賜フ処御栩ノ事ハ追テ沙汰シ玉ウヘキノ事命ス御栩ナシ平御盃ヲ賜フ

同三年甲午（1774）十月旧知百五石ノ内三十石ヲ返シ賜フ同七年戊戌（1778）六月宗家源蔵勝意ガ采邑開墾ノ力ヲ佐ケ且ツ小宗家タルヲ以テ勝意采地ノ内十九石六斗授与ノ事ヲ請フ同月其ノ請フ処ヲ可シ都合四十九石六斗ニ成

天明三年癸卯（1783）九月横手 御本丸大御番五番ニ入

寛政元年乙酉（1789）明道館落成同四年壬子（1792）六月勤番ヲ備フ其ノ員ニ預 同七月国学ニ到ル 同五年癸丑（1793）六月東都儒学山本信有下向ニツキ五月二十九日国学ニ到ル

同六月三日往昔寛永二年（1625）先祖小吉ヘ賜フ処ノ采邑ノ指紙二枚返シ賜フ　嘗テ不慮之助カ事ニ因テ家断ツ時公収セラルル指紙ニシテ一枚ハ桐原角助ト相開一枚ハ書改可賜ノ命ヲ受

義和公ニ拝謁ス奏者大番頭信太勘九郎 同八月国学員備ルニ因テ勤番ヲ免セラル

同九月部下組頭格書院教授ニ任セラル　横手一郷ヲ提学ス 御参府御下国共毎年役方御目見有

同七年乙卯（1795）八月二十九日始テ釈尊及ヒ養老ヲ行フ 命シテ国学ニ到ラシメ其ノ祭事ニ預リ　義和公ニ拝謁ス 同八年丙辰（1796）二月十一日釈尊ヲ行フ又命ニ因テ国学ニ到ル例年ノ如シ 同月二十九日采地四十九石六斗ノ 御判紙ヲ賜フ
同九年丁巳（1797）九月諸生ヲ引立テ出情ノ勤功ヲ賞シテ白銀七十目ヲ賜フ
享和三年癸亥（1803）八月命シテ秋府ニ到ラシム 同五日釈尊養老ヲ行フ 例前年ノ如 同九日於 御用処ニ軽部恒太枕山嘉右衛門其列居上命ヲ傳フ其言ニ郷校建立以来特ニ意ヲ用ル事ヲ褒賞シ且ツ九畳ノ間ニ於テ御納戸役町田大之進ヲ以テ扇紋ノ上下服ヲ賜フ 同十一日御座ノ間ニ於テ　義和公ニ拝謁シ賞賜ノ恩ヲ奉謝ス奏者大番頭福原彦太夫 同十三日於テ学館白銀五十目ヲ賜フ 同十一月初メ賜フ処ノ 上下服目録ニ子孫後来ノ為メ官印ヲ添へ賜フ

文化四年丁卯（1807）蝦夷蜂起シテ松前箱館騒乱不斜早ク援軍進発セシムヘキノ旨安藝守函館奉行羽檄ヲ以テ是ヲ請フ 故ニ五月二十六日秋府ヨリ脚力ヲ飛ハシテ速ニ上府シ令ニ応シテ彼ノ地へ発向スヘキトノ急　命ニ因テ六月朔日秋府ニ到ル　同五日御座間ニ於テ　義和公エ拝謁ス服陣羽織袴　執政ニ謁シテ拝謁ノ恩ヲ奉謝ス 即日向帯刀政甲ニ旨ヲ傳テ速ニ着到ヲ賞セラル同八日 公広書院エ出御向政甲部下ニ属シテ 一騎ニ任セラレ軍法ヲ　命令セラル 同十三日同処於テ鑓釼ノ術ヲ覧シ賜フ 同七月九日金子四両ヲ賜フ　同十三日　公二ノ丸エ出御戦士ニ命シ甲冑ヲ帯サシメ進退寵練ヲ試賜フ 同十七日廣書院ニ於テ酒肴ヲ賜 執政軍士ヲ饗応シテ酔ニ及ノ時 武藤東右衛門用人 益戸十兵衛膳番 旨ヲ傳箱館穏和ニ因 仮ニ帰邑シテ息フヘキノ命ナリ同八月教授数年ノ功労ヲ賞シテ白銀三百目ヲ賜フ

同五年戊辰（１８０８）海岸臨時御備立有リ 命シテ向飛騨政甲部下足軽ノ将トス
文化十年癸酉（１８１３）三月教授ノ功労ヲ賞シテ白銀三十目を賜フ 同年四月十二日卒 行年四十八歳 諡源壽院教道日満 大蔵堂ニ葬ル
妻ハ益子八右衛門為章女 文政三年庚辰（１８２０）七月十四日卒ス行年五十一歳 諡壽量院妙道日教 大蔵堂ニ葬ル」（和暦の下に西暦をカッコ書きしているが、原文にはその記載はない）。

勝一、生れは明和三年（１７６６）八月三日。当時宗家当主勝冨は大小姓番頭兼祐筆頭の役にあり、三十六歳の時（１７５９）から江戸詰めとなっていて、宝暦七年（１７５９）四月には、日光の家康百五十年法会に使いして参列、輪王寺一品法親王に拝謁したり、同年五月には藩主義敦入部に供奉したりの忙しい日々を送っている。

翌明和三年（１７６６）四月に勝冨の家督を継ぐ勝意が生まれている。勝一はその四ヶ月後の生れであるが、その勝一をいつ勝冨が養弟としたかは明記されていない。

その勝冨の養弟勝一をもって内記勝就の家跡継襲を赦されたのが、勝一が八歳の安永二年（１７７３）である。その前年明和九年（１７７２）十月の光源君（秋田六代藩主義真四女で七代義明室、八代義敦の母）赦に会い重ねて小宗家再興のことを請告した結果であった。

その十月の頃、勝一が七歳の頃に養弟にしたのではないかと推測する。勝冨の妻（佐竹南淡路義安女）が勝意と一緒に生活を見たのではないか。

安永二年（１７７３）四月二十二日に内記勝就の家跡再興を赦され、翌五月五日端午の節句の日に、宗家において源兵衛勝冨は二男家中興を祝い、幕の紋「三頭ノ丁子巴」授与の證文を改めて授けた。享保十五年（１７３０）十一月

「御判紙」（寛政七年 11 月 15 日）－再興後宗家から分与された 19 石 6 斗を含めた後の御判紙（宇留野隆所蔵）

に断絶以来なんと四十三年の時間を経ての再興であった。同年七月に月俸三口を賜わり、八月朔日に義敦公に拝謁し継襲の恩を奉謝したのであった。

安永三年（１７７４）十月、旧知は百五石だったがその内三十石を知行として与えられた（勝一、九歳の時）。

安永五年（１７７６）七月に源兵衛勝富が没し、その年に勝意が十一歳で家督を継襲した。その時相続した五百二石四斗二升三合は全遺禄だったとある。

安永七年（１７７８、勝一 十三歳の時）宗家勝意が采地十九石六斗を小宗家に授与する願いを赦され、勝一は久保田において寛政八年（１７９６）二月二十九日に采地四十九石六斗の御判紙を渡されたが、その御判紙の日付は寛政七卯年十一月十五日となっている。

勝一の石高は都合四十九石六斗となった。一方、源兵衛勝意は同じ寛政七年十一月十五日、家督相続時の禄高から、采地荒廃を主な理由として三百六石八斗一升八合に減禄されている。勝一に授与した十九石六斗差引後の禄高である。

再興の時に言い渡され向庄九郎政芳組下となった勝一は、天明三年（１７８３）十八歳の時、横手御本丸大御番五番に入った。

『横手市史・資料編』にはこの年の大番帳は載っていないが、直近のものとして寛政二年（１７９０）三月の大番帳には「宇留野亀之助」の名前が十二番に載っている。寛政四年（１７９２）三月では九番に「宇留野亀之助」、文化元年（１８０４）五月では「宇留野内記」の名前で載っている。

勝一は寛政五年（１７９３）六月二十六日、名を内記に改め御礼として義和公に拝謁している。その時の奏者は大番頭信太勘九郎勝陳であった。

『秋田書画人伝』（井上隆明著）に書道家として信太勘九郎勝陳の名が載っていて、寛政年中大番二番頭とある。後年、勘九郎勝陳の二女が宇留野源太郎勝政室と信太系図にある。

寛政五年（１７９３）八月、「国学官員備ルニ因テ勤番ヲ免セラル」とあり、横手城御本丸大御番をはずれ、育英書院開設に備え専念することになる。二十八歳の時である。

秋田藩中興の祖といわれる九代藩主義和公が初めて秋田の地を踏んだのが寛政元年（１７８９）五月、十五歳の時だった。義和は、秋田藩の寛政改革といわれる政治刷新に初入国のこの年に着手する。

それは、殖産振興による経済改革と、学問奨励と武芸取立による綱紀粛正であった。入国二ケ月後の七月には早速「近来、学問・武芸、怠りがち」に付、として藩校の建設を指令した。

建築場所は久保田においては上根小屋の御厩があった場所で、隣接地の宇留野源兵衛（勝意）、信太内蔵助（勝英、勘九郎勝陳の父）、渡邊善右衛門の屋敷を引上げ移動を命じている（【秋藩紀年】）。明道館は翌年（１７９０）二月に落成した。亀之助は大御番勤務中も久保田の明道館行きを命じられている。寛政四年七月、寛政五年五月各々国学に到るとある。

寛政四年七月の件を明らかにするものとして、『近世秋田の学問と文化』（渡部綱次郎著）に次の文章が載っている。

「寛政四子年分
御学館御草創期御記録

六月二十四日の条に
一、御学校勤番人数詰方八人ニ相定められ向々江仰渡されし人別左之通

角館本御家中　梅津　唯之丞
主計組下　佐瀬源五右衛門
左衛門組下　石井　藤馬
石見組下　飯村治部左衛門
向帯刀組下　宇留野亀之助
茂木若狭組下　塩谷　頼母
渋江六郎組下　増淵　左内
松野茂右衛門組下　大越　矢太郎

右面々七月二十日限出府致す様仰渡される」

勝一が二十七歳の時である。

寛政五年（１７９３）九月五日、小田部兵右衛門、小瀬蔵人と共に宇留野内記勝一は書院教授に任ぜられた。書院教授は部下組下格（大御番筆頭格）であった。

育英書院の着工は未だされていない（着工寛政六年十二月、竣工翌七年四月）寛政五年九月から

横手一郷の提学を行ったとある。

『横手郷土史』に下根岸の郷校（敷地は二、二七五坪、建坪一一九坪）が寛政七年（１７９５）四月に落成した祝典として、五月三日、町中の老人の六十三歳から八十五歳までの二十七人を郷校に招いて宴が行われたとある。

同五日、藩主義和は参勤交代の帰途湯沢から横手に立寄り横手城に宿泊し、翌六日郷校において書院教授以下教授見習いまで義和に拝謁したと同書に記されている。この月をもって郷校育英書院は開校した。

そして同書に、育英書院は

「職員　教授三名、同見習八名、目付二名、受払役二名、詰役二十名、用係一名（時に増減ある）。学則及び学科　学則その他の諸規則は総べて本校明道館に同じ。学科は儒学に詩文を兼修せしめ、教授は各毎月三回づつ講義をなす。提学と称して年々本館教授の郷校に出張するのがある。滞在凡そ三十日にして、その間或は経書の講義をなし、或は詩文大会を開き、或は学業試験を行ってその成績を検按する。又三年或は五年に一度、本館学長の巡視することがある。之を督学という。鄭重なるのみにしてその為す事提学に同じ。督学、提学の講義の時、又は講釈始には、士族全般肩衣着用にて之を聴講する。試験　試験は御試みと称して一年二期に行う。既授の書中より問題を出し、その大意と字義とを難問して答えしめ、成績劣等なるをば落第とする。養老式　毎年秋養老式を執行し、町中の高齢者を郷校に招いて金品を賜う。学校経費　本館より分高百三十七石二斗余、此金二百四十六圓四十銭余（慶應三年調）。」と記されている。

この後の時代、儒学の試験（大学・中庸・論語の三科目）合格と武芸の一定以上の能力の証明が出仕の条件となり、また家督の継承そのものが許可されない厳しい方針が採用されたといわれる。

内記勝一は育英書院においての功労を賞められ、数度にわたり藩主義和から褒賞される。寛政九年（1797、三十二歳）、文化四年（1807、四十二歳）、文化十年（1813、四十八歳）に白銀を賜わっているが、特に享和三年八月の時には扇紋上下服を賜い義和公に拝謁して奉謝したと系図にあるが、その裏付けとして『御亀鑑』秋府二十に次の文章がある。

「享和三年癸亥（1803）八月十一日

佐竹河内組下角館給人

佐瀬源五右衛門

大山十郎組下院内給人

佐藤四郎兵衛

向帯刀組下横手給人

宇留野 内記

右郷校御取立以来格別出情所存を用ひ相勤候に付御賞言上之上　御紋附御上下拝領被　仰付難有奉存候旨　御目見披露右同人」

その十一月には子孫後来のためとして上下服目録に官印を添え賜うとある。

文化四年（1807）蝦夷地において嶋蝦夷が蜂起し松前、箱舘が騒乱、箱舘奉行羽太安藝守から秋田藩・南部藩・津軽藩に援軍発向の要請が出たため、向政甲は組下の者に久保田への招集を命じた。

内記勝一は六月朔日久保田に到り、六月五日御座の間において和知新蔵人、上遠野織部、宇留野内記、上遠野子之助、迎新九郎五人が陣装束で義和公に拝謁した。この時一緒に拝謁した上遠野子之助は内記勝一の実弟・上遠野子之助秀凭で当時三十歳（勝一の十二歳年下）、兄・

喜太郎秀英（禄高百八十七石余）に嫡男がいなかったため、兄の嗣子となっていた。

六月八日、義和公が広書院に出御、向帯刀政甲部下に属しめ一騎に任ぜられ軍法を命ぜらるとある。六月十三日、同処において鑓釼の術の上覧があり、七月九日には金子四両を賜う。

七月十三日、義和公が二ノ丸へ出御して戦士に甲冑を帯びさせ進退寵練を試された。同十七日、広書院に於いて酒肴を賜い、執政が軍士を饗応して酔いに及んだ頃、用人の武藤東右衛門、膳番の益戸十兵衛より箱舘が穏和になったことに因り、一旦帰邑して休息すべき旨の命令が伝えられた。

翌文化五年（１８０８）海岸臨時御備立あり、内記勝一は向政甲部下の足軽の将を命じられている。当時、ロシア商船が日本近海に出没していたが、長崎奉行に通商を拒まれたロシア商船が文化三年（１８０６）から翌四年にかけて樺太、エトロフ島の番屋襲撃事件などを起こしたことから、秋田藩においても海岸警備の必要性が生じてきていたのである。

『横手市史・資料編』文化元子年（１８０４）五月の横手御城御本丸大番帳によると、宇留野内記（勝一）が十三番筆頭上遠野監物の次に記載されている。このことは『宇留野氏系圖』には記載がない。

内記勝一は、寛政五年（１７９３）九月に育英書院教授に任ぜられて以来、その職責を永く務めたことは前述のとおりで、文化四年（１８０７年、四十二歳の時）八月に教授数年の功労を賞し白銀三百目を、また、文化十年（１８１３年、四十八歳の時）三月、教授の功労を賞し白銀三十目を賜うとある。永く育英書院に携わったがその中間の一時期御本丸大番を勤めたと解すべきか。

三月に功労の褒賞を賜わった内記勝一は、翌月四月十二日に没した。行年四十八歳。
　諡　源壽院教道日満　大蔵堂に葬る。
　妻は湯沢給人益子八右衛門為章女（文政三年庚辰（１８２０）七月十四日卒ス行年五十一歳）　諡　壽量院妙道日教　大蔵堂に葬る。

## 内記勝一の生家、上遠野喜太郎家について

上遠野喜太郎家は慶長七年（１６０２）義宣に従い、父隠岐守秀宗と共に秋田に下向した助兵衛政秀（秀宗二男）の三男・藤馬秀秋（１６９９年没）を祖としている。

隠岐守秀宗は足軽二十人を携え召連れ二百石を賜い六郷の義重に扈従し、寛永十四年（１６３７）七十七歳で没したとある。

助兵衛政秀（秀宗二男）は、初め叔父・赤坂下総守朝光に従って米内沢で一揆鎮圧に功ありその辛労につき、赤坂朝光が言上し義宣から采地五十石を賜い、元和元年（１６１５）横手に移住、向右近宣政の隊下となる。のち父・秀宗の指紙のもと新田七十石を結び都合百二十石になる。

助兵衛政秀は寛文年中、新田三十五石を二男・藤馬秀秋に分知して義隆公に奉仕せしめ、秀秋も向豊前重政指南を命じられている。

その藤馬秀秋の三代後の藤馬秀茂（１７１１～１７４２）に高屋五左衛門盛放の養女となった宇留野勝就の長女・カツ（１７１６～１７４３）が嫁いだ。十六歳の時（１７３１年）と思われる。

藤馬秀茂が家督を継いだときの禄高は二十九石三斗二升九合であった。その家督を喜太郎秀彌（１７３３～１７９１）が父の死亡により十歳の時に継いだ。

この喜太郎秀彌の代に知行地の減地の為、宝暦十二年（１７６２）に一旦二十七石七斗八升二合に判紙が改められる。その後喜太郎秀彌は新田開発に努め、天明二年（１７８２）には都

合百十石九斗一升五合の高になっている。

その後、用銀を命じられ上納したことに因り本田五石を加増されたり、又、その後も指紙開きを重ね、寛政元年（1789）には百八十七石九斗九升六合になっている。秀彌が家督を継いでからの四十八年の間に、主に新田開発で百五十八石六斗六升七合増禄したことになる。寛政元年には横手御本丸七番筆頭に任ぜられている。

妻は冨岡傳右衛門成芳女。

上遠野秀彌と冨岡成芳女との間に四男が生まれている。

長男喜太郎秀英（1758〜1843）、子之助勝一（1766〜1813）、秀凭（1778〜1821）、行勝（1782生）で、勝一は宇留野源兵衛勝冨の養弟となり、行勝は須田兎毛行前養子となっている。

三男・子之助秀凭は兄・喜太郎秀英に嗣子がなく秀英の養子となったが、秀凭が家督を継ぐ前に養父（兄）より前に亡くなり秀凭の二男（長男は早世）秀穏（のち喜太郎、1805〜1877）が祖父・秀英の養子となり、秀英死後家督を継いだ。

秀穏は二十歳で横手御本丸御番四番に入り三十歳の時（1834年）、九番筆頭に任用される。ただ、安永元年（1854）七月に久保田に移住を命じられ、翌年（1855）四月に長男・秀明（亀太郎）を連れ久保田中谷地町へ引越し大御番五番に入った。

秀明は慶応三年（1867）四十五歳の時、明徳館教授を拝命している。後年名古屋商工会議所八代会頭を務めた上遠野富之助は秀明を祖父とし、富之助の兄・秀忠は全国的に著明な武術家であった。

## 内記勝一の子供達

勝一と益子氏女の間には三男一女が生まれて

いる。その他に三人の養女がいる。

長女・辰（1789・6・30～1814・5・26）は父二十四歳、母二十歳の時の子である。秦與左衛門某の妻となったが、故あって離別となり、秦家で生まれた一女を連れて実家に戻った。

文化十一年戌（1814）五月二十六日卒行年二十六歳
諡　深達院妙相　大蔵堂に葬る。

次は、長男・勝般（1792・1・1～1844・2・15）、父二十七歳、母二十三歳の時の子である。詳しくは、分流八代で記す。

次は、次男・小伝治で父二十九歳、母二十五歳の時の子である。寛政六年寅（1794）八月二十七日生れ、寛政八年辰（1796）正月四日死亡。二歳四ヶ月余の命であった。

諡　還夢　大蔵堂に葬る。

次は、三男・万吉秀現（「秀現」は塩氏の養子になってからの名と思える）である。父三十二歳、母二十八歳の時の子である。寛政九年巳（1797）正月十四日生れ。横手嶋崎給人戸村十太夫組下である塩藤太秀緜の養子となり、藤太秀緜の女を妻としている。

塩又兵衛家（藤太家）は、古くは岩城氏の一族で、後年伊達正宗の叔父・伊達三河守盛重と行動を共にして、常陸の佐竹氏を頼り、慶長七年（1602）佐竹義宣に従って常陸から秋田に下向、伊達三河守盛重は初代横手城代となった。

その直属の武士団が義宣から禄を賜い嶋崎町に居住、その時の塩氏の先祖又兵衛秀定が四十五石を給わったと塩氏系図に記されている。秀現が養子になった頃、塩藤太家は五十四石の禄高だったという。

最近時点の平成十七年に塩藤太秀現の子孫、塩圀彦氏と連絡ができ、塩氏について色々ご教示を頂くことができた。

ここで、触れておきたい事項がある。万吉秀現の実兄・源助勝般の妻が刈和野給人塩軍兵衛高致女である。この内記勝一の代に「塩氏」との関わりが突然深くなる。源助勝般の妻との縁が初めだったか、万吉秀現が塩氏養子になる縁が先だったかは年代的に微妙なところであり判断しにくい。

いずれにしても、どちらかの縁組の結果、もう一方の縁組に結び付いたと考えたいが、塩軍兵衛家と又兵衛（藤太）家はいずれも岩城氏一族を先祖とするといわれ、古い時代に分かれた一族のようで、直接的に係わり合いはな無いようだ。

もう一つ触れておきたいことは、源助勝般は文化二年八月に父・勝一が藩庁に系図を提出した時点で、小瀬蔵人伊宿の三女「末」（1799年生）を妻とする約束がされていた。このことは小瀬千蔵が同時点で提出した「小瀬又七郎次男家」系図にも記されている。

何らかの事情が生じたのだろうが、文化二年以降の事柄については知る術がない。

小瀬氏は宇留野氏より早い時代に佐竹支族となった家で、佐竹氏九代貞義の三男義春を祖とし、慶長七年佐竹義宣に従い秋田に下向した。

小瀬宗家は横手下根岸に宇留野氏・赤坂氏と並んで居住したが、享保十一年（1726）横手より久保田へ移住し、藩主義峯の御相手番を命じられ、翌享保十二年に家老職（今宮義透と同じ時期の家老）を命じられ禄五百五十石となっている。

その二男家は享保十三年絵図では同じ下根岸の道を挟んだ向かい側にその名が見える。

小瀬伊宿は系図を提出した千蔵の父で寛政五

年（1793）に内記勝一と一緒に書院教授に任ぜられた小瀬蔵人伊宿その人である。歳は内記勝一の十五歳年長であるがお互い親密であったことを思わせる。家の紋は同じ「三ツ頭丁子巴」に、分流家であることを示す一重の太輪がある。

伊宿は寛政七年十月に国学教授並に任ぜられ役料二十石を賜り久保田の明道館（文化八年に「明徳館と改める」）に寄宿した。ただ、寛政八年七月に病に臥し役方を免ぜられ横手に帰り、寛政十年七月に病により致仕を許され家督を千蔵伊實（当時十一歳）に譲った。その時伊宿の禄高は三十八石八斗七升であった。

勝一には三人の養女がいるが、その一人は外孫である。名は秀、母は勝一長女・辰で秦與左衛門某との間に生まれた秀を連れて実家に帰った。勝一はその外孫を養女としたが、文化十二年亥（1815）十一月二十七日、前年五月に亡くなった母の後を追うように幼くして亡くなった。

諡　善性　大蔵堂に葬る。

次の養女は、上遠野典膳秀武（1773年生）の妻となった。上遠野氏系図には妻は「宇留野内記勝一養女、実は渡部氏」とある。

次の養女は、河會惣内愛惟に嫁いでいる。河會氏の先祖は北酒出八郎源義季末流とあり、惣内愛恒の代の慶長七年壬寅（1602）天英公羽州遷封の時故あって常州に留まり、慶長九年羽州に来て平鹿郡横手に居住を命じられたと『御分流系圖　河會』にある。

## ⑻分流八代・内記勝般

『宇留野氏系圖』には

「勝般　源助　内記　七郎

母同（拙註：益子氏）

寛政四年壬子正月元日生
文化二年乙丑八月二十二日初メテ　義和公へ拝謁ス 于時前髪
奏者大番頭松野茂右衛門此時ニ於イテ又御梛ノ事ヲ願フ
同八年辛未正月育英書院ニ於テ学庸論語御試同月横手　御本丸大御番十五番ニ入ル
同十年癸酉五月父ノ家禄ヲ賜フ　同八月二十七日義和公へ拝謁ス　嗣襲ノ恩ヲ奉謝ス奏者大番頭大塚才蔵
文化十二年己丑八月家筋上載スルノ処同月十八日先規ニ復サレ以来出仕継目共　御梛ニテ御盃ヲ賜フヘキ旨執政石塚源市郎執達セシメ諸橋吉兵衛、豊田平五郎是ヲ傳フ同二十八日御評定処中座ニ於テ先規ニ復サレ自今以後　御参府御下国共御休処御宿処ニ於テ御目見有ヘキトノ旨、坂本矢柄、小貫九兵衛ヲ以テ執政石塚源市郎是ヲ傳フ同九月於　政府ニ国相エ謁シ是ヲ奉謝ス

従是年々御参府御下国共父子御目見有
天保十五年甲辰二月十五日卒 行年五十三歳
　諡　止明院順道日静　大蔵堂ニ葬ル
妻ハ塩軍兵衛高致 天保十年己亥六月二十六日卒ス 行年四十七歳
　諡　清閑院妙全日法　大蔵堂ニ葬ル
後妻ハ宮崎九兵衛養女 天保十四年癸卯二月二十六日卒ス
　諡　常照院妙喜日泉　大蔵堂ニ葬ル」

源助勝般は、寛政四年（1792）正月元日というおめでたい日の誕生である。父・勝一二十七歳の時の子である。久保田の明道館が落成し、勝一はこの年六月に、横手からは一人明道館行きを命ぜられている。

文化二年（1805）八月二十二日、十四歳の時初めて藩主義和公に拝謁しているが、この時に、以前勝就の代まで賜っていた藩主自ら盃を与える儀式の復活は赦されていなかった。この拝謁の時に、旧に復することを願い出ている。

記録として残っていないが、父親・内記勝一も同席したのではないかと考える。

文化八年（１８１１）正月、育英書院において学庸論語の試験に合格し、その月から横手城御本丸大御番十五番に勤仕する。二十歳になってすぐである。

翌々年の文化十年（１８１３）四月、父勝一が四十八歳で没した。翌月五月父の家禄を賜い、同年（１８１３）八月二十七日久保田において義和公に拝謁し嗣襲の恩を奉謝している。

この年閏十一月十五日、長男亀之助が生まれたが、二ヶ月後の正月二十二日亀之助が死亡する。

文政十二年（１８２９）八月、家筋について上載するに及び、同月十八日家老石塚源一郎義貞（我家の系図には「源市郎」とあるが「源一郎」が正しい、当時三十二歳）が執達して諸橋吉兵衛、豊田平五郎をもって伝えている。

同月二十八日には久保田の御評定処において、御参府御下国とも御休処御宿処において先規に復することを家老石塚源一郎義貞が坂本矢柄、小貫九郎兵衛をもって伝えさせている。

この石塚源一郎義貞は、家老だった父・主殿義保が文政七年（１８２４）十月に江戸で卒したが、翌月十一月十九日に自身が家老職を命じられ、途中病により二度家老を辞したが、みたび命じられ通算三十一年間家老職を勤めている。

勝般、天保十五年（１８４４）二月十五日卒
行年五十三歳
諡　止明院順道日静　大蔵堂に葬る
妻は塩軍兵衛高致女、天保十年己亥六月二十六日卒 行年四十七歳

## 塩軍兵衛家について

ここで、塩軍兵衛家について触れる。

塩軍兵衛家の系図を秋田県公文書館で探し、見つけることができなかったが、たまたま前記

した塩囲彦氏からお送り頂いた、『温故』第2号（秋田県文化財保護協会 西仙北支部発行）掲載の刈和野・五十嵐五郎氏の「養蚕をひろめた塩家について」の文中に塩軍兵衛家について述べられている文章を借用させて頂く。

「（前文略）

塩家は、渋江内膳政光組下であった。元和八年（一六二二）山形城主最上義俊五十七万石がお家騒動により改易となり、刈和野からも八十石以上の給人五人、足軽四十九人が小場宣忠隊として本荘城受取に出陣している。その中に、塩又助百石の名がある。

寛永四年（一六二七）在々給人配当帳に塩又助百石。正徳四年（一七一四）御国中分限帳に塩采女八十石。享保十三年（一七二八）塩軍兵衛とある。

文政九年（一八二六）塩軍兵衛、養蚕方在々加勢役に任命され、刈和野村に養蚕座が置かれた。天保二年（一八三一）には、桑畑三十八町六反余、二十四万一千百二十二本となった記録がある。桑ノ木谷地という地名も残っている。

また、昭和六年（一九三一）に役場で発行した「かりわの案内」に、玉糸製造とこれを原料としての織物「浮嶋織り」を紹介している。太平洋戦争前までの百二十年も続いた。これも塩軍兵衛のおかげである。

慶応四年（一八六八）の戊辰の役で、梅津小太郎隊所属の塩清之進隆由（二十二歳）が七月二十八日、院内戦の際、院内銀山で戦死している。

明治三年（一八七〇）刈和野士族人名帳に塩軍兵衛六十二石一斗一升、蔵出高十石となっており給人としての最後である。

刈和野塩氏のその後は、大仙市高関上郷藤井重治郎氏によると、明治四年七月十四日の廃藩置県と十一月の全国一律警察制度により巡査となり、青森県三本木で勤務した。現当主は塩悦郎氏で、ブラジル国パラナ州コロヨード市に住んでいるそうです。

塩家の墓所は、刈和野の清浄山本念寺（浄土宗・東京都芝増上寺末院）の本堂に近い場所にあり、平成八年に整理され、墓誌には寛政十年（一七九八）十一月八日の大光院念誉昭詮居士以下、昭和十五年三月四日順誉妙高大姉まで十六法名が刻まれている。合掌」

前段の「（前文略）」とした文中に塩圀彦氏が書いた文を基にした次の文章がある。

「現在県内の塩姓は秋田市に一軒しかないが、「塩家断片史稿」によると佐竹藩に四流あるという。塩家は岩城氏の出であるといわれ、家紋は岩城立引（欞子《れんじ》に月）で、岩城氏と同じである。四、四四八家紋が掲載されている家紋帖にも入っていない、大変珍しい家紋である。

一ツ目は、刈和野住塩又助家である。秋田初代藩主佐竹義宣（天英公）の父義重（闐信公）に仕え、慶長十七年（一六一二）闐信公薨卒の後六郷より刈和野に移る（断片史稿）。

二ツ目は、故あって小野岡大和の家人となった塩庄助家である。慶長七年（一六〇二）佐竹国替えのとき、小野岡大和義従に随って常陸より秋田に来る（断片史稿）。戊辰の役の年、佐竹義堯が家老小野岡右衛門を京都に派遣し、三月十日に太政官代に藩主の決意書を上奏している。

三ツ目は、秋田在住塩市右衛門家である。（中略、亀田に入城した岩城吉隆が義宣の嗣子となり秋田佐竹二代義隆〈天山公〉となる）。亀田郷土史（昭和八年亀田役場発行）の中に平城没落の際家臣の殆どは四散したが、主君に随身した者四十二士あり、その中に鹽左馬允の名がある。貞隆・吉隆に仕え、亀田を経て秋田に移動した、塩市右衛門家と考えられる。

四ツ目は、横手住塩又兵衛家である。」

以上五十嵐五郎氏の文章を借用させて頂いた。

また、分流三代宇留野内記勝門の長女が嫁いだ刈和野給人梅津小左衛門家の八代・忠通が記した「梅津家の由緒」の中に次の記載がある。

「元和八年（一六二二）最上家改易の節、由利郡に足軽を率いて出張し御用相務め申しました。」

「寛永元年（一六二四）久保田お城破損の節、御足軽を率いて塩又助、古沢治兵衛、町田半兵衛同役にて相務め申しました。」

「元禄十二年（一六九九）津軽越中守より囚人を江戸表へ差し登らせの節、久保田より御武頭真崎長左衛門の足軽二十人出張に付刈和野にて請けとり足軽二十人率いて横手まで出張いたし相渡し申しました。同役 塩采女」

一項目は、五十嵐五郎氏が書かれている元和八年の本荘城接収に、同じ刈和野給人の梅津小左衛門忠道が塩又助と一緒に働いていたことを裏付けるものであり、二項目、三項目は刈和野の塩氏の一端に触れるものである。

一項目は『佐竹家譜・義宣』元和八年九月十一日の条に、刈和野の士五騎、梅津小左衛門〈百石〉、四倉助左衛門〈百石〉、塩又助代〈百石〉、町田半兵衛〈八十石〉、古沢介之允〈八十石〉の名が載っている。

宇留野源助勝般は名乗りを源助、内記、七郎と替えるが『横手市史・資料編』でおよその年次を知ることができる。

文化十一年戌（１８１４）三月の大番帳には十三番に「宇留野内記」の名がある。なお、実弟の塩藤太（秀現）はその時は十五番に載っている。

文政四年巳（１８２１）五月の大番帳には

十五番に「宇留野七郎」の名がある。この時には塩藤太の名も十五番で宇留野七郎のひとつ前に並べ記されている。

文政九年戌（1826）三月の大番帳は十三番に「宇留野七郎」の名があり、塩藤太は十四番にある。

明治四年（1871）十一月、宇留野源七郎が県に提出した短冊には「祖父宇留野七郎亡組下目付相勤申候」とある。

## ⑼ 分流九代・内記勝伴

『宇留野氏系圖』には

「勝伴　源助　内記
母同（拙註：塩氏）
文化十三年年丙子三月九日生
文政十二年己丑七月十一日初テ　義厚公エ拝謁ス奏者大番頭赤坂忠兵衛 于時前髪
天保五年甲午正月育英書院勤学ノ故ヲ以学庸論語御試ヲ免サル
同年横手御本丸大御番四番ニ入ル
天保十五年甲辰三月父ノ家禄ヲ賜フ
弘化二年乙巳九月十二日　義厚公エ拝謁ス嗣襲ノ恩ヲ奉謝ス奏者大番頭小野寺桂之助 于時御盃御梱ヲ以賜フ
妻ハ金沢三郎兵衛親将女
弘化四年丁未十一月十一日卒ス　行年三十二歳
謚　貞松院玄理日明　大蔵堂ニ葬ムル」

源助勝伴が久保田城で藩主義厚公へ初めて拝謁したのは十四歳の時で、その時はまだ前髪であった。

天保五年午（1834）正月、十九歳の時、育英書院成績優秀だったことにより学庸論語の試験を免除され、同月横手御本丸大御番四番に入る。

この年十月二十三日、勝伴は金沢三郎兵衛親将女テンと祝言を上げている。勝伴十九歳、妻テンも十九歳の時であるが、テンの方が一ヶ月早い生れである。天保七年申（１８３６）三月長男・源治（のちの源七郎）が生まれている。

天保十五年辰（１８４４）二月、父勝般が亡くなり翌月三月、二十九歳で家督を継いでいる。

弘化二年巳（１８４５）九月十二日、久保田城に上り義厚公に拝謁し嗣襲の恩を奉謝している。このことについては『佐竹家譜・義厚』弘化二年九月十二日の条に「廻座及諸士出仕の式あり」と記されている。この時の奏者は大番頭小野寺桂之助とあり、藩主義厚公直々の御榭で御盃を賜うと記されている。

弘化四年未（１８４７）十一月十一日、勝伴は三十二歳と若くして没した。その時、金沢氏女（当時三十二歳）との間に、十二歳の長男・源助と五歳の二男・良吉が残された。

金沢氏は常州時代、向右近宣政が南郷羽黒の守りを担当していた当時から向氏指南の下にあり、「三郎兵衛」は金沢氏代々の名乗りである。内記勝伴の妻は長寿であった。横手市で入手できた除籍謄本には
「秋田県平鹿郡横手上根岸町二十一番地　前戸主亡父宇留野内記　亡父内記長男 戸主宇留野源七郎　天保七年三月十三日生　弘化五年正月十五日相続　明治三十六年九月二十六日仙北郡角館町山根町二番地へ転籍届出同日角館町戸籍吏人青柳友吉受附同月二十八日届書入入籍通知書発送同月二十九日受附」、

「母亡父内記妻　テン　文化十三年二月十二日生　天保五年十月二十三日本郡横手羽黒中町金沢三郎兵衛長女入籍す　明治二十七年八月二十五日死亡」（以下略）

宇留野内記勝伴の妻が没した日は、横手町の大洪水があった日である。上根岸町二十一番地の宇留野源七郎宅はすぐ脇を流れる小川が氾濫し、床上浸水の大被害を受けた。先祖より伝わ

る『宇留野氏系圖』を保管していた家具（仏壇か箪笥か）が泥水に浸り、その泥の着いた系図が今に伝わっている。死亡の原因が水死だったのかは不詳である。

諡　止源院妙覚日悟大姉　行年七十九歳　横手新坂の大蔵堂に葬る。

**内記勝伴の兄弟達**

勝伴は男三人兄弟であるが、兄・亀之助は勝伴の三歳年上で文化十年酉（１８１３）十一月に生まれ、二ケ月後の正月二十二日に亡くなっている。

弟・良吉は文政二年卯（１８１９）九月十一日生れで三歳年下である。良吉はのち久保田の佐藤禮太信成の嗣子となっていて「信之」を諱としている。

良吉は久保田明徳館の勤学生であったことが、『羽嶽　根本通明・伝』（田村巳代治著、秋田魁新報社発行）から知ることができる。それには、天保二年（１８３１）五月のある日、明徳館で学んでいた勤学生の宇留野良吉（当時十三歳）が横手へ帰省する途中、母親の実家である刈和野の塩軍兵衛家に泊まった。翌日刈和野の崇文館を訪ねた時、宇留野良吉に崇文館塾生の根本周助（当時十歳）が抱えていた史記の孟子荀子郷伝についての疑問点を質問し、そのことについて二人の間で長時間の激論に及んだことが記されている。

## ⑽分流十代・内記勝任（のち源七郎）

『宇留野氏系圖』には

「勝任　源治　内記　源七郎　初勝知

母金沢氏

天保七年年丙申三月十三日生

弘化二年乙巳九月十二日初テ　義厚公エ拝謁ス

奏者大番頭小野寺桂之助 于時御盃御棚ヲ以賜フ其節御前エ御吸物召上ル序在々ノ初筆也

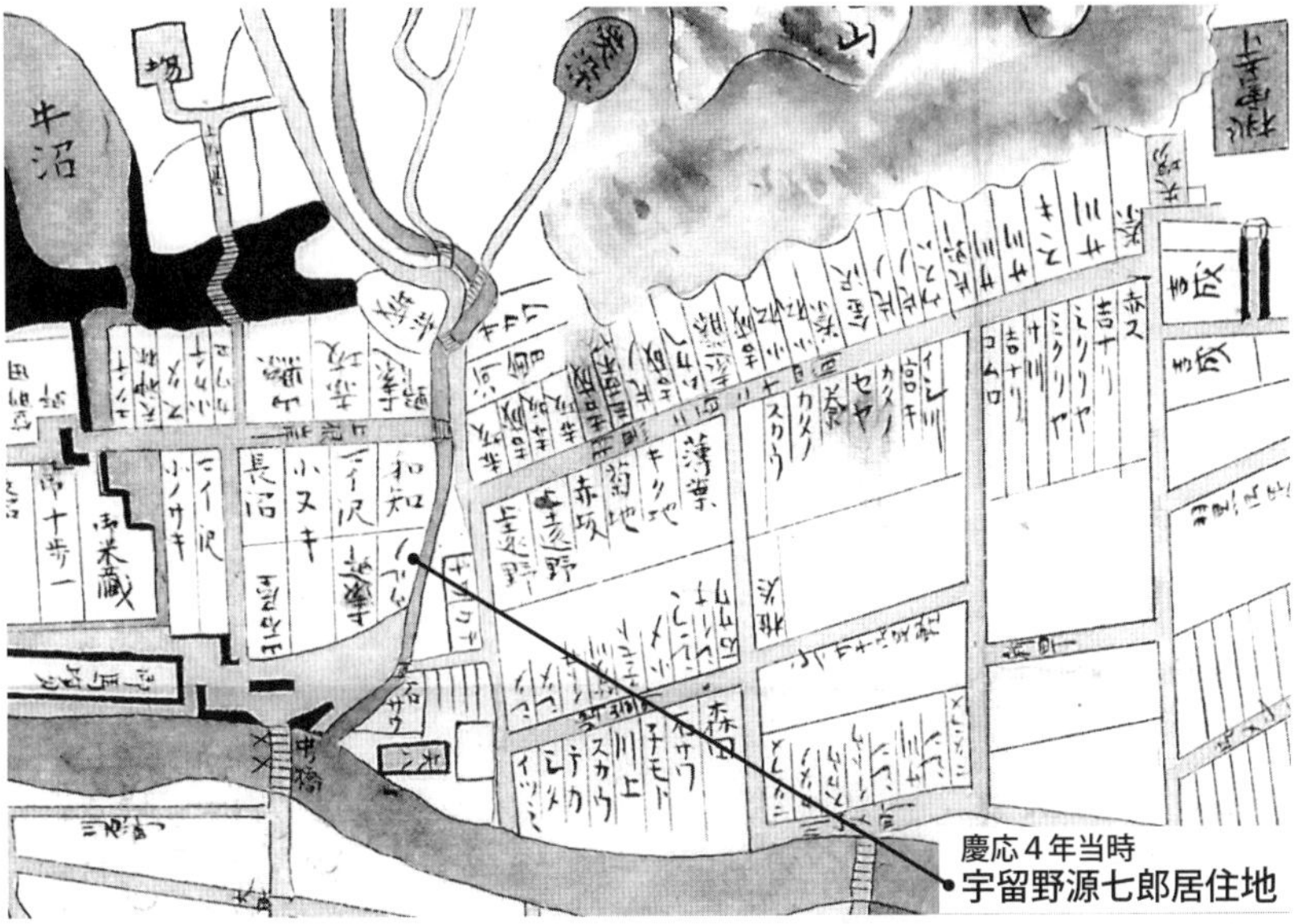


「横手御城之図」（部分・慶応４年－ 1868 年）片仮名で「ウルノ」とある
（大館市立栗盛記念図書館　真崎文庫所蔵　M-1290）

弘化五年戊申正月父ノ家禄ヲ賜フ
嘉永三年庚戌四月十二日　義睦公御幼年因テ於
政府ニ執政ニ謁ス嗣襲ノ恩ヲ謝ス（于時御名代謁）
同七年甲寅十月二日育英書院勤学ノ故ヲ以学庸
論語御試ヲ免サル同月十三日横手 御本丸大御
番五番ニ入ル 同十一月二十五日育英書院詰役
加勢ニ任セラル
安政二年乙卯二月晦日詰役ニ任セラル　同五月
義睦公御入部 同三年丙辰四月十二日義睦公エ
拝謁ス奏者大番頭小田野常治嗣襲ノ恩ヲ奉謝ス
（于時御盃御棚ニテ賜フ序先規ノ通）
（右記のあと、記入可能なように二頁空白）
妻ハ寺田喜四郎利業女（元治元年甲子十二月十二日卒）
法名得聞院妙経日音　大蔵堂ニ葬ル
行年二十八歳」

『宇留野氏系圖』は内記勝任（源七郎）につい

ては、上記で終了している。このことは、この系図の最後の加筆者が内記勝任（明治以降のことについては内記勝任を改め、「源七郎」で統一して記載する）であるが、源七郎が『宇留野氏系圖』に書き足した実弟・良之助勝基について、また自分の娘・息子について短く触れている。

実弟・良之助については、

「勝基　良之助
母ハ同（拙註：源七郎勝任に同じ、金沢三郎兵衛親将女）
天保十四年癸卯五月七日生
明治元年戊辰八月十三日軍隊ノ内ヨリ斥候被命野荒町橋ニテ庄賊ノ首ヲ討取リ沢殿ヨリ賊ノ大小ヲ賜フ
同四年辛未二月五日軍労ヲ以テ給禄十七石賜テ一家ヲ成」

長女津多については

「女子　名ハ津多
母寺田氏
安政二年乙卯八月二十日生
角館 河原田次亮妻」

長男勝孝については

「勝孝　源治
母同
安政五年戊午十二月二十八日生
明治十九年丙戌八月十六日卒　法名ハ源良院義巌　虎列羅病ニテ死ル故火葬ス後遺骨大蔵堂ニ葬ル　行年二十九歳」

以上、源七郎が『宇留野氏系圖』に追記した弟と子供達の記載だが、戊辰の役の軍労により一家を成した宇留野良之助家について、及び角館町の河原田次亮に嫁いだ津多については、明治時代以降の記述で触れることが多くなる。

ここで、内記勝任（後改め源七郎）の妻の生家・寺田氏について触れたい。

内記勝任（源七郎）の妻は、六郷居住近進の寺田喜四郎利業・鈴木多郎兵衛女の二女である。

寺田喜四郎利業は弘化二巳年（１８４５）七月に藩庁に提出した『新調寺田氏系圖』（船越住居寺田喜四郎提出）によると、父喜四郎某と、母久米源三郎女の間に文化二年（１８０５）に生れている。

系図によると
•天保五午年（１８３４）と天保九戌年（１８３８）に、父喜四郎某（文政十亥年〈１８２７〉卒、行年四十九歳）が忠進した開田出高の内から辛労免として十二石四斗一升八合を両度に渡り拝領する。

•天保五午年（１８３４）、金千五百両を献上。

•同年九月十二日、献上金の御賞として、永帯刀御免、永六人扶持高百石を拝領并地子を免ぜられた。

天保六未年（１８３５）八月二十五日、簱元近進の士に命じられ永く子孫に及ばしめ、先に賜う所の月俸を公入せられ新たに采地十二石を賜う。且つ六郷住居に命じられた。

•同年扇紋の上下を賜う、これは文政十一子年（１８２８）より文政十三寅年（１８３０）まで畜馬三匹を献じた故である。

•文政十三寅年（１８３０）十一月十一日、義厚公に拝謁し例によって盃酒を賜う。

妻は佐藤伊助女　天保三年五月卒　行年二十四歳
後妻、鈴木多郎兵衛女
この系図の末尾には、簱紋・家之紋・替紋・幕之紋が描かれていて「知行高 二百石七斗一升　六郷住居近進　寺田喜四郎（花押）㊞　弘化二巳年七月」と書かれている。

『秋田沿革史大成（付録）』中「藩士分限禄取扶持各郷士給禄名調（安政二卯年〈１８５５〉、斗升を除く禄並順）」に「評定所支配在住士」として「二百十二石　六郷 寺田喜四郎」と記載されている。

『新調寺田氏系圖』喜四郎利業の二代前・喜右衛門某（初め喜四郎、１７５７〜１８２５）から書出されていて、その前は「先祖又四郎某生国越前之産、承応元辰年（１６５２）羽州仙北郡六郷村来住ス　又四郎ヨリ六代」が喜右衛門某と書かれている。

寺田喜四郎利業には系図提出時点の弘化二年（１８４５）では、五男二女（長男は早世）の子があり、二男又四郎利陳（文政十一子年〈１８２８〉七月十三日生、当時十八歳）以下三男二女がいて、その二女（当時九歳）の生年が天保八酉年（１８３７）十二月晦日生、母は鈴木氏とある。『宇留野氏系圖』の内記勝任の妻が元治元年甲子（１８６４）十二月十二日に歿した時、行年二十八歳とあることから喜四郎利業の二女と確定できる。横手町新坂の宇留野家墓地大蔵堂に葬られた。

ここに、六郷史談会発行の『六郷町小史』がある。その中に六郷町十二代〜十四代町長（昭和二年六月〜同十四年六月）を歴任された寺田隆造氏の紹介文があるので、その文章全文を次に転記する。

「寺田隆造　町長・郷土開拓者　明治七年（一八七四）〜昭和二四年（一九四九）

父は又四郎、寺田家十代として土崎湊に出生。祖父利業は、嘉永七年（一八五四）秋田藩より海岸防備の命を受け、船越村（男鹿市）へ一家移転。初代利光の六郷移住から二〇二年目の事でした。安政五年（一八五八）には船越村から土崎湊へ転居。隆造は小学校、中学校を秋田で終了しました。

明治二十九年（一八九六）六郷地震の年、母と共に土崎を離れ六郷の古巣に戻り、同年暮れに結婚。

六郷に帰ってからは、新農作物の試作、養鶏養蚕など試行。石川理紀之助翁等の営農指導を受け、学術書等からは先進農業や行政学を学びました。

昭和二年からは、後藤宙外の後を継ぎ、三期六郷町長を歴任。昭和六年県下に誇るモダンな六郷小学校校舎を建設。同十一年町内七〇〇〇メートルの消火水道管網の工事、同十三年鞠子川に灌漑水分配設備（分水工）を設け多年の水争いを解消するなど、町の懸案事業を次々と成し遂げました。郷土の作家小杉天外とは、終生深い交友がありました。」

『六郷町小史』の紹介文で寺田隆造は、この後で触れる源七郎の長女・津多、長男・勝孝の従兄弟であることがわかる。

ここでは、引続いて内記勝任（源七郎）の安政三年（１８５６）以後について触れたい。

安政二年（１８５５）長女津多が、安政五年（１８５８）に長男・源治勝孝が寺田氏女の間に生まれた。勝孝が生まれたのは源七郎が二十三歳、妻・寺田氏女二十二歳の時である。

その六年後の元治元年（１８６４）十二月、妻が二十八歳で他界する。源七郎は後添えに今村理平治姉（今井理平治は戸村十太夫家人＝横手市史資料編）を慶応二年（１８６６）二月十九日に迎えている。今村氏女と源七郎の間には子供は生れなかった。

慶応二年（１８６６）六月、朝廷の要請により、久保田藩は文久三年（１８６３）に続き警護のため京都に藩士を派遣することとなる。その隊士の一人に宇留野内記勝任がいたことが、同じく隊士であった片野内蔵助の京都御警衛日記（『横手郷土史資料』等）により知ることができる。

慶応二年六月、内記勝任は京都警護のため、他の久保田藩隊員（全三十五名）と共に六月二十一日久保田を出立し、越後高田経由で善光寺、中山道を通り京都に向かう。

久保田藩の隊員は横手小鷹狩源太組下五名（伊藤助右衛門、金沢三郎兵衛、三栗谷八右衛門、宇留野内記、片野内蔵助）、横手戸村大学組下七名、院内大山若狭組下二名、湯沢四名、刈和野二名、角館居住二名、角館北家組下四名、角館今宮組下二名、大館四名、十二所三名である。

全行程・二百二十九里十丁を歩き京都に着いたのは七月十五日で、北の社松栄坊方に荷を置いた後、藩の副役信太芳之助方へ無事到着の届出をしたところ、明後日十七日に御本陣表方に届出て五ツ半時に罷り出るよう言い渡された。

片野内蔵助は十六日は京都の諸方見物、また、七月十六日は天気良く、京の東山に大文字の送り火を見ることができたと書いている。

七月十七日朝五ツ半時、本陣浄福寺へ罷り出て副役信太芳之助へ届け出たところ、家老小野岡右衛門殿に引き合わされ、同日中に戸村一学、平元貞治、長瀬準之助に挨拶を終えている。

同二十日組頭伊藤助右衛門が本陣に呼び出され、御門の警護、廻り番、諸藩との応対、詰処にて煙草禁止等々心得を仰せ渡された。

この警衛は大過なく翌年正月二十七日に終了しているが（この期間中の十二月二十九日孝明天皇薨去）、この日記の中で、宇留野内記は再三朝廷から渡される金（御褒美）を受領する役などを務めている。

正月二十八日に京都を出足、中山道・東北道から上山、新庄、院内を通り二月二十四日久保田着、二十七日小野岡右衛門、戸村一学、樋口（忠蔵）仮組頭に挨拶を終え横手に帰着している。

明治元年（１８６８）の戊辰戦争については内記から改名した源七郎の名前で県に提出した「出陣中覚書」（『軍功形状書』（A212・1-32）明治十九年 宇留野源七郎提出）が残されている。

それによると、明治元年（源七郎三十三歳の時）戊辰閏四月二十五日、庄内藩征討のため遊軍頭介川敬之進隊に属し、戦士頭を仰せ付けられ雄勝郡田代へ出兵し滞陣したが、五月十三日解兵となり横手に帰省している。

続いて二カ月後の七月九日、遊軍頭中安泰治隊に属し戦士頭を仰せ付けられ、初め雄勝郡大沢村へ出兵し七月十五日矢島城下へ進兵し、その後七月十八日院内を護るため、同所に転陣する。

二十三日以降、横堀村・中村の真木沢と転陣、真木沢口の通路近辺に十三ケ所ほど台場を築き防戦の備えをし、番兵を残し中村の本陣に一旦退いた。

翌日・二十八日番兵交代として戦士七人を差向けたところ、昼四ツ刻（午前十時頃）に敵が襲来し、番兵の内、瀬谷謙之進が戦死、渡邉十兵衛手負いの報告があり、則大将中安泰治始め残らず台場へ付き随い、いよいよ鉄砲の撃ち合いが始まり、はじめ敵兵およそ千人位で鉄砲を雨霰のごとく撃ち懸けられ、防戦に努めるが、午ノ刻（正午頃）より申ノ刻（午後四時頃）まで防戦一方に陥り大将中安泰治の指示で横堀村まで引き揚げる。

二十九日以降、横堀村・中村の地域で他藩の兵を加えて進撃・退陣を繰返し、八月朔日朝、横堀村引揚と相成り撤退途中、検使・小野寺佐賀が軍馬で引返し検使の言により一度相川村に陣固めをして防戦したが、同日夜五ツ刻（夜八時頃）惣軍引き上げが決まり、湯沢町は残らず撤退した後だったが、夜八ツ刻（午前二時頃）

出立し平鹿郡古内村で夜明かしし、八月二日横手に退去。

八月三日より、平鹿郡石成村・増田村・雄勝郡岩崎村等で進撃・退陣・陣固めを繰返すうちに、賊兵が角間川村方面へ廻る勢いを示しこのままではいずれ防ぎ難くなるため、惣軍引き揚げとなり九日夜中に横手に引き揚げる。

同十日横手より仙北郡大曲村迄引揚と決まったが、横手所預り戸村大学は横手籠城を決め、十日夜、十一日横手城籠城の応援を命じられたが、またまた直ちに大曲村引揚と相成り同所退陣となる。

八月十三日、薩摩藩兵へ合流。角間川道、天神村並びに野荒町村の三方向へ斥候を出すよう、薩藩より要請があり、それぞれ夫々戦士の内より手配し、その内野荒町村斥候に隊下の吉成市兵衛、赤津久右衛門、三栗谷権之助、宇留野良之助を差出た処、野荒町橋で庄内藩の斥候・町野嘯二（後年判った名前で、庄内藩でかなりの刀の使い手であったと伝えられている）と出会い太刀打ちにて宇留野良之助が撃ち果し、首を大曲村へ持参。その節沢副総督の首実検が行われ、良之助は沢殿より賊の大小を賜わっている（後年〈明治四年二月〉軍労によって給禄十七石を賜い一家を成す）。

源七郎はこの日、検使役・渋江兵部の使者・際目千代太をもって角間川追分戦線へ引返し合兵するよう申し来たため、仮組頭・石川百助を、野荒町村へ出した斥候四人取纏め引揚のため一人を残し置き、追分村まで引返し進兵した。合戦最中で鉄砲を雨霰の如く打懸けられる中を合兵致すべく言渡された故に、追分橋より二、三町弾丸を冒して進兵したが、渋江兵部の軍隊はどこへ行ったか相分からず合兵出来ないまま戦っていた。その内、惣軍引揚となり大曲村まで引き揚げた。

八月十四日、小倉藩応援を命じられる。この時大将中安泰治は用事があり久保田へ行ったため、検使・渋江兵部に従って、大曲村から角間川村と大保村の合戦へ出陣した。

激しい戦いが繰り広げられる中、敵軍は左右より後口を絶ちきる勢いで鉄砲を前後左右より雨霰の如く打ち懸けていたが、流れ弾を冒して進撃した。

その中で、源七郎は右足の内腰骨を打ち貫かれ手負いと相成り倒れ動けなくなり、軍隊の内、実弟・宇留野良之助の介抱を受け同郡神宮寺村まで移り、医者木田杏度の療治を得て、同十五日刈和野村で薩藩軍医・池上宗益の療治を得た後、同十八日矢橋太病院へ入室、治療を受けていた。九月十五日頃より右重瘡に日夜の痛みに悩まされ、次第に絶食衰弱していたところ、同二十一日より大村大学配下の医者・斎藤三益の療治を受けることができ、日増しに食事が進むようになり快方に向かった。

十月四日矢橋太病院において藩主義睦の慰問があり鶏の卵を拝領した。

十月五日には若殿様の慰問があり、緩々保養するようにとの辞を貰い、十月八日には九條殿及び若殿様から干饂飩鶏鵞を賜わった。

十月十一日、醍醐殿の見舞いがありお言葉があった。その節矢橋太病院より瘡所について書面での報告があった。未だ全快と云える状態ではなかったが、源七郎は十月十六日その向きへ願い出て、久保田居住の親類・佐藤新左衛門方へ引き移り、十月二十日、横手へ帰留して治療を続けたが、それ以来、遠出は相叶わなくなった。

明治二年正月の内、毛布一着、東北の地の寒天に配慮された天朝よりの賜わり物を戦士組頭役の形をもって拝領仕り誠に有難き仕合せと存じました。(略文)

中安泰治手戦士組頭横手士族

内記改名　　宇留野源七郎

明治十九年九月

以上、明治十九年九月に宇留野源七郎により提出され『軍功形状書』（A212・1-32）に収録されている『出陣中覚書』の概略文章である。

戊辰戦争以降の源七郎についての記録は多くない。アトランダムになるが述べてみたい。

明治元年（1868）当時源七郎の家族は
・後妻 ヤヱ（戸村家人 横手根岸下町 今村理平治姉）、天保六年（1835）生、当時三十四歳
・長女 津多（母は寺田氏）、安政二年（1855）八月二十日生、当時十四歳。明治六年（1873）頃（十九歳頃）までに角館町の河原田次亮に嫁ぎ、長女ナオを明治七年（1874）に生む。河原田家については後に触れる。
・長男 勝孝（母は寺田氏）安政五年（1858）十二月二十八日生、当時十一歳。明治十九年（1886）八月十六日コレラで死亡。
・母 金沢三郎兵衛親将長女テン、文化十三年（1816）二月十二日生、当時五十三歳。
・弟 良之助、天保十四年（1843）五月七日生、当時二十六歳。

明治四年（1871）二月五日軍労を以て給禄十七石を賜い一家を成し、初め横手町島崎町に住んだようだ。

「ようだ」と記したのは、明治二十七年八月二十五日横手町の大水害の折の「平鹿郡溺死人名調」の中に「横手町島崎町 宇留野ヨシ 弘化三年三月三日生 行年四十九歳」の記載による。のち分流家は「横手町根岸町一二四」に住所が移っている。

『横手郷土史年表』（佐川良視著）には、明治十二年当時上根岸町戸長として「宇留野源七

郎」の名が見える。

なお、同書に横手町（柳町・田中町・馬口労町・大水戸）の公選戸長として「宇留野良之助」の名がある。また、『續横手郷土史』（編輯人 横手町史編纂会）に歴代郵便局長の二代目（明治十二年三月五日宇留野源七郎郵便取扱役となる。同年十二月九日宇留野源七郎依願免職。）であったと記載がある。

公刊されたものではないが、明治十九年丙戌（1886）七月二十六日付・塩篤志氏から岳父（妻フサの父）の角館の河原田次功氏宛手紙に、横手の宇留野源七郎が横手裁判処使丁取締に就いたことが記されている。

その手紙文は

「宇留野源七郎殿　横手裁判処使丁取締申しつけられ 余程銭に相成候よし　何よりの事に御坐候　横手より差出され候人は小使以下之役のみに御坐候」。

## 河原田平右衛門家と宇留野家との関係

ここで、角館町の河原田平右衛門家と宇留野家との関係を記しておかなければならない。

横手町の宇留野源七郎の長女（実子は男女一人づつ）・津多が角館町の河原田数馬次功の長男・次亮に遅くても明治六年（津多十九歳）迄には嫁いでいる。横手から、当時としては遠距離の角館に嫁いだのはどのような「つて」によってかと考えてみた。記録ないし伝承はない。

最初は、宇留野源七郎の祖父・七郎勝般の弟・秀現が塩藤太秀緜の嗣子となっていて、その子・塩宮内と河原田次功が安政四年（1857）当時、秋田藩の蝦夷地警備のため増毛に出兵して陣屋を同じくした縁で、塩宮内の長男・篤志に河原田次功の二女・フサが嫁いだのが結びつきの初めと考えた。

ところが最近もう一ツその「つて」ではない

かと考えられる事柄を知り、調査が詳しい所まで至ってはいないが、次の事実を紹介する。

それは『角館誌』第五巻（七十頁）に記載がある佐藤順信の父・「佐藤新左衛門信之」に接した。

それによると佐藤新左衛門信之は佐藤禮太信成の嗣子となった宇留野源七郎の叔父（父宇留野内記勝伴の弟）信之と思われる。

佐藤禮太信成―信之―順信を繋ぐ系図あるいは謄本を目にしていなくて確たることは言えないが、源七郎は戊辰戦争で負傷し久保田の矢橋太病院を退院した後、久保田の親戚・佐藤新左衛門家にしばらくの間逗留し療養している。

『角館誌』には「佐藤順信は当時角館町に住んでいなかったが、先祖佐藤大隈は戸沢家臣で、戸沢氏が常州に転封の際、七之丞代角館に残って葦名家に奉公し、葦名家断絶後、祖理左エ門は式部家々中となって数代江戸と角館を往来した。順信の父新左エ門代、慶応二年（１８６６）久保田に移住した。順信は二男で弘化四年（１８４７）十二月生まれ、明治十一年十月選挙で県会議員となり、以降連続当選、十九年九月までその席にあり～（以下略）」とある。

上記推測が正しいとすると、宇留野源七郎と佐藤順信は従兄弟である。この「つて」の方が初めかもしれない。

塩圀彦氏から頂いた手紙には、河原田次功二女フサ（次亮姉）の婚姻は「明治十年（１８７７）二月五日」であると記されていて、宇留野津多が河原田次亮に嫁いだのが明治六年（１８７３）以前（次亮・津多の長女ナオの生れが明治七年一月二十九日より推察）であると推測できる。その後に次亮の二歳年上の次姉・フサが、宇留野の縁戚であり増毛でも面識がある塩宮内の長男・篤志に嫁いだというのが順序かも知れない。

なお、河原田次功の長女レンは明治五年以前角館町裏町の吉成敬四郎（弘化五年〈1848〉生、明治七年〈1874〉十月二十日卒、二十七歳）に嫁いでいる。この吉成敬四郎家も後に宇留野家に関係する。

河原田次功家は宇留野津多が次亮に嫁いだ当時は同町裏町に住んでいた。『河原田盛次家系』、『河原田次幹家系』によると、葦名家に従い角館に住むようになったのは盛次家系の当主・縫殿之介次信で、葦名盛重の家老職として御供し、慶長の大坂ノ役にも御供し角館において百五十石を拝領、内五十石を二男平右衛門に与え中絶していた二男家（会津摺上原合戦で討死した友吉か）の当主とした。のち長く続く平右衛門家（五左衛門家とも）である。

宗家は長男・新右衛門次友（寛文七年正月十五日卒）が継ぎ代々新右衛門を名乗る。

二男家は平右衛門次温（寛政八年〈1796〉十一月十一日生〜明治九年〈1876〉十一月十四日卒、八十一歳、法名仁翁榮壽居士）の代、産を治め家を興す基礎を築いたと記されている。

次温の長男は数馬次功（文化十二年〈1815〉一月十九日生〜明治二十一年〈1888〉五月十五日卒、七十四歳、法名榮翁文正居士）。

次功は父の志を継ぎ産を治め家を興し、傍ら私塾を開きまた郷校弘道館の教授であった。麓園と号し書を能くし、また詩を作った。性温厚質実にして弟子等その徳を欽慕す。また名聞を好まず、名を秘して貧困を賑わす。

安政四年（1857）四十三歳の時、軍艦で北海道増毛に渡り露国に備えてその警備に任ず。明治元年戊辰、組頭として官軍に従軍する。

数馬次功は妻・本明寺菊地静明女（1822〜1872、五十一歳）との間に長女レン（嘉永二年〈1849〉八月七日生、角館町裏町の吉成敬四郎〈1848〜1874、二十七歳〉に明治五年以前に嫁す）、次女フサ（嘉永五年〈1852〉六月十九日生、横手町塩篤志に嫁す）、長男・次亮（安政元年〈1854〉六月十日生、明治三十五年〈1902〉五月三十一日卒、四十九歳）、二男・次誠（幼名小市、河原田次幹家分流河原田彌五郎の末期養子となる）の四子を生む。後妻吉成氏（実は亀谷氏の女）との間には子はいない。

次亮は幼名熊蔵、東里と号した。安政元年（1854）生れの次亮は戊辰戦争時には十五歳で出陣はしていないようだ。

父数馬次功の志を継ぎ私塾・静修舎（静修舎は宝暦の末頃、畑駒岳が表町下丁に開設した致道館を継承し、裏町に移し明治十二年に名称変更したもの）を建て子弟教育に力をそそぐ。英才多くその門に出でる。

のち県会議員（当選七回）となり、また師範学校の教授となり、しかも日置《へき》流弓術の師範であった。次亮はそれらの活躍の最中の明治三十五年（1902）五月三十一日に四十九歳で没する、法名天山宣光居士。

次亮時代（次功の晩年）河原田家の資産も多く、県内郡別地価多額所有者には角館町で地価金一万円以上の者が五人書かれていて、この中に河原田次亮の名が見える（他に西宮藤剛、太田倉之助、安藤利助、石黒織記）（『角館城下町の歴史』より）。

同書には、横手町の宇留野家から嫁いだ津多は、当時としてはハイカラであったシチュウ、オムレツ、フライなどの料理が得意であり、古いものに拘泥せず、常に新しいものを求め摂取していくことを勧め、そのような雰囲気が家庭内を支配していたと伝えている。

次亮が裏町から東勝楽丁九番地に引越したのは、明治二十四年（1891）といわれる。

明治三十三年（1900）五月、外町の上新町から出火した炎が火除の防火帯をこえて東勝楽丁へ拡がり、南隣りの小田野家に燃え移った時、多くの人が駆けつけ、網のようになった海草を濡らして屋根にかけたりして、多数の人力で類焼を防いだといわれている。もちろん広い庭と繁った多くの樹木も類焼を防いだ一因であった。

次亮・津多の間には三男二女が生まれている。

•長女ナオ。明治七年（1874）一月二十九日生、明治二十一年（1888）十一月七日、同町田町下丁の滑川清一郎（龍太郎長男）に十五歳の時に嫁ぐ。

•次が長男・次重（幼名忠治）。明治九年（1876）十二月二十八日生。昭和四年（1929）二月二十三日卒、行年五十三　法名天眞重行居士。

「家学を継ぎまた日置流弓術に功あり。独力で発電所を起し、燈火及び動力に資す」と『河原田次幹家系』に記されている。

•二男・勝次。明治十三年（1880）生。昭和十六年（1941）十二月卒　行年六十一。

東京師範学校卒業、後年、平鹿郡横手町の宇留野良之助の養嗣子となる。

•三男・芳郎。山内喜角（角館町表町下丁）長男左五郎の養嗣子となる。

•二女・ツ子（ツネ）。明治十八年（1885）十二月一日生。昭和九年（1934）九月十三日卒、行年五十。

明治三十五年（1902）十一月二十五日、ツ子十八歳の時、横手上根岸町二十一番地宇留野ツルの養女として入籍。明治三十六年（1903）九月二十六日、同日ツルの養嗣子となった宇留野順吉（角館町田町上町三十六番地、吉成彌五郎二男）と婚姻届出。

河原田次重は、父・次亮が明治三十五年（1902）五月に没した時二十七歳の青年であった。次重は父の県会議員としての広い政治活動や儒学、特に陽明学を学んだ思想の影響を受けて育った。また母の古いものに拘泥することなく常に新しいものを求め摂取していくという気質も受け継いだ。

次重が農業面での耕地整理や馬耕の導入、実業専修学舎（明治三十四年〜三十七年）という教育事業、さらには製材所、電鉄会社への投資など止まることなく活躍したのは、その下地が河原田家の歴史の中に醸されていたのである。

そして次重の名を何よりも高らしめたのが水力発電所の建設であった。

県内では土崎の近江谷栄治が明治三十年に気力発電所を、増田町の松浦千代松が明治四十三年六月に水力発電所を設置していたが、河原田次重はこれと同じ明治四十三年十二月に河原田水力電気合名会社を発足させた。

ドイツシーメンスの発電機（出力180キロワット）を購入、西明寺川岱までそれを運ぶため角館町細越坂の掘下げの土木工事を明治四十四年に行い、明治四十五年（1912）六月に送電を開始、角館、大曲、角間川など五町四村の三三六五戸にそれは及んだ。

河原田個人の資産を投じての事業には兄弟みなが協力した。二男勝次（宇留野良之助養子、明治四十三年当時三十一歳）や三男芳郎（山内家養子、同二十八歳）、妹ツ子の夫（宇留野順吉、同三十三歳）達であった。後には宇留野勝輝（宇留野源七郎の孫）も参加したと思われる。

配電区域は九ケ町村で拡張を続けたが、大正十四年（1925）二月、河原田電気は出資増大で借財も増え、増田水力電気に七十万円で譲渡し、その先駆的役割を閉じた。個人の資力だけでは達成できない限界があったというべきであろう。

この間、次重は角館町竹原町東端に新しく道路を造り、巴丁《ともえちょう》と命名し、その一角にバンガロー（「晩香寮」）を建て公的集会所として無料開放した。大正十一年十一月のことである。

その他、短期間であったが、角館町長臨時代理（大正十二年三月〜七月）や町長（昭和二年十一月〜三年三月）を務め、角館中学校（現角館高校）設立に尽力、また角館高等女学校にも関係した。

疲れを知らぬかのように走り回っていた次重は昭和四年（1929）一月、中耳炎に罹り、これが悪化して手術の甲斐もなく、二月二十三日、満五十二歳で永眠した（以上『角館町城下町の歴史』から大略を抜粋）。

河原田次重が母・津多とともに行ったもう一つの事がらを記しておきたい。それは、母・津多の生家である横手町の宇留野分流家・宇留野宗家・宇留野分流家分家（良之助家）の三家の再興・存続をはかり実現させたことである。

母・津多は宇留野家の名跡に強い誇りを持っていたと思われる。明治維新直後、秋田において宇留野姓は四軒であったが、明治十二年頃その内の三軒が横手町にあった。（宇留野宗家の分流家であった宇留野徳治家だけは当時秋田町にあったと思われるが、消息は不明の状態である）。その横手町の宇留野三家にいずれも嗣子がなく家の存続の危機を向えることになる。

時代を追って説明する。

最初は先の戊辰戦争の軍功により一家を成すことを許された宇留野良之助家で、次に我家分流家、三番目が宇留野宗家の順である。

**㈠宇留野源七郎家分流・宇留野良之助家の状態について**

宇留野良之助勝基

天保十四年（1843）五月七日生。

父・内記勝伴、母・金沢三郎兵衛勝将長女の次男、兄・内記源七郎勝任。

明治元年戊辰（1868）七月九日、七歳年上の兄・内記勝任（当時三十三歳）に従い庄内征

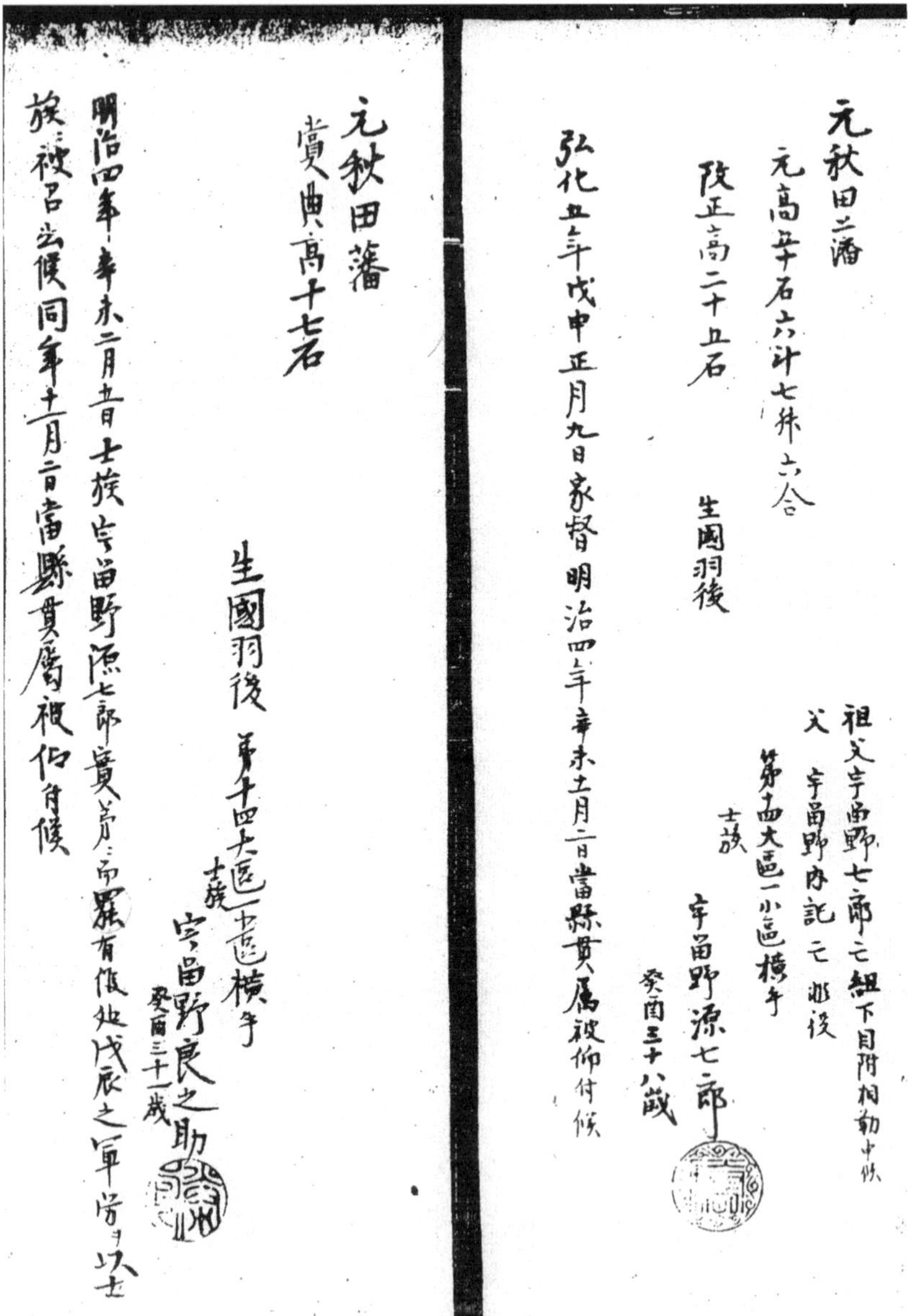

「士族卒明細」宇留野源七郎（右）、宇留野良之助（左）（秋田県公文書館蔵）

討戦につき、遊軍頭介川敬之進隊に属し、雄勝郡大沢村に出兵、横堀村、院内口、中村口等に転戦、七月二十八日の中村口の戦闘で隊士瀬谷謙之助を喪う。横堀村、湯沢、横手、大曲へと退陣を余儀なくされ、八月十三日吉成市兵衛ほか野荒町村を斥候中、宇留野良之助が庄内賊と出会い太刀でもって奮戦し賊兵数人を討取り軍功を賞され、賊の大小を沢副総督から賜った。

後年、明治四年二月五日にこの軍功を改めて賞され給禄十七石を賜い一家を成すことを許される。

宇留野良之助が野荒町村を斥候中に庄内賊と出会い奮戦した時のことについて、『横手郷土史資料』第十六号「戊辰戦争記事　大瀬貴氏寄」で触れられている文章があるので借用させて頂く。

「（前文省略）横手落城の翌日、籠城に加はらざる横手人即ち宇留野良之助、赤津久右衛門、吉成市兵衛、佐川先之助の四人野荒町村入口小橋の欄干に腰掛け外に三栗谷幸太は其の小橋より六七間手前の路傍に倒れたる並木に腰掛け各休息の処、後方即ち金沢村の方より来る者二人あり。漸々進み来り三十間位の所にて立停て小用を為すものの如し、其の時一人は逆戻りして去る、一人は愈々近寄り来て三栗谷の前を過ぎて橋に上り一歩退て其の佩刀に手を掛けたるを以て宇留野も腰を立抜刀立向う。敵は之に対し抜打ちに掛らんとの気勢を見せつつ欺きて右側の吉成に斬付たり。此の時何れも皆宇留野と並んで正面より立向いたるに、其の刹那三栗谷発炮其の弾丸賊の後頭に中りて即死す。吉成は半面剥れ一旦気絶せるも少時にして蘇生せり。三栗谷の発炮は前日込めたる弾丸にして甘く発するや否や頗る覚束なく且つ睚と覗も定めずして放ちたるものなるに、好く的中剰へ急所を打たるは実に天祐と云うべきなく、若し此の一弾外れたらんには五人悉く撫で斬りせられたりしならん。何んとなれば五人の敵あるを知りながら悠々夫れを目指来たるは、五人を対手とするも必ず勝つとの自信あるを視るべく、又三栗谷の前を通り過ぎて四人の面前に来り愈々敵なるを認め、一歩退きて帯刀に手を掛け正に正面の対手に斬付んと見せ掛けながら右側に浴びせたるが如き、其の度胸の程視るべく且其の業さの速さは、如何に其の技の熟したるやを視るべし。何れより観察するも到底五人の及ぶべからざるを思えばなり。是れ後日に至り三栗谷氏の談にして、尚同氏其の敵の佩刀を下賜せらる。右敵は庄内軍の斥候なりしことは其の頃より知れたりしも、其の姓名は全く不明なりき。然るに近頃横手郷土史に記載せられたる「北征三月夢摘要」中（今朝服部純蔵隊より探索に出したる「町野嘯」に野荒町村口にて敵に逢て死す）とあり今日に至って始めて町野嘯を得たり。（以下略）」

ここで、三栗谷氏が下賜されたという敵の佩刀は、宇留野良之助が沢副総督から賜った「賊の大小を賜う」とある佩刀だろうと思われる。明治四年辛未（１８７１）二月五日に軍労を以て給禄十七石を賜い一家を成すとある。

一家をなした宇留野良之助は当時二十九歳、はじめ横手町島崎町に住んだようだ。

明治二十七年（１８９４）八月二十五日横手町の大水害の折の「平鹿郡溺死人名調」の中に「横手町島崎町　宇留野ヨシ　弘化三年三月三日生　行年四十九歳」の記載による。のち分流家は横手町根岸町一二四に住所が移っている。『横手郷土史年表』（佐川良視著）には、横手町（柳町・田中町・馬口労町・大水戸）の公選戸長として「宇留野良之助」の名がある。なお、同書に明治十二年当時上根岸町戸長として「宇留野源七郎」の名も見える。

宇留野良之助とヨシの間には子供がいなかったようだ。その状態を憂えた河原田津多は次亮との間の次男・勝次（明治十三年生）を良之助（平鹿郡横手町）の養子として入籍させた。

勝次が宇留野良之助の養嗣子として入籍したのがいつかは現段階で不明だが、勝次の実弟・河原田芳郎が山内喜角（角館町表町下丁）の長男・左五郎の養嗣子となったのが明治二十二年（1889）七月二日、芳郎七歳の時であることと、次に述べる事項から考えると、勝次が横手町の宇留野良之助の養嗣子となったのは明治二十年（当時、良之助四十五歳）以前ではなかろうかと推測する。

その事項というのは、勝次が後年東京の青山師範に在学中、東京の日本橋区馬喰町二番地の羽前屋に長逗留していた実父・河原田次亮に「宇留野勝次」が出した手紙が残っていて「青山師範の校則に縛られ行動が自由にならず、伺うことができないが、弟芳郎のことは首尾よく（明治法律学校の）入学手続きを済ませ勝次自身も安堵している」旨の報告がなされている。

勝次が青山師範に在学中には「宇留野姓」であったことはこの葉書で間違いなく、弟・芳郎が七歳の時に山内左五郎の養嗣子になっていたことを考えると、勝次も幼い時点で宇留野良之助の養嗣子になっていたと推測する。

井上高秋氏が『秋田さきがけ新報』（平成十五年七月二十三日文化欄）に載せた「秋田出身ふたりの戦後作家」宇留野元一（本名、元二　もとかず）の文中、元一の父勝次は「角館町東勝楽丁河原田次亮次男で、小卒後仙岩峠を越え、盛岡に出て上京、青山師範、東京高師をおえ麹町小に勤める。祖父次功は角館郷校弘道書院教授や私塾静修舎を開く家系の出らしく時代を見る目がさとかった。次重（次亮長男）は明治四十五年六月私財を投じ、独ジーメンス製発電機を求めて水電社を開き、遠くは角間川まで三千三百六十五戸に給電した。機械購入の折衝役が二男勝次で、取締役に残り事業にあたる。やがて明治四十四年二月開業の増田水力電気に招かれる。同社が大正二年ジーメンスやフォイト社の機械を輸入したため、事業に明るい経験を買われた。そして次重（のちの町長次剛の祖父）の勧めで、現横手市の士族宇留野家に養子入りする。元一が横手に生れる背景になる。やがて増田水電が発展し隣接会社統合が起きて、勝次は離職を決意した。東京白山に住み日大工学部に転じた。ために長男元一は昭和五年入学の横手中学から、府立五中（現小石川高）に移る。横手中教師に石坂洋次郎がいたころだ。昭和十六年十二月東京商大商学専門部を、戦時の繰りあげ卒業する。明けて三月臨時召集で秋田部隊に入り、ニューギニアへ転戦。十八年四月空爆での銃撃が大腿部を貫通負傷した。野戦病院を転々ののち弘前陸軍病院に移送され、十九年三月退院除隊。母の疎開先横手市二葉町で療養生活に入る。二十年、学生時代家庭教師で知りあう雑司ケ谷の石橋良子と結婚、クジで当った豊島区椎名町三―一九八六の都営住宅に所帯を持つ。翌年四月就職した銀行協会調査部には、三十年三月までつづく。習作を携えて太宰治を訪ねるのは、二十三年初めになる。（以下略）」

良之助の没年は現段階で不知。

養嗣子勝次と半田みどりの間には、三男二女があり、長男元一については、前記のとおり。大正九年一月六日生、平成七年四月三日卒 行年七十六歳、千葉県八千代市萱田町の日蓮宗長妙寺に葬る。法号 慈心院文徳日元居士。

ここで、偶然にも院号「慈心院」と、元一の従姉宇留野ミドリ（宇留野宗家の順吉・ツ子の四女で、ツ子と元一の父勝次は兄妹）の院号が同じであることに気づいた。

　ミドリは平成十九年に亡くなっている。元一は千葉県の長妙寺、ミドリは秋田県の学法寺での法号である、両家の交流は途絶えていたことを考えると不思議な思いである。

　三男久氏は、昭和三年横手市に生れ。秋田県の公立学校教員を長く勤め、現在東京都豊島区目白にご在住である。

　久氏から、勝次は昭和十六年十二月に亡くなられたとの知らせを手紙で頂いている。

### ㈡　宇留野分流家・源七郎の状態について

　明治六年頃、角館町裏町の河原田次亮に長女・津多が嫁いだのち、明治十九年（１８８６）八月十六日、長男・勝孝が当時横手で流行っていたコレラに罹り死亡する、行年二十九歳。

　そして明治二十七年（１８９４）八月二十五日、横手における大洪水のおり上根岸町二十一番地の宇留野源七郎宅は床上浸水の被害にあい、源七郎の母・テン（金沢氏）がその被災当日に死亡している、恐らく水害が原因と推測する。

　津多は憔悴の実家の父・源七郎に宇留野分流家存続のために養子縁組を薦めたと思われる。

　当時津多の義理の姪（夫・次亮の長姉レンの娘）・ハル（当時角館町田町上丁の亡圓谷角助の妻）を生家・角館町裏町吉成敬助（ハルの弟）の戸籍に明治三十年（１８９７）十一月十八日に復帰させ源七郎の養女とすることを考えた。

　津多は、ハルの実家・吉成三右衛門家には脈々と宇留野源兵衛義長の血が受け継がれていたことを認識していたのではないか。その当時、ハルは夫圓谷角助と死別していた。

　圓谷角助とハルの間には三女がいた。後年、長女・サヨは信太氏へ、二女・ナカは佐藤氏へ、三女・ユキは黒沢氏へ嫁いだ。

その前の明治三十年七月三十一日にハルの夫となる陶竹五郎（陶源三郎の四男、角館町表町下丁九番地）を横手町上根岸町 宇留野源七郎の養子として入籍する。明治三十一年（1898）六月三十日仙北郡角館町裏町吉成敬助姉入籍。「家族トノ続柄」の欄には「養子竹五郎妻」とある。竹五郎二十九歳（明治参年九月壱日生）、ハル三十歳（明治弐年弐月四日生）であった。

吉成敬四郎・河原田レンの長女ハルは二月四日・立春の生れで「ハル」の命名であったといわれ、幼くして河原田次功たちが引き継いでいた私塾致道館（のち静修舎）に女子で一人の塾生として学び、当時としては女子では珍しい読み書きができ、また平福穂庵に絵を学ぶという才女であったと伝えられている。

竹五郎・ハルは始めから角館町において生活したようだ。

明治三十二年（1899）十一月三日に長男・勝輝が、明治三十五年（1902）四月十五日に長女・イヨが生まれているが、出生の届はいずれも角館町の戸籍吏が受付本籍地の横手町に送達されている。

## 吉成三右衛門家（右馬之丞家）について

ここで、吉成三右衛門家（右馬之丞家）について触れる。

吉成三右衛門家は、佐竹十九代義重の代、奥州南郷の寺山城代であった今宮摂津守配下の家で、今宮摂津守道義（1573〜1619）が佐竹義宣に従い秋田に下向した時に、角館に住むことになった家である。

文化六年己巳（1809）四月に吉成源兵衛助伯が藩庁に提出した『吉成家系圖』に、今宮氏に従い角館に居住した吉成氏各家（文化六年当時、源兵衛家を含め十一家）は、吉成源兵衛家がそれらの総本家で氏は源氏である。

角館に移住した当時、分流家として治部助廣家と右馬之丞助實家の二家があり、その二家以外は支流家・又支流家であると述べている。

角館移住当時の当主・吉成右馬之丞助實（〜1640・10・11）は慶長九年辰（1604）采地二十石を賜ると文化二年乙丑年（1805）七月に吉成慶助が藩庁に提出した『系圖并ニ家傳書』にある。

助實の長男・三右衛門助久は大坂の冬夏両陣に加わり、加増を賜い三十石となり、さらに知行開の御判紙を賜り開発し都合百石となった。

その嫡子三右衛門（後改め右馬之丞、1626〜1696・9・13、七十一歳）助征に今宮摂津守組下筆頭・森田清太夫資廣の二女（〜1693・1・25）が嫁いでいる。

この森田清太夫資廣は宇留野源兵衛義長の三男で森田播磨資房の嗣子となった人物であり、つまり吉成三右衛門助征の妻は宇留野源兵衛義長の孫娘にあたる。

助征と源兵衛の孫娘（森田氏）の間に生まれた助延（〜1732・1・25）、以降途絶えることなく源兵衛義長の血は繋がる。

助朋（1703・3・2〜1750・6・20、四十八歳）、助包（1722・12・26〜1768・7・18、四十七歳）まではいずれも三右衛門を名乗る。

以降平四郎助布（1737・4・21〜1802・6・22、六十六歳）、慶助助廣（1772・11・3〜、1802家督）、源八某（1801・7・5〜）、三右衛門助廉（〜1868・11・5）、敬四郎（1848〜1874・10・20、二十七歳）、敬助（1873・10・26〜1924・4・14、五十二歳）と続く。

慶助助廣の嫡子源八某までは、文化二年（1805）七月に吉成慶助助廣が藩庁に提出した『系圖并ニ家傳書』で確認でき、平四郎某から敬助までは明治六年提出の「士族卒明細短冊」および戸籍謄本で確認できる。

ここにおいて、慶助助廣嫡子源八某と平四郎某（墓碑の吉成直記助清と思われ、助清卒年・万延元年庚申〈1860〉九月二十六日）は同一人物と思われるが確たることを言うには不十分である。ただ、河原田津多はその繋がりを確認し、敬四郎長女・ハルを宇留野分流家（源七郎）の養女としたのではないかと推測する。


㈢で述べる宇留野宗家の再興、および㈠で述べた宇留野分流家分家（良之助家）の養子縁組を見るにつけそのことが強く感じられる。

横手町上根岸町二十一番地で暮らしていた源七郎は妻・ヤヱと共に、明治三十六年（1903）九月二十六日に角館町山根町二番地に本籍を移した。六十八歳の時である。ここで今まで横手と角館に離れていた宇留野源七郎家は、一つ屋根の下に住むことになったと思われるが、詳しくはわからない。

戸籍謄本には「本籍地 仙北郡角館町山根町二番地 戸主・宇留野源七郎、妻・ヤヱ、養子・竹五郎、婦・ハル、孫・勝輝、孫・イヨ」とある。

角館に移ってからの源七郎は、囲碁を終日楽しむなどの自由な生活だったといわれている。

明治三十八年（1905）八月二十日午前六時死亡と謄本に記されている。

法号　源壽院恭堂日謙居士　行年七十歳

源壽院が葬られたのは、角館町山根町源太寺山の墓地で、角館に移り住んで初めての墓所となる。この場所は小田野主水家の四阿《あずまや》があった場所といわれ見晴らしが良く、その墓所のすぐ上段には佐竹北家の広い墓所があり、さらにその上段には佐竹北家筆頭家老であった矢野家の墓所になっていた。

奇しくも、約四百年前、常州部垂城で相い戦い、同じ日に当主及び嫡男が戦死した三家の墓所が並んだ形になる。佐竹北家、矢野家各家の墓石は角館町西勝楽町の常光院に移されて、現在両家の源太寺山の広い墓地には所々に墓石が残されているが、その矢野家の墓石の中には「矢野家累代之墓」と彫られた大きな自然石の墓碑があり、その右隣に今ではほとんど読み取ることができなくなっている墓碑がある。

角館町の史家武藤鉄城氏によると、上に矢野修理亮堅重夫婦の戒名「源叟道起居士」「妙白禅信女」と並んで刻まれ、下に嫡孫矢野三郎兵衛廣重（１６４４～１６９１）夫婦の戒名「荒山草虎居士」「圓通妙光信女」と刻まれていたとその著書にある。

その「荒山草虎居士」の長女が横手の宇留野分流家四代勘助勝盛に嫁いでいるのである。詳しくは武藤鉄城氏の『秋田キリシタン史』（一九八四年復刻、秋田文化出版社）及び『ハマナス』五月特輯号（昭和五年五月十五日玫瑰社発行）収録、武藤鉄城著述、「角館の切利支丹」をご参照願いたい。

## (三) 宇留野宗家の状態について

明治十二年（１８７９）二月に秋田町から平鹿郡横手上根岸町二十一番地の宇留野源七郎宅に、宇留野宗家十一代勝詮が移住するが、翌明治十三年（１８８０）二月九日に勝詮は二十七歳で病死し、姉のツルが一人残された、当時三十五歳であった。

明治二十七年（１８９４）八月二十五日の横手町の大水害により、横手町庁舎（仮庁舎）と共に流された町の戸籍原本復元作業で作成されたと思われる宇留野宗家の戸籍謄本には、明治十三年に死亡した宇留野勝詮の名前はどこにも記載されていない。

その謄本には宗家十代宇留野源十郎（十一代

勝詮の父）の相続人は源十郎長女のツルと記載されている。入手した謄本には

「秋田県平鹿郡横手上根岸町二十一番地　前戸主亡父宇留野源十郎　戸主亡父源十郎長女宇留野ツル　弘化三年四月八日生　明治十年三月十五日相続　明治四十四年六月二十七日仙北郡角館町竹原町五十六番地壱へ転籍同日角館町戸籍吏椎谷政彬受付　同月二十八日届書及び入籍通知書発送同月二十九日受付除籍」

とあり、前記のとおり十一代勝詮の名前は見えない。

勝詮が生存したことは、明治六年（1873）に秋田県に勝詮自身が提出した「士族卒明細短冊」で確認でき、宇留野分流家の大蔵堂墓地に混在した勝詮の墓を、大蔵堂墓地から昭和六十年（1985）に角館町の学法寺（日蓮宗）に改葬している。

河原田津多は、藩政時代、久保田藩重臣の廻座に列した佐竹支族宇留野氏宗家の末裔を絶やすことなく存続させる方法として、津多自身（宇留野源兵衛義長の血を引く）の二女・ツ子（ツネ）を宇留野ツルの養女とし、十ケ月後の明治三十六年（1903）九月二十六日に角館町田町上丁三十六番地　吉成彌五郎二男順吉をツルの養子としツ子との婚姻を角館町戸籍吏に届け、その送達された届出を横手町が四日後に受付手続をしている。

翌明治三十七年（1904）八月二十五日に長女・勝子が生まれ、明治四十一年（1908）十一月一日に角館町裏町十一番地で死亡しているが、出生・除籍とも角館町戸籍吏が受付、横手町に送達され手続きをしている。

ツ子・順吉の生活基盤は角館町で、横手での実生活はなかったのではないかと推測される。

ただし、二女・信が生まれた時（明治三十九年九月二十二日生、同月二十四日死亡）の届出は仙

北郡六郷町の戸籍吏が受付、横手町に送達されている。順吉（明治三十四年三月秋田県師範学校師範科卒）が学校教員をした時に、六郷町に居住したのではないかと推測される。

その後、順吉・ツ子の間には長男・勝人、三女・ミサヲ、二男・要、四女・ミドリ、三男・武司が生まれている。

順吉・ツ子の婚姻が角館町で届出された明治三十六年九月二十六日は、奇しくも宇留野源七郎が平鹿郡横手町上根岸町二十一番地より仙北郡角館町山根町二番地への転籍を角館町で届出した日付である。

戸主宇留野ツルの名前で明治四十四年（1911）六月二十七日に平鹿郡横手町上根岸町二十一番地から角館町竹原町五十六番地ノ壱への転籍が角館町戸籍吏に届出され同月二十九日横手町で受付、除籍の手続きがされている。

また、宇留野ツルの戸籍簿には「大正七年十一月二十九日午後六時北秋田郡十二所町十二所乙十九番地ニ於テ家主石川光水届出同年十二月三日受附」、「大正九年十一月十七日宇留野順吉ノ家督相続届出アリタルニ因リ本戸籍ヲ抹消ス」とある。

想像ではあるが、宇留野宗家を継いだ宇留野ツルは、横手町上根岸町二十一番地の宇留野源七郎宅に同居したが、順吉・ツ子が横手町に婚姻届を提出した時点で、宇留野源七郎から所有権を譲り受けた。

その後明治四十四年に角館町竹原町に本籍を移したが、その時点でツルが角館町に移住したかどうかは不明で、そう遠くない時点で宇留野ツルは知り合いの多い北秋田郡十二所町に移り住んだのではなかろうか。

今となっては確認の方法がないのだが、十二所は、久保田在住当時親戚付合いがあったであろう茂木氏宗家が藩政時代永く所預りを勤めた茂木氏の本拠地であったのである。

宇留野宗家は昭和二十一年（1946）八月六日、角館町竹原町五十六番地から角館町岩瀬字上菅沢七十七番地に本籍を移している。同年七月二十八日に順吉が死亡しているので順吉・ツ子の長男勝人の代になってからのことである。

宇留野宗家の人々は、明治以降次記のように記される。

・宇留野勝詮　宇留野宗家十一代当主、父宇留野源十郎
安政元年（1854）生、明治十三年（1880）二月九日横手町上根岸町二十一番地宇留野源七郎宅で卒、横手町新坂の大蔵堂に葬る（昭和六十年角館町の学法寺に改葬）
長照院殿法誠日要居士　行年二十七歳
明治六年（1873）、宇留野勝詮が秋田県に提出した短冊には、
「元秋田藩　祖父　宇留野源太郎　非役
父　宇留野源十郎　非役
第一大区二小区築地下東町
生国　羽後　士族宇留野勝詮　明治六年
二十歳
元高　貳百貳拾貳石七斗四升六合
改正高　七拾石
慶応二年丙寅四月十九日家督被申付候
明治四年辛未十一月二日當縣貫属被仰付候」
とある。

・宇留野ツル　宇留野宗家十二代、父宇留野源十郎（宇留野勝詮の姉にあたるが、前記の明治二十七年八月二十五日の横手町仮庁舎の流失により喪失した戸籍原本復元作業後の戸籍原本には、弟・勝詮の事実については触れられていない）
弘化三年（1846）四月八日生
大正七年（1918）十一月二十九日卒　行

年七十三歳

•宇留野順吉　宇留野宗家十三代
実は角館町田町上丁三十六番地　吉成彌五郎・サキ二男
明治十一年（1878）十一月二十二日生
明治三十六年（1903）九月二十六日宇留野ツル（本籍横手町上根岸町二十一番地）の養子となり同日、順吉の先にツルの養女となっていたツ子と婚姻
昭和二十一年（1946）七月二十八日卒　行年六十九歳
実成院通達信解居士　角館町　学法寺に葬る
妻はツ子（ツルの養女、実は河原田次亮・津多の二女）
明治十八年（1885）十二月一日生
明治三十五年（1902）十一月二十五日宇留野ツルの養女となる、翌年九月順吉と婚姻
昭和九年（1934）九月十三日卒
智明院妙常日貞大姉　行年五十歳
角館町　学法寺に葬る

順吉・ツ子の間には三男四女が生まれている。

•勝子　順吉・ツ子の長女
明治三十七年（1904）八月二十五日生
明治四十一年（1941）十一月一日死亡　行年五歳

•信　順吉・ツ子の二女
明治三十九年（1906）九月二十二日六郷で出生
明治三十九年（1906）九月二十四日死亡　行年一歳

•勝人　順吉・ツ子の長男

明治四十一年（１９０８）十一月三十日生
昭和四十五年（１９７０）十二月上旬卒
天光院採薪日膳居士　行年六十三歳
学法寺に葬る
妻　キミヱ（仙北郡長信田村安達寅之助・リノ二女）
大正二年（１９１３）三月二十五日生
昭和二十七年（１９５２）六月十日卒
芳泉院妙貞日浄大姉　行年四十歳
学法寺に葬る

・ミサヲ　順吉・ツ子の三女
明治四十四年（１９１１）七月六日生
昭和九年（１９３４）二月十三日大柴清五郎三男・由章と婚姻
平成十八年（２００６）十月二十日卒
慈光院貞誉操善大姉　行年九十六歳

・要　順吉・ツ子の二男
大正二年（１９１３）十二月十八日生
平成二十年（２００８）五月二十四日卒　行年九十六歳
妻ナミ（後藤金次・コウ四女）
明治四十四年（１９１１）三月十七日生
平成十七年（２００５）五月二日卒　行年九十三歳
養女　紀子（後藤基次・カウ五女）
昭和二十四年（１９４９）五月十九日生
（昭和四十九年〈１９７４〉四月三十日石井輝男と婚姻）

・ミドリ　順吉・ツ子の四女
大正六年（１９１７）八月十日生
平成十九年（２００７）六月十八日卒
慈心院施療清緑大姉　行年九十一歳
学法寺に葬る

・武司　順吉・ツ子の三男
大正九年（1920）十一月十一日生
昭和十九年（1944）五月三十一日卒
アドミラルテイ諸島ロスネグロス島において戦死（伍長）
殉義院武達日散居士　行年二十五歳
学法寺に葬る

## ⑾分流十一代・竹五郎

陶源三郎の四男竹五郎は、明治三年（1870）九月一日生、明治二十三年六月二十日角館町裏町荒井彦吉養嗣子離縁に付陶源三郎の戸籍に復帰し、明治三十年七月三十一日平鹿郡横手町上根岸町二十一番地宇留野源七郎の養嗣子となる。

竹五郎は日清戦争時、近衛師団に入隊し朝鮮に出征したと伝わる。

『續横手郷土史』（三五六頁）に「明治二七、八年戦役に関し御沙汰書並従軍記章受領者人名」として横手町管轄分七十六名の記載があるが、「一時金二十五圓 陸軍近衛歩兵一等卒　宇留野竹五郎」と記されている。

なお、上記七十六名の従軍記章受領者中、近衛兵は竹五郎を含め五名であった。竹五郎が従軍した当時は、角館の陶源三郎の四男としての戸籍であったが、従軍記章受賞者の発表が有った時の戸籍が、横手町の宇留野源七郎の戸籍に入っていたことによるものであり、生活基盤はあくまで角館であった。

当時竹五郎は最初米屋を営み、のち炭屋を営んだといわれる。木炭を檜木内方面から買入れ東京方面に出荷し、一時期羽振りがかなり良かった時があったと伝えられている。

娘イヨの嫁入り（大正十一年十月）の時にはイヨの婚礼道具を秋田市大町五丁目の家具店で購入し、新夫・蓮沼一太郎が秋田市中亀ノ町に新居として用意した家があったにもかかわらず、一端それを角館に送らせて近隣に披露したとの派手振りであった。

また秋田市川反《かわばた》の芸妓衆を呼び派手に祝宴を張ったなどと伝えられている。

竹五郎がいつ米屋を営み、いつ炭屋を営んだかの記録を追えるものは見当たらず、ここでは戸籍謄本に残る痕跡等を追いそのおよそを推測するしかない。

関係する戸籍謄本の記載を年代順に列記すると左記のようになる。

- 陶竹五郎　陶源三郎四男　明治参年（1870）九月壱日生
- 明治廿三年（1890）六月廿日当町裏町荒井彦吉養嗣子離縁ニ付復帰
- 明治参拾年（1897）七月参拾壱日平鹿郡横手町上根岸町宇留野源七郎養子トナル
- 明治参拾年（1897）、仙北郡角館町裏町　吉成敬助姉ハル（亡吉成敬助レン長女、明治弐年弐月四日生）ト婚姻入籍
- 明治参拾弐年（1899）拾壱月参日孫（竹五郎ハルの長男）勝輝出生、仙北郡角館町戸籍吏受附　平鹿郡横手町上根岸町宇留野源七郎戸籍ニ入籍
- 明治参拾五年（1902）四月拾五日孫（竹五郎ハルの長女）イヨ出生、仙北郡角館町戸籍吏受附　平鹿郡横手町上根岸町宇留野源七郎戸籍ニ入籍
- 明治参拾六年（1903）九月弐拾六日平鹿郡横手町上根岸町ニ拾一番地ヨリ轉籍届出仝日受附入籍（拙註：転籍地、仙北郡角館町山根町弐番地。戸主宇留野源七郎）
- 養父源七郎死亡ニ因リ明治参拾八年（1905）八月弐拾日家督相続戸主ト為ル仝年拾月拾弐日届出仝日受附
- 明治四拾年（1907）拾壱月参拾日、宇留野

竹五郎・ハル二男正《まさし》、仙北郡角館町山根五拾参番地ニ於テ出生父宇留野竹五郎届出同年拾弐月四日受附

・明治四拾五年（1912）壱月拾六日　本籍地変更届出同日受附　岩瀬字西野川原弐拾参番地

・妻ハルト協議離婚届出　大正八年（1919）四月拾七日受附（ハルの事項の記載：夫竹五郎と協議離婚實家仙北郡角館町裏町拾壱番地戸主吉成敬助に復籍届出大正八年四月拾七日受附除籍）

・吉成ハルト婚姻届出　大正九年（1920）七月弐拾日受附

・仙北郡角館町裏町弐拾番地ニ轉籍届出　大正九年七月弐拾弐日受附

・宇留野竹五郎長男勝輝、大正拾壱年（1922）壱月弐拾五日午后五時本籍（角館町裏町弐拾番地）ニ於テ死亡　戸主宇留野竹五郎届出仝月弐拾六日受附

・宇留野竹五郎長女イヨ、角館町小人町三十六番地ノ二蓮沼一太郎ト婚姻届出　大正拾壱年拾月弐拾日受附除籍

・妻ハルト協議離婚届出　大正拾弐年（1923）参月弐拾九日受附

・吉成ハルト婚姻届出　昭和弐年（1927）九月参日受附助役

・昭和参年（1928）五月拾七日午前参時本籍地ニ於テ死亡同居者宇留野正届出

・昭和参年（1928）六月拾六日宇留野正ノ家督相続届出アリタルニ因リ本戸籍（拙註：宇留野竹五郎の戸籍）ヲ抹消ス助役

右の戸籍謄本の外に筆者の小学生以来の旧友山内伸悦氏から提供いただいた次の二通りの土地売買関係書類（写し）がある。

《最初の土地売買関係書類》①

土地賣極契約證

仙北郡角館町山根町弐番地郡内宅地ノ内北方

一前口四間幅通奥行有合丈

此坪数大斥壱百〇八坪

右之地處此度代金九拾円ニテ貴殿ニ永代賣契約致為處實正也依テ手附金トシテ唯今金弐拾五円正ニ受取残金六拾五円ハ拙者ニ拾ノ貴殿ニ右地處所有権移轉ノ際受取リ可申定ニ為依テ後日ノ為土地賣極契約證一札如件

明治参拾九年拾月弐日

仙北郡角館町山根町弐番地

土地賣渡人　宇留野竹五郎㊞

仝町細越町　仲立人　佐藤菊治㊞

山内　元吉殿

賣　渡　書

金拾五圓也

別紙記載ノ拙者所有ノ不動産貴殿ヘ賣渡シ代價トシテ前記金額正ニ領収仕候然ル上ハ該不動産ニ付キ故障相生候節ハ拙者ニ於テ一切ノ責ニ任シ貴殿ヘ御迷惑相掛間敷候為後日證書仍テ如件

明治参拾九年拾弐月弐拾五日

仙北郡角館町山根町　宇留野竹五郎㊞

山内　元吉殿

仙北郡角館町山根町弐番ノ壱

一畑参畝弐拾歩

《二番目の土地売買関係書類》②

土地賣極證

仙北郡角館町山根町弐番ノ二

一郡村宅地四畝弐拾四歩

外厠壱棟

右地處及建物今般金壱百拾四圓ヲ以テ正ニ貴殿ニ賣極候處實正也依テ手附金トシテ金五圓也正ニ請取残金壱百九圓此内五拾圓ハ来ル弐月七日

残リ五拾九圓ハ仝弐月弐拾日ヲ以テ積ミ渡サレ
為節ハ右土地永代賣渡證差上登記取運ビ可仕候
依テ土地賣極證書一札如件
明治四拾年壱月弐拾八日
　　仙北郡角館町山根町弐番地
　　　賣極人　宇留野竹五郎㊞
　山内　元吉殿
　　　　以下余白

　　　證
一金五拾圓也
　右者拙者處有土地山根町弐番ノ二郡村宅地
四畝弐拾四歩去ル壱月中貴殿ニ賣極メタル證書
面ニ依リ正ニ請受申為處實正也依テ後日之証ト
シテ一札如件
　　　仙北郡角館町山根町弐番
　　　　宇留野　竹五郎㊞
明治四拾年弐月七日

　山内　元吉殿
　　　　余白

　　　賣　渡　書
一金参拾五円也
　右ハ前記ノ金額ヲ以テ拙者所有ノ末尾記載ノ
物件ヲ貴殿へ永代賣渡シ金員正ニ領収仕候儀確
實也該物件ニ對シ他ヨリ故障申立ル者無之候萬
一右等ノ場合相生候節ハ特約ノ解除ハ勿論損害
賠償ノ請求ニ應ジ可申候仍テ為後日賣渡證一札
如件
　但特約ナシ
明治四拾年弐月弐拾六日
　　　仙北郡角館町山根町弐番地
　　　　賣渡人　宇留野　竹五郎㊞
　　山内　元吉殿
仙北郡角館町山根町弐番ノ弐
一郡村宅地四畝弐拾四歩

昭和三年（1928）五月十七日竹五郎卒
行年五十九歳
清隆院啓運良徹居士
角館町山根町源太寺墓地に葬る

竹五郎が明治三十九年（1906）に山根町二番地ノ一、百十四坪を九十円、明治四十年（1907）に山根町二番地ノ二、百四十四坪を百十四円で隣家山根町一番地の山内元吉氏に売渡したのは事業展開のための資金に充てたものと考えられる。

また、大正八年（1919）四月に妻ハルと協議離婚し、翌九年（1920）七月にハルと再婚、大正十二年（1923）三月に再度協議離婚して四年後の昭和二年（1927）九月にハルと再婚を繰返したことを見る時に、竹五郎の事業は成功失敗を繰返したことが想像される。

伝えられている話では、ずいぶん羽振りが良かった時もあったが、木炭の東京方面への大量出荷の代金が不渡手形となり、多額の借財が残ったらしい。

昭和三年（1928）五月十七日角館町裏町二十番地において五十九歳で没するが、家督を相続したのは、竹五郎の二男・正である。

二男正より八歳年上の勝輝は、東京神田の電機学校を卒業後角館に帰った。

『角館誌』には、大正デモクラシー華やかなりし頃の大正九年（1920）に角館の青年たちによる、普通選挙権獲得を目指す赤友会なる会があったが、その会に佐竹敬治郎・宇留野勝輝らが加わり活動したと載っている。

活躍を期待された勝輝であったが、大正十一年（1922）一月二十五日、当時流行ったスペイン風邪に罹り死亡した。

法名 勝行院法輝日道居士、行年二十四歳
源太寺山墓地に葬る。

竹五郎の家督を相続した二男・正は父の借財も引き継ぐ。それの完済は太平洋戦争後になったと伝えられている。

## 竹五郎の実父・陶源三郎について

ここで、竹五郎の実父・陶源三郎について触れておきたい。『角館誌』第五巻二八七頁に、河原田次重が明治末頃にこの角館地域の農事改良に尽くしたことに触れたあと、陶源三郎について記載されているので引用する。

「秋田県各区の勧農係と秋田県第二課員を会員とする秋田県勧農集会を設置したのは、明治十一年（一八七八）九月で、会員には森川源三郎（一大区四小区）・岩沢太治兵衛（二大区一小区）・高橋正作（七大区三小区）・石川理紀之助（第二課員）たち当代秋田県を代表する老農が顔を並べている。仙北郡は七小区で七人の会員、内角館地区（五大区二小区）からは陶源三郎が出ている。

陶源三郎は光啓といい明治六年第十二大区蚕種世話役、同十一年には前記角館首部事務所の勧業掛をつとめ、同年十一月八橋植物園に於ける植物種子交換会（後年の秋田県種苗交換会）には積極的に協賛するなど、当時の先覚者であった。また明治七年（一八七四）には水車で製糸事業を起し、十八年には陶堰通水に成功して西野川原を開拓するなど、身を以て農事と取組んだ人であるが、明治戊辰役には立石守備の組頭として戦功をたてた武人であった。角館町の士山内長七の次男で、表町下丁陶助右エ門の養子となり、大正三年十二月七日八十七歳の高齢で西野川原の自宅で歿した。長子乾吉は石川理紀之助とともに秋田県第二課に勤め、明治十一年九月の勧農集会には父と共に出席している。この人は明治三十五年八月二十六日父に先立って病歿した、享年五十。」

陶源三郎、文政十一年（1828）六月十五日

生、大正三年（1914）十二月七日午前八時死亡と謄本に記されている。行年八十七歳。

妻は、角館町歩行町小野崎儀兵衛長女、天保十四年（1843）十二月二十八日生、明治四十年（1907）死亡、行年六十五歳。

### ⑿分流十二代・正《まさし》

「明治四拾年（1907）十一月三十日、宇留野竹五郎・ハル二男正、仙北郡角館町山根五拾参番地ニ於テ出生」

昭和二年（1927）三月、秋田県師範学校本科第一部卒業、三月小松小学校訓導の辞令を受取る。

同年四月一日、秋田歩兵第十七連隊入隊、同年五月伍長勤務上等兵、同年八月末日除隊。

同年九月一日、小松小学校新任式、四年・六年複式学級を受持ち当日から授業。

その後、昭和二十一年（1946）四月雲然小学校校長に就任する（年齢満三十八歳）までの足かけ二十年間、小松小学校で新卒から教頭まで勤務した。

その間、昭和三年（1928）五月十七日に父・竹五郎が死亡し家督を同年六月十六日に相続後、同年十二月二十六日に本籍を角館町裏町二十番地から山根町四番地に移し、母ハルとの二人の生活がしばらく続く。

昭和九年（1934）三月三十一日、草彅正一・トミ（神代村勘解由屋敷）の長女ヨシヱと婚姻する。

### 草彅正一家について

ここで、草彅正一家について触れておきたい。「草彅」の苗字は珍しい。「クサナギ」の姓で「草彅」は羽州仙北郡に絶対的に多い。この「草彅」は前九年ノ役の折、八幡太郎義家から拝領したといわれている。

前九年役以前に畿内和泉から現仙北市田沢湖

町神代の地区に下り百姓をしていた和泉三郎家を、滞陣中の八幡太郎義家が本陣とした。見渡す限り雑草が生い茂る原野を進むことに難渋していた八幡太郎義家軍の先頭に立ち、目的地に案内したのが和泉三郎の子・小太郎である。

　八幡太郎義家は大いに喜び、弓や刀で草を薙ぎ倒し道案内した小太郎に、「草」と、辞典には無い弓偏に前と刀と書く「彅」を組み合わせ、「草彅」の苗字を与えた。別項では百町歩の用地を与えたともいわれる。「草彅」姓の由来については仙北郡の他の地域において別説もあるらしい。

　草彅作兵衛家はかなり早い段階で小太郎家から別れた家といわれる。荒川尻村肝煎作兵衛の名は『新田沢湖町史』『角館誌』に散見する。

　それらから抜粋すると『新田沢湖町史』（年表を含む）には

・寛永十一年（１６３４）戊年荒川尻村作兵衛注進仕り候。この年　黒倉堰が開通し荒川尻村が成立した。

・寛文十三年（１６７３）荒川尻村作兵衛と卒田村門兵衛が奉行所より銀二十七貫匁目の助成を受け抱返神社の上方に頭首口と用水路を設けた。

・延宝七年（１６７９）懐返村を「若松新田村」と改称した。

・元禄十五年（１７０２）五月二十日荒川尻村の草彅作兵衛が御高改正の時に使用した「検地竿」を郡奉行の諸橋文太夫から貰い受けた（この検地竿は現仙北市田沢湖町神代字勘解由屋敷の草彅憲雄氏が所有し、秋田県の文化財に指定され県立博物館に寄託されている。その長さは十四尺三寸三分、三寸三分は握り部分で七尺一間の二間竿である）。

『角館誌』には

・「この時代に一村を成したのは若松新田村だ

けであるが、隣接する荒川尻村は寛永十一年（一六三四）に同村作兵エの注進で玉川から揚水した黒倉堰が竣工して開発が促進された。荒川尻村は芦名時代開田高三石七六余であったところ、この開発で四七四石地を増加するに至った。若松新田村ははじめ抱還村と称したが、寛文十三年（一六七三）荒川尻村作兵エと卒田村門兵エの注進で藩費を以て開発し、若松村と改めていたが、貞享四年（一六八七）の洪水で関根破壊して荒廃した。同年進藤作左エ門の注進で復旧した若松堰で、二百余石地の新田村となったのである。」

•「米沢新田村の理左エ門と柏木田新田村の隼人・市右エ門・荒川尻村の作兵エ・雲然村碇の理兵エらは別として、各郷村の肝煎・長百姓となった人々は規模の大小を問わず、いわゆる注進開をなし、幾ばくかの辛労免高を所有したもののようである。後年この人々の辛労免高が売買された例も少なからず見受けるところである。」

また『秋田沿革史大成』に荒川尻村作兵衛作左衛門の辛労免高三十五石七斗五升二合（安政二卯年〈一八五五〉とある。

代々作兵衛を名乗り肝煎を務めた草彅作兵衛家は、明治維新後も農業を続け、ヨシヱの父正一が当主の時代に太平洋戦争の敗戦を迎え新しい時代に直面した。農地改革により農地の大部分を手放すこととなった。

明治五年（１８７２）以降を戸籍謄本で知ることができるので、草彅作兵衛家の当主を拾い出すと

•草彅作太郎、天保二年（１８３１）十二月四日生、実は当郡鑓見内村豊嶌多治兵衛三男、仙北郡神代村六拾番地草彅作兵衛の養子として

入籍、明治七年（1874）八月二十一日相続
明治三十五年（1902）一月十六日死亡
　行年七十二歳
妻トワ、明治五年以前細川与助長女入籍、
天保二年（1831）五月七日生、明治三十六
年（1903）十二月二十七日死亡　行年
七十三歳

●松太郎　草彅作太郎・トワの長男
嘉永四年（1851）十一月五日生、
明治三十五年（1902）一月十五日廃家妻
子携帯入籍届出同日受附入籍代理同年同月同
日家督相続人指定届出同日受付代理
「長男松太郎妻キワ」「長男松太郎長女キヨ」
「長男松太郎四女クマ」「長男松太郎長男正一」
父作太郎死亡に因り明治三十五年（1902）
一月十六日（註：松太郎が）戸主と為る。
妻キワ、明治五年（1872）以前当郡鑓
見内村農豊嶋多治兵衛次女入籍、安政二
年（1855）十二月五日生、大正三年
（1914）六月三十日死亡　行年六十四歳
明治四十一年（1908）二月三日松太郎死
亡　行年五十八歳
（註：松太郎の代に本籍地が、神代村六十番地から
神代村勘解由屋敷七番地ノ内二番地に替っている。）

●正一　草彅松太郎・キワの長男
明治二十五年（1892）五月四日生
昭和二十四年（1949）三月十六日正一死
亡　行年五十八歳
妻トミ、明治四十三年（1910）二月十九
日仙北郡西明寺村小渕野字山崎百三十一番地
高橋直治・リノ長女（明治二十五年十月十四日
生）婚姻届出同日受附入籍。
昭和四十年（1965）七月二十一日死亡
行年七十四歳

正一・トミの間には、長女ヨシヱ、長男武夫（早世）、二男哲太郎、三男潤次郎、二女ミン、四男正作、三女てい、四女典子《つねこ》、五女八恵、六女みほ（早世）、七女治子が生まれている。（以上、草薙作兵衛家について）

宇留野正の項にもどる、

・昭和十年（１９３５）七月二日、正・ヨシヱの長女祐子が誕生（出生地：角館町東勝楽丁壱番地ノ壱）。

・昭和十二年（１９３７）五月五日、正・ヨシヱの長男隆が誕生（出生地：角館町東勝楽丁二十三番地）。

この後、昭和十六年（１９４１）に筆者が生まれるが、太平洋戦争が始まるまでの、誠に小さな平和な一時を映し出したと思える、昭和十五年秋ころの、ヨシヱから正に宛てた手紙が残っている。黄泉の二人がこの手紙を見たら、遠い昔を思い出すことだろうと思い載せることとした。この手紙は、小松小学校勤務中の正が教育研修で長期出張時の宿泊先（秋田市の義兄蓮沼一太郎氏宅）に、長男隆を出産したあと角館小学校に復職していたヨシヱが近況を知らせたものと見ている。

「めっきり秋らしくなって参りました。其後お変わりございませんか。二度もお便り戴きましたのに此方では一向御無沙汰ばかりで申訳けございませんでした。お母様を始め皆無事で居りますからご安心下さい。何時も御心配下さいます「子供と火」は十分に氣をつけて居ります。

お母さんは今朝早くお伊勢さんにお参りにお出かけです。朝三時頃おきたやうでした。何時ものように河原田のをばさんと二人昨晩から約束をして居りました。

祐子は毎日元氣で幼稚園に通って居ります。毎朝田村の京子さん達が寄ってくれるので助かります。それでも時には帰り一人で来たといふ時もあります。自動車等に氣をつけて一人歩けるやうになったから余程よくなったと思って居ります。

次に隆ちゃんは思ったよりおとなしくして居ります。毎日のやうに晩になると「父さん今日もお泊り？」と如何にも不思議そうにききます。お母さんが「今日は郵便局に行かなければいけない…」なんて話すと「俺一人だナエが…」と云ってしかめつらをします。

女中は見つかりそうもありませんから今の処だまっております。

去る十三日は本家の宇留野の七回忌だったので河原田に頼んで一円やりました。おこはひとお料理が来ました。東京にゐる子供さん達（兄弟達です）が皆帰って来られまして私の家にも来てくれました。

要さんと武さんは揃ひの洋服。操さんと緑さんは又お揃ひの洋装で皆スマートにして来られました。要さんと武さんは今日の一番で出発するそうです。昨晩りんごを一円價買ってお母さんが持っていきました。

次は債券のことです。銀行から五円券二枚買ひました。小使に頼んで漸く買ひました。

一昨十三日の晩方田口ミツ先生が年功加俸拾一円八十八銭持って来てくれました。貯金でもしておきますから御安心下さい。こればかりはせびられないやうな氣がします。

次は写真週報のこと　昨日初めて十一冊とどきました。今日頼んでやります。

昨日の聯合体育会は絶好の運動日和でした。雲雀先生の大した氣合ひのかかった進行の声でどんどん進みまして運動開始は十時頃からだったのに二時半頃はリレー全部終りました。式が終わったら三時でした。

父さん方の高等科は又優勝旗を持って行きました。父さんには益々鼻を高くされるばかりですね、……削らなくともいいやうにして来てください。おたのみ　おたのみ……私は賞状係で本部に居りました。潔先生は大した意気込みでした。採点の係の処をのぞいたかと思ふと今度は児童の方に行って見たりしてゐました。本部に落ち着いてゐる時は「緑ばかに良いもんだなあ……」と半分ばかりやじられながらあの長いあごを何度なでたことでせう、……きっと又あご長くなったことでせう、とにかく一生懸命でした。

私も外には出しませんが角館は見込がないやうでしたから何とか勝たせたいもんだなあとい ふ心で一杯でした。緑の鉢巻をしたのが本部に来るたびにホクホクしてゐました。顔に何か出すと、「お前小松にひいきしてゐるなあ……」とにらみつけられれば大変だとおもってねをころして黙ってゐました。校長先生は何でもかう云って居たとのことです「宇留野君のゐない後に負けたと云われれば大変だから……」と本部にゐて話していたさうです。

尋常科は岡崎で優勝旗を持って行きました。神代（我が故郷）のがんばりは大したものでした。父さんの鼻は高くなるし、校長先生のあごは益々長くなるし、これは用心々々……新記録六つばかり出たやうでした。

私の方の学校に生保内から菊地郁子さんが来ました。受持ちは竹三です。おかげで私は学年主任になりました。去る十二日にはその主任会議に出て午後六時迄学校にゐました。前よりももっと責任があるやうになりました。今になって思えば五年生にだまってゐればよかったとつくづく思ってゐます。今日は十時迄学校に集まって参拝に行くのです。

お母さんがお伊勢さんから帰って来てから急に角間川の「貴船」に行くことになって二番でお立ちになりました。朝に雨が降ったりしたものですから祐子と隆ちゃんは田村に頼んで行く心算でゐます。

此処一週間は繁雑な日ばかり続きまして今まで何も書かないでしまって悪しからずお許しくださいませ。どんなにか家の事は御心配でせう。でもそれ相当に過ごすことが出来ますから御安心なして残りの二週間をお過ごし下さい。

昨日のプログラム御送りいたしますから御覧下さい（今日学校に行ってからタイム、順位などよくきいてからにします）。

照井さんからのお使ひを同封します。お祝を出して下さいますやうお願ひ致します。末筆ながらお兄様お姉様へ何卒よろしく

時節柄御身御大切に

さよなら

よし江拝

正　様

御許に

・昭和十六年（１９４１）六月三十日、正・ヨシヱの二男・弘が誕生（出生地：角館町東勝楽丁二十三番地）。

・昭和十六年（１９４１）十二月八日、時局は太平洋戦争へと突入し我家の平和も一時のものと終った。

・昭和十八年（１９４３）九月二十九日、正の母・ハルが東勝楽丁二十三番地に於いて没した。行年七十五歳

法名　観覚院法連妙操大姉

源太寺山墓地に葬る。

戦局が長引くに従い、我家の周辺事情にも変化がおこる。

ヨシヱの実家である、角館町の隣村の草彅家では二男・哲太郎（長男武夫は明治四十五年三月生まれたが、一週間後に死亡）は職業軍人であったが、三男潤次郎が昭和十八年（１９４３）八月十二日に秋田市保戸野愛宕町三十番地伊藤治助長女と婿養子縁組し同日婚姻届を出す。

四男正作は昭和十九年（１９４４）二十一歳の時に応召された（昭和二十年三月二日フイリピン、ルソン島ラウニオン州キャンプ方面において戦死、陸軍兵長、独立歩兵第三七九大隊）。

かなり広い田畑を所有し小作人を使い営農していた父正一（当時五十三歳）が病に倒れ、農事を見てくれる者が戦時のためもあり誰もいなくなり、長女の夫・正が営農の手助け（例えば春に田んぼに水を引く交渉など）をしなければならなくなった。

正は同じ神代村の小松小学校に勤務しながら農業も見ることとなる。一家は角館町東勝楽丁二十三番地から神代村勘解由屋敷七番ノ内二番地の妻の実家へ、さらにヨシヱの勤務先・梅沢小学校（子供たち二人の通学のこともあったろう）の近くの神代村梅沢字三ノ四十五番地へ転居する。

・昭和二十年（１９４５）七月二十六日、正・ヨシヱの三男・剛が神代村勘解由屋敷で生れているが、同年十一月二十七日剛は、神代村梅沢で死亡している。

法名　法厚善法子　角館町山根町の源太寺山墓地に葬る。

・昭和二十年（１９４５）八月十五日終戦により、草彅家に哲太郎が帰り、農事の手伝いが不要となった正は角館町裏町に妻と子供三人を連れ転居する。

・昭和二十一年（１９４６）四月、正は雲然小学

校校長に就任した。歳満三十八歳の時である。前任地の小松小学校は教師として新任から教頭まで足かけ二十年の勤務であった。

昭和二十二年（１９４７）十二月十二日、正・ヨシヱの四男晃が角館町東勝楽丁一番地四において誕生する。大雪の日であった。

四男晃が生まれる約十ヶ月前、戦後日本の一大転換点の一つに数えられる連合軍最高司令官ダグラス・マッカーサーによるゼネスト計画の中止指令が、教職員にも大きな影響をもたらした。正はゼネストにおける混乱の責任を取らされ、豊成中学校教頭として赴任することとなる（年月不詳）。

妻ヨシヱは昭和二十一年には角館小学校に転じているが、昭和二十四年（１９４９）結核に罹患し、この年に休職（のち退職）、秋田市の日赤病院に入院し治療にあたる。翌年九月日赤病院を退院後自宅療養に努めたが、再発し昭和三十五年（１９６０）八月二十七日他界する。

法名　一乗院妙在日慈大姉　行年五十一歳

　角館町山根町の源太寺山墓地に葬る

正は、昭和二十六年（１９５１）四月、角館小学校教頭

昭和三十年（１９５５）四月、中川中学校校長

昭和三十一年（１９５６）四月、生保内小学校校長

昭和三十八年（１９６３）四月、長野小学校校長

昭和四十一年（１９６６）三月、長野小学校校長を最後に足かけ四十年の教員勤務を退職する。

正は平成七年（１９９５）秋に勲五等瑞宝章を受章している、長年の地域社会においての生涯学習の振興発展に寄与した功績を賞された受章である。

正が晩年に行ったことで書き残しておかなければならないことがある。

昭和五十六年六月（当時、正数え七十五歳）、横手市新坂町の旧大蔵堂墓地にある先祖代々の墓を移転して欲しい旨の相談が横手市教育委員会（教育長　久米正）から通知された。

主旨は隣接する横手市立鳳中学校の校地拡張計画があり、関係する地権者との交渉を進めたいとのことであった。

横手市教育委員会が中心になり、数回の地権者説明会が開催され、又、鳳中学校校長出雲健五郎氏の熱心な説得があった。

父正はこの墓地は宇留野氏が慶長七年秋田に下向して以来の先祖代々の墓地であり、寛文四年（１６６４）には分流三代内記勝門（１６４０頃〜１６９１・７・28）の妻小室九郎右衛門宗有女（法名蘂宕院妙連禅定尼、１６４０頃〜１７１９・２・10）が先祖の霊位を祀る尼寺（日蓮宗）を建てた所であることを考えると、新坂町のこの墓地からは移転しない心算であったことを手記に残している。

しかし、父正自身永年教育に携わった者として教育環境を整えたいという鳳中学校長出雲氏の熱意を汲み、交渉の過程の中で横手市から最終的に示された同市追廻三丁目に新しく移転する光明寺新墓地への移転を決心した。

大蔵堂墓地の所有者は宇留野正（約五十八坪）と石井秀造氏（約十六坪）であったが、近年になりそれ以外の二十三人の墓が建てられそのほとんどの人達も光明寺に墓を移すことになった。

墓地所有者の石井氏について、正は詳しくは触れていないが、宇留野家と関係する石井氏として三代内記勝門の次弟が石井理左衛門忠近の嗣子となり勘右衛門忠直を名乗ったとある。

明和三年（１７６６）石井宇平治提出の『平姓石井氏系図』によると、「勘右衛門実ハ宇留野

氏ノ男　早世」とある。勝門妻が大蔵堂を建立した時に義弟の墓を境内に建てた可能性はある。

大蔵堂墓地は石井家墓地を合わせた七十四坪ほどの広さだけではなく、その数倍の広がりを持っていたともいわれる。約三百年余眠り続けた先祖の霊位を角館に移すことは忍びなく、あくまで横手の地で見守って欲しいとの気持ちで最終的に光明寺墓地を選んだ。

新墓地の位置は光明寺の東隅の一番奥に取ることを要望し、間口二間（十二尺）奥行一間半（九尺）の矩形も希望した。そして鳳中学校の改築が完了した時には、この場所に慶長七年に常陸から下向した宇留野氏の墓地があり、大蔵堂跡であったことの顕彰碑を建てることを約束して貰っている。

大蔵堂墓地にあった宗家の宇留野勝詮の墓石は、藩政時代であれば秋田の鱗勝院に建てられるべきものであったが、明治十二年二月に横手上根岸の宇留野源七郎宅に同居中、翌十三年二月九日に亡くなった。享年二十七歳。大蔵堂墓地に建てられた墓石には法名「長照院殿法誠日要居士」と院殿号が贈られている。

墓石の移設に付いては、当時東京都国分寺市本多一―十―二十に居住の宇留野要氏と連絡を取り、角館の学法寺に設けてあった宗家の墓地に改葬した。土地の売買契約書は昭和六十年三月二十日付で横手市長千田謙蔵との間で締結されている。

なおこの墓地移転に当っては出雲健五郎鳳中学校長と佐越横手市教育委員会主事に大変お世話になったことが手記に記されている。また出雲健五郎氏は『大蔵堂跡と鳳中学校　付不慮之助に付いて』の小論文を纏められ横手市教育委員会に提出されている。

光明寺境内に移した宇留野家墓の落慶供養は昭和六十年十一月十日に行われ、私も小学六年

# 宇留野分流家（内記家）家紋他

「宇留野氏系圖」（宇留野隆所蔵）より

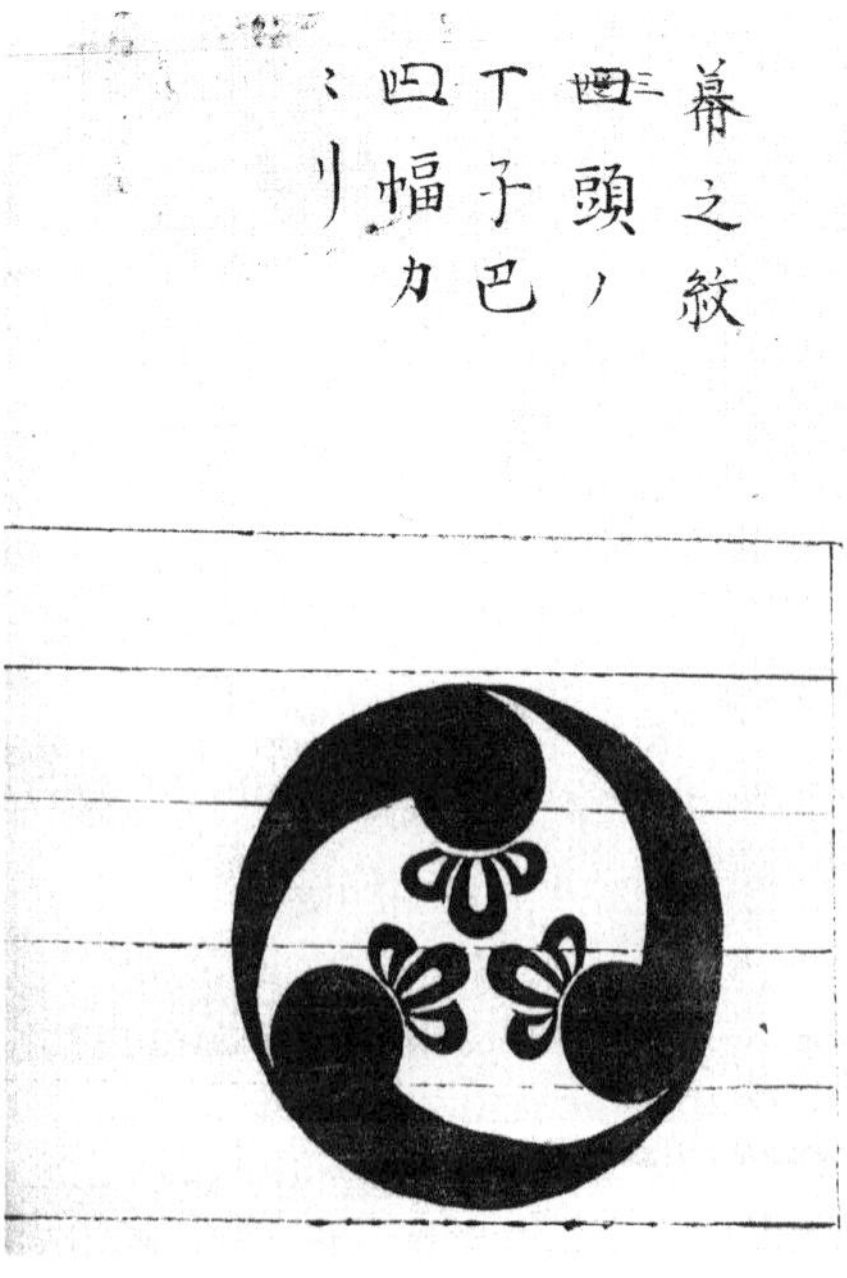


**宇留野分流家（内記家）の家紋他**

家紋（上図右）は縫殿家と同じ「太卜輪二三頭ノ丁子巴」。

旗印は白地に〝十一〟の文字を黒く染め抜く。

幕の紋は宗家と同じだが、四幅かかりで宗家（五幅かかり）より小さい。

の長男勝彦を伴い横手市に足を運んでいる。

その間、昭和三十六年（1961）に後妻門脇エシを迎え、昭和三十九年（1964）六月に恵子が誕生し現在角館在住。

後妻エシ、平成二十二年（2010）一月二十八日卒。

法名　澄心院妙香信女　行年八十八歳

源太寺山墓地に葬。

宇留野正、平成十七年（2005）六月八日、角館町東勝楽丁一番地ノ四において卒。

法名　教導院育徳日正居士　行年九十九歳

角館町山根町の源太寺山墓地に葬る。

正・ヨシヱの長女祐子は、吉成實に嫁ぎ現在秋田市に在住、長男隆は秋田市、二男弘は神奈川県大磯町、四男晃は神奈川県鎌倉市に在住。

## 四　森田播磨家（後、主鈴家）について

### ㈠ 宇留野源兵衛義長三男清太夫が養嗣子となった家

慶長七年（1602）、横手に落ち着いた宇留野源兵衛義長の三男清太夫（慶長四年生）が、角館に居住を命じられた今宮摂津守道義が率いる寺山五十五騎筆頭・森田播磨資廣の養嗣子となった。

清太夫が森田資廣の養子となるに当たっては、おそらく六郷の佐竹義重にも相談し藩主義宣も了承の上であったと想定する。その想定は、森田播磨資廣が佐竹家に仕えた経緯が、文化二年乙丑（1805）六月に森田主鈴（資成、塩谷右膳組下、1737年生まれ）提出『系圖并家傳書』に記載されている内容によるもので、その全文を転記する。

一私先祖那須一門森田と申所城代ニ而那須助二郎と申候、那須没落以後浪人ニ罷成候ニ付、今宮松庵光義ヲ頼、右那須一門之次第申立候所ニ可被召出旨被仰出候而　御当家様江御奉公ニ罷出候、其節右助二郎在名ヲ相名乗森田左馬之助と改名仕御旗本ニ而相勤候刻、右左馬之助儀播磨と改名致候、其後今宮光義寺山御城代被　仰付候節、播磨被差添候足軽百人支配被仰付、寺山二ノ丸ニ居住相勤罷有候、然は寺山元之城代羽田何某支配之諸士直々今宮光義支配ニ罷成候、右羽田支配ニ家柄之者数多有之候得共播磨事光義江被指添二ノ丸ニ罷有、光義支配中は播磨取扱相勤申候、其後

　義重公ヨリ禁中御使者被仰付、首尾能罷下リ之時、義重公御鷹野ニ被為出候ニ付直々御鷹野場江播磨被　召出　御目見仕候、其節御菓子御重共ニ拝領仕右御重十段之内壱段只今ニ所持仕候。

一慶長七寅年　御国替之節、御国本所々城代江戸御屋敷江被為　召候刻、今宮光義並播磨儀も被仰付、罷登江戸より直々御供仕秋田江罷下リ申候、依之播磨儀は寺山江被指添候旧例之趣ヲ以於角館光義向屋敷被　下置居住、御知行本田六拾石頂戴仕罷有候。

一播磨儀は今宮光義組下とは格別之訳を以於久保田ニ　御前出仕　御盃頂戴仕播磨より清太輔迄二代今宮家三男今宮清左衛門同様ニ相勤申候、且於角館ニも　芦名義勝様江年始之御礼ニ清左衛門同様ニ元日ニ罷出候、今宮殿惣御組下之儀は四日ニ罷出候。

一義重公六郷被遊　御座候節、播磨数度被為召

　御目見仕御鷹之鳥拝領被　仰付候儀数度有之候。

一義隆公御入部之節今宮殿指南、何も横沢村江

罷出　御目見仕候刻、播磨嫡子清太輔先規之通諸事別格ニ相勤申候。

一義隆公御代瀬谷源五兵衛　御気ニ入相勤申候、然ば五代以前主鈴妹瀬谷ニ嫁、其腹ニ源五兵衛出生仕候、源五兵衛ニは伯父御座候故、同人同道役主鈴被仰付久保田ニ相詰罷有相勤申候、其節は数度　御前江被召出厚キ　御意并拝領物等被　仰付難有仕合奉存候、右拝領之品相残リ候は絹ニ而拵候布袋ニ御座候唯今ニ所持仕罷有申候。

一播磨儀江戸表より直々御供致秋田江罷下リ候節、於寺山ニ支配致候内手ニ付罷下リ候御足軽壱人　御国替御供仕候旨を以播磨申立候所ニ、御足軽免許御奉公被召出、今宮家組下被仰付、御足軽之儀ニ候得は名字も無之候故、播磨付候而柴重左衛門と名乗相勤右子孫只今ニ有之候。

一播磨妻子は慶長八卯年同苗豊前致同道罷下り候、右豊前儀は三人御扶持被下置、森田豊前と申候而御奉公相勤、承応三午年病死之砌、末期ニ而当人家系断絶致候。

一播磨嫡子清太輔儀は宇留野源兵衛三男聟養子ニ御座候、清太輔幼年之内、播磨病死致候ニ付御番名代同苗豊前を以首尾能相勤、慶長十七年九月十一日渋江内膳殿証拠ニ而御加増、御知行四拾石拝領仕、依之本知行合本田百石只今頂戴仕候。

一寛永十八年右清太輔病死致候節、嫡子主鈴七歳（註：正しくは五歳）ニ御座候故、今宮涼松院殿指図ニ而大野理左衛門・糸井吉右衛門右両人仕守ニ而主鈴拾壱歳之時御当人方江出仕致候而諸事組下同様之取扱ニ罷成申候、然は支配取扱親代ニ相替リ候勤形リ之由母物語有之候故、拾五之歳宇留野源兵衛所江罷越、右之段申談候得は、源兵衛申聞候は当年方出仕被登候哉と先頃宇留野内記出仕罷登候節申暮候唯今其元物語承先祖引替甚気之毒之次第同前ニ存候由申事ニ候、然は其頃今宮涼松院殿江　御前出仕諸事取扱之儀先規通被　仰付被下度段、願申上候所、支配取受無之無拠次第罷成候、其砌宇留野源兵衛方より幾度も願可申立旨申来候得共、右之次第故御模様相待差控罷有候。

一先祖系図・伝来之書付並器具等之類、主鈴若輩故今宮土蔵ニ差置候処其砌角館大火ニ而右品無残消失致候。

一今宮家江年始諸規式五代以前迄不相替贈答致候。

一五代以前之主鈴嫡子甚五左衛門儀、拾八歳ニ而家跡相続致、父主鈴遺言も有之候故、家筋之儀今宮摂津守殿代願申立候所取受負已に先規ニ復願可申立時節、摂津守聊無調法之儀有是、組下被　召上私願空相成候刻、元禄七戌年　乾徳院様御供番被　仰付、江戸在番中宇留野源兵衛其節御老中被　仰付在江ニ而罷有由緒も有之候事故、内々願之趣取合候所ニ罷下リ之上願可申立及相談御供ニ而罷下リ候御道中より病気ニ而久保田江御供不相成、六郷より御暇被下置角館江罷帰保養仕候所、快気ニは趣候得共、中症ニ而本復致兼候故、無拠右願之儀思慮仕指控罷有候、然は右甚五左衛門嫡子甚五左衛門儀は御境目役被　仰付　圓明院様御代御城中　御目見被　仰付、難有仕合ニ奉存候、猶家筋之儀遺志相継願可申立候所ニ思慮之旨を以御序相待指控候内病死致候、右甚五左衛門嫡子甚五左衛門弐拾弐歳ニ而家跡相続間も無ク御境目役被　仰付
圓明院様御代　御目見被　仰付難有仕合奉存候、同人儀も是迄之願望可申立存候所ニ早死致、右之仕合故無拠不申立私迄ニ相至リ申候。

一恭温院様御代　宝暦六子年御用銀指上候ニ付為御称御篤高五石被　下置其上御城中　御目

見被　仰付難有仕合奉存候。

一明和三年戌八月中、御境目御山役被仰付翌亥六月中　御城中　御目見被仰付、難有仕合奉存候。

一同六年丑八月中郷村方在々見廻役転役被　仰付　御城中　御目見被　仰付難有仕合奉存候。

一償五騎之内ニ御座候而明暦年中并延宝年中両度御軍割江被　入置候。

一明和二酉年　源通院様被遊　御入部候節、家伝書并口上書指上候所被留置候、翌戌年系図家伝書指上候。

一寛政元酉年被遊　御入部候節、又々口上書を以先祖之勤形リ被復置被下置度旨奉願候所、右口上書被留置候
以上

　宇留野源兵衛義長の三男清太夫が、森田播磨資房の養嗣子となったのは、播磨資房が慶長十五年（1610）八月に没する前であるから、清太夫が十歳頃（1608頃。1599生）までの間だろうと思われる。播磨資房の一人娘（1600〜1675）と結婚し、一男二女が生まれている。

　森田播磨資房は下野国烏山城主那須資晴（佐竹義宣正室正洞院の兄）に近い縁者だったと思われる。資晴が太郎で資房が助二郎とあるが、詳しくは判らない。

　天正十八年（1590）、資晴は小田原合戦に参戦しなかったことから豊臣秀吉により改易された。烏山城に近い森田城城代だった那須助二郎は浪人となり、常陸の今宮松庵光義を頼り、那須一門の次第を申立てたところ、佐竹家に召出され奉公することとなる。

　その節、「那須助二郎の名を森田左馬之助と改名」し義宣の旗本を命じられた。さらに左馬之助を播磨に改める。その後、今宮光義が寺山

城代を仰せ付けられた時、播磨資房が光義に指添えられ足軽一〇〇人を支配することになり、寺山城二ノ丸に居住する。

寺山城の元城代羽田某支配の諸士には家柄の士も多かったが、その諸士と今宮光義の取次は森田播磨が勤める。

慶長七年（1602）、佐竹義宣の秋田下向に従った今宮松庵光義・摂津守道義は初め増田に入ったが、慶長九年（1604）角館居住を命じられ、寺山五十五騎の多くもそれに従った。

角館の城下は初め小松山（古城山）の北東側本町にあったが、元和六年頃（1620頃）古城山の南側に新たに縄張りされた現在の角館町に移る。そして今宮指南の寺山五十五騎の諸士は菅沢（田町）に居住したが、寺山五十五騎筆頭の森田清太夫資廣（播磨資房は1610年に死亡）は、新城下町移住後は東勝楽丁東側の屋敷に居住した今宮摂津守家の向い、東勝楽丁西側南端（『角館誌』）に屋敷を与えられ、禄高百石（角館移住当初は六十石）を賜っている。

今宮指南の諸士の禄高は角館居住当初は森田播磨六十石、滑川左馬之助四十五石を別とし最高四十石だった（吉成直太郎著『今宮氏と松庵寺にねむる人々』）。

森田播磨資房の生年は不詳だが、実弟豊前守某の生年が元亀三壬申年（1572）と『系圖并家傳書』にある事からそれ以前の誕生となる。仮に元亀元年（1570）の誕生と想定すると播磨資房の行年は四十一歳となる。

ただし、もう少し前の誕生かも知れない。那須資晴（1557〜1610）、その時点で森田城を任されていた那須助二郎（のち改め森田播磨資房）は二十一歳の時となることから、もう少し年長だったのではとの推測である。

## ㈡ 慶長七年佐竹義宣の秋田入部経路について

慶長七年（1602）佐竹義宣が京から秋田への下向経路について諸説があり、現在に至っても確定していないとのことであるが、文化二年乙丑（1805）六月、塩谷右膳組下森田主鈴（資成）により藩庁に提出された『系圖幷家傳書』の記載が正しいとすると（勿論藩庁にウソの記載内容が提出されたとは思われない）、今まで秋田の近代史の中で見逃されてきた慶長七年の佐竹義宣秋田入部の経路は、森田主鈴の『系圖幷家傳書』に記載された「慶長七寅年御国替之節、御国本所々城代江戸御屋敷江被為召候刻、今宮光義並播磨儀茂被仰付、罷登江戸より直々御供仕秋田江罷下リ申候、依之播磨儀は寺山江被指添候御例之趣ヲ以於角館光義向屋敷被下置居住、御知行本田六拾石頂戴仕罷有候」、「播磨妻子は慶長八卯年同苗豊前致同道罷下り候、右豊前儀は三人御扶持被下置、森田豊前と申候而御奉公相勤、承応三年病死之砌、末期に而当人家系断絶致候」の重要な記述を見逃していたことになる。

## ㈢ 森田初代播磨資房から六代甚五左衛門資昭まで

森田播磨資房は今宮松庵光義と共に佐竹義宣に従い、慶長七年の夏、江戸から寺山には戻らず秋田に下向した。

播磨資房の妻子は翌慶長八年、播磨の弟森田豊前某に連れられ寺山から下向している。この森田豊前は、初め「掃部」を名乗ったとある。

按ずるところ、佐竹義宣に従い秋田に下向した森田治右衛門資忠・次郎右衛門資馮兄弟の弟・次郎右衛門資馮（1567～1652）が禄高九十石を賜い横手に居住する。その資馮の養嗣子資秀（1614～1658）の嫡子資秘が「掃部」を名乗っている。

横手に居住した次郎右衛門資馮はその系圖に「野州那須ノ産ナリ」とある。先祖は、遡ること、那須氏の中興の祖那須与一資隆（源平合戦での軍功あり）の長兄が那須氏から分流となった森田氏の子孫だったのではないか。諱も「資」の一字を使っている。

そのため、佐竹に仕えてから「森田」を名乗った森田播磨資房からの分流である森田掃部某は通称「掃部」を「豊前」と改名することを命じられたのではなかろうか。

横手の森田掃部も角館の森田播磨のどちらの家も、家の紋幕は「一文字」である。ちなみに、源平合戦の時、元暦二年（1185）屋島の戦いで扇の的を射て源氏方の名を高めるなどの軍功があった那須与一宗隆（のち父と同じ資隆）は、那須資隆十一男で、十男為隆（千本氏祖）以外は平家方に味方した。戦後、長兄光隆は赦され森田氏を名乗り、四男久隆は福原氏を名乗っているが、紋幕はいずれも「一文字」である。

分流となった森田豊前は、今宮指南の三人扶持の身分であったが、兄森田播磨資房が慶長十五年（1610）八月二十八日に病死後、若い清太夫資廣を補佐し、慶長十七年（1612）九月十七日付渋江内膳政光（家老）證拠の森田清太夫（十四歳の時）に加増四十石の證書を拝領し、これによって合せ本田百石となっている。このことは『秋田沿革史大成』に「寛永四年（1627）角館給人森田清太夫高一〇〇石」とあり、確認できる。

さらに、清太夫資廣が寛永十八年（1641）八月二十九日、四十三歳で亡くなった時、資廣の嫡子八九郎（のち主鈴）資清は、わずか五歳であったことから、豊前が幼い資清を補佐したと思われるが、表のことは今宮摂津守道賢（今宮氏四代）の指図により大野理左衛門・糸井吉右衛門の両人の指導によることとなった。

森田播磨家は、他の今宮組下の家々とは格別の扱いを賜わっていて、初代播磨資房、二代清太夫資廣は久保田に御前出仕し御盃を頂戴し、今宮家三男（今宮弾正家分流織部家初代）今宮清左衛門（盛重、1594～1650）と同様の勤形であった。

角館においては芦名義勝へ年始の挨拶に今宮清左衛門同様元日に伺い、他の今宮惣組下は正月四日に正月の御礼をしていた。播磨資房は六郷の佐竹義重公へ数度召出され御目見を賜り鷹狩の獲物の鳥を数度頂戴するような扱いを賜わっていた。

森田三代主鈴資清が十一歳になった時（1647）両指導役へ出仕したところ、諸事今宮組下同様の取扱になった。しかしながら、支配取扱が親代わりの両人経由という勤形になったことに、主鈴資清の母（初代播磨資房の娘、清太夫夫人）が不服に思い、資清十五歳の時（1651）久保田の宇留野源兵衛（勝明）の所に相談に出向き、右の段を伝えたところ、源兵衛に当年中に横手の宇留野内記勝門（従兄の子）と共に久保田の御城に登城するよう申し渡された。

只今のそこもとの実情を承ると先祖に引替甚だ気の毒の次第と思うと申す由。しかればこれにつき、今宮凉松院殿へ御前出仕諸事取扱の儀を先規どおり仰せ付け下さるよう願い申しでたところ、支配受取音沙汰なく拠所《よんどころ》ない次第となる。そのみぎり、宇留野源兵衛の方からも幾度も願い申し立てても良い旨の申出があったが、右の次第故、模様のように込み入った有様を相伝えさし控えることとした。

森田豊前某は承応三年（1654）二月十三日に行年八十三歳で亡くなっている。嗣子がなかった森田豊前家は断絶した。

主鈴資清の母も長命で宝暦三年乙卯（1675）

七月二十日卒、行年七十六歳であった。

かねて先祖伝来の系図、書付並びに器具等々の類を主鈴資清が若輩だったため、今宮家土蔵に預け置いていたが、角館の大火のため土蔵も類焼し右の品々は残りなく焼失してしまった。

明暦二年（1656）に「角館大火事茂木市坊火本なり」とあるが、月日も焼失戸数も記載されていない大火があった（『角館誌』四巻）。

今宮家への年始等、諸規式を五代以前までと相変らず贈答をしていた。

三代主鈴資清が延宝七年（1679）十一月十五日、四十三歳で亡くなり、主鈴嫡子甚五左衛門資朝が十八歳で家督を相続した。

父主鈴資清の遺言にもあったが、家筋の儀について今宮摂津守の代に既に申立ててしてあり、先規に復する願いをすべき機会であったが、延宝八年（1680）三月、三代藩主義処が今宮摂津守義教の久保田移住を命じたのに対し、摂津守及び摂津守組下の五十人程が移住反対訴願等の行為があり、それらの結果、翌延宝九年（1681）七月、摂津守義教と嫡子永教が大館の佐竹石見義房に、分家今宮勘解由隆利は檜山の多賀谷左兵衛隆経に預けられ、摂津守組下は矢田野四郎左衛門光行の支配を受け今宮家の修験・社人頭領の権利も取り上げられるという事件が起きた。

このことにより森田家の請願は空しくなったと思われたが、元禄七戌年（1694）、乾徳院様（若君義林公）の御供番を仰せ付けられ江戸屋敷在番中、宇留野源兵衛勝明がその節御老中で江戸にあり、森田家由緒も色々のことの趣を内々に伝えていたところに、下国となった。

この上記願い申立ての相談に及び、お供をして罷り下った道中、病気になり久保田へお供することができなくなり、六郷より御暇を戴くことを許された。角館へ帰り保養に務めたところ、快気に向かったが、中症のため本復とはいかず、拠所《よんどころ》なく、右願いの儀はよくよく考えさし控えることとした。

　しかしながら、森田四代資朝嫡子・森田五代甚五左衛門資宣（1688〜1733）は境目役を仰付けられ圓明院様（義峯公）御代（1715〜1749）御城中にて御目見を仰せ付けられ有難く大変名誉なことであった。

　なお家筋の儀については代々つないできた遺志であるため、申立てるべきところをよく考慮し御序を伝え、本旨はさし控えている内に、享保十八年（1733）九月十四日に病により没する。行年四十六歳。

　五代甚五左衛門資宣が仰せ付けられた御境目役は、「御山役は御境目役で藩庁の御境目奉行に所属し管内の境目を巡察する役目である。角館には享保四年（一七一九）始めてこの役を置き、角館在郷給人の中から任免することとなった」（『角館誌』三巻）。「享保四年九月、御境目役に川原田新右衛門、深谷市右衛門任命される」（『角館誌』六巻年表編）。

　また『新田沢湖町史』には享保七年（1722）の国境標柱の建て替えを担当した森田甚五左衛門（角館塩谷弥太郎組下）の記録に次のように記されている。

　「七月十九日人夫に御境目柱を担がせて、私と拠人《こにん》二人が一緒に的方《まとがた》に登り御境柱の文字面を西に向けて建てた。南部藩の御境柱は国見峠に文字面を東向きにして建てられたから両方の柱は向き合わせに建てられたのである」。

　右の森田五代資宣嫡子・六代甚五左衛門資昭（1713〜1746）は二十二歳で家跡相続して間もなく御境目役を仰せつかった。圓明院様（義峯）御代御目見仰せ付けられ有難く大変名誉なことであった。同人儀もこれまでの願望申立てるべく存じながら、早死に致しこの仕合せ故拠所《よんどころ》なく申立てず、私（当代、主鈴資成）まで至った。

七代主鈴資成は延享三寅年（１７４６）十歳の時、家跡を相続し、翌年（１７４７）十一歳で出仕する。

恭温院様（義明公）御代の宝暦六子年（１７５６）御用銀を差上げたことにより、御褒めなされ御蔵米高五石を下し置かれ、その上に御城中にて御目見仰せ付けられ有難く大変名誉なことに存じます。

明和三戌年（１７６６）八月中、御境目御山役仰せ付けられ（三十歳の時）有難く大変名誉なことに存じます。

同六丑年（１７６９）八月中、江村方在々見回役に転じることを仰付かり、御城中にて御目見仰付かり有難く大変名誉なことに存じます。

この「郷村方在々見回役」は、明和六年（１７６９）七月に新設された「郡村担役」（『角館誌』）のことと思われる。

「明和二酉年（１７６５）源通院様（八代義明、１７４８〜１７８５）御入部遊ばされ候節、家傳書並びに口上書差上げ候所、留め置かれ候、翌戌年（１７６６）系圖家傳書差上げ候。

寛政元酉年（１７８９）義和公御入部遊ばされ候節、又々口上書を以て先祖の勤形をもとに戻し下されたき旨願い奉り候所、右口上書留め置かれ候。　以上」

森田七代主鈴資成が文化二年六月に藩庁に提出した『系圖并家傳書』は以上で終わっている。そのため、以下は森田播磨（主鈴）家の名前が出てくる記述を拾い出し、森田播磨（主鈴）家につき追える範囲を拾い出してみたいと思う（拾い出した各資料に番号をふる）。

寺山以来今宮家と行動を共にした森田家が寺山五十五騎の他の家々と異なる特別な待遇をな

ぜ受けることになったかについて『角館誌』においても、また松庵寺発行・吉成直太郎著『今宮氏と松庵寺にねむる人々』でも「森田播磨は寺山五十五騎の筆頭で他の人々より一級うえの待遇を受けていた」とは記述されているが、その理由についてそれ以上触れることはしていない。

森田播磨資房は那須資晴にごく近い人物で秋田に下向した那須家の末裔であることを把握していないようだ。宇留野源兵衛勝明は家老在任中にそのことを藩上層部に伝えるよう努力を試みるが、充分にはできなかった。森田主鈴家の由緒について藩が掌握するようになったのは、七代藩主義明の代になってからのようだ。七代藩主義明、九代藩主義和の代に「家傳書并口上書」を求められて提出している。

『系圖并家傳書』によると（第30図～第32図）、森田七代主鈴資成（初名第助後更清太夫、主鈴）は元文二丁巳年（1737）三月二十七日生。延享三年（1746）父の死亡により、十一歳で家督を相続し翌年四月、十一歳で出仕する。同年十歳で家督を相続し翌年四月、十一歳で出仕する。

主鈴資成が藩庁に『系圖并家傳書』を提出した文化二年（1805）は資成六十九歳の時である。主鈴資成の提出系圖のため、資成の卒年は判らず、他の資料からも拾うことができていない。

資成は下記（㈠、㈡）からみられるように、同志七人で盟約し学問を蔑視していた角館の地で、学問の必要性を悟らせるべく私塾致道館を開き角館を文教の地たらしめる先鞭をつけた一人であったといわれる。

その子・八代周助資鼎（初名熊五郎）、明和三丙戌年（1766）七月二十四日生。天明五年（1785）二十歳の時に出仕している。

下記（㊄）に見られるように剣術は心陰流を

つかい、弓術は日置《へき》流の師役であり、それは子にも引継がれた。文化八辛未年（1811）四十六歳の時に久保田の城に上り御山役を仰せつかったことの御礼を義和公に申しあげている（七）。

又、天保十二年（1841）、家老宇都宮帯刀孟綱の所へ、嫡子考之助（その時五十歳）を同行し、周助資鼎が七十六歳の高齢のため致仕し考之助へ家督を譲りたい旨申出、家老から上申する旨申し渡されている（八）。

この年・天保十二年考之助資種（資剛、詳細後記）は郡方吟味役に任命され久保田に移住し大番組に編入された（三）。また、明徳館に勤めたともある。慶応二年（1866）九月久保田において「七十五歳」で没したと記されている（三、六）。

文化二年（1805）森田主鈴資成が藩庁に提出した『系圖并家傳書』には、上記提出時点で七代主鈴資成の嫡子・周助資鼎には三子があり、その嫡子「資種」は「寛政二年庚戌七月三日誕生」と記載されている。その次の子は女子で「寛政六年甲寅二月四日誕生」とあり、その次は男子であるが文化二年時点では早世したと記載されている。

「資種」の生年、寛政二年の干支は記載のとおり「庚戌」で誤りはなく、妹の生年寛政六年は記載どおり「甲寅」でこれも誤りはない。これらのことから七代主鈴資成が六十九歳（文化二年時点）の時に藩庁に提出した『系圖并家傳書』に誤りはなく、諱「資種」はその後改め「資剛」となったと考えざるを得ない。

また生年については家老宇都宮帯刀孟綱に問われて「五十歳」と返答しているのは、資剛本人自身が寛政四年生れと思い続けていたのかもしれない。森田珉岑墓碑に慶応二年九月に歿し行年「七十五」（逆算すると寛政四年生れ）とあるのもその延長と考えるべきかもしれない。

その点の疑問だけが残るが、『系圖并家傳書』の「資種」（幼名熊五郎）と森田珉岑墓碑の「主鈴資剛」は同一人物と考えざるを得ない。

## ㈣ 森田七代主鈴資成・八代周助資鼎・九代主鈴資剛について記載されている史料の拾い出し

### ㈠、『角館誌』四巻二頁

・致道館の開設。宝暦の末頃（1760頃）、畑源兵衛駒岳定策《くがくさだもり》（1734〜1770、三十七歳）が宮崎種芸《たねすけ》・森田資成《すけなり》・稲葉通古《みちひさ》・吉成助品《すけかつ》・茅根通虎《みちとら》・蓮沼景祥《かげよし》の六名と盟を結んで角館町表町下丁の自宅に塾を開いた。当時学問を蔑視した多くの士人の間に学問の必要をさとらせ、この塾から後年佐竹藩の第一線で活躍した学者、医家、行政官、産業人を輩出した。（『角館誌』四巻二十二頁に「誠に角館をして文教の地たらしめたものは致道館創設という一粒の種子であり、この種子の芽を育てた人々の勇気であり、さらにはこの芽の出る種子を与えた滄洲益戸秀典の達識であった事を認めねばならない。」と記している）。

### ㈡、『角館誌』四巻四頁

・森田資成、字順甫、今宮組下寺山五十五騎の筆頭森田播磨の裔で家は東勝楽丁にあった。この人の業績は不明だが文武にすぐれ、特に資剛は当代藩内第一級の知識人で弓術の達人でもあった。安政期年間は藩の師役となって久保田に引越した。

### ㈢、『角館誌』四巻九十一頁

・森田珉岑《みんしん》は慶応二年（一八六六）九月、七十五歳で久保田に歿したが、漢学・詩文・文人画共に能くし当代佐竹藩屈指の文化人と称された人である。かつ日置《へき》流弓術にすぐれ藩の師役であった。字は子柔、諱は資剛、角館郷校教授であった。天保十二年（一八四二）に、同家が常陸以来の名家の故をもって郡方吟味役に任命して久保田に移住せしめのち大番組に編入された。次の漢詩がある。（漢詩省略）。

㊃、『角館誌』四巻百二十九頁

• 当代漢学者の間に文人画が流行したともいわれるが、角館人で特に知名の人は森田珉岑であった。珉岑は号で通称考之助のち主鈴といい、字は子柔、諱資剛と云った人で日置流弓術の師役であった事はすでに述べた。角館郷校弘道書院教授であったが、天保十二年（一八四一）郡方吟味役となって久保田に引越した（森田珉岑墓碑文より）。久保田で塾を開き多くの子弟教育に当り、文人の雅名高かった。画は墨竹を得意としたらしく遺品も多い。慶応二年九月歿す享年七十五。（平福穂庵の十二・三歳の頃、久保田に住んでいた森田珉岑が預り明徳館に学ばせた。幼時から絵が巧みだった穂庵を文久元年〈1861〉十八歳の時京都に遊学させたのも珉岑の薦めであったと云われる）。

㊄、『角館誌』四巻百四十四頁

• 心陰柳生流　森田周助・同考之助
日置流　　師役森田周助

㊅、『秋田書画人伝』

森田珉岑（みんしん。寛政四年～慶応二年九月）角館町東勝楽丁生まれ。名は資剛、通称主鈴、別号鉄泉斎。珉岑の珉は宝石、岑は峰の意。はじめは角館郷校の弘道書院教授。その後久保田に出て、明徳館に勤め、当時有数の書画詩文に深い教養人。日置流弓術にもたけ、藩の指南役。明徳館にいた安政年間、郷里の平福穂庵を久保田に招いた。画才にたけていた穂庵の将来性を見込み、自宅から神沢素堂塾に通わせた。穂庵の父文浪を説き伏せ、穂庵を京にのぼらせたのも彼である。森田自身の絵は教養人らしい優雅な筆で、花鳥と、墨竹にすぐれていた。祖の森田播磨は今宮五十五騎（寺山五十五騎）の筆頭であった。子に西宮瑞斎がいる◇「角館誌」　井上隆明著『秋田書画人伝』発行所　加賀谷書店

㊆、**『御亀鑑・秋府三十』文化八年辛未**（１８１１）

**七月七日**

一、巳上刻御座之上段　御着座

　御家老以下各如例列居

一、為当日御引渡廻座諸士登 城 御目見 右畢而

　塩谷右膳組下角館給人 森田周助

右　御留守中御山役被仰付難有之旨御礼申上

（註：周助資鼎 四十六歳の時）

㊇、**『宇都宮日記　二』【天保十二年十月】十月**

**十一日の条**

一、角館住居森田周助七十六歳、高百三石二斗六升九合、隠居御暇被下置度、嫡子考之助五十歳、御積を以遺迹被仰付被下度願申出候故、可及言上申渡候。

〔註：宇都宮帯刀孟綱、家老在任期間　天保十二年（１８４１）六月晦日～慶応二年（１８６６）二月五日、慶応二年二月二十三日～慶応四年（１８６８）八月四日〕

㊈、**『新田沢湖町史』三百十八頁**

・文政二卯年（１８１９）八月十一日の日付

「右はこのたび、その御領より青柳藤右衛門殿・森田周助殿、当領より黒沢幾右衛門・町井左市之助御立会い御示談相とどのい候うえ、永久異論これなくよって御取り交わす一札如件」

㊉、**『新田沢湖町史』三百六十頁**

・「奥北浦一揆の経過」の文中より

「天保五年（1834）二月十八日、西明寺村には、目立って不穏な様子は見られなかった。翌十九日のあさから、廻米蔵宿久右衛門宅の近くに、しだいに農民の人数が増えてきた。久右衛門が御廻米運送方の千代六郎右衛門に連絡し、同役菊地孫四郎、郡方見廻役森田考之助、それに北家家人も駆けつけてきた。（以下略）」

### (五) 横手向組下宇留野分流家、角館今宮組下（のち塩谷右膳組下）森田主鈴家、刈和野渋江内膳組下梅津小左衛門家および宇留野宗家の係わり合い

森田家系圖に目を通していると、横手給人宇留野分流家と角館給人森田家の関係に刈和野給人梅津家との関係が数代に亘って係わり合いがあることに興味を覚え、「第33図」を展開してみた。この係わり合いについては、以前に宇留野宗家源兵衛勝明について検証した項で少し触れているが、それらの総括をここで述べてみたい。

宇留野源兵衛義長の三男清太夫が、那須姓を改めた森田播磨資房の養嗣子になり姻戚関係になったのは、慶長十四年（1609）頃までのことと考えられる。

十一歳の頃までに養嗣子となった清太夫資廣は、播磨資房女との間に一男二女をもうけている。長女は久保田給人瀬谷勘兵衛友勝に、二女は角館の今宮指南吉成三右衛門助征に嫁いでいる。吉成三右衛門家については後でふれたい。

清太夫資廣嫡男・主鈴資清は寛永十四年（1637）生れで刈和野給人梅津九左衛門忠季女を妻に迎えている。その婚姻はおよそ万治元年（1658）～寛文元年（1661）頃と推測する。

推測ではこの時期から宇留野源兵衛勝明が関与したのではなかろうかと考えるが、話を前に

進める。

次に宇留野分流三代内記勝門の長女が刈和野給人梅津小左衛門家三代忠職に嫁ぐ。そしてその弟・宇留野分流四代勘助勝盛に角館の佐竹北家家臣矢野三郎兵衛廣重女が嫁いでいる。この頃にはこの婚姻に確実に宇留野源兵衛勝明が関わっている。

その後に森田四代甚五左衛門資朝の長女が梅津小左衛門家四代彦七忠銀に嫁いでいる。「第33図」をご参照いただきたい。

梅津小左衛門初代忠道三女が久保田給人矢野平右衛門解重に嫁いでいる。この矢野平右衛門解重と梅津忠道三女の間に嫡男がなく解重の養嗣子として大山六左衛門重成の孫・門十郎（のち平右衛門）末重を迎える。

この平右衛門末重は、宇留野源兵衛義長の曾孫である（源兵衛義長の長女が大山六左衛門重成妻）。第24図、第26図、第27図をご覧いただきたい。宇留野氏系図には記載されていないが、大山六左衛門家の系図を見て初めてその事実を知ることができる。

平右衛門末重は解重の二女（母梅津氏女）を妻とするが、解重二女は若くして亡くなり（行年十六）、末重は前妻の妹（解重三女、母同）を後妻とし一男二女を産む。この妹も二十四歳で亡くなる。三十五歳で二人の妻を亡くした末重は後々妻として茂木監物治種二女（宇留野源兵衛勝明の異母妹）を迎える。この後々妻と末重の間には六男一女があり、源兵衛勝明が後年矢野氏の面倒をよく見た由縁である。

久保田給人の矢野家と佐竹北家家臣の矢野一族は元々同族である。佐竹義宣が秋田下向直後、佐竹北家創立時に佐竹宗家から北家付人とされた矢野彦四郎重国の子孫・下総憲重（矢野氏宗家）のたっての頼みで、矢野宗家廉重の長男解重（孫太郎のち改め平右衛門）を義宣の直臣として、従来どおり北家付人の矢野宗家の立場は廉重の次男親重（八兵衛）が継ぐことを、義宣は家老梅津半右衛門憲忠と相談のうえ承認した。梅津半右衛門憲忠の先妻は矢野下総憲重の娘である。

新田百石をもって分家した矢野孫太郎（のち平右衛門）解重は、下総憲重の目論見どおり、義宣直臣として立身し家を繁栄させる基礎を築く。

時代が下り明治になってから、宇留野分流家において源兵衛義長以来の血脈が途絶えようとしていた時、吉成三右衛門家の子孫敬四郎（1848〜1874）の長女ハルを、宇留野源七郎の養子竹五郎に嫁がせた。源兵衛義長、ひいては宇留野氏祖天鳳存虎の血脈を保つことを意図した婚姻と考えられる。江戸時代初期の宇留野源兵衛義長三男・清太夫の嫡男森田主鈴資清の二女が、吉成三右衛門助征に嫁ぎそれ以来の血脈が途絶えることなく明治時代の吉成敬四郎まで続いていたのである。

これらとは全く別の話であるが、現在秋田市在住の宇留野隆と梅津小左衛門家子孫の梅津千鶴子が、三百年近い昔、宇留野分流家と梅津小左衛門家の間に婚姻関係があったことは全く知らずに結婚している。

この事実は二人の結婚後、宇留野家の一員となった千鶴子に、父親・正が父祖伝来の系図を見せようと思い持ち出したところ、初めて気がついた。その後、梅津家の系図にも元禄年間、梅津小左衛門忠職に宇留野内記勝門の長女が嫁いだとの記載があり、両家とも不思議な縁に驚いた次第であった。

昔日の系図を紐解いてみて、又、他家の系図を突合せ見ると、意外な事実に突き当ることがある。

# 巻末資料

| 出　典 | 摘　要 |
|---|---|
| 文９年（1669）横手城下絵図<br>保13年（1728）横手城下絵図 | 第22図「慶長７年転封直後における宇留野勝忠の居住地の考察」参照 |
| 津政景日記<br>陰史略<br>文年間「御城下古絵図」 | 「寛永５年(1628)４月14日、宇留野源兵衛(勝忠)殿昨日横手より屋敷移動候由」(『梅津政景日記』)<br>「元禄13年（1700）３月２日、宇留野源兵衛知行千石之内被減養子九助え五百石被下置、長野屋敷被召上手形御堀端小野崎権太夫本屋敷え被移。源兵衛勝明元禄10年11月御役被召上蟄居被仰付候処、此度如是被仰付」（『羽陰史略』） |
| 陰史略<br>保２年（1742）「御城下絵図」 | (同上)<br>宝暦13年（1763）「御城下絵図」に「宇留野源兵衛」の名が手形堀端町に認められる。（文献：佐竹史料館学習講座「絵図で訪ねる城下町」平成20年10月15日～10月22日） |
| 藩紀年<br>政11年（1828）頃「羽州久保<br>大絵図」 | 「寛政元年（1789）７月８日上根小屋御馬屋所江御学館被建置に付信太内蔵助宇留野源兵衛渡邊善右衛門屋敷御引上」（『秋藩紀年』） |
| 政11年（1828）頃「羽州久保<br>大絵図」 | 文政11年頃の宇留野源兵衛勝意が移った屋敷は寛保２年（1742）の絵図で、宇留野縫殿の屋敷である事が確認できる。文政11年頃の絵図で宇留野鶴松の屋敷は天神林某の屋敷に移っていて屋敷の広さは約170坪（文政11年頃の屋敷は348坪）になっている。 |
| 治元年現在「秋田城郭市内全図」<br>族卒明細短冊 | 参考図①（341頁）中、⑤の敷地に「宇留野源十郎」の名前が読みとれる。 |
| 北市角館町学法寺墓石 | 横手市新坂の大蔵堂に在った墓石（現在角館町学法寺にある）に「明治12年２月従南秋田郡平鹿横手移住宇留野源七郎宅デ卒ス明治13年辰２月９日 行年27歳」 |

## 第23図　宇留野宗家の横手・久保田での居住地

| 番号 | 居住地 | 坪数 | 居住年代 | 居住者 |
|---|---|---|---|---|
| — | 横手下根岸 | 約1,170坪 | 慶長7年（1602）<br>～寛永5年（1628）<br>4月13日 | 初代義長<br>2代勝忠 |
| ① | 長野 | 約536坪<br>21間×25.5間 | 寛永5年（1628）<br>4月14日<br>～元禄13年（1700）<br>3月2日 | 2代勝忠<br>3代勝明 |
| ② | 手形堀端 | 約1,109坪<br>33間×33.6間<br>（37.2間＋30間）<br>÷2 | 元禄13年（1700）<br>3月2日～？ | 3代勝明<br>4代勝休<br>5代勝鄭<br>6代勝冨 |
| ③ | 上根小屋 | 約350坪 | ？～寛政元年（1789）7月 | （6代勝冨）<br>7代勝意 |
| ④ | 中亀ノ町 | 約348坪<br>14間半×24間 | 寛政元年（1789）7月～？ | 7代勝意<br>8代勝之<br>9代勝政<br>（10代源十郎 |
| ⑤ | 築地下東町 | ？ | 明治元年（1868）現在<br>明治6年（1873）現在 | 10代源十郎<br>11代勝詮 |
| — | 横手町<br>上根岸21番地 | ？ | 明治12年（1879）2月 | 11代勝詮 |

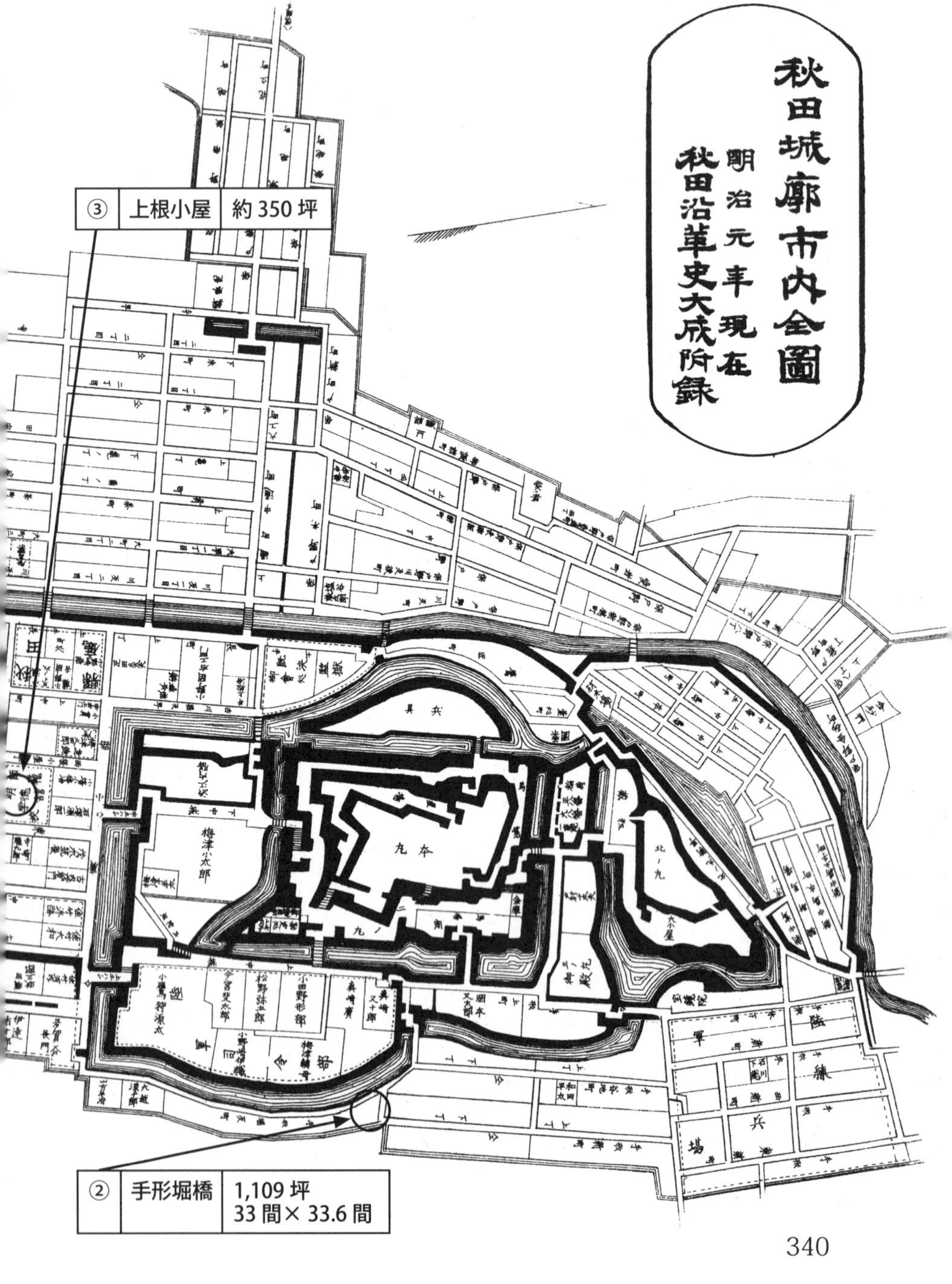
秋田城廓市内全圖
明治元年現在
秋田沿革史大成附録
③ 上根小屋 約 350 坪
② 手形堀橋 1,109 坪 33 間× 33.6 間
本丸
二ノ丸
北ノ丸
梅津小太郎

第 23 図参考図① 宇留野宗家の久保田での居住地
（『秋田沿革史大成』附録「秋田城廓市内全圖」を加工）

明治元年以後ノ創設ニ係ル縣廳、裁判所、警察署、監獄署、師範學校、中學校、郵便局及ヒ兵營ハ⬚ノ如キ點圏ヲ附シ便宜ノ爲メ記載セリ

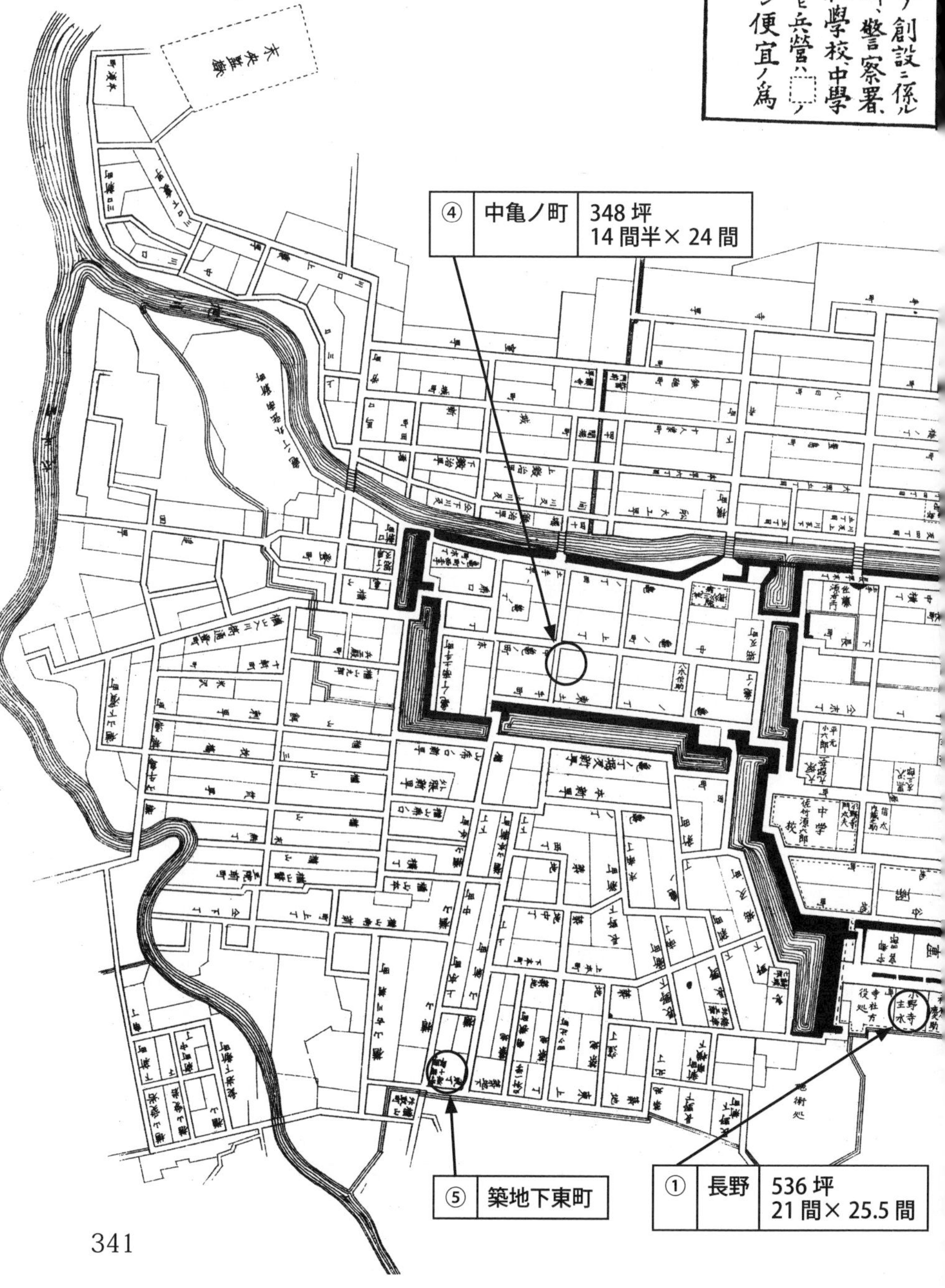

## 第23図参考図②「御城下古絵図」（部分）

（秋田県立博物館蔵　デジタルアーカイブより）

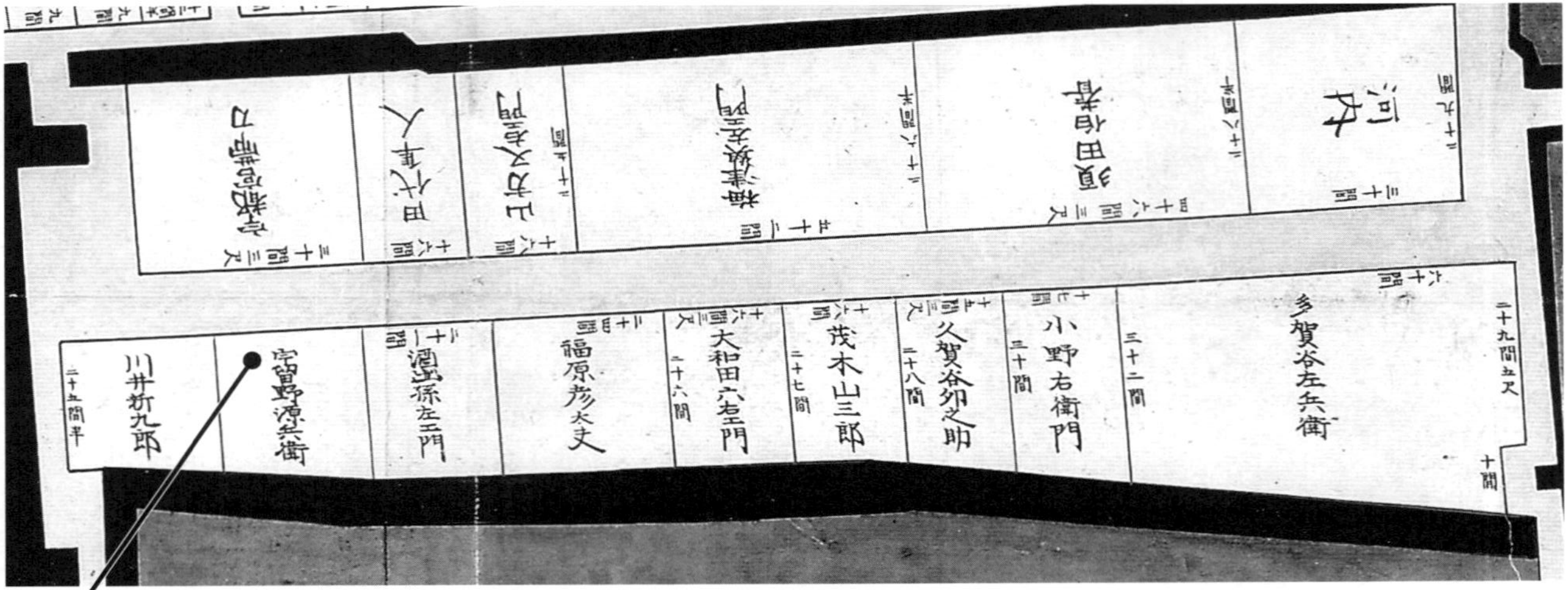


**宇留野源兵衛（勝忠）**　1591～慶安四年（1651）2月3日卒
宗家二代

**宇留野源兵衛（勝明）**　寛永7年（1630）6月24日生
～元禄14年（1701）7月15日卒
宗家三代　家老

※「御城下古絵図」は寛文年間（1661～1673）の久保田城下絵図。
二代勝忠の代、寛永5年（1628）4月14日に宇留野家は横手から久保田城下長野に移住した。この絵図では勝忠は既に没し、三代勝明の代になっている。

第23図参考図③「御城下絵図」（部分）

（秋田県立公文書館蔵　デジタルアーカイブより）

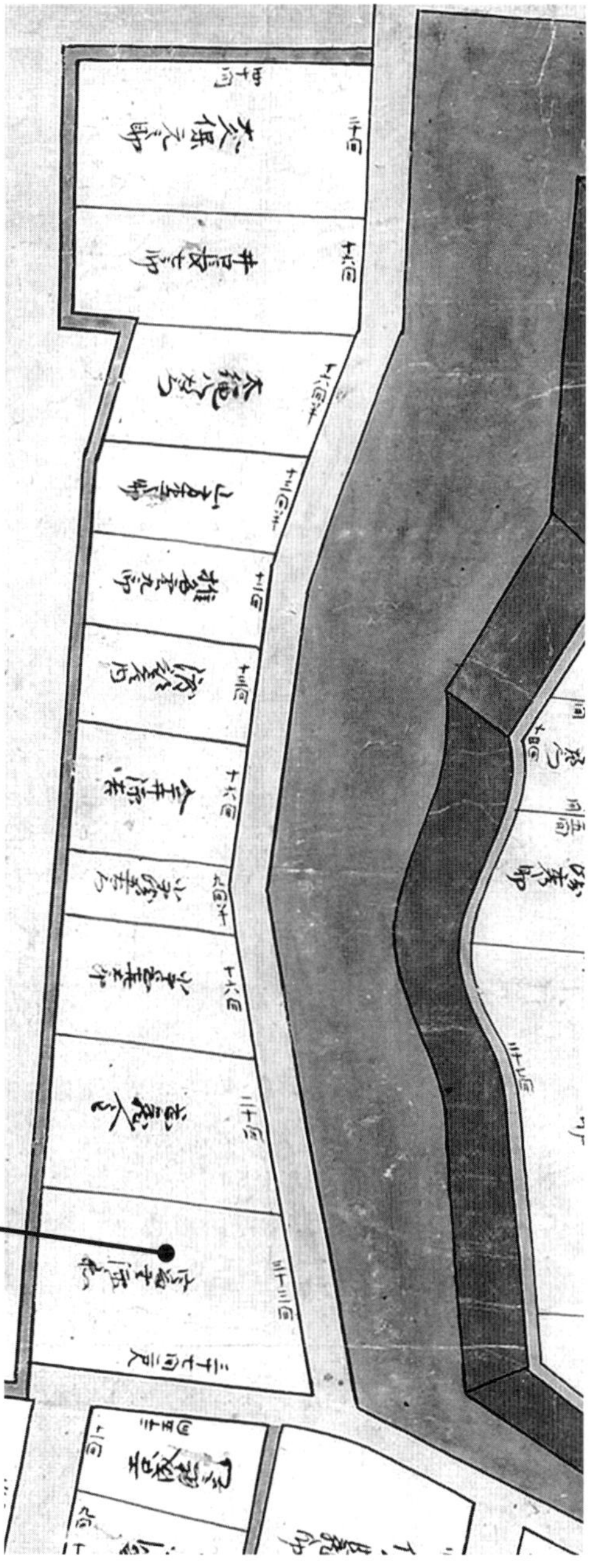

三代・勝明　寛永7年（1630）6.24～元禄14年（1701）7.15

四代・勝休　1668～宝永元年（1704）4.28

五代・勝鄭　元禄14年（1701）3.19～寛保2年（1704）10.26

六代・勝富　享保9年（1724）5.9～安永5年（1776）7.16

※「御城下絵図」は寛保2年（1742）の久保田城下を描いたとされる絵図。三代勝明の代、元禄13年（1700）に長野から手形御堀端に移住を命じられ、以後六代勝富の代まで同地に居住した。この絵図では勝富の代となっている。

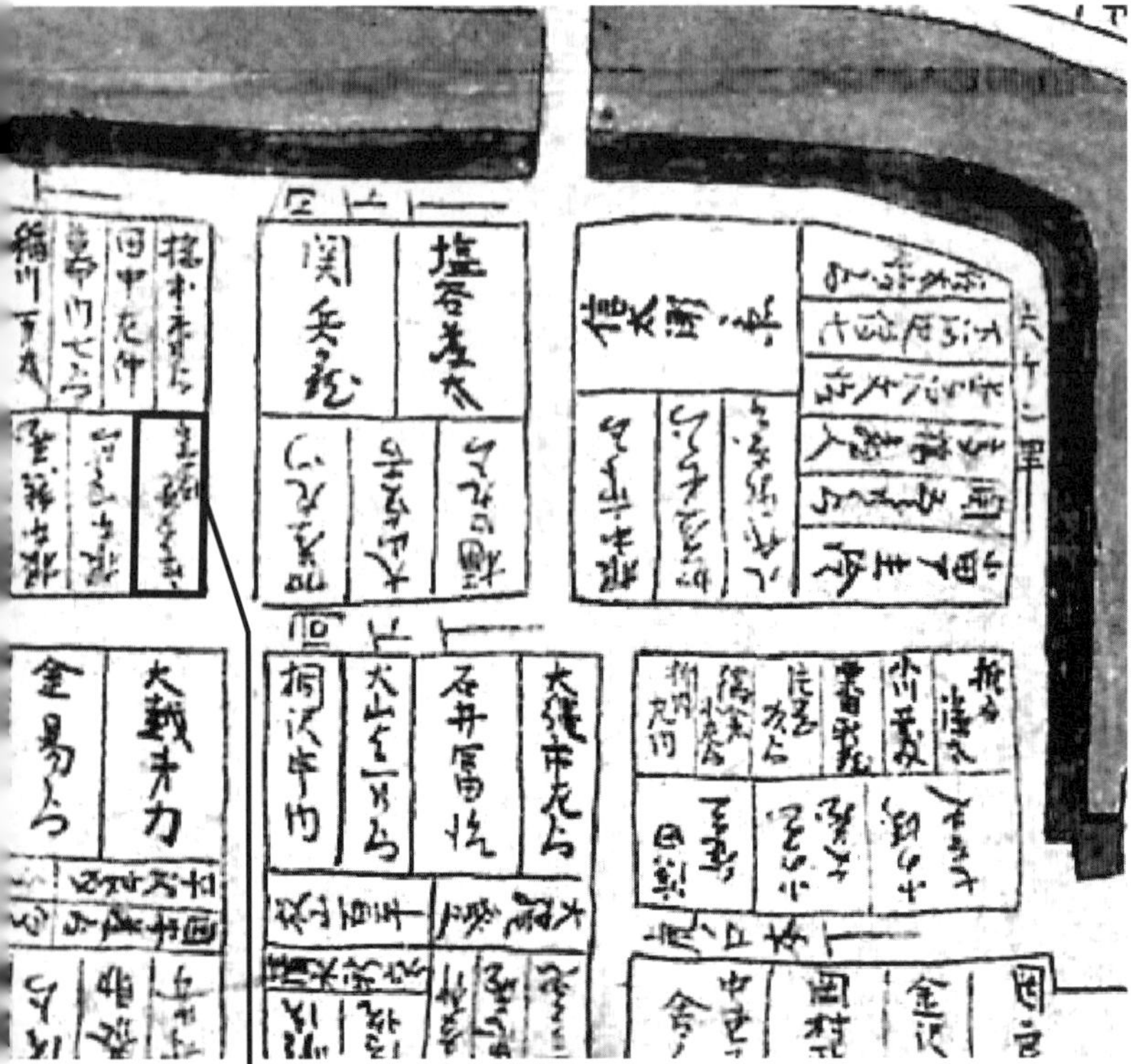

**宇留野源太郎（勝之）**　寛政６年（1794）６月14日生～1825（？）
文化13年（1816）家督

**宇留野源太郎（勝政）**　文政８年（1825）６月26日家督
？～安政７年（1860）12月１日卒

※寛保２年（1742）「御城下絵図」では宇留野縫殿の屋敷になっている。
絵図を拡大すると、間口14間半、奥行24間であることが判る。
寛政元年（1789）に御学館建設のため上根小屋屋敷から移動を命じられ、
移った先が中亀ノ町屋敷と思われる（その間の絵図は現在未確認）。
分流家が天神林某の屋敷に移り、宗家が土地面積が広い宇留野縫殿屋敷
に移ったと考えられる。

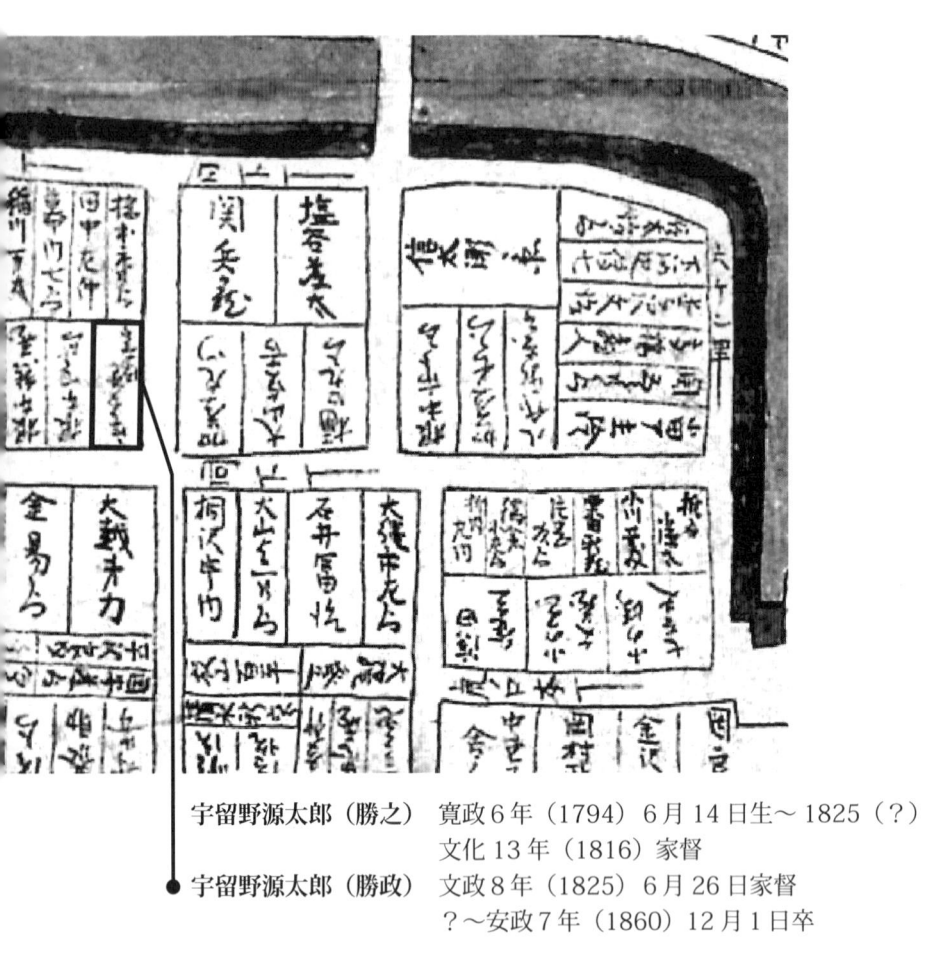

## 第 23 図参考図④「羽州久保田大絵図」（部分）
（秋田県立図書館蔵　デジタルアーカイブより）

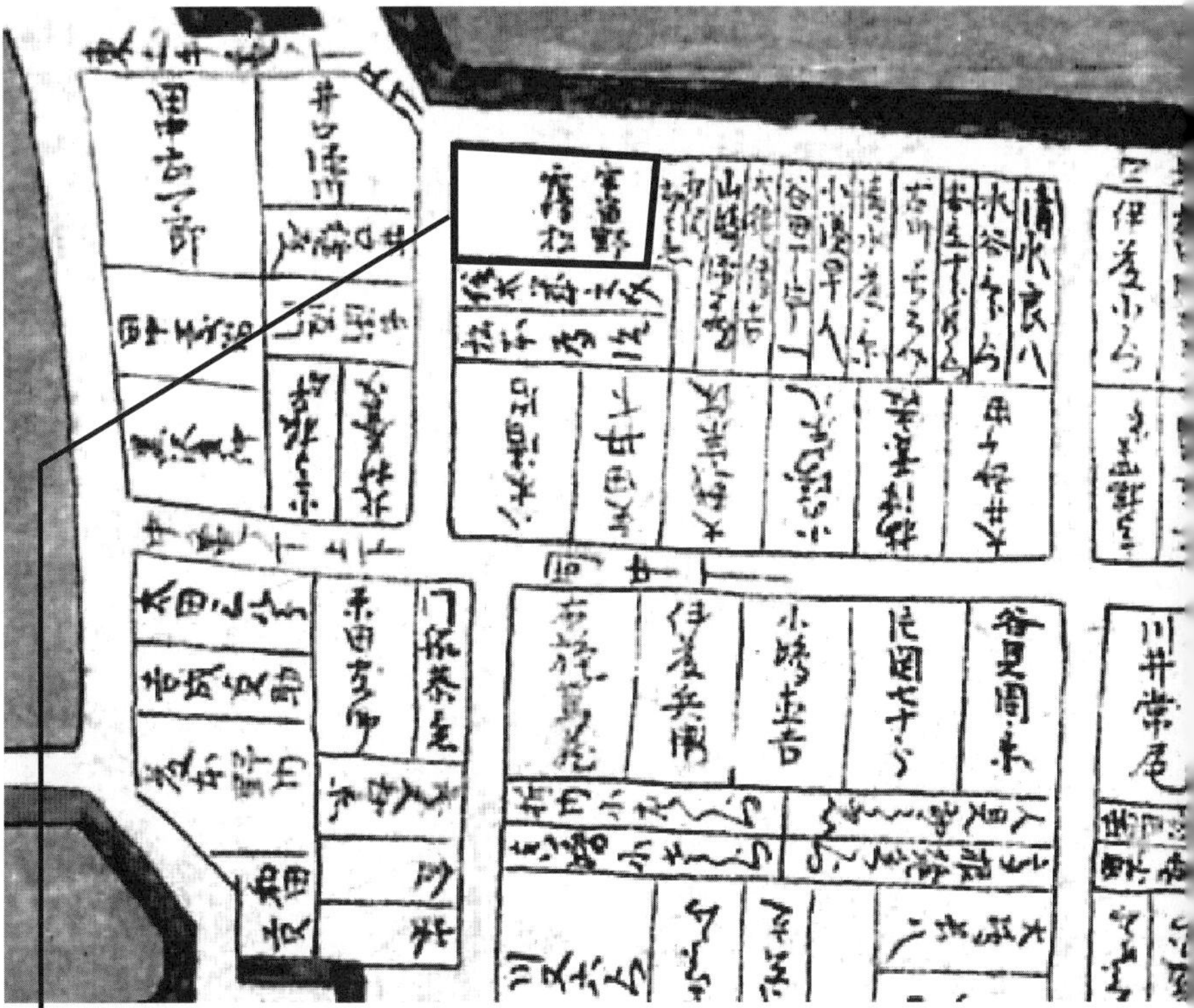

● **宇留野鶴松**　分流（縫殿家）七代、代官・宇留野源七の親
寛政 11 年（1799）4 月 11 日生〜？

※「羽州久保田大絵図」は文政 11 年（1828）頃の久保田絵図。
原作者不明、写図・古内堯康。

**第26図** 矢野氏系図（略系図1）

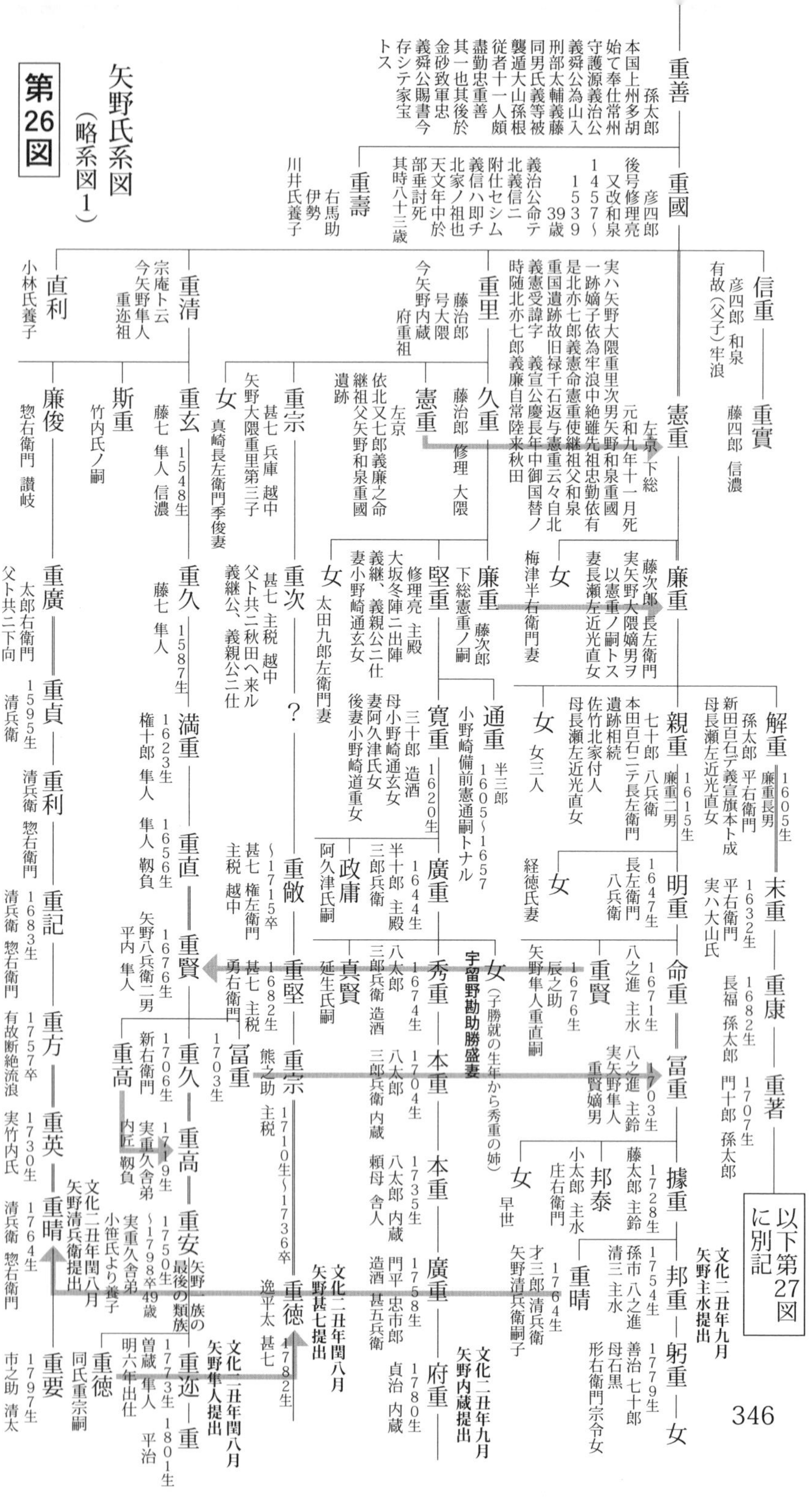

# 第27図 矢野氏系図（略系図2）

**久保田給人矢野氏**

- **廉重** 藤次郎 長左衛門 実矢野大隈嫡男ヲ以憲重ノ嗣トス 妻長瀬左近光直女
  - **解重** 1605生 ～1658卒54歳 孫太郎 平右衛門 母長瀬左近光直女 重國以来至廉重五世附仕テ北家 廉重請テ新田ヲ以嫡子解重ヲシテ天英公ニ奉仕セシメ次子親重ヲシテ其家禄ヲ襲シメ旧ニ依テ北家ニ仕シム 明暦四年正月十日没 妻梅津小左衛門女 寛永二十年九月朔日没 「梅津政景日記」元和四年五月二五日「一、矢野孫太郎出仕致候」（解重十四歳）
    - **女** 岡見清兵衛妻
    - **末重** 1632生 平右衛門 実八大山六左衛門重房二男解重養テ嗣トス 二女ヲ以テ妻之 後妻解重三女 後々妻茂木監物女（宇留野勝明異母妹）
      - **女** 母解重女 酒出金太夫季親妻
      - **重良** 1659生 母解重三女 門十郎 元禄四年父ニ先テ没三三歳 妻大山十郎右衛門重為女（宇留野源兵衛義長曾孫）
        - **重康** 1682生 母大山氏女 祖父末重ノ承祖トナル
        - **某** 母同 七十郎
        - **某** 母同 文平
        - **女** 母同 原田山三郎種長妻
      - **女** 母解重三女 真崎長左衛門季光妻
      - **女** 母茂木氏女 姉死後 真崎季光妻
      - **重宅** 1672生 母茂木氏女 野五之進 武太夫 延宝七年八歳徳雲院ニ扈従貞享三年一五歳乾徳院ニ奉仕采地五十石ヲ賜 父新田二十石分与シ別家ヲ成ス
        - **重赫** 1703生 母沼井氏女 重平治 弥五之進 正徳四年天祥公エ扈従 明和五年二月没六十六歳 妻小野崎作兵衛通亮女
          - **重寛** 1722生 母沼井氏女 郷多 武太夫 実兄重赫養イテ嗣トス 元文五年出仕大番エ入 妻小野崎靭負通顕女 後妻福原彦太夫資忠女
            - **重堅** ～1785卒 母重寛女 官太 実宗家孫太郎重著二男 重寛養イテ嗣子トス 明和六年出仕大番エ入 妻重寛女後妻高井氏女
              - **重胤** 1776生 母大山氏女 平治 天明五年祖父重寛病死遺跡ヲ父重堅ニ願フノ処未ダ家督ノ命無キ二月父重堅病死ニ臨テ重寛ノ遺跡ヲ重胤ニ賜ヘキ由ヲ願フニ因テ承祖トナル
                - **重次** 1790生 母根田氏女 長治 実宗家彦四郎重建二男重胤末期養子トナル

                  **文化二丑年七月 矢野長治提出**
      - **重治** 1675生 母茂木氏女 弥太郎 元禄四年（1691）新田二十石ヲ分与シテ別家ヲナス 元禄四年出仕**執政宇留野源兵衛**御物書トセラレ勤仕ス
        - **重曠** 1688生 母茂木氏女 勘左衛門 実八宗家平右衛門末重九男、重治実弟 享保五年重治嗣子ト成 延享元（1748）没
          - **重斯** 1717生 三治 和助 実八宗家孫太郎重康四男 延享四年重曠ノ嗣ト成 明和四（1767）没 妻石井与右衛門某女
            - **重章** 1752生 母石井女 弥太郎 勘左衛門 寛政七年六月二十日没 妻石井又右衛門忠堅女
              - **重連** 小七郎 実後藤忠七祐章第三子 母矢野和助重斯女 寛政七年重章養子トナル 寛政十一年十一月出仕

                **文化二丑年七月 矢野小七郎提出**
      - **序綱** 母茂木氏女 弥織 塩谷勘解由左衛門嗣
      - **行重** 母茂木氏女 弥学
      - **重康** 1682生 ～1744卒 母大山氏女 長福 孫太郎 実重良ノ子ナリ 重量其父末重ニ先立テ死故嫡孫承祖トナル 宝永三年卒将トナル 享保十九年故有百石ヲ公収サル 享保二十年五十石ヲ還シ賜フ 元文二年鉄砲組卒将トナル
        - **重著** 1707生 母川井氏女 門十郎 孫太郎 享保五年出仕御小姓エ入ル 延享二年鷹方支配刀番 宝暦六年卒将ニ転ス後致仕 明和三年義敦鎧着ニ仮軍師命
          - **重言** 1729生 母大山氏女 彦四郎 忠内 宝暦七年卒将 宝暦十一年兼境目奉行
            - **重喜** 1751生 ～1782卒 母岡氏女 雄吉 妻長瀬平右衛門女
              - **重建** 1754生 母岡氏女 仁助 和十郎 彦四郎 安永九年吉川和助養子ト成 天明二年兄重喜大病ニ及ビ嗣ナシ 故ニ請テ重建ヲ復氏セシメ嗣子トス 遺禄三〇二石ノ六ノ一ヲ減シテ家督ヲ賜 天明七年卒将 享和二年病ニ因リ卒将ヲ辞免ス 妻根田四郎右衛門俊房女

                **文化二丑年七月 矢野彦四郎提出**
                - **重家** 1787生 母根田氏女 政太郎 寛政九年出仕 同月御小姓エ入ル
                - **重次** 1790生 母同 同氏重胤無嗣ニ依テ末期養子ト成ル
                - **某** 1794生 母同 小室氏養子
            - **重建** 1754生 母岡氏女 仁助 和十郎 吉川和助養子ト成 復氏テ兄重喜ノ嗣
            - **重是** 母同 仁助 和十郎 大山六左衛門重庸嗣
            - **女** 母同 夭折
          - **女** 母同
          - **女** 母同 大山六左衛門重庸妻
          - **女** 母同
          - **女** 母同
          - **重堅** 母同 同氏武太夫重寛嗣
        - **重張** 母同 傳四郎 大山六左衛門重房嗣子
        - **重斯** 母妾 同氏重曠嗣子
        - **政喜** 母同 横手ノ仕浅利長兵衛政應嗣
        - **廣茂** 深谷軍蔵廣金嗣
      - **忠重** 母茂木氏女 三郎兵衛 岡勘右衛門忠清嗣
      - **重曠** 母茂木氏女 勘左衛門 同氏重治嗣子
    - **女** 1640生 ～1655卒16歳 母梅津氏女
    - **女** 1643生 ～1666卒24歳 母梅津氏女
    - **女** 母梅津氏女 平元氏ニ嫁グ
  - **親重** 1615生 廉重二男 七十郎 八兵衛 本田百石ニテ長左衛門遺跡相続 佐竹北家付人 母長瀬左近光直女
  - **女** 女三人

註・前第26図で重迩の子が「重」一字となっているのは、まだ名前が決まっていないが、「重」の一字を付けることだけは決まっているということを表している。

第30図

# 森田氏系図（1）

塩谷右膳組下
森田主鈴
文化二年乙丑六月　提出
『系圖并家傳書』を書き写す

姓藤原
系圖此先不詳

初代
**資房**　1565?～1610
号那須助二郎ト森田之城代ト而在名
名乗森田左馬之助ト改名其後更
播磨ト慶長七寅年
義宣公御遷封之砌江戸ヨリ直々
御供仕罷下リ於角館賜采地六拾
石今宮光義與力ト成テ
御前出仕　御盃頂戴由緒伝書記
二在　慶長十五年丁亥八月二十
八日死
誕生年齢法名不知

**某**　1572～1654・2・13
初名掃部後更豊前
慶長八年癸卯
播磨妻子召連相下リ於角館播磨
分流而三人扶持被下置号森田
豊前元亀三壬申年誕生
承応三年甲午二月十三日死
行年八十三法名香福心公

二代
**資廣**　1599～1641・8・29
清太夫
母は馬場新介重親長女
**実八宇留野源兵衛義長三男**
具サ伝記在　慶長四己亥年誕生
寛永十八年辛巳八月二十九日死
行年四十三歳法名庵清浄心
妻資房女　慶長五庚子誕生
延宝三年乙卯七月二十日死
行年七十六歳　法名圓室宗明

**女子**　1600～1675・7・20　行年76歳
資廣妻資房女

**女子**
久保田諸士瀬谷勘兵衛友勝嫁
寛文四年甲辰二月三十日死
法名喜山妙観
母資房女

三代
**資清**　1637～1679・11・15
初名八九郎　後更主鈴
由緒伝記在
寛永十四年丁丑誕生
延宝七年己未十一月十五日死
行年四十三歳法名雪庵妙寒
母資房女
**妻刈和野諸士梅津九左衛門忠季女**
寛永十九壬午年誕生
貞享四年丁卯九月二十四日死
行年四十六歳　法名月秋名栄

**女子**
**吉成三右衛門助征嫁**
元禄六年癸酉正月二十五日死
法名月宗心公
母資房女

（註：吉成三右衛門家から明治時代にハルが宇留野小宗家十一代竹五郎に嫁いでいる）

四代
**資朝**　1662～1716・1・11
初名第助　後更甚五左衛門
由緒伝記在
寛文二壬寅年誕生
享保元年丙申正月十一日死
行年五十五歳法名帰山常林
母梅津氏女
妻吉成新左衛門助当女
寛文八年戊申年誕生
元文二年丁巳七月二十九日死
行年七十歳法名繁室妙昌

**成國**
号新兵衛久保田諸士山邊吉之丞
養子ト成元禄九年丙子三月二十
九日死　法名帰寂道仙
母同

**高定**
号伊右衛門糸井彦右衛門高通養
子ト成享保二年丁酉六月十七日死
法名一山高無
母同

**女子**
久保田諸士阿久津三之丞政庸嫁
享保二十年乙卯正月九日死
法名壽貞妙量
母同

（第31図に続く）

# 第31図 森田氏系図（2）

**女子**
刈和野諸士梅津彦七忠見嫁
宝暦十三年癸未八月十八日死
法名報室妙恩
母吉成氏

**資宣**
五代
初名平蔵　後更甚五左衛門
1688～1733・9・14
元禄元年戊辰年誕生
享保十八年癸丑九月十四日死
行年四十六歳法名枯岩叢菊
母吉成氏
初妻刈和野諸士林喜左衛門冬恒女
元禄七甲戌年誕生享保八癸卯年六月十七日死行年三十法名清窓妙殿
後妻佐竹式部少輔義都公御家中大鎌八郎左衛門定政女有女子而離別

**重形**
号清八大野善兵衛重直養子成
元禄六癸酉年誕生寛延元年戊辰十月
十二日死行年五十六歳法名教山
道円　母同

**隆年**
号卯之助林庄兵衛隆次養子成元禄
十二己卯年誕生明和二年乙酉八月
十七日死行年六十七歳法名大岳
乗教　母同

**女子**
吉成新左衛門助護嫁　安永六丁酉
六月二十九日死　母同

**資昭**
六代
初名助四郎　後更甚五左衛門
1713～1746・8・2
正徳三癸巳年誕生延享三年丙寅八
月二日死行年三十四歳法名放山
道光　母林氏女
初妻深谷市右衛門定久女正徳三癸
巳年誕生享保十八年癸丑七月二十
二日死行年二十一歳法名祢窓妙夷
後妻吉成出来之助助盛女　享保三
戊戌年誕生宝暦十年辛巳十一月
二十八日死行年四十四歳
法名悟相妙風

**女子**
享保二丁酉年誕生享保二十年乙
卯八月二十四日死行年十九歳
法名秋室妙白　母同

**某**
甚蔵　早世　母同

**某**
小作　享保九甲辰年誕生享保二十
年乙卯九月二十二日死行年十二
法名本南了芳　母姓氏不知

**女子**
林監物隆陽嫁享保十五年庚戌年
誕生明和元年甲申八月二十五日死
行年三十五歳法名體室妙量
母大鎌氏女

**某**
左馬之助　早世
母深谷氏女

**資成**
七代
初名第助　後更清太夫　更主鈴
1737・3・27～
元文二丁巳三月二十七日誕生
延享三寅年家督被仰付翌卯四月
二十五日出仕仕候
母吉成氏女
妻栗原蔵人光武女　寛保元年辛
酉九月十七日誕生

**佐苗**
号新助松本六左衛門佐方養子成
元文五年庚申十二月二十九日誕生
享和二年壬戌正月九日死行年六十
三歳法名實庵清性　母同

**女子**
糸井治左衛門高徳嫁寛保元年辛酉
八月十七日誕生文化元年甲子五月
十六日死六十四歳法名鶴窓桃千
母同

**広邦**
初名藤三郎後更宇兵衛久保田諸士
深谷友右衛門広康養子成延享元年
甲子正月十三日誕生　母同

**女子**
吉成新左衛門助布嫁延享三丙寅年
誕生明和三丙戌六月二十六日死
行年二十一歳法名禅室妙林
母同

**女子**
早世　母栗原氏女

**女子**
横手諸士山崎縫殿勝門嫁　明和
元年甲申八月十四日誕生天明七年
丁未二月十六日死行年二十四歳
法名權含姿艶　母同

**資鼎**
八代
初名熊五郎　後更周助
1766・7・24～
明和三年丙戌七月二十四日誕生
天明五年乙巳五月十五日出仕
母同
妻常世金右衛門常治女
安永元年壬辰十月十一日誕生

**重釗**
号官蔵大野清助重意養子ト成
明和五年戊子七月二日誕生

（第32図に続く）

## 第32図 森田氏系図（3）

- （九代）資種 1790・7・3～
  号熊五郎
  寛政二年庚戌七月三日誕生
  母常世氏女
- 女子
  寛政六年甲寅二月四日誕生
  母同
- 某
  丈吉　早世
  母同

## 第33図 宇留野・森田・梅津関係図

**梅津小左衛門家初代**

- 忠道 1560～1640 行年81歳
  弥三　小左衛門
  - 兵吉
  - 二代 忠季 1612～1703 行年92歳
    九左衛門
    - 忠重 1633～1671 行年39歳
    - 女子 1642～1687 行年46歳
      **森田主鈴資清嫁**
    - 三代 忠職 1655～1731 行年77歳
      数馬　小左衛門
      **妻宇留野内記勝門女**
      - 四代 忠銀 1680～1738 行年59歳
        彦七　小左衛門
        **妻森田甚五左衛門資朝女**
        - 五代 忠以
          小左衛門
        - 女子
      - 女子
    - 女子
  - 忠利
  - 忠知
  - 忠光
  - 通長
  - 女子
  - 女子
  - 女子
    矢野平右衛門解重妻
  - 女子
  - 女子

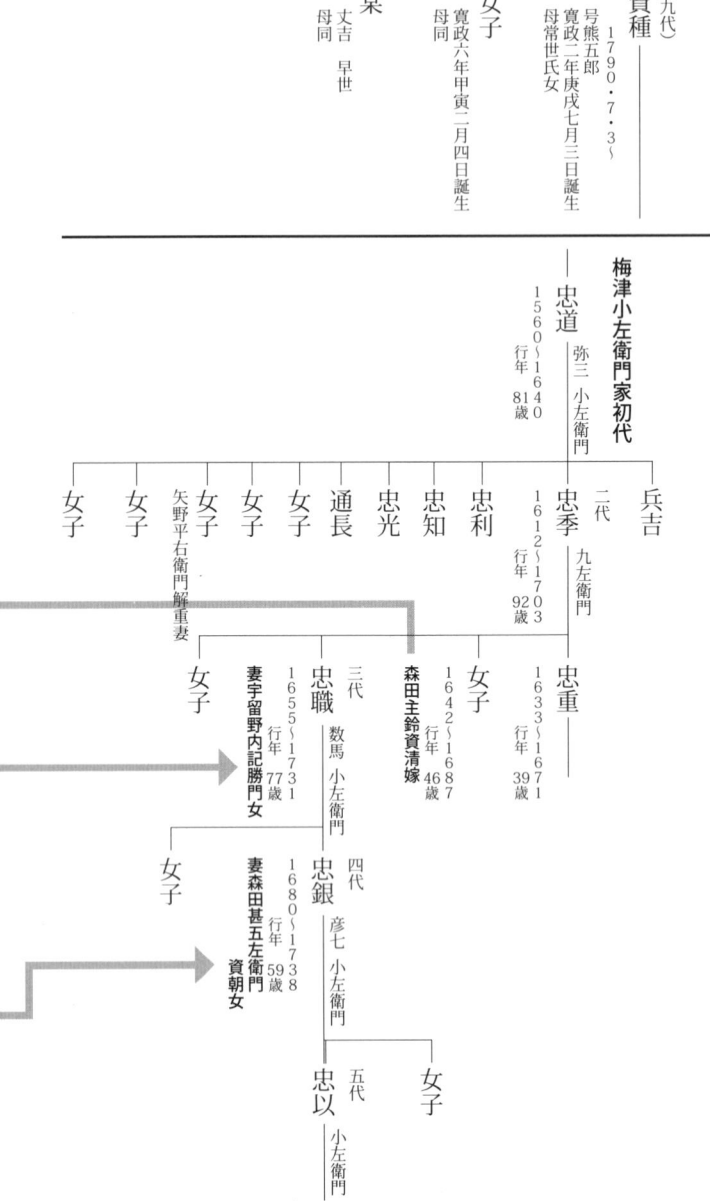

# 第33図 宇留野・森田・梅津 関係図

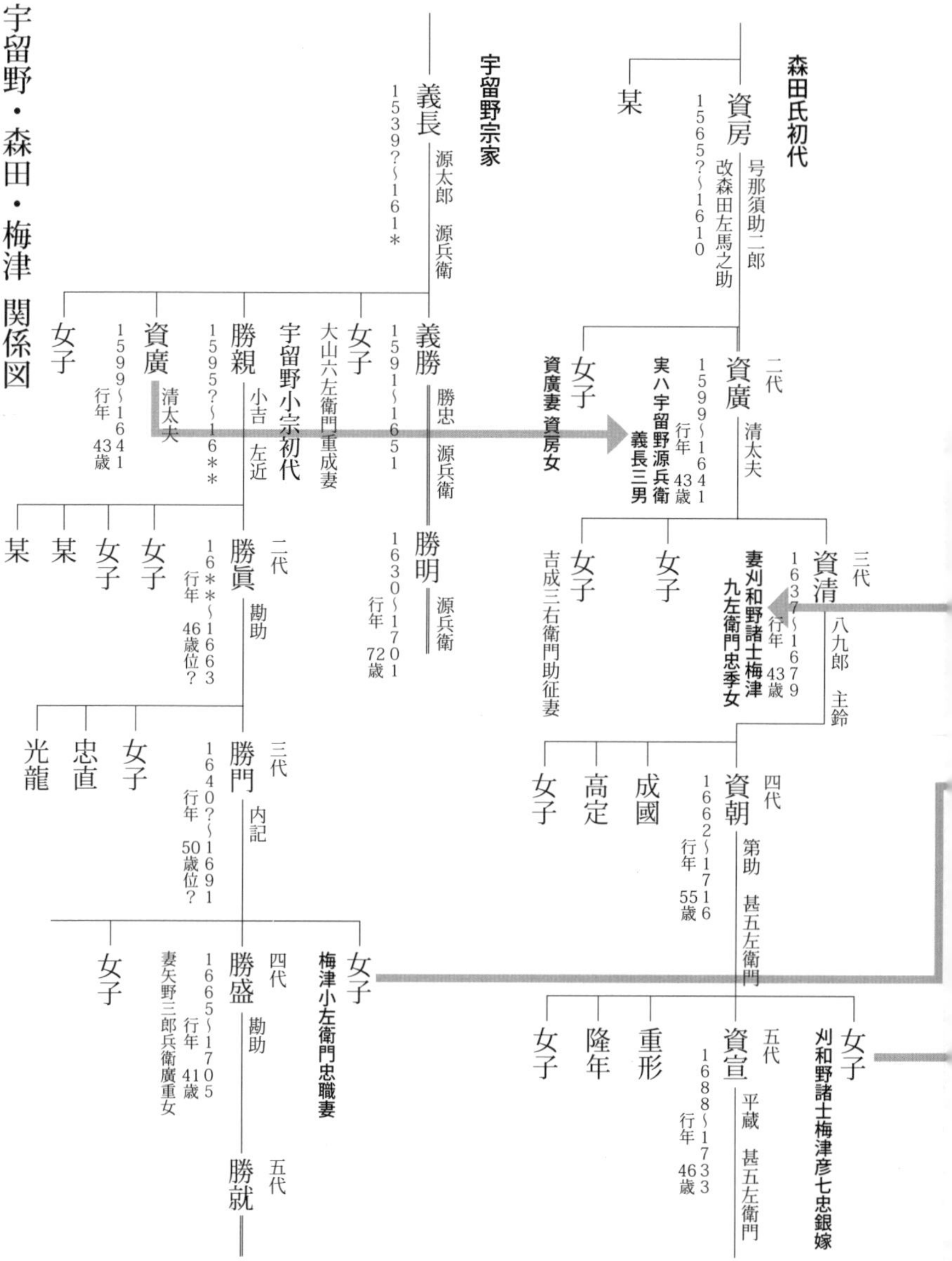

| 本田 | 開 | 摘　　　要 |
|---|---|---|
| 250(石) | 275(石) | 縫殿勝弘分流の為、(新田 100 石分知前) |
| 250 | 175 | 縫殿勝弘分流の為、(新田 100 石分知後) |
| 250 | 230 | 新田開発により 55 石増加か？ |
| | | 延宝 2 年 10 月 10 日世子伝となり加恩 200 石 |
| | | 江戸定詰に付御定之御扶持之外御役料 5 人扶持被下候 |
| | | 世子（義苗）婚儀の使者を勤めた後、320 石加増 |
| | | 勝休部屋住の身で 200 石を賜う（江戸勤めで大小姓番頭、27 歳） |
| | | 勝明赦され 300 石を賜う、致仕を許され 3 月家督を勝休に譲る<br>勝休自身の禄 200 石と合わせ 500 石 |
| | | 勝休死亡時 4 歳、然れども勝明の前功を賞し其の禄 500 石を全く賜う |
| | | 父の遺禄 502 石 4 斗 2 升 3 合相違なく賜うの命執政之を伝う |
| | | 父の全遺禄を賜うの命執政伝之（11 歳の時） |
| | | 嘗て采地荒廃の事に因って 306 石 8 斗 1 升 8 合となる（30 歳の時）<br>内記勝一、本知 30 石に新田 19 石 6 斗を加えた寛政 7 年卯 11 月 15 日付の御判紙を賜う（19 石 6 斗の新田は勝意が分与したもの） |
| | | 故有って采地の内 34 石 1 斗 9 升 7 合を公収せられ 272 石 6 斗 2 升 1 合に成る |
| | | 「秋田武鑑」の禄高記載が正しいか疑問が有る。 |
| | | 秋田沿革史大成・久保田住士以下分限調 |
| | | 明治 6 年提出士族卒明細短冊（秋田県公文書館） |
| | | 〃　　（改正高） |
| | | |
| 50 | | 義重公に近侍 |
| 50 | 55 | 「寛永 2 年（1625）先祖小吉へ賜う処の采邑の指紙 2 枚」を勝一が寛政 5 年に 1 枚は返して貰い、1 枚は差替え |
| | | 義敦公其の前罪を赦し勝一をして勝就の家跡を再興せしむ |
| 30 | | 旧知 105 石の内 30 石を返し賜う |
| 30 | 19.6 | 宗家源兵衛勝意の采地の内、19 石 6 斗を小宗家への授与を願い出許される |
| | | 秋田沿革史大成・横手小鷹狩源太組下　　内記源治＝源七郎 |
| | | 明治 6 年提出士族卒明細短冊　(秋田県公文書館) |
| | | 〃　　（改正高） |
| | | |
| | 100 | 源兵衛勝明新田を分与して公に仕えしむ |
| | 100 | |
| | 70 | 享保5年7月7日、父縫殿勝次死す久四郎幼年の故以て采地30石を減じ家督相続 |
| | 50 | 享保 9 年 8 月、久四郎某の末後養子なる故采地 20 石減じて家督相続（実は渡部弥平左衛門忠綱第 2 子） |
| | 50 | |
| | 40 | 寛保 3 年 5 月 7 日、父勝意死す、源七幼年の故を以て 10 石を減じて家督相続 |
| | | 佐竹家臣御所持並久府禄高記（秋田図書館蔵） |
| | | |
| | | 明治 6 年提出士族卒明細短冊（秋田県公文書館） |
| | | 〃　　（改正高） |
| | | （※戊辰役で兄勝吉が戦死した為） |
| | | 賞典高17石、明治4年辛未2月5日士族宇留野源七郎実弟に而罷有假処戊辰之軍労を以士族に被召出候同年11月2日当県貫属被仰付候(註:元高が少なくても、改正高が17石という給人が多い)明治6年提出士族卒明細短冊(秋田県公文書館) |

## 第34図 宇留野氏各家の禄高推移（系図、文献等から拾える禄高）

| 資料名 | 年次 | 西暦 | 当時の当主 | 禄高計 | |
|---|---|---|---|---|---|
| 【宇留野宗家】 | | | 源兵衛勝明 | 525 | (石) |
| 久保田御配分帳写 | 明暦３年６月 | 1657 | 源兵衛勝明 | 425 | |
| | | | | 480 | |
| 国典類抄・前編嘉部60 | 延宝２年10月10日 | 1674 | 源兵衛勝明 | 680 | |
| 国典類抄・前編嘉部60 | 延宝３年閏４月17日 | 1675 | 源兵衛勝明 | 増（役料５人扶 | |
| 国典類抄・前編嘉部60 | 元禄元年12月27日 | 1688 | 源兵衛勝明 | 1,000 | |
| | 元禄７年 | 1694 | 九助勝休 | 200 | |
| 羽陰史略 | 元禄13年３月２日 | 1700 | 九助勝休 | 500 | |
| 源姓宇留野氏続系譜 | 宝永元年 | 1704 | 源兵衛勝鄭 | 500 | |
| 源姓宇留野氏続系譜 | 寛保２年12月 | 1742 | 源兵衛勝冨 | 502 | 4斗2升 |
| 源姓宇留野氏続系譜 | 安永５年 | 1776 | 源兵衛勝意 | 502 | 4斗2升 |
| 〃 | 寛政７年11月15日 | 1795 | 〃 | 306 | 8斗1升 |
| 〃 | 文化元年４月19日 | 1804 | | 272 | 6斗2升 |
| 秋田武鑑 | | | （源太郎勝政） | (314) | |
| 秋田沿革史大成 | 安政２年 | 1855 | 源太郎勝政 | 266 | |
| 士族卒明細短冊 | 明治４年11月２日 | 1871 | 勝詮 | 222 | 7斗4升 |
| 〃 | | | | 70 | |
| 【宇留野分流家】―宇留野小宗家（内記家） | | | | | |
| 宇留野氏系圖 | 慶長10年頃 | 1605 | 左近勝親 | 50 | |
| 〃 | 寛永２年 | 1625 | 〃 | 105 | |
| 〃 | 安永２年４月22日 | 1773 | 内記勝一 | （月俸３口） | |
| 〃 | 安永３年10月 | 1774 | 〃 | 30 | |
| 〃 | 寛政７年11月15日 | 1795 | 〃 | 49 | 6斗 |
| 秋田沿革史大成 | 安政２年 | 1855 | 内記源治 | (45) | |
| 士族卒明細短冊 | 明治４年11月２日 | 1871 | 源七郎 | 50 | 6斗7升 |
| 〃 | | | 〃 | 25 | |
| 【宇留野分流家】―宇留野宗家からの分流（縫殿家） | | | | | |
| 源姓宇留野氏分流続系譜 | 寛文年間初期か？ | 1661~67頃 | 縫殿勝弘 | 100 | |
| 正徳４年御国中分限帳 | 正徳４年 | 1714 | 縫殿勝次 | 100 | |
| 源姓宇留野氏分流続系譜 | 享保５年 | 1720 | 久四郎 | 70 | |
| 〃 | 享保９年 | 1724 | 縫殿勝意 | 50 | |
| 秋田藩分限帳・久保田給人 | 元文４年 | 1739 | 〃 | 50 | |
| 源姓宇留野氏分流続系譜 | 寛保３年 | 1743 | 源七勝諸（5代） | 40 | |
| （後記） | 文政８年 | 1825 | 源七（7代） | 23 | 2升7合 |
| 御國武鑑分限禄-安政- | 安政年間 | 1854～59 | 源七（7代） | 21 | 2斗3升 |
| 士族卒明細短冊 | 明治４年11月２日 | 1871 | 徳治 | 21 | 8升6合 |
| | | | | 20 | |
| | | | | (外に賞典現米２石 | |
| 【宇留野分流家】―宇留野小宗家（内記家）からの分流 | | | | | |
| 士族卒明細短冊 | 明治４年11月２日 | 1871 | 良之助 | 17 | |

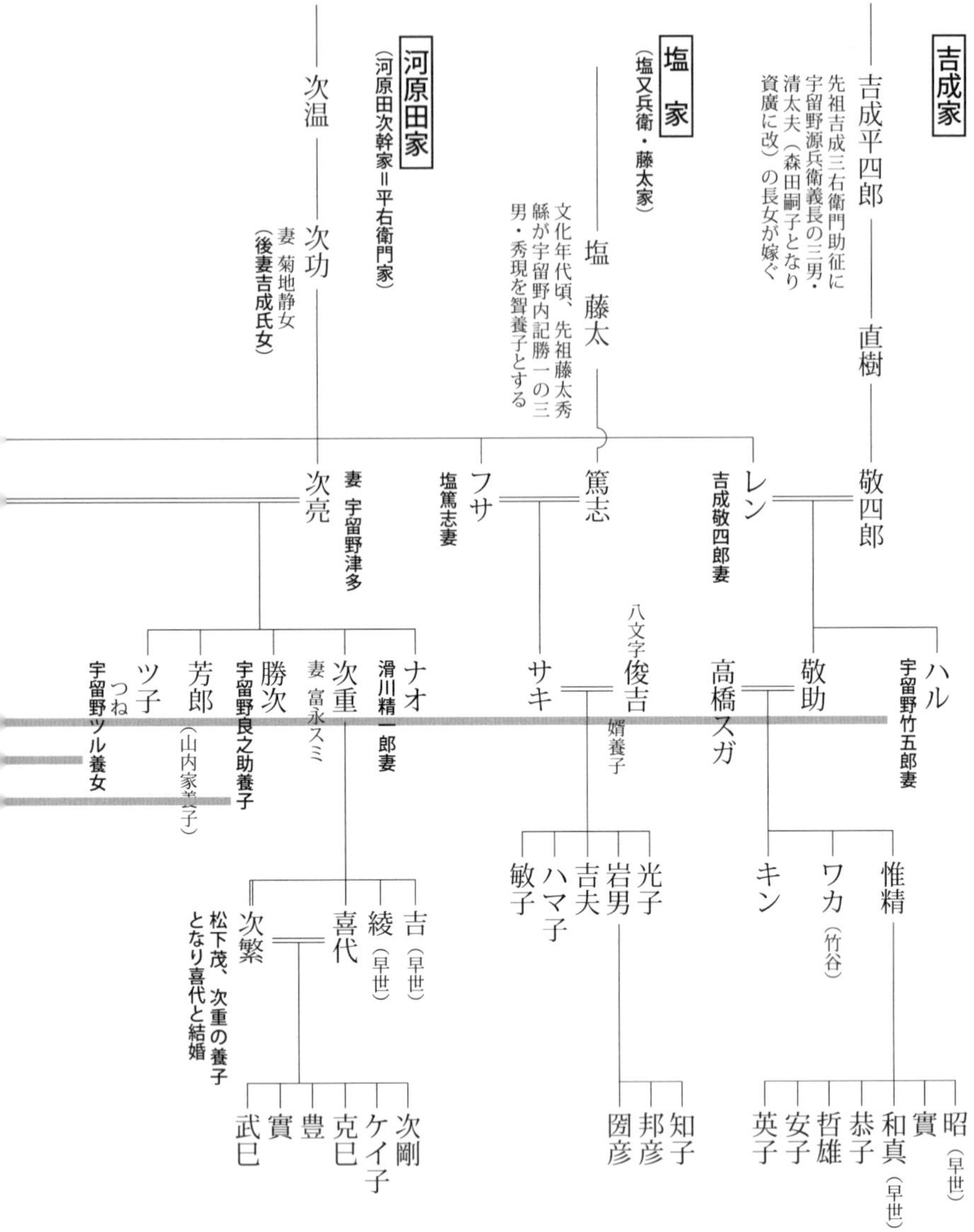
吉成家
吉成平四郎
先祖吉成三右衛門助征に宇留野源兵衛義長の三男・清太夫（森田嗣子となり資廣に改）の長女が嫁ぐ
直樹
敬四郎
レン
吉成敬四郎妻
ハル
宇留野竹五郎妻
敬助
高橋スガ
惟精
ワカ（竹谷）
キン
昭（早世）
實
和真（早世）
恭子
哲雄
安子
英子
塩　家
（塩又兵衛・藤太家）
塩　藤太
文化年代頃、先祖藤太秀縣が宇留野内記勝一の三男・秀現を聟養子とする
篤志
フサ
塩篤志妻
八文字俊吉
婿養子
サキ
光子
岩男
吉夫
ハマ子
敏子
知子
邦彦
圀彦
河原田家
（河原田次幹家＝平右衛門家）
次温
次功
妻　菊地静女
（後妻吉成氏女）
次亮
妻　宇留野津多
ナオ
滑川精一郎妻
次重
妻　富永スミ
勝次
宇留野良之助養子
芳郎
（山内家養子）
ツ子
つね
宇留野ツル養女
吉（早世）
綾（早世）
喜代
次繁
松下茂、次重の養子となり喜代と結婚
次剛
ケイ子
克巳
豊
實
武巳

**第35図** 宇留野・河原田・吉成・塩　関係図

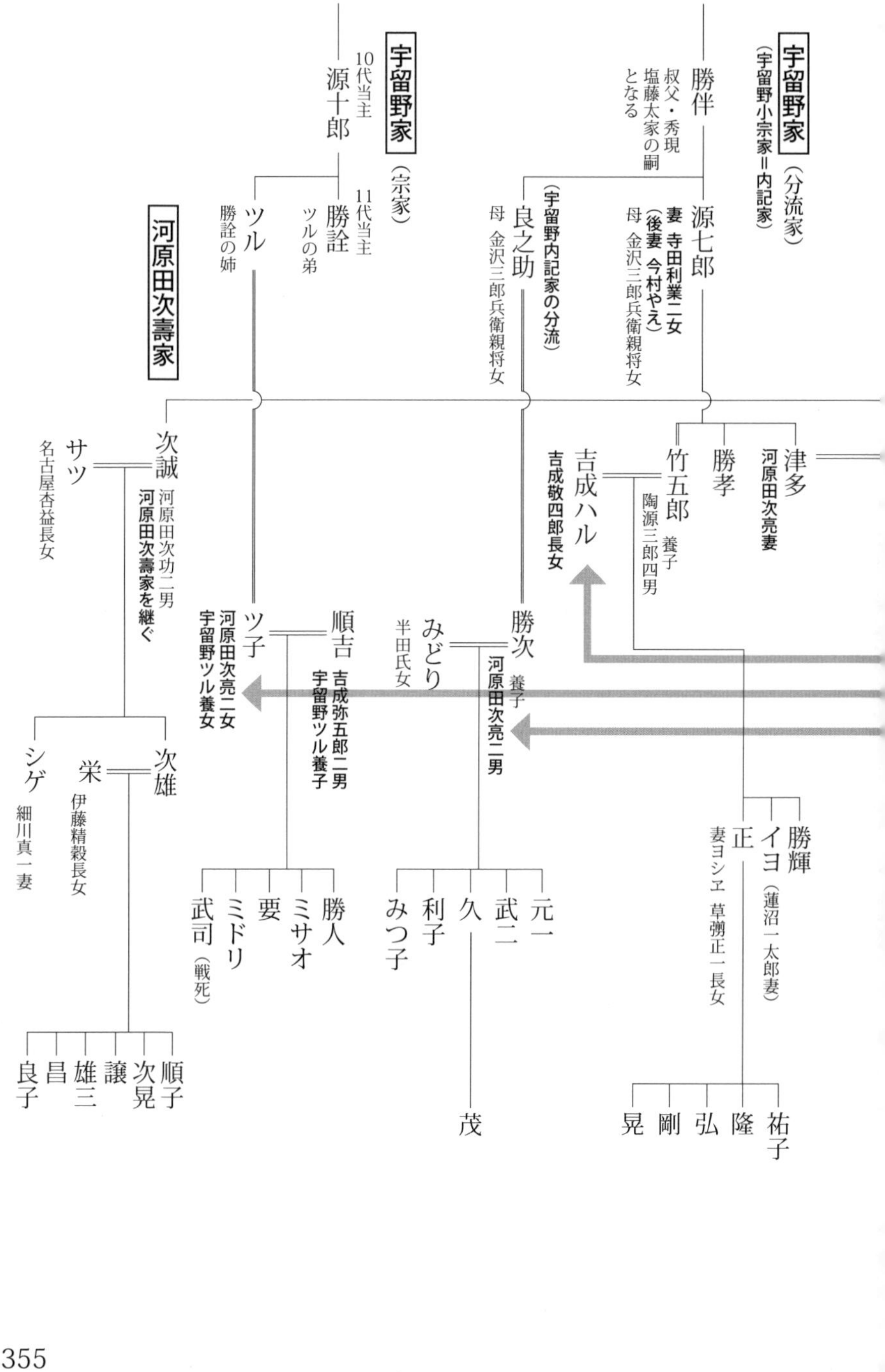
宇留野家
(宗家)
10代当主
源十郎
11代当主
勝詮
ツルの弟
ツル
勝詮の姉
宇留野家
(分流家)
(宇留野小宗家＝内記家)
勝伴
叔父・秀現
塩藤太家の嗣
となる
源七郎
妻 寺田利業二女
(後妻 今村やえ)
母 金沢三郎兵衛親将女
(宇留野内記家の分流)
良之助
母 金沢三郎兵衛親将女
河原田次壽家
次誠
河原田次功二男
河原田次壽家を継ぐ
サツ
名古屋杏益長女
津多
河原田次亮妻
勝孝
竹五郎
陶源三郎四男
養子
吉成ハル
吉成敬四郎長女
勝次
養子
河原田次亮二男
みどり
半田氏女
順吉
吉成弥五郎二男
宇留野ツル養子
ツ子
河原田次亮二女
宇留野ツル養女
次雄
栄
伊藤精穀長女
シゲ
細川真一妻
勝輝
イヨ
(蓮沼一太郎妻)
正
妻ヨシヱ 草彅正一長女
元一
武二
久
利子
みつ子
勝人
ミサオ
要
ミドリ
武司
(戦死)
順子
次晃
譲
雄三
昌
良子
茂
祐子
隆
弘
剛
晃

## 第37図　水戸市宇留野氏「略系」（1）（宇留野弘著『懐古燈』記載の系図を基に作成）

- 義俊　佐竹伊予守
  - 義治　佐竹右馬頭
  - 義公　宇留野掃部四郎
    - 義元　部垂四郎、実は佐竹右京大夫義舜男也、宇留野掃部四郎義公の養子となる、天文九年三月於部垂戦死
      - 義長　宇留野源兵衛、実は小野義久の子也、義元戦死の後養子となり宇留野氏を称す
        - 某　源兵衛、慶長七年五月羽州秋田に移る
        - 某　源十郎、後土佐と改む　那珂郡小野村に住す
          - 某　源左衛門
            - 某　長兵衛
              - 長国　伊左衛門
                - 長家　武左衛門　享保六年水戸に徙る（享保六年＝1721）
                  - 長秀　所衛門　始めて芦川正元に仕ふ
                    - ＝修敬　所衛門　初め介衛門、実は部垂村峯島氏の子、芦川徳本および為美に仕ふ　文化八年（1811）9月25日卒　64歳　生年寛延元年（1748）
                      - 徳　所衛門　母 大山氏　起孝、介衛門、子孫出第九十巻
                      - 弘　庄次郎　母 同　寛政七年（1795）生　文政三年物書　文政八年六月九日文庫役　文政九年十二月定江戸物書　再度上木ノ浄写を命　天保十一年切符を賜う　格式徒行目付次座　天保十二年右筆弘道館訓導　慶応元年（1865）弘道館助教　慶応元年七月十三日卒71歳
                        - 質　己之介　母 鈴木重矩家士兼子半之介高美姉　嘉永六年（1853）四月二十九日卒21歳　生年天保四年（1833）
                        - 某　犬三郎　母 同
                        - 某　捨八郎　母 同
                        - 敏　卯之介　母 中間頭列寺門太一衛門敬貞女（なみ）　維新ノ際叛逆主謀ノ科ニ依リ家名断絶ニ処セラレタル処　今般家名再興被差許　明治二十二年四月十六日
                          - りん　母 三村与七郎敏慎女（すゑ）　慶応三年（1867）生
                          - あき
  - 義久　称小野氏・号天鳳存虎

（第38図に続く）

## 第38図　水戸市宇留野氏「略系」（2）（宇留野弘著『懐古燈』記載の系図を基に作成）

（第37図から続く）

- よし　丸山国松に嫁す
- ちよ　野上橋介に嫁す
- いと　早世　二歳
- しん　早世　四歳
- 弘　滝本敏子を娶る　父純（金子氏）
  - 光
    - 泉　早世　昭和四十年一月六日卒
  - 明
  - 清
- 秀　金子ゆきを娶る
- かつ　工藤円平に嫁す

【註1】この『懐古燈』―わが家の歩み― は昭和五十五年頃、水戸市在住の宇留野弘氏から、秋田県仙北郡角館町（現仙北市）に住む宇留野正に寄贈された。奇しくも正の二男・弘と同名である。

水戸の宇留野弘氏、角館町の正もなくなった今、此の寄贈された『懐古燈』は神奈川県大磯町の宇留野弘の手許にある。

『懐古燈』―わが家の歩み―　昭和五十四年十月二十五日発行
発行著者　宇留野　弘
印刷所　川田プリント

【註2】この「略系」の末尾に「付記」として次の（一）～（四）が記されている。

（一）佐竹氏は源義光よりでる。

源　頼義 ―
- 義家（八幡太郎）
- 義綱
- 義光（新羅三郎）

（二）宇留野系図は数種の古文書があり、多少の相違がある。大宮町史には、それ等を併記している。

（三）庄次郎・兄の子孫「九十巻に出づ」とあるが彰考館の水府系纂は現在八十八巻までで、それ以後はない。何時紛失したか定かでない。

（四）弘の弟、姉妹達の祖母すゑは後に三ノ町の間々田寿雄の後妻となる。寿雄死亡後、正敬（先妻の子）夫妻の世話になり祝町に住み危篤の報で私と母で、かけつけたが間に合わなかった。
常照寺の間々田家の墓地に眠る。大正十三年四月十八日死去、七十六歳。

# 第39図

## 宇留野系圖（1）

茨城県常陸大宮市小野
宇留野美雪氏所蔵系図より

- 義俊　佐竹伊豫守
  - 義治　右馬頭
    - 義舜　永正十四年三月十三日卒年四十八
      - 義篤　四月九日逝三十九
        - 義昭　（以下略）
        - 義昌
      - 永義
      - 義隣
      - 一渓齊
    - 周義
    - 義武
    - 政義
  - 義成　號天神林三郎
  - 義易　戸村八郎
  - 義公　宇留野掃部四郎　法號加峯慶公　依上而討死　一本二年三十義久四郎猶子保内ニテ討死
    - 義元　部垂四郎　実佐竹右京太夫義舜男也　宇留野掃部四郎義公依無子為養子　天文九年庚子（1540）三月十四日於部垂戦死　〜1540
      - 竹壽丸　同父義元討死
    - 義長　宇留野源兵衛　実小野義久之子男也　部垂四郎義元討死之後為養子號宇留野氏
      - 某　宇留野源兵衛　初名源太郎　慶長七年壬寅五月羽州秋田エ移
      - ①某　宇留野土佐　初名源五郎　小野村居住
        - ②某　源左衛門
          - ③某　作右衛門
            - ④某　三太郎
          - 某　長兵衛
            - 女子
            - 某　長兵衛
            - 某　李右衛門
              - 某　李右衛門　初名李衛門中比源左衛門　後復李衛門ト云
            - 某　兵助　〜1706　後伯父源左衛門養子ト為リ後ニ源左衛門ト改末ニ出ル　宝永三年戌（1706）八月朔日卒法名學月涼本（註・「⑥某」と同じ）
            - 某　伊兵衛
            - 長國　伊左衛門　〜1725　享保十年巳（1725）七月四日歿受法大山村阿彌陀寺法謚日空月是頓葬于小野村原野先塋之傍
              - 長家　武左衛門　―　以下第40図に別記
          - ⑤某　源左衛門
            - ⑥某　源左衛門　〜1706　初名兵助依無子為養子伯父之継後宝永三年戌（1706）八月朔日歿法名學月涼本
              - ⑦某　源左衛門　初名兵右衛門　―　以下第40図に別記
              - 某　権左衛門
              - 某　三右衛門
                - 某　常右衛門　三右衛門長子也　享保三年戌（1718）常州退遠國ス野州下堺邑ニ住同年秋ヨリ同州鹽谷郡喜連川町エ住ス但戌年ヨリ享保八年卯（1723）迄同年同月同鳥山菅谷氏エ家督ス烏山ニ住男子女子有リ本名ヲ改今菅谷
                  - 某　喜三郎
                  - 某　甚蔵
              - 女子
              - 女子
              - 某　七郎兵衛
              - 某　五兵衛
              - 某　七兵衛
          - 某　権右衛門
          - 某　十三郎
          - 某　八右衛門
            - 某　太兵衛
            - 某　傳左衛門
            - 某　治兵衛
            - 某　太左衛門
      - 某　宇留野右馬介
      - 某　宇留野大學　小田ニテ討死
      - 某　宇留野源十郎
  - 女子
  - 義久　號小野氏　天鳳存虎
- 實定
- 常福院
- 義倭
- 義高

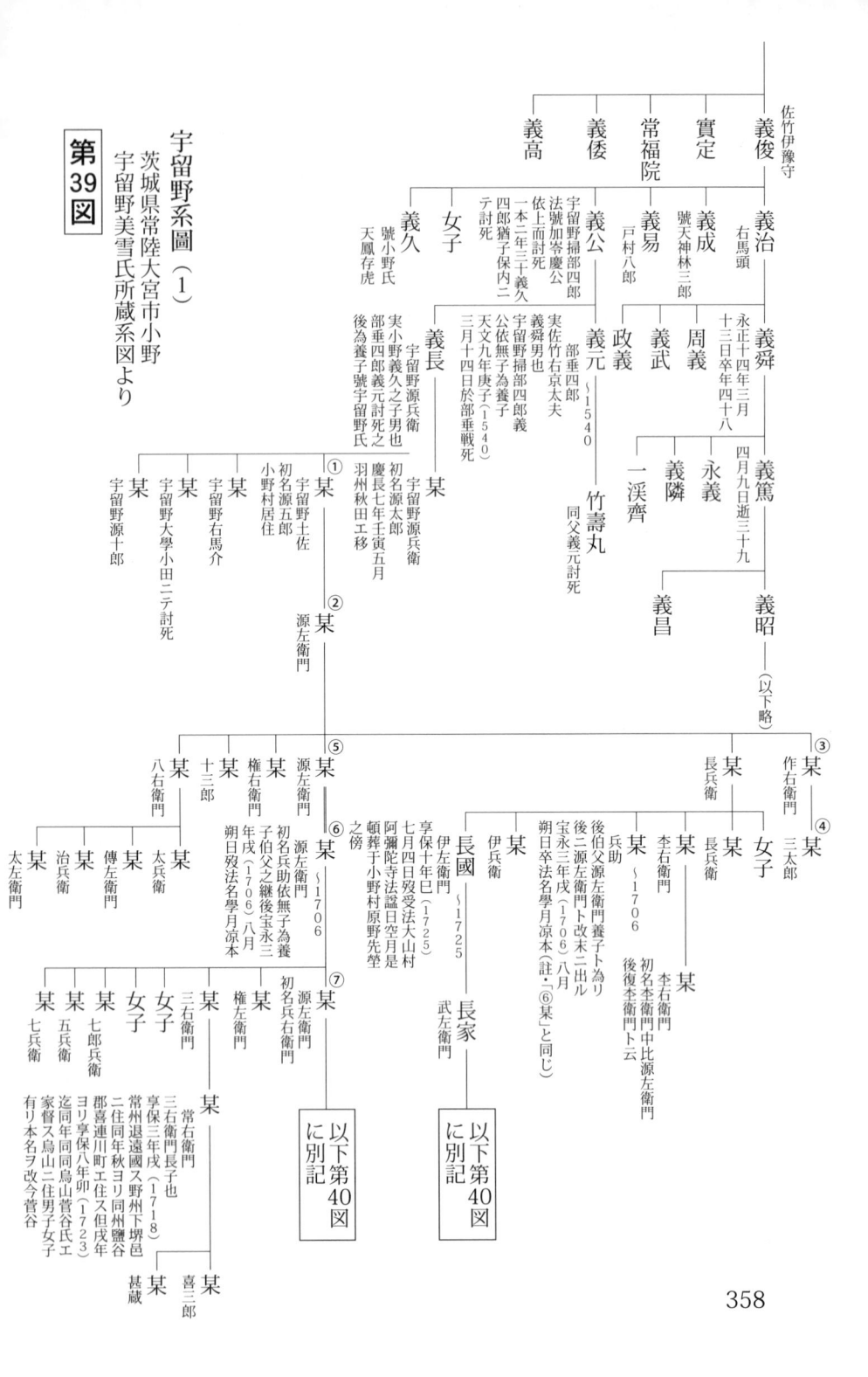

# 第40図

## 宇留野系圖（2）

茨城県常陸大宮市小野
宇留野美雪氏所蔵系図より

長家 1676〜1740
武左衛門
娶那珂郡野上村鹿島氏享保六年癸丑移住居于水府之傍元文五年申（1740）八月二十二日歿年六十五法謚日浄譽西雲鹿島氏明和四年亥五月二十七日歿法謚日願譽妙誓並葬于墓町清巖寺

某
定平

女子

某
清次衛門

女子

某
伊三郎

長家の子

長猷 1702〜1734
政右衛門
享保十九年寅（1734）二月四日没年三十三法謚日忻譽猷霞葬于同寺

女子
嫁山崎氏安永六年酉（1777）正月二十八日没葬于遍照山光墓寺法謚日順性院歓室妙喜

女子
嫁住谷氏

長秀 1717〜1
所右衛門
始名信助享保二年酉（1717）十二月四日生於小野村考長家携移居水府傍時年五歳後仕于蘆川氏及老致仕號東園建壽碑于清巖寺中元配杉森氏生一男一女後絶婚次配沼田氏病後三配小林氏絶婚

長秀の子

女子
嫁小島氏

某
源次
延享四年丁卯（1747）八月九日夭年四歳葬于墓町清巖寺法謚日亮詮童子

修敬
助衛門
實峯島氏之子也安永七年戊戌（1778）正月長秀養以為子

女子

⑧某
源左衛門
初名兵右衛門

女子

某
政右衛門

某
現在常陸大宮市小野在住
宇留野美雪氏に繋がる

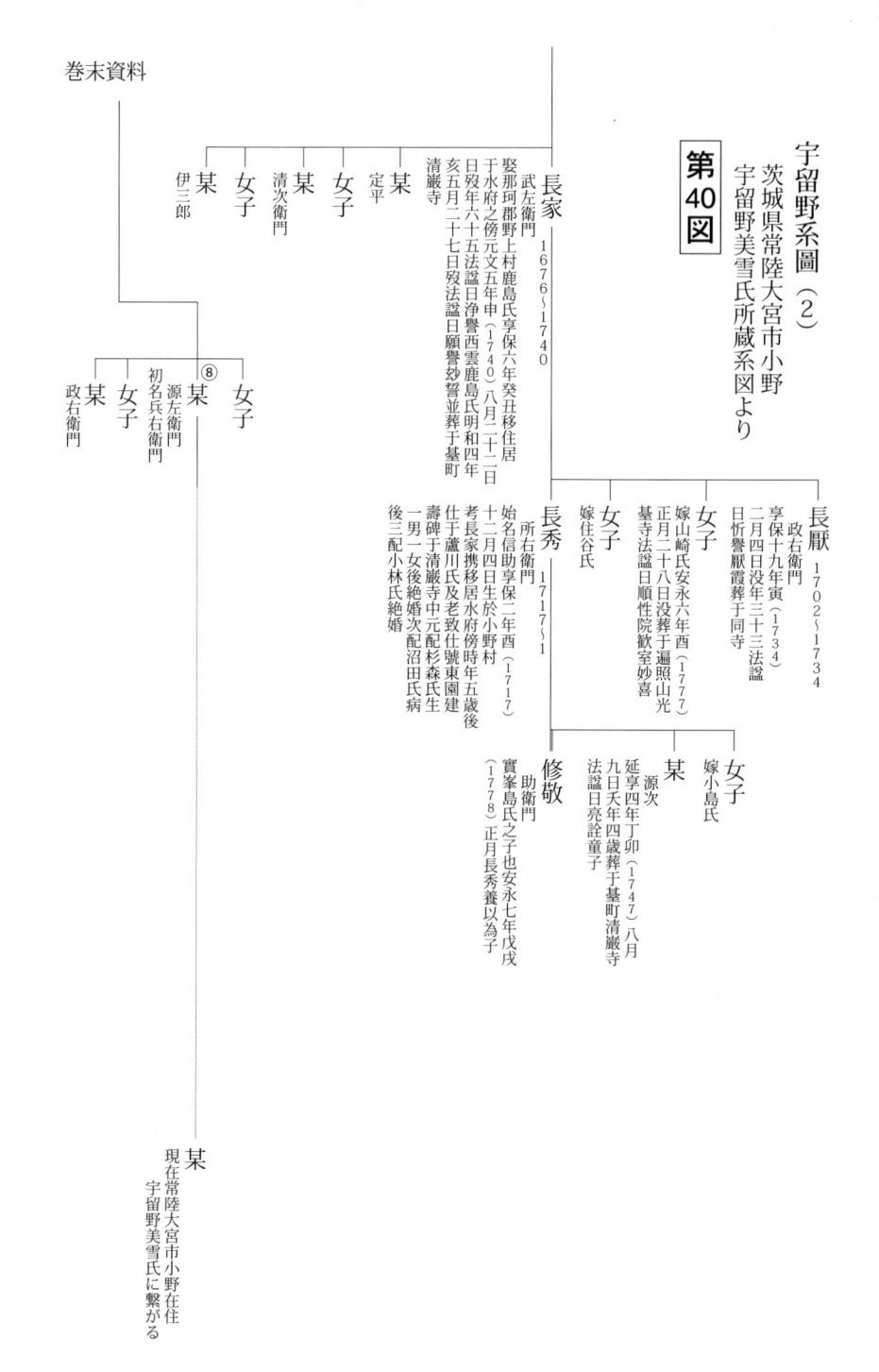

## ◎主な参考文献一覧


『大宮町史』（大宮町役場・昭和 52 年）
『水戸市史』上巻（水戸市役所・昭和 38 年）
『常陸太田市史』通史編上（常陸太田市役所・昭和 59 年）
『角館誌』第２巻〜第９巻（角館誌刊行会・昭和 40 年〜昭和 60 年）
『大曲市史』第１巻　資料編（大曲市史頒布会・昭和 59 年）
『横手市史』通史編　近世（横手市・平成 22 年）
『横手市史』資料編　近世Ⅱ（横手市・平成 21 年）
『馬頭町史』（馬頭町・平成２年）
『烏山町史』（烏山町・昭和 53 年）
『矢板市史』（矢板市・昭和 56 年）
『金砂郷村史』（金砂郷村・平成元年）
『大子町史』通史編上巻（大子町・昭和 63 年）
『那珂町史』中世・近世編（那珂町・平成２年）
『秋田市史』第３巻　近世　通史編（秋田市・平成 15 年）
『雄物川町郷土史』（雄物川町・昭和 55 年）
『新田沢湖町史』（田沢湖町教育委員会・昭和 63 年）
『角川日本地名大辞典』茨城県（角川書店・昭和 58 年）
『佐竹系譜』常陸太田市史編さん史料（９）（常陸太田市・昭和 53 年）
『佐竹氏関連城館』常陸太田市史編さん史料（常陸太田市・昭和 53 年）
原武男 / 校訂『佐竹家譜』上・中・下（東洋書院・平成元年）
『大日本古記録　梅津政景日記』全９巻（岩波書店・昭和 28 年〜 41 年）
「家系本末鈓」（茨城県の資料）
「水府志料」『茨城県史料　近世地誌編』所収（茨城県・昭和 43 年）
中山信名 / 他編『新編常陸国誌』上・下（ 積善館・明治 32 年〜 34 年）
橋本宗彦 / 編『秋田沿革史大成』上・下（橋本宗一・明治 29 年、31 年）
『横手郷土史資料』第 50 号（資料　創立五十年記念号）（横手市・昭和 51 年）
『横手郷土史』第二版（東洋書院・昭和 51 年）
『續横手郷土史』第二版（東洋書院・昭和 51 年）
佐川良視 / 編『横手郷土史年表』（東洋書院・昭和 52 年）
「羽陰史略」『新秋田叢書』第１巻・第２巻所収（歴史図書社・昭和 46 年）
土居輝雄 / 著『常羽有情』５　羽陰の巻（東洋書院・平成５年）
秋田県立図書館 / 編『国典類抄』第１巻〜（秋田県教育委員会・昭和 53 年〜）
『秋田のお寺』（秋田魁新報社・平成９年）
『秋田人名大事典』第二版（秋田魁新報社・平成 12 年）
則道 / 原著『秋田武鑑』（普及版）（無明舎・平成 17 年）
『秋藩紀年』（無明舎・平成２年）
『秋田縣史』（大正版）第１冊・第２冊（秋田県・大正４年）
『秋田県史』近世編上（秋田県・昭和 52 年）

「吉沢文書」『秋田県史』資料　近世編下所収（秋田県・昭和 54 年）
「上肴町記録」『新秋田叢書』第２期　第３巻所収（歴史図書社・昭和 48 年）
湯沢市教育委員会 / 編『佐竹南家御日記』第１巻～（湯沢市・平成７年～）
根岸茂夫「寛文・元禄期の秋田藩政と梅津忠宴」「史翰」第 14 号所収
（国学院大地方史研究会・昭和 52 年）
「古文書倶楽部」第 22 号（秋田県公文書館・平成 20 年）
高橋哲夫「佐藤長右衛門と矢野一艸」「出羽路」141・142 合併号所収
（秋田県文化財保護協会・平成 19 年）
菅江真澄 / 原著「雪の出羽路平鹿郡」『菅江真澄全集』第６巻所収
（未来社・昭和 51 年）
今村義孝 / 著『秋田のキリシタン』（秋田古筆学研究所・平成 17 年）
『御亀鑑』秋府　第６巻・第７巻（秋田県・平成６年、７年）
井上隆明 / 著『秋田書画人伝』（加賀谷書店・昭和 56 年）
渡部綱次郎 / 著『近世秋田の学問と文化』全６巻（渡部綱次郎・平成 10 年～ 18 年）
「温故」第２号（秋田県文化財保護協会西仙北支部・平成 17 年）
『寛政重修諸家譜』第１巻～（続群書類従完成会・昭和 55 年～）
太田亮 / 著『氏姓家系大辞典』（角川書店・昭和 38 年）
田村巳代治 / 著『羽嶽 根本通明・伝』（秋田魁新報社・平成９年）
六郷町史編纂委員会 / 編『六郷町小史』（六郷町・平成 16 年）
林正崇 / 著『図説・角館城下町の歴史』（無明舎・昭和 57 年）
『横手郷土史資料』第 16 号（横手市・昭和３年）
石川鶴治 / 著『羽後平鹿水災実記』（鮮進堂・明治 27 年）
「秋田出身ふたりの戦後作家」（秋田さきがけ新報 平成 15 年７月 23 日文化欄記事）
武藤鉄城 / 著『復刻　秋田キリシタン史』（秋田文化出版社・昭和 59 年）
「ハマナス」５月号特輯号（玫瑰社・昭和５年）
『宇都宮孟綱日記』二巻（秋田県公文書館・平成 19 年）
宇留野弘 / 著『懐古燈』（宇留野弘・昭和 54 年）
宇留野勝弥 / 著『春庵先生を偲ぶ』（宇留野勝弥・昭和 45 年）
『北羽歴研　史論集』五（北羽歴史研究会・平成 16 年）
山本大 / 他編『 戦国大名家臣団事典』東国編（新人物往来社・昭和 56 年）
石川豊 / 著『中世常総名家譜』上・下巻（暁印書館・平成３年、４年）
渡辺喜一 / 編『新編佐竹七家系図』（加賀谷書店・平成５年）

※ 本書執筆にあたり、引用・参考にした資料のうち、主として公刊されているものを列記した（順不同）。この他、さまざまな史・資料、系図、絵図を参考としたが、ここでは割愛する。

# あとがき

宇留野源兵衛義長の経歴が「消された」理由については、少し強引すぎたきらいもあるが、『佐竹家譜・義格』宝永六年（1709）四月二十一日の条に「今般秋田に於いて、当家の一族及び分流に系図証文を賜ふ。仍て北義命、東義秀、南義安、小場義方、石塚義敬、大山因幡、戸村十太夫義般、小野岡一太夫義伯、古内左惣次、各使者を献じて謝し奉る。其余分流今宮文四郎、宇留野伊勢千代、前小屋一右衛門、小瀬縫殿助、酒出一学、小田野又八郎、真崎兵庫、高垣彦右衛門、大沢弥五兵衛、高久治右衛門等、各書を呈して謝し奉る。」とあり、その時に渡されたと思われる極めて簡素な『宇留野氏系図』がその「系図証文」だろうと推測している。

元禄十年（1697）七月二十八日、三代藩主義処が御相手番だった岡本又太郎元朝を文書改奉行に命じ、その下で全藩士に対し各家に伝来する古文書・系図等を提出することを命じ、提出されたそれ等文章に対し岡本元朝自らが吟味・整理し、藩から認められた文書は写し取られ、秋田史館から青印状が発給されて、原本は所蔵者に返却されたという。したがって上記の「系図証文」は十年以上の年月を費やして藩として正式に認証した系図である。

いずれにしても、現段階で出会えている史料から導き出せる結論は、記述したものとなる。今後の研究で新たな理由が見いだせたら幸甚と思う。

本文は「秋田に下向した宇留野氏の探訪」を副題として、秋田に下向した宇留野源兵衛義長やその子の三兄弟と、秋田二代源兵衛勝忠の庶子縫殿勝弘の子孫について、直近までのその子孫を辿った。源兵衛義長の秋田下向に同行せず常陸に残った佐竹支族宇留野氏についても調べを進めたかったが、筆者自身が後期高齢者の仲間入りするに鑑み、この段階での出版となった。茨城県大宮町小野（現常陸大宮市）の宇留野美雪さん、三美《みよし》の宇留野正氏にお会いすることができ、四〇〇年前の別れに思いを馳せた。

また、昭和四十七年頃、父に連れられて宇留野美雪さんのご尊父貞章氏をご自宅に訪ね、ご自宅敷地近くに建つ石碑に案内頂き、後日その碑文を書き写したものをお送り頂いている。

その時に石碑の上部に佐竹氏の扇紋が刻まれていたのを目にして驚いたことを思い出すが、調べてみれば五本骨の扇紋が刻まれているのはもっともなことで、秋田に下向した当時は、我家も扇紋を使用していた。延宝二年（1674）、宇留野源兵衛を含め、真崎兵庫、小田野刑部、酒出金太夫、小瀬縫殿助、前小屋市右衛門、今宮織部の佐竹分流の七家が扇紋の使用を止められ、藩主に命じられて現在の三ツ頭丁子巴紋に改められたのである。実は、筆者自身この事実を知らなかった。

昔、亡父・正（秋田県角館町〈現仙北市〉）の存命当時、水戸市の宇留野弘氏（当時の住所：水戸市千波町船付）から同氏著『懐古燈』―わが家の歩み―を贈呈頂いている。今回その『懐古燈』に記載されている系図・「略系」を転写して巻末に載せさせて頂いた。そして、前記の常陸大宮市小野在住の宇留野美雪氏に連絡し、このことを伝え、宇留野美雪氏家に伝わる系図を拝見させて頂き、整理し同じく巻末に載せさせて頂いた。

この系図で判ることは、常陸大宮市小野に在住の宇留野美雪氏家は水戸市の宇留野弘氏の本家筋であると言えるようである。宇留野氏全体についての調べには着手できなかったが、また、別のどなたかが別の観点を含めて研究されることを望む次第である。

次のようなこともあった。十年程前、姪が日本航空の国際線のキャビンアテンダントをしていた時に、付けていた名札を見た乗客の方が「自分も同姓だよ」と声を掛けてくれたそうだ。住所は岐阜市で近くには多くの宇留野姓の人達がいることを教えて貰ったとの由。

私の電話帳調査でスッポリ漏れていたのである。そこでもう一度北海道から沖縄までのＮＴＴの電話帳を調べ直した次第であった。

その結果、岐阜市では二十四人の宇留野氏の名前を拾い出すことができた。一応資料を調べ岐阜市在住の二十四人全員の方達に「宇留野姓の方達が岐阜の地にお住まいになられた由来」をご存知の方がおいでになられたら、何とぞその由来をお教え頂けないかと資料の一部を添え手紙をしたためた。

手紙の中には「承久の乱の時に、鎌倉幕府方として活躍した常陸の国の佐竹秀義父子が、その恩賞として美濃国山田郷ほか数郷を賜り、常陸国那珂郡に住んでいた秀義の二男・三男（南酒出氏・北酒出氏）が美濃国に地頭として移住するに当たり、那珂郡（当時は久慈西郡）宇留野の地に住んでいた豪族の宇留野氏が南酒出氏、北酒出氏と行動を共にしたのではないかと推測している」と書き加えた。

その結果、二名の宇留野さんからお手紙をいただき、その内の一人の方と電話で話すことができた。

その電話の中で「嫁いで来て宇留野姓になったが、義父から『関ヶ原の戦いで石田三成方に加勢した宇留野守《かみ》は落ち延びて、岐阜の粟野の地に隠れ住んだ』と聞かされている」と話してくれて、それ以上のことは分らないとのことであった。

山形県上山市にご在住だった宇留野勝弥氏著書『春庵先生を偲ぶ』に目を通させていただいた。先祖、医師だった春庵が元禄三年に上山藩主松平山城守忠国公に仕官した時には小田野姓であったが、二代春庵の時からどういういきさつで小田野姓を宇留野姓に改めることを命じられたかは分からないと書かれている。

源姓小田野氏は、佐竹常陸介源貞義六子山入刑部大輔師義三子小田野尾張守自義を祖とする一族で、佐竹支族としては宇留野氏よりも早く分流となった家である。『春庵先生を偲ぶ』には書かれていないが、小田野氏は久保田藩においては、宿老（廻座）に列せられ、宇留野氏と同じく延宝二年には扇紋から三ツ頭丁子巴紋に家の紋を改めることを命じられている。この本のはしがきに名前が出てくる宇留野要氏、宇留野勝次氏および元一氏は私が本文で触れた宇留野宗家と分流家の人達である。

また、太田亮氏著『氏姓家系大辞典』に佐竹支族系図に「宇留野洒掃―源兵衛義長―四男大山田大学と見ゆ。大學佐竹候に仕へ、新治郡宍倉城を守る。後佐竹候に従い羽州に移る。」とあり、太田亮氏の「宇留野洒掃―源兵衛義長―四男大山田大学」の部分について、それをそのまま受入れるものではないが、大山田大学が秋田に下向したという事実の確認を試みた。秋田県公文書館 A288・2-590-5に「源姓大山氏、本氏大山田」を確認できた。ただその系図は簡素で元定―某―忠信―敬忠の四代のみで、「慶長七年 天英公羽州迁封ノ時常州ヨリ来」と記載されている「元定」が宇留野源兵衛義長に繋がっているかどうかは確認できない。

そのほか年代に関する記載は「某　市之允、寛文九年八月二十二日死ス道号真如法名法全」だけで、それ以外は「忠僖、三右衛門、実ハ小泉喜兵衛某二男」「敬忠、友之允、実ハ清覚院宥栄子ナリ叔父志賀九兵衛廣光養テ弟トシ忠僖嗣トス」ほかに敬忠の妹として「女子」とあり、敬忠の妻となったのではと思わせる記載で系図は終わっている。これだけの記載しか見当たらないため明治六年の士族卒明細短冊を探す手掛かりはなく、大山田氏のその後の消息は不明である。

茨城県を主として、決して多いとは言えない宇留野姓の方達一人一人に尋ねると、きっと茨城県大宮町（現常陸大宮市）宇留野の地に繋がりがあるのではないかと考えている。

最後に、本書の発行に当たりご助言、ご協力を頂いた川島久美子氏、湯川京氏、塩冏彦氏、神宮滋氏、伊藤千代子氏、常陸大宮市の宇留野美雪氏、宇留野正氏、高村恵美氏、海野千代麿氏、さらに宇留野氏関係史料についてアドバイスを頂いた当時秋田県公文書館勤務の越中正一氏、さらに本書の中に文章を引用させて頂いた土居輝雄氏の皆々様に深くお礼を申上げます。

墓の移転のこともあり、ルーツの詳細について調べ始めていた父・正の十三回忌の前にこの本の発行が間に合えばと考えていたが、それは叶わなかった。それでも、なんとか十三回忌の年に、また、父の百十回目の誕生日に発行を間に合わせることができた。

二校を終えて出版社に郵送した後の十一月一日、茨城県大子町教育委員会事務局生涯学習担当の家田主事から電話を頂いた。問合せをしていた宇留野四郎義久が討死したとされる依上保「妻倉」の場所が特定できないかとの依頼に対しての返事であった。その内容は「妻倉」の地名は大子町には無いが、大子町下金沢《しもかねさわ》に女倉《めぐら》の地名があり、そこには昔「女倉館」があったと言われる山（比高50m位）があると教えて頂いた。これと同じことを、やはり直近時点で宇留野美雪さんが地元の城跡研究家の方から、昔「妻倉」と言われたろう場所が、現在「女倉《めぐら》と言われいて依上小学校西方の山林に覆われた場所である」と教わったとの連絡を頂いた。その山は独立した切り立った山で、山頂部分に平坦地はあるが、あまり広くはなく、一見連絡のための物見台か狼煙台《のろしだい》かの跡を想像させる山のようだ。

依上の妻倉で宇留野四郎義久の討死が永正七年（１５１０）の白川氏の乱の時と想定し、耕山寺本の「義公」の付帯書きの一部を四郎義久の事項と考え、「永正七年討死、行年三十歳」から逆算すると、四郎義久の生年は文明十一年（１４８１）となり、「後佐竹氏譜」にある四郎義久が源兵衛尉義長（推定生年１４７０）の弟ということもあながち誤りと退けることもできなくなる。種々の想定事項を前提とするが、室町時代の画僧・雪村周継は宇留野源兵衛尉義長の甥かもしれないと研究の輪は将来への拡がりを秘めている。

筆者には長男勝彦（昭和四十八年生）、次男智（昭和五十二年生）の二子がいる。そして、次男には子供がいないが、長男には一男（隼斗）二女（遥奈、妃奈）がいて、家系は繋がりそうである。見てきたように秋田に下向した宇留野氏は分流がどんどん増える血統ではないようだが、親バカと言われるかもしれないが、女子でも結婚して宇留野姓を名乗れる時代であれば、その様にしてでも子孫の繁栄を願いたい思いで筆を置く次第である。

# 佐竹支族宇留野氏系譜

―秋田に下向した宇留野氏の探訪―

平成二十九年十一月三十日　初版発行

定　価（二〇〇〇円＋税）

著　者　宇留野　弘

神奈川県中郡大磯町東小磯二〇〇―一―三〇六

発行者　宇留野　隆（秋田市居住）

宇留野　晃（鎌倉市居住）

発　売　秋田文化出版㈱

〒〇一〇―〇九四二

秋田市川尻大川町二―八

ＴＥＬ（〇一八）八六四―三三二二（代）

ＦＡＸ（〇一八）八六四―三三二三

＊



ISBN978-4-87022-580-0